Beiträge zur Wirtschaftsinformatik

Band 1: Lore Alkier
Zukunftsweisende Konzepte für die EDV-Ausbildung
1992, VIII / 207 Seiten, Brosch. DM 75,-
ISBN 3-7908-0568-8

Band 2: Ulrich Ludwig Küsters
Entwicklung von regelbasierten Expertensystemen in APL2
1992, VIII/238 Seiten, Brosch. DM 79,-
ISBN 3-7908-0589-0

Band 3: Rolf J. N. Hildebrand
Betriebswirtschaftliche Schwachstellendiagnosen im Fertigungsbereich mit wissensbasierten Systemen
1992, X/163 Seiten, Brosch. DM 65,-
ISBN 3-7908-0594-7

Band 4: Gerhard Walpoth
Computergestützte Informationsbedarfsanalyse
1993, X/233 Seiten, Brosch. DM 75,-
ISBN 3-7908-0648-X

Band 5: Gerhard A. Kainz
Computergestütze Distribuierung von Informations- und Kommunikationssystemen
1993, XII/241 Seiten, Brosch. DM 85,-
ISBN 3-7908-0664-1

Band 6: Dieter Steinmann
Einsatzmöglichkeiten von Expertensystemen in integrierten Systemen der Produktionsplanung und -steuerung (PPS)
1993, XI/217 Seiten, Brosch. DM 78,-
ISBN 3-7908-0665-X

Band 7: Johannes Walther
Rechnergestützte Qualitätssicherung und CIM
1993, X/281 Seiten, Brosch. DM 90,-
ISBN 3-7908-0684-6

Band 8:
Otto Petrovic
Workgroup Computing – Computergestützte Teamarbeit
1993, XVI/272 Seiten, Brosch. DM 90,-
ISBN 3-7908-0705-2

Band 9: Gustaf Neumann
Datenmodellierung mit deduktiven Techniken
1994, VII/223 Seiten, Brosch. DM 75,-
ISBN 3-7908-0717-6

Band 10: Hubert Schüle
DV-Unterstützung beim Planen und Einführen von CIM-Lösungen
1994, IX/216 Seiten, Brosch. DM 75,-
ISBN 3-7908-0741-9

Otto Ch. Krickl (Hrsg.)

Geschäftsprozeß-management

Prozeßorientierte Organisationsgestaltung und Informationstechnologie

Mit 66 Abbildungen

Physica-Verlag

Ein Unternehmen des Springer-Verlags

Reihenherausgeber
Werner A. Müller
Peter Schuster

Bandherausgeber
Dr. Otto Christian Krickl
Institut für Betriebswirtschaftslehre
der öffentlichen Verwaltung und Verwaltungswirtschaft
Karl-Franzens-Universität Graz
Babenbergerstraße 10
A-8020 Graz, Österreich

ISBN 978-3-7908-0782-0 ISBN 978-3-642-51525-5 (eBook)
DOI 10.1007/978-3-642-51525-5

Die Deutsche Bibliothek - CIP-Einheitsaufnahme
Geschäftsprozessmanagement : prozessorientierte
Organisationsgestaltung und Informationstechnologie / Otto
Christian Krickl (Hrsg.). - Heidelberg : Physica-Verl., 1994
(Beiträge zur Wirtschaftsinformatik ; Bd. 11)

NE: Krickl, Otto Christian [Hrsg.]; GT

2201/2202-543210 - Gedruckt auf säurefreiem Papier

Inhaltsverzeichnis

Vorwort

> "Wir leben in turbulenten Zeiten - nicht, weil sich soviel wandelt, sondern weil der Wandel in so viele verschiedene Richtungen geht"
>
> Peter F. Drucker

Die Wettbewerbsfähigkeit in turbulenten Unternehmensumwelten kann nur durch innovative Organisationsstrukturen und Innovationen bei den Verfahren der Leistungserstellung erhalten werden. Mögliche Konzepte für die Realisierung diese innovativen Strukturen werden unter Schlagworten, wie "Lean Management", "Prozeßorientierung", "Outsourcing", "Total Quality Management" etc. intensiv diskutiert. Zentrale Ansatzpunkte in dieser Diskussion sind:

* Geschäftsprozeßorientierung
* Unternehmenssegmentierung
* Kunden- und Zuliefererintegration
* Globalisierung und Regionalisierung der Märkte
* Qualitätsmanagement
* Humanzentriertes Management

Die organisatorische Gestaltungsarbeit steht daher vor der Aufgabe, diese Ansatzpunkte durch die Schaffung von geeigneten Organisationsstrukturen umzusetzen. Vorgehenskonzepte für diese Aufgabenstellung sind daher schon seit längerer Zeit Gegenstand intensiver Diskussionen. Neue Aspekte für diese Diskussion ergaben sich vor allem durch die Verfügbarkeit neuer Informationstechnologie, die eine wesentliche Erweiterung der organisatorischen Gestaltungspotentiale mit sich bringt. Während in der wissenschaftlichen Diskussion Einigkeit darüber herrscht, daß die Verbesserungspotentiale der Informationstechnologie nur durch grundlegende Veränderungen der Organisationsstrukturen realisierbar sind, existieren völlig unterschiedliche Auffassungen über die Vorgehensweise bei der Durchführung der Änderungen.

Besonders hervorstechend sind die in den USA unter den Schlagworten "Business Process Reengineering", "Business Reengineering" und "Business Redesign" diskutierten Ansätze, da die starke Betonung der wirtschaftlichen Aspekte einen gewissen Gegensatz zu den gängigen humanzentrierten Ansätzen darstellt.

Der vorliegende Band ist der Verknüpfung der organisatorischen und technischen Gestaltungselemente beim Einsatz von moderner Informationstechnologie gewidmet. Den Schwerpunkt dabei bilden die organisatorischen Gestaltungspotentiale, die Vorgehensweisen und die vorhandenen praktischen Erfahrungen.

Dieses noch sehr junge Fachgebiet ist durch eine sehr hohe Dynamik geprägt, die auch darin zum Ausdruck kommt, daß die Praxis in vielen Bereichen der Erkenntnisgewinnung der universitären Forschung vorauseilt. Dies bietet aber auch den Vorteil, daß aus den praktischen Erfahrungen eine Vielzahl von Anregungen für die Forschung gewonnen werden können. Vor diesem Hintergrund wurde versucht, in diesem Band Vertreter unterschiedlicher Universitäten und Praktiker aus verschiedenen Branchen zur gemeinsamen Bearbeitung dieses Themas zu gewinnen. Wie in allen jungen Fachgebieten wurden auch wir damit konfrontiert, daß noch keine allgemein akzeptierte Begriffssystematik existiert. Als gemeinsamer Titel wurde daher "Geschäftsprozeßmanagement" verwendet. Teilweise wird in den Beiträgen aber auch von "Business Redesign" gesprochen. Dieser Begriff versteht sich als Überbegriff, der Geschäftsprozeßmanagement beinhaltet, aber (noch) nicht allgemein eingeführt ist. Um Fehlinterpretationen zu vermeiden, ist eine Begriffsdefinition in meinem Beitrag dargestellt.

Ich möchte mich an dieser Stelle sehr herzlich bei allen Mitwirkenden bedanken, die die Erstellung dieses Tagungsbandes und die Abhaltung des Symposions ("Business Redesign", 17. - 18. Mai 1994, Universität Graz) erst ermöglicht haben. Besonders für die Vertreter aus der Praxis ist es nicht immer einfach, genügend Zeit zu finden, um Beiträge für Tagungsbände zu schreiben bzw. Vorträge zu halten. Ich weiß daher die spontanen Zusagen zur Mitwirkung besonders zu schätzen.

Meinen besonderen Dank möchte ich den Professoren Herbert Kraus und Norbert Thom aussprechen, die mir durch das Studium meiner Manuskripte und einer Vielzahl von Anregungen die Arbeiten zu diesem Thema erst ermöglicht haben. Besonders wichtig war für mich auch die moralische Unterstützung, die ich von beiden erhalten habe und die letztlich auch die Initiative zur Organisation der Tagung ausgelöst hat.

Otto Krickl

Historische Entwicklung von Organisationsstrukturen -

Ursache für die Notwendigkeit neuer Organisationskonzepte?

Herbert Kraus
Karl-Franzens-Universität Graz

> "Die Welt, die wir geschaffen haben, ist das Resultat einer überholten Denkweise. Die Probleme, die sich daraus ergeben, können nicht mit der gleichen Denkweise gelöst werden, durch die sie entstanden sind."
>
> Albert Einstein

Abstract

Der vorliegende Beitrag versucht kritisch zu hinterfragen, inwieweit die Konzepte des Business Redesign auf Basis der Evolution von Organisationen begründbar sind. Den Ausgangspunkt der Betrachtung bildet eine Analyse der historischen Entwicklung der Organisationsstrukturen und der Situationsdimensionen mittels der evolutionsorientierten Organisationstheorie und dem situativen Ansatz. Da die Konzepte des Business Redesign vom Vorhandensein subotimaler Lösungen und einem ausgeprägten Beharrungsvermögen der Organisationen ausgehen, werden die für die Entstehung organisatorischer Strukturen ausschlaggebenden Faktoren einer detaillierteren Analyse unterzogen. Damit wird versucht, die den Konzepten des Business Redesign zugrundeliegenden Hypothesen systematisch zu präzisieren.

1. Einleitung

Die Grundprinzipien des Business Redesign wurden von Hammer[1] bzw. Davenport und Short[2] formuliert.[3] Aus der Sicht der organisatorischen Gestaltungsarbeit fallen dabei besonders die folgenden Aspekte auf:

---

1 Hammer, M., Re-Engineering, 1990

2 Davenport, T. H., Short, J. E., Industrial Engineering, 1990

3 Eine genaue Darstellung der Business Redesign - Konzepte findet sich im Beitrag von Krickl, O. in diesem Band.

* Der Schwerpunkt der Ist-Analyse wird auf das Hinterfragen der, den vorhandenen organisatorischen Regelungen zugrundeliegenden, kulturellen Aspekte gelegt.
* Es wird explizit darauf hingewiesen, daß sich Business Redesign nicht als partielle Verbesserung vorhandener Prozesse versteht. Teilweise wird daher sogar eine Ist-Analyse der vorhandenen Prozesse abgelehnt.[4]
* Die Neugestaltung erfolgt weitgehend unabhängig von vorhandenen organisatorischen Regelungen bzw. Ressourcen. D. h. ausgehend von den Kundenwünschen wird der effizienteste Prozeß zur Erstellung der gewünschten Leistungen gesucht.
* Die Prozeßorientierung bildet nicht nur die Basis für die Ablauforganisation, sondern auch für die Aufbauorganisation. D. h. funktionale bzw. objektorientierte Gliederungen werden durch prozeßorientierte Formen ersetzt oder zumindest ergänzt.
* Das Ziel der organisatorischen Gestaltungsarbeit ist das Erreichen einer optimalen Produktivität. Zielkonflikte mit anderen Gestaltungszielen (z.B. Humanisierung von Arbeitsplätzen) sind daher zu erwarten.

Bei der kritischen Auseinandersetzung mit diesen Prinzipien entsteht der Eindruck, daß "selbstverständliche Gestaltungsziele" (z. B. Orientierung an den Kundenwünschen) mit "kompromißlosen Vorgangsweisen" kombiniert wurden. Für eine Beurteilung der Erfolgswahrscheinlichkeiten dieser Ansätze erscheint daher die Klärung der folgenden Fragen notwendig:

* Worin besteht der Neuigkeitswert der Business Redesign-Ansätze? Handelt es sich nur um Neuformulierungen ablauforganisatorischer Überlegungen, die bereits in den 60er Jahren[5] bekannt waren?
* Warum erscheint es notwendig, die Kundenwünsche als Ausgangspunkt der organisatorischen Gestaltung explizit zu formulieren, ist dies nicht ohnehin selbstverständlich?
* Sind ohne dem Hinterfragen der kulturellen Aspekte einer Organisation tatsächlich keine innovativen Lösungen möglich?
* Ist eine Auflösung / Ergänzung der funktionalen bzw. objektorientierten Gliederung der Aufbauorganisation tatsächlich vorteilhaft?
* Ist das kompromißlose Verwerfen der vorhandenen organisatorischen Regelungen erfolgversprechend?

---

[4] Vgl. beispielsweise: Carr, D., Dougherty, K., Johansson, H., King, R.. Moran, D., Break Point BPR, 1992, S. 16 ff.; Hammer, M., Champy, J., Reeingineering the Corporation, 1993, S. 31 ff.; Smith, H. A., McKeen, J. D., Re-Engineering, 1993, S. 124 ff.

[5] Vgl. beispielsweise: Kosiol, E., Organisation, 1962

In den Mittelpunkt des vorliegenden Beitrages soll daher die Analyse der Entwicklung von Strukturen und dem Beharrungsvermögen von Organisationen gestellt werden. Die Zielsetzung dieser Analyse ist es aufzuzeigen, in welchen Rahmenbedingungen organisatorische Gestaltungsarbeit stattfindet und inwieweit diese Bedingungen rasche Anpassungen an geänderte Umweltbedingungen fördern oder behindern. Das Ergebnis der Analyse wird zur Beurteilung der aufgeworfenen Fragen herangezogen.

2. Theoretischer Bezugsrahmen

Für die Analyse des historischen Wandels bieten sich die evolutionsorientierten Organisationstheorien an. Die Eignung dieser Theorien begründet sich durch die Annahme einer begrenzeten Rationalität der Organisationsgestalter. Die zentrale These ist, daß Strukturänderungen, die Organisationen Vorteile in der Auseinandersetzung mit der Umwelt verschaffen, eine höhere Chance auf Reproduktion erhalten als bestehende weniger effektive Strukturen. Auch zufällige Variationen der Organisationsstrukturen können daher zu einer geeigneten Anpassung an geänderte Umweltbedingungen führen. Wesentlich ist dabei nicht die Problemeinsicht oder die Methodik der Gestalter, sondern die Selektion der Umwelt.[6]

2.1. Evolutionsorientierte Organisationstheorie

In Anlehnung an die Theorie der biologischen Evolution wurde die synthetische Evolutionstheorie entwickelt. Diese skizziert den grundlegenden Prozeß der Evolution wie folgt:[7]

* Evolutionsfähige Systeme müssen die Fähigkeit zur Selbstreplikation oder Reproduktion besitzen.
* Bei der Variation entstehen neue Eigenschaften oder alte verschwinden.
* Durch Selektion verbreiten sich die Eigenschaften mit höherer Problemlösungsfähigkeit.

Aufbauend auf diesen Grundprinzipien entwickelten sich mehrere Varianten der evolutionsorientierten Organisationstheorie.[8] Für die vorliegende Problemstellung ist jedoch eine Betrachtung der Gemeinsamkeiten dieser Ansätze ausreichend. Diese bestehen aus den folgenden Punkten:

---

6 Vgl. Kieser, A., Organisationsstrukturen, 1992, Sp. 1649
7 Vgl. Kieser, A., Evolutionsorientierte Organisationstheorie, 1992, Sp. 1759 ff
8 Eine detaillierte Darstellung dieser Varianten findet sich beispielsweise in: Kieser, A., Evolutionsorientierte Organisationstheorie, 1992, Sp. 1758 ff

* Die Reproduktion erfolgt durch die Gründung von Organisationen. Dabei wird versucht, erfolgreiche Lösungen zu übernehmen.
* Varianten organisatorischer Strukturen kommen auf verschiedene Weise zustande: durch Fehler bei der Anwendung vorgegebener Verfahren, durch Einführung neuer Verfahren, durch Veränderungen bestehender Strukturen und Übernahme von Verfahren von anderen Organisationen.
* Organisatorische Verfahren existieren weitgehend unabhängig von den Individuen, da Mechanismen zur Bewahrung (z. B.: Stellenbeschreibungen, Durchführungsrichtlinien, Computerprogramme, Verhaltensrichtlinien etc.) der Verfahren aufgebaut werden.
* Organisationen müssen in der Lage sein, die relativ erfolgreichen organisatorischen Lösungen zu konservieren und für neu zu gründende Organisationen weiterzugeben. Dazu werden zwei Mechanismen unterschieden - die Speicherung des Wissens in Büchern und die Vermittlung im Rahmen der Ausbildung - bzw. die Herausbildung von bürokratischen Routinen, die den Erfahrungsschatz einer Organisation konservieren.
* Die Selektion erfolgt durch den Konkurrenzkampf - weniger effiziente Organisationen gehen in Konkurs bzw. die verbleibenden Organisationen werden langfristig homogener.

Die Trägheit von Organisationen verhindert das Mutieren einer Organisation von einer Form in eine andere. Die Gründe dafür werden von Hannan und Freemann[9] in den folgenden Punkten gesehen:

* Sunk Costs in Form des Anlagevermögens und der Humanressourcen (insbes. Ausbildung des Personals) schränken die Anpassungsmöglichkeiten einer Organisation erheblich ein.
* Mangelnde Flexibilität der vorhandenen Informationstechnologie.
* Widerstand der Organisationsmitglieder.
* Die bestehende Organisationskultur.
* Markteintritts- und Marktaustrittsbarrieren.
* Die positive Selektion von berechenbaren und verläßlichen Organisationen durch die Umwelt.

Die Neigung zur Trägheit von Organisationen wird durch Einschränkungen des Selektionsprozesses unterstützt. Für bestimmte Organisationen wird der

[9] Hannan, M., T.; Freeman, J., H., Structural Inertia and Organizational Change, in: American Sociological Review, Vol. 49, 1984, S. 149 - 164, zitiert nach: Kieser, A., Evolutionsorientierte Organisationstheorie, 1992, Sp. 1763

Selektionsmechanismus ausgeschaltet (z. B. Hoheitsverwaltung) bzw. die Wirksamkeit verringert (z. B. durch Subventionen), sodaß die Notwendigkeit zur Anpassung vermindert wird. Weitere Einschränkungen des Evolutionsprozesses ergeben sich durch verstärkte Markteintrittsbarrieren.

Ein starker Ausbau der Bewahrungsmechanismen und die kulturell bedingte geringe Bereitschaft zu Veränderungen verstärken die Trägheitseffekte. So erwarteten sich beispielsweise nur 0,8 Prozent der Manager eine Verringerung ihrer Entscheidungskompetenz bei der Einführung von Lean Management.[10] Wenn man davon ausgeht, daß die befragten Manager das Konzept des Lean Management verstanden haben, so muß eine fehlende Bereitschaft für tatsächliche Veränderungen angenommen werden. Überlegungen zu diesem Phänomen sind sicherlich nicht neu. So hat unter anderem schon Pentzlin auf den Wiederspruch zwischen der notwendigen totalen "Programmierung" der Abläufe und der Notwendigkeit sich an die permanenten Änderungen des Marktes anzupassen, hingewiesen.[11]

Da sich Business Redesign als Anpassung bestehender Organisationen versteht, wird in den folgenden Betrachtungen die historische Entwicklung der Organisationsstrukturen herausgehoben. Als Methodik wird dafür der situative Ansatz herangezogen.

2.2. Situativer Ansatz

Der situative Ansatzes[12] geht von Organisationsgestaltern aus, die bestimmte Ziele für die Organisation erreichen möchten und dafür nach geeigneten Organisationsstrukturen suchen. Die Organisationsstruktur wird damit zum Aktionsparameter, mit dessen Hilfe das Verhalten der Organisationsmitglieder über die Struktur beeinflußt werden kann. Die tatsächlich eintretenden Wirkungen hängen jedoch von den jeweiligen situativen Bedingungen ab, die Situation wird daher als Restriktion für Gestaltungsmaßnahmen begriffen.

In der Grafik werden inhaltliche Beziehungen durch einfache Pfeile dargestellt, während der doppelt gezogene Pfeil die Notwendigkeit eines gestaltenden Eingriffes kennzeichnen soll. Ausgangspunkt der Überlegungen sind die Gestaltungsziele (1), die als angestrebte Wirkungen in Form bestimmter Verhaltensweisen der Organisationsmitglieder verstanden werden können. Die Organisationsstruktur wird als Instrument der Verhaltenssteuerung (3) eingesetzt. Die Aufgaben der Organisationsmitglieder werden jedoch auch direkt von der

[10] Vgl. Klotz, U., Organisationskultur, 1993, S. 62

[11] Vgl. Pentzlin, H, Unternehmer, 1964, S. 73 f

[12] Eine genaue Darstellung des situativen Ansatzes findet sich in: Kieser, A., Kubicek, H., Organisation, 1992, S. 55 ff

Situation, unter der die Organisation arbeitet, bestimmt (4). Die erwarteten Wirkungen auf das Verhalten der Organisationsmitglieder werden nach dem situativen Ansatz als Kombination (5) aus den Struktur- und Situationseffekten begriffen. Die situativen Bedingungen lösen auch direkte Verhaltenswirkungen aus (6).

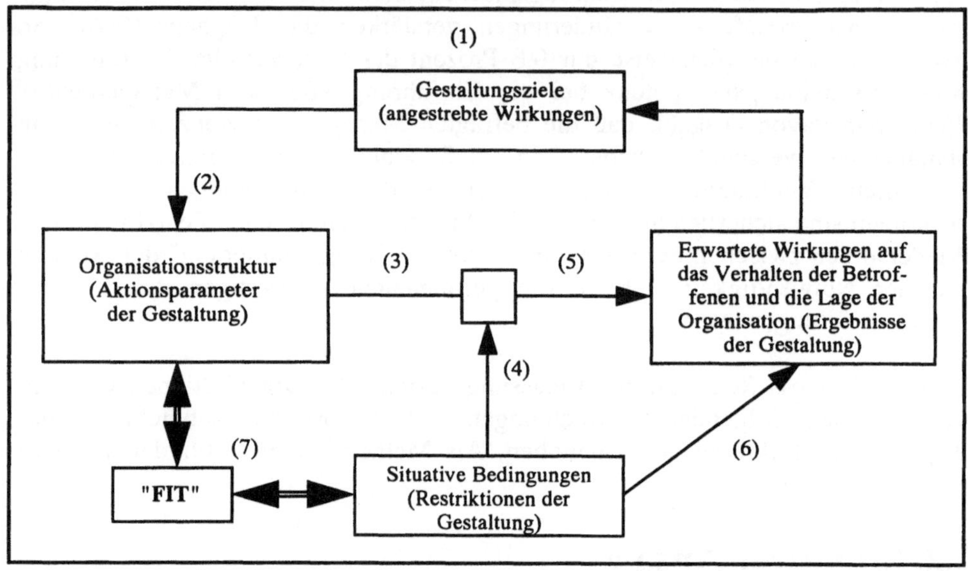

Handlungsorientiertes Grundmodell des situativen Ansatzes[13]

Sollten in einer konkreten Situation das festgestellte Verhalten der Organisationsmitglieder vom angestrebten Verhalten abweichen, so wird dies auf eine nicht situationsgerechte Organisationsstruktur zurückgeführt. Der "FIT" zwischen Struktur und Situation kann entweder durch eine Anpassung der Struktur (7) an die Situation oder durch eine Veränderung der Situation (passend zur bestehenden Struktur) hergestellt werden.[14]

3. Historische Entwicklung der Strukturen in der Verwaltung

Im Laufe der Industrialisierung wurde die Büroarbeit aus der Produktion ausgegliedert und zunächst nach handwerklichen Prinzipien organisiert. Die damit verbundene geringe Spezialisierung wurde aber in zunehmenden Maß

[13] Entnommen aus: Kieser, A., Kubicek, H., Organisation, 1992, S. 60
[14] Vgl. Kieser, A., Kubicek, H., Organisation, 1992, S. 60 ff

durch arbeitsteilige Verfahren abgelöst. Mit der Übertragung von den in der Produktion erfolgreichen Formen tayloristischer Arbeitsteilung auf die Büroarbeit wurde versucht, auch im Büro die Spezialisierungsvorteile und Produktivitätsgewinne zu realisieren. Die Verfügbarkeit der ersten Büromaschinen erforderte eine funktionale Zusammenfassung von gleichen Arbeiten und verstärkte damit die fortschreitende Arbeitszerlegung.

Die in der Praxis realisierten Systeme der Aufgabenteilung wurden bereits in den 20er Jahren von der Betriebswirtschaftslehre aufgegriffen und in Gestaltungsempfehlungen umgesetzt. Besondere Impulse gehen von Max Werbers Modell der bürokratischen Organisation aus. Dieses stellt die Arbeitsteilung, genaue Aufgabenabgrenzungen, strikte Zuständigkeitsregelungen, formalisierte Arbeitsabläufe und die Hierarchie als Basis für die Effizienz der Organisation und legaler Machtausübung dar.[15]

Diese Entwicklung hat dazu geführt, daß Verwaltungsarbeit im einem hohen Ausmaß funktional zerlegt und arbeitsteilig abgewickelt wird. Als Folgewirkung dieses Prinzips entstanden funktional gegliederte Aufbauorganisationen, die auch funktional orientierte Ausbildungen der Mitarbeiter und Karrieresysteme nach sich ziehen. Das Prinzip der strikten Zuständigkeitsregelungen förderte das abteilungsorientierte Denken der Mitarbeiter, und erschwerte in zunehmenden Maß die abteilungsübergreifende Optimierung von Verfahren. Die arbeitsteiligen Prinzipien führten jedoch nicht zu Produktivitätsverbesserungen wie in der Fertigung, sondern stellten sich immer mehr als Hemmfaktor für eine effiziente Aufgabenabwicklung dar.

Schwachstellenanalysen für Büroarbeiten zeigen, daß die arbeitsteiligen Prinzipien als Ursache für die geringe Produktivität der Büroarbeit anzusehen sind. Ähnliche Resultate ergeben sich bei Analysen der Wirtschaftlichkeit des Einsatzes von Informationstechnologie im Verwaltungsbereich. Dabei wurde festgestellt, daß der Einsatz von IT nicht unmittelbar zur Steigerungen der Effizienz führt, was als Produktivitätsparadoxon der Informationstechnologie bezeichnet wird.[16] Andererseits liegen Ergebnisse vor, die deutliche Verbesserungen der Produktivität durch den Einsatz der IT nachweisen. Diese konnten allerding nur durch wesentliche Veränderungen der Organisation erreicht werden. Das Potential für Produktivitätssteigerungen scheint daher nur durch eine Abkehr von den tayloristischen Prinzipien nutzbar zu sein.

Die Mechanismen der Organisationen zur Anpassung der Strukturen an geänderte Umweltbedingungen scheinen nicht oder zumindest nicht schnell genug zu funktionieren. Ob die Ursachen in den Gründen für die Trägheit von

[15] Vgl. Bellmann, K., Arbeitsteilung und Kosten, 1993, S. 319 f
[16] Vgl. beispielsweise: Baily, M. N., Gordon, R. J., Productivity Slowdown, 1988

Organisationen zu suchen sind oder ob die Dynamik der Umwelt die vorhandenen Anpassungsmechanismen überfordert, kann an dieser Stelle nicht geklärt werden. Unbestritten ist jedoch die Notwendigkeit zur Entwicklung der Fähigkeit einer Organisation sich rasch an veränderte Umweltbedingungen anzupassen.[17]

Inwieweit radikale Veränderungen nach den Konzepten des Business Redesign dafür notwendig sind, kann erst nach einer Analyse der "konventionellen" Vorgehensweisen zur Anpassung von Organisationsstrukturen beurteilt werden.

4. Rahmenbedingungen organisatorischer Gestaltungsarbeit

Wie im Punkt 2.2 dargestellt, dient die Gestaltungsarbeit zur Herstellung des "FIT" zwischen der Struktur und der Situation der Organisation. Zur Präzisierung der Rahmenbedingungen der organisatorischen Gestaltungsarbeit werden die Situations- und die Strukturdimensionen von Kieser und Kubicek herangezogen.

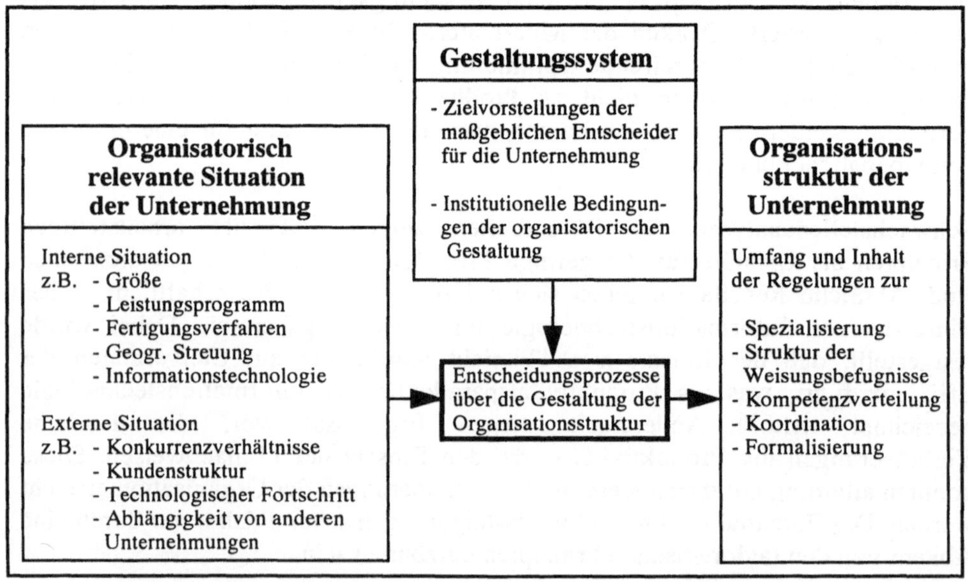

Bezugsrahmen für die Zusammenhänge zwischen Situation und Organisationsstruktur[18]

[17] Vgl. Drucker, P., F., Die Zukunft managen, 1993, S. 44 ff

[18] Entnommen aus: Kieser, A., Kubicek, H., Organisation, 1992, S. 221

Die besonderen Herausforderungen für die organisatorische Gestaltungsarbeit ergeben sich aus den wesentlichen Veränderungen bei den Situations- und Strukturvariablen. Da diese Veränderungen sehr intensiv diskutiert werden, soll an dieser Stelle nur eine exemplarische Aufzählung von Schlagworten vorgenommen werden.

Veränderungen bei den Situationsvariablen

* Konkurrenzverhältnisse
  Globalisierung der Märkte, steigenden Anforderungen an die Qualität, Individualisierun von Kundenwünschen, Kostendruck, steigende Bedeutung der Informationsversorgung, etc.[19]
* Informationstechnologie
  Neue Gestaltungsoptionen durch die Verfügbarkeit der modernen Informationstechnologie[20]
* Abhängigkeit von anderen Unternehmungen
  Integration der Wertschöpfungssysteme über die Unternehmensgrenzen hinaus[21]
* Etc.

Veränderungen bei den Strukturvariablen

* Wertewandel der Mitarbeiter
* Steigende Bedeutung des Personalmanagements[22]
* Mangelnde Flexibilität der Organisation und Überforderung der traditionellen Koordinationsmechanismen
* Etc.

Veränderungen sind aber auch bei den Zielvorstellungen der Gestalter festzustellen. Zukunftsorientierte Managementkonzepte (z. B. Lean Management, TQM, etc.) werden intensiv diskutiert und in zunehmenden Maß als Zielvorstellung für die Gestaltung von Organisationsstrukturen formuliert.

Bei der Herstellung des "FIT" kann daher nur von wenigen Fixpunkten ausgegangen werden, sodaß Organisationsprojekte einen steigenen Komplexitätsgrad aufweisen. Insbesonders die Potentialfaktoren der neuen Informations-

---

[19] Zur Veränderung der Unternehmensumwelt vgl. beispielsweise: Drucker, P., F., Managing the Future, 1992, S. 15 ff; Keen, P. G., Informationstechnologie, 1992, S39 ff; Little, A. D., (Hrsg.), Manager, 1991, S.67 ff

[20] Zu den Potentialfaktoren moderner IT vgl. beispielsweise: Krickl, O., Business Redesign, 1994, Kapitel 6 und 8 Petrovic, O., Workgroup Computing, 1993, S. 55 ff

[21] Siehe dazu auch Begriffsdefinitionen von Krickl, O. in diesem Band.

[22] Siehe dazu auch den beitrag von Scheff, J. in diesem Band.

technologie erweitern den Gestaltungsspielraum in einem Ausmaß, daß sogar die bekannten Organisationstheorien in Frage gestellt werden.[23] Eine detaillierte Analyse der organisatorischen Gestaltungspotentiale wurde von Krickl[24] durchgeführt. Dabei wird aufgezeigt, daß bei bürokratischen Organisationen eine Veränderung sämtlicher Strukturvariablen notwendig ist. Die Veränderungen sind dabei keine partiellen Anpassungen, sondern führen zu genau umgekehrten Ausprägungen wie in bürokratischen Organisationen. In der Arbeit wird auch aufgezeigt, daß das Ergebnis dieser Veränderungen mit dem Modell der Vertrauensorganisation von Bleicher[25] vergleichbar ist.

Dieses Ergebnis läßt eine differenzierte Betrachtung der Beurteilung der Ansätze des Business Redesign als notwendig erscheinen. In Vertrauensorganisationen kann von einer Institutionalisierung des Wandels ausgegangen werden. Ein Aufbrechen "verkrusteter Strukturen" ist daher nicht notwendig, da die Organisationsmitglieder eine hohe Fähigkeit zur Selbstorganisation besitzen. Teilweise sind daher die Ansätze des Business Redesign mit Einschränkungen zu sehen, da die Vertrauensorganisation im wesentlichen mit der Zielstruktur des Redesign übereinstimmt. Ein wesentlicher Ansatzpunkt, der auch in diesem Fall zum Tragen kommt, scheint aber im Hinterfragen von kulturellen Aspekten, die zur Etablierung vorhandener Abläufe geführt haben, zu liegen. Dies kommt einer Ablöse des Organisationsparadigmas "Organisation vor Technik" gleich. Die Notwendigkeit dafür kann aus den neuen Funktionalitäten der IT abgeleitet werden, da innovative Lösungen ohne Kenntnis der Leistungsfähigkeit der Technologie nicht systematisch erarbeitet werden können.[26]

Ebenso erscheint die Orientierung an den Kundenwünschen und die daraus abgeleitete Wertschöpfungsorientierung der einzelnen Aktivitäten berechtigt, da damit die Aktivitäten der Selbstorganisation auf den eigentlichen Zweck der Organisation fokussiert werden. Das beim Redesign vorgesehene Verwerfen vorhandener organisatorischer Lösungen erscheint im Fall der Vertrauensorganisation nur in Einzelfällen und für Teilbereiche sinnvoll.

Ein völlig anderes Bild ergibt sich bei der Betrachtung bürokratischer Organisationen. Ein Vergleich der vorhandenen Organisationsstrukturen mit der Zielstruktur des Redesign zeigt, daß partielle Veränderungen nicht zielführend sind. Darin scheinen auch die Gründe für die eingeschränkte Wirksamkeit von Organisationsprojekten nach konventionellen Vorgehensweisen zu liegen. Thom formuliert als Erfolgsfaktor für Bürokommunikationsprojekte u. a. die Not-

---

[23] Vgl. Huber, G. P., Effects of IT on Org. Design, 1990, S. 47

[24] Vgl. Krickl, O., Business Redesign, 1994, Kapitel 6

[25] Vgl. Bleicher, K., Organisation, 1991, S. 72 ff

[26] Vgl. dazu auch das Beispiel der Firma Ford, das im Beitrag von Krickl, in diesem Band angeführt wird.

wendigkeit, klare Zielvorstellungen zu entwickeln und die Personalentwicklung zu berücksichtigen.[27]

Ob die Evolution der Organisationsstrukturen auf Basis tayloristischer Prinzipien geeignet ist, in kurzer Zeit zu völlig diametralen Ausgeprägungen der Organisationsstrukturen zu führen, kann durchaus bezweifelt werden. Ein Ansatz zur Durchbrechung dieser Evolution kann daher sicherlich als wertvoller Beitrag zur Erkenntnisgewinnung eingestuft werden. Diese bewußte "Genmanipulation" von Organisationen kann auch als der eigentliche Neuigkeitswert der Business Redesign Konzepte angesehen werden.

Die jahrzehntelang praktizierte Arbeitszerlegung nach funktionalen Gesichtspunkten hat vor allem in großen Organisationen zum Verlust des Sinnzusammenhangs geführt. D. h. einzelne Mitarbeiter können den Wertschöpfungsbeitrag ihrer Arbeiten nicht mehr nachvollziehen. Das explizite Betonen der Kundenwünsche als Ausgangsbasis für die Neugestaltung von Prozessen ist als Reaktion darauf zu verstehen. Der Wert dieses Ansatzes ist aber vor allem in der Sensibilisierung der Organisationsmitglieder zu sehen und weniger in einem Erkenntnisgewinn für professionelle Organisationsgestalter. Die Verankerung von prozeßorientierten Koordinationsmechanismen und Zuständigkeiten ist als logische Konsequenz der Prozeßorientierung notwendig.

5. Zusammenfassung

Insgesamt erscheinen die Ansätze des Business Redesign aus der historischen Entwicklung der Organisationsstrukturen und der gegenwärtigen Dynamik des Wandels durchaus gerechtfertigt. Eine Differenzierung in Abhängigkeit von den vorhandenen Organisationsstrukturen erscheint jedoch notwendig, da die Gestaltungspotentiale sehr unterschiedliche Umfänge aufweisen. Ebenso kritisch zu beurteilen ist die geringe Bereitschaft zur Übernahme von vorhandenen Organisationsstrukturen, obwohl das angestrebte Durchbrechen der langsamen Weiterentwicklung tayloristischer Prinzipien ein Umdenken erforderlich macht.

Obwohl den Ansätzen eine gewisse Rechtfertigung aus der historischen Entwicklung heraus bescheinigt werden kann, darf nicht davon ausgegangen werden, daß es sich um ein durchdachtes Vorgehensmodell handelt. Einerseits sind die vorhandenen Erfahrungen noch relativ selten und kaum durch empirische Forschungsarbeiten ausgewertet. Von einer Bestätigung der Konzepte in der Praxis kann daher noch nicht gesprochen werden. Weiters besteht für die Wissenschaft noch ein weites Feld für die Bearbeitung von Detailfragen. Dabei ist eine intensive Zusammenarbeit mit der Praxis anzustreben, da die vielfältigen

[27] Vgl. Thom, N., Bürokommunikation, 1993, S. 13 f

Erfahrungen aus der praktischen Organisationsarbeit wertvolle Beiträge für die Weiterentwicklung der wissenschaftlichen Überlegungen liefern können. Die Gestaltung des vorliegenden Bandes unter Mitwirkung von Vertretern von in- und ausländischen Universitäten und von Praktikern aus verschiedenen Branchen ist daher sehr zu begrüßen und läßt wertvolle Beiträge zu Klärung der offenen Fragen erwarten.

> "Wir arbeiten in Strukturen von gestern mit Methoden von heute an Problemen von morgen vorwiegend mit Menschen, die Strukturen von gestern gebaut haben und das Morgen innerhalb der Organisation nicht mehr erleben werden."
>
> Knut Bleicher[28]

[28] Bleicher, K., IT in neuen Managementkonzepten, 1993, S. 23

Literatur

Baily, M. N., Gordon, R. J. [Productivity Slowdown, 1988]: The Productivity Slowdown, Measurement Issues, and the Explosion of Computer Power, in: Brookings Papers on Economic Activity, Nr. 2, 1988, S. 347 - 422

Bellmann, K. [Arbeitsteilung und Kosten, 1993]: Tayloristische Arbeitsteilung und Kosten der Büroarbeit, Teil 1, in: zfo, Vol. 62, Nr. 5, 1993, S. 319 - 330

Bleicher, K. [IT in neuen Managementkonzepten, 1993]: Informationstechnik in neuen Management- und Organisationskonzepten, in: Office Management, Vol. 41, Nr. 11, 1993, S. 22 - 28

Bleicher, K. [Organisation, 1991]: Organisation: Strategie - Strukturen - Kulturen, 2. Auflage, Wiesbaden: Verlag Dr. Th. Gabler, 1991

Carr, D., Dougherty, K., Johansson, H., King, R.. Moran, D. [Break Point BPR, 1992]: Break Point Business Process Redesign, Arlington: Coopers & Lybrand Publishing, 1992

Davenport, T. H., Short, J. E. [Industrial Engineering, 1990]: The New Industrial Engineering: Information Technology and Business Process Redesign, in: Sloan Management Review, Nr. Summer 1990, 1990, S. 11 - 27

Drucker, P., F. [Die Zukunft managen, 1993]: Die Zukunft managen, in: Office Management, Vol. 41, Nr. 11, 1993, S. 44 - 46

Drucker, P., F. [Managing the Future, 1992]: Managing for the Future - The 1990`s and Beyond, New York: Trumann Talley Books, 1992

Hammer, M. [Re-Engineering, 1990]: Reengineering Work: Don't Automate, Obliterate, in: Harvard Business Review, Nr. July-August, 1990, S. 104 - 112

Hammer, M., Champy, J. [Reeingineering the Corporation, 1993]: Reengineering the Corporation - A Manifesto for Business Revolution, New York: Harper Collins Publishers, 1993

Huber, G. P. [Effects of IT on Org. Design, 1990]: A Theory of the Effects of Advanced Information Technologies on Organizational Design, Intelligence, and Decision Making, in: The Acadamy of Management Review, Vol. 15, Nr. 1, 1990, S. 47 - 71

Keen, P. G. [Informationstechnologie, 1992]: Informationstechnologie - Der Weg in die Zukunft, Wien: Wirtschaftsverlag Karl Ueberreuter, 1992

Kieser, A. [Evolutionsorientierte Organisationstheorie, 1992]: Evolutionsorientierte Organisationstheorie, in: Frese, E. (Hrsg.): Handwörterbuch der Organisation (HWO), 3. Auflage, Stuttgart: Verlag C. E. Poeschel, 1992, S. 1758 - 1777

Kieser, A. [Organisationsstrukturen, 1992]: Historische Entstehung von Organisationsstrukturen, in: Frese, E. (Hrsg.): Handwörterbuch der Organisation (HWO), 3. Auflage, Stuttgart: Verlag C. E. Poeschel, 1992, S. 1648-1670

Kieser, A., Kubicek, H. [Organisation, 1992]: Organisation, 3. Auflage, Berlin, New York: Walter de Gruyter Verlag, 1992

Klotz, U. [Organisationskultur, 1993]: Organisationskultur als Wettbewerbsfaktor (3), in: Office Management, Vol. 41, Nr. 11, 1993, S. 61 - 65

Kosiol, E. [Organisation, 1962]: Organisation der Unternehmung, Wiesbaden: Verlag Dr. Th. Gabler, 1962

Krickl, O. [Business Redesign, 1994]: Business Redesign - Organisatorische Auswirkungen und Gestaltungspotentiale von Workflow-Management-Systemen, Graz: Habilitationsschrift in Vorbereitung, 1994

Little, A. D., (Hrsg.) [Manager, 1991]: Der vernetzte Manager - Geschäftserfolge durch Super-Computing und High-Speed-Datenzugriff, Düsseldorf/Wien/New York/Moskau: ECON-Verlag, 1991

Pentzlin, H. [Unternehmer,1964]: Der Mann an der Spitze - Unternehmer im Zeitalter der Elektronik, Oldenburg: Gerhard Stalling Verlag, 1964

Petrovic, O. [Workgroup Computing, 1993]: Workgroup Computing - Computergestützte Teamarbeit: Informationstechnologische Unterstützung für teambasierte Organisationsformen, Heidelberg: Physica Verlag, 1993

Smith, H. A., McKeen, J. D. [Re-Engineering, 1993]: Re-Engineering the Corporation: Where Does I. S. Fit In?, in: Nunamaker, J. F., Sprague, R. H., (Hrsg): Proceedings of the 26 annual HICSS: Information Systems: DSS/Knowledge-Based Systems, Vol. III, Los Alamitos: IEEE Computer Society Press, 1993, S. 120 - 126

Thom, N. [Bürokommunikation, 1993]: Informationen im Fluß halten - Wettbewerbsvorteile durch Innovationsmanagement in der Bürokommunikation, in: TR Technische Rundschau, Vol. 85, Nr. 32, 1993, S. 10 - 15

Business Redesign

Prozeßorientierte Organisationsgestaltung und Informationstechnologie

Otto Krickl
Karl-Franzens-Universität Graz

Abstract

Nach herrschender Auffassung erfordert der Einsatz von Informationstechnologie tiefgreifende organisatorische Anpassungen, um zu nachhaltigen Produktivitätssteigerungen in der Verwaltung zu führen. Für die Vorgangsweise zur Durchführung dieser Veränderungen werden verschiedenste Konzepte diskutiert. Im vorliegenden Beitrag sollen die mit Business Reengineering bzw. Process Reengineering bezeichneten Ansätze aus den USA aufgegriffen und durch eine eigenständige Begriffsdefinition systematisiert werden. Durch die Darstellung der Prinzipien dieser Vorgehenskonzepte sollen die Unterschiede zu bekannten Vorgehensmodellen für Reorganisationen aufgezeigt werden. Eine Darstellung der Zielstruktur von Business Redesign bildet den Ausgangspunkt für eine kritische Analyse dieser Konzepte.

1. Begriffsdefinitionen

Ziel dieses Abschnittes ist es, die zentralen Begriffe zu definieren, um Fehlinterpretationen zu vermeiden, die sich aus den derzeit noch sehr uneinheitlichen Begriffssystemen[1] in diesem Fachbereich ergeben könnten.

1.1. Der Begriff "Informationstechnologie"

Mit dem Begriff Informationstechnologie (abgek. IT) sollen nicht nur die technischen Aspekte der Informationsverarbeitung erfaßt werden, sondern ein erweiterter Begriffsumfang nach der folgenden Definition:

> "Informationstechnologie ist die Gesamtheit verfügbarer Verfahren und Werkzeuge zur Bereitstellung und Verarbeitung von Informationen."[2]

[1] Zur Uneinheitlichkeit der Begriffe vgl. beispielsweise: Hasenkamp, U., Syring, M., Workflow-Management, 1993, S. 406

Unter IT werden daher alle denkbaren technischen Hilfsmittel zur Bereitstellung und Verarbeitung von Informationen mit dem zugehörigen Wissen über Verfahren und Technik verstanden.

1.2. Der Begriff "Workflowmanagementsystem"

Workflowmanagementsystem bezeichnet eine neue Generation von Hard- und Softwaresystemen, die für eine flexible und aktive Steuerung der Abwicklung von arbeitsteilig durchgeführten Prozessen eingesetzt werden können. Durch einige spezifische Merkmale unterscheiden sich diese von herkömmlichen Bürokommunikationssystemen. Da die Workflowmanagementsysteme[3] eine zentrale Stellung bei der Ableitung von organisatorischen Gestaltungspotentialen einnehmen, soll der Begriff dargestellt werden.

Unter "Workflow" (auch als Laufweg oder Leitweg bezeichnet) wird verstanden:

> "Today, workflow refers to the flow of information throughout an organization as it is processed, shared, manipulated, and compiled. Workflow has its foundation in the idea that business processes are actually sets of task done in a prescribed order that incorporate information from various sources."[4]

Unter einem "Workflow" wird daher die Abfolge der einzelnen Arbeitsschritte verstanden, die zur Erledigung eines Geschäftsprozesses notwendig ist. Workflowmanagementsoftware unterstützt das Management von Geschäftsprozessen durchgängig.

> "Workflow-Software is the tool which empowers individuals and groups of individuals in both structured environments to automatically manage a series of current or non recurrent events in a way which achieves the business objectives of the company. Simultaneously, workflow software should allow feedback to management ensuring them the opportunity and ability to extend or modify those business processes as the business environment changes".[5]

2 Hoppen, D., Organisation und IT, 1992, S. 13

3 Der Begriff "Workflowmanagementsysteme" setzt sich in der deutschsprachigen Literatur durch. Beschreibungen des Begriffes finden sich beispielsweise in: Hasenkamp, U., Syring, M., Workflow-Management, 1993a, S. 405 ff; Hasenkamp, U., Syring, M., Workflow-Management, 1993b, S. 32 f

4 Gable, J., Workflow Software, 1991, S. 1

5 Palermo, A. M., McCready, S., C., Workflow Software : A Primer, 1992, S155.

Workflowmanagementsysteme weisen vier Funktionsbereiche[6] auf:

* Analyse- bzw. Synthesetools für den Organisationsgestalter
* Vorgangsverwaltung
* Vorgangssteuerung
* Monitoring

Die Softwaretools zur Vorgangsverwaltung ermöglichen die Eingabe von Vorgangstypen mittels eigener Definitionssprachen (zumeist grafische Vorgangseditoren). Die Definition eines Vorgangstyps umfaßt die einzelnen Vorgangsschritte, deren Ablaufbeziehungen und die zwischen den Vorgangsschritten ausgetauschten Informationen (z.B.: Dokumente). Die Zuordnung der einzelnen Vorgangsschritte zu den Akteuren erfolgt üblicherweise über ein Rollenkonzept. Auf Basis dieser Definitionen steuert die Vorgangssteuerungskomponente die laufende Abwicklung der Geschäftsprozesse. Das System übernimmt eine aktive Steuerung des Ablaufes, indem immer der nächste Bearbeiter ermittelt und verständigt wird. Die Ausführung der einzelnen Vorgangsschritte wird dabei nicht vom System übernommen, sondern verbleibt dem Benutzer.[7]

Die Unterstützung der einzelnen Vorgangsschritte erfolgt durch Anwendungsprogramme (z.B. Textverarbeitung, Tabellenkalkulationsprogramme, Dokumentenmanagementsysteme, aber auch Host-Anwendungen), die in das Workflowmanagementsystem eingebunden werden.

1.3. Der Begriff "Geschäftsprozeß"

Unter einem "Geschäft" soll ein ökonomisch motivierter Austausch von Gütern oder Dienstleistungen verstanden werden.[8] Für die Definition des Begriffes Geschäftsprozeß wird die folgende Definition herangezogen:

> Ein Geschäftsprozeß bezeichnet eine Abfolge von Tätigkeiten, Aktivitäten und Verrichtungen "zur Schaffung von Produkten oder Dienstleistungen, die in einem direkten Beziehungszusammenhang miteinander stehen, und die in ihrer Summe den betriebswirtschaftlichen, produktionstechnischen, verwaltungstechnischen und finanziellen Erfolg des Unternehmens bestimmen."[9]

---

[6] Eine ähnliche Gliederung der Funktionsbereiche findet sich in: Erdl, G., Schönecker, H., G., Geschäftsprozeßmanagement, 1992, S 25ff

[7] Vgl. Hasenkamp, U., Syring, M., Workflow-Management, 1993b, S. 32

[8] Vgl. Kläger, W., Hofmann, J., Fat Office, 1993, S. 37

[9] Striening, H.-D., Prozeßmanagement, , S. 57

Ein Geschäftsprozeß ist eine Menge von strukturierbaren und meßbaren Vorgängen, die für die Erstellung einer spezifizierten Leistung für einen Kunden oder für einen Markt entwickelt wurden.[10] Ein Geschäftsprozeß weist somit einen Beginn und ein Ende auf, ermöglicht die Zuordnung von Kosten, Zeit und Qualität. Zwischen der Zufriedenheit des Kunden und dem zugehörigen Geschäftsprozeß kann ein unmittelbarer Zusammenhang hergestellt werden. Die Analyse von Geschäftsprozessen kann daher auch als eine Betrachtung der Abläufe in der Organisation aus der Sicht des Kunden verstanden werden.

1.4. Der Begriff "Prozeßorientierte Organisation"

Verrichtungsorientierte Arbeitssegmentierungen führen zu einer starken, monofunktionalen Arbeitsteilung, die sich ungünstig auf die Arbeitsbedingungen auswirkt und somit motivations- und produktivitätshemmend ist.[11] Aus dieser Erkenntnis und der Erfahrung, daß bei einer Beibehaltung von funktionalen Arbeitsteilungen keine wesentlichen Verbesserungen der Produktivität[12] möglich sind, entwickelte sich die prozeßorientierte Betrachtung[13] von Abläufen. Der Ansatz der Organisationsgestalter orientiert sich daher nicht mehr an Verrichtungen oder einzelnen Objekten, sondern am Geschäftsprozeß. In der weiteren Konsequenz hat die prozeßorientierte Betrachtungsweise weitreichende Auswirkungen bei der Gestaltung von Organisationsstrukturen.

Prozeßorientierte Organisation ist eine Organisationsgestaltung, "in der die Stellen- und Abteilungsbildung unter Berücksichtigung spezifischer Erfordernisse des Ablaufs betrieblicher Prozesse im Rahmen der Leistungserstellung und -verwertung konzipiert wird."[14]

2. Reengineering

Die Diskussion der organisatorischen Gestaltungspotentiale im Zusammenhang mit der neuen Informationstechnologie hat in den vergangenen Jahren wesentliche Impulse aus den USA erhalten. Die unter den Begriffen "Reengineering", "Business Process Reengineerig" und "Business Redesign" diskutierten Ansätze weisen jedoch noch kein einheitliches Begriffsverständnis auf, sodaß eine Definition als gemeinsame Basis notwendig erscheint.

---

[10] Vgl. Davenport, T., H., Process Innovation, 1993, S. 5

[11] Vgl. Bullinger, H., J., Fähnrich, K., P., Niemeier, J., Schlanke Unternehmungen, 1993, S. 14

[12] Vgl. Davenport, T., H., Process Innovation, 1993, S. 7 f

[13] Das Ziel der prozeßorientierten Reorganisation ist die Überwindung funktionaler Strukturen. Vgl. dazu: Bullinger, H. J., Fröschle, H. P., Brettreich-Teichmann, W., Innovative Unternehmen, 1993, S. 228

[14] Bürgel, H. D., Gentner, A., Prozeßmanagement, 1992, S. 71

Der Begriff "Reengineering" wurde 1990 in Aufsätzen von Michael Hammer[15] und Davenport / Short[16] zur Beschreibung eines neuen Ansatzes für Reorganisationsmaßnahmen verwendet. "Instead of embedding outdated processes in silicon and software, we should obliterate them and start over. We should "reengineer" our businesses: use the power of modern information technology to radically redesign our business processes in order to achive dramatic improvements in their performance."[17] Hammer weist damit darauf hin, daß nachhaltige Produktivitätssteigerungen durch den Einsatz von Informationstechnologie nur durch wesentliche Veränderungen der Organisation erreicht werden können. Grundprinzip für diese organisatorischen Veränderungen ist ein Hinterfragen aller Grundannahmen, die hinter den organisatorischen Regelungen stehen. Damit sollen Restriktionen bei der Neugestaltung abgebaut und neue Formen der Arbeitsorganisation ermöglicht werden.

"At the heart of re-engineering is the notion of discontinuous thinking - of recognizing and breaking away from the outdated rules and fundamental assumptions that underlie operations. Unless we change these rules, we are merely rearranging the deck chairs on the Titanic."[18]

Eine einheitliche allgemein akzeptierte Begriffsdefinition hat sich allerdings noch nicht herausgebildet. Für die vorliegende Arbeit soll die Definition von Hammer und Champy verwendet werden.

"´Reengineering,´ properly, is ´the fundamental rethinking and radical redesign of business processes to achieve dramatic improvements in critical contemporary measures of performance, such as cost, quality, service, and speed.´"[19]

Durch die nähere Beschreibung der folgenden vier Schlüsselwörter[20] sollen die Besonderheiten dieses Konzeptes deutlich gemacht werden:

*** Schlüsselwort: Fundamental**

Mit diesem Schlüsselwort soll zum Ausdruck kommen, daß die den organisatorischen Regelungen zugrundeliegenden kulturellen Aspekte hinterfragt werden müssen. Die wichtigsten Fragestellungen beziehen sich auf die Gründe warum Tätigkeiten überhaupt durchgeführt werden und warum gerade auf diese Art und Weise. Damit wird die Aufmerksamkeit der Organisationsgestalter auf taktische Überlegungen

---

15 Hammer, M., Re-Engineering, 1990
16 Davenport, T. H., Short, J. E., Industrial Engineering, 1990
17 Hammer, M., Re-Engineering, 1990, S. 104
18 Hammer, M., Re-Engineering, 1990, S. 107
19 Hammer, M., Champy, J., Reeingineering the Corporation, 1993, S. 32
20 Vgl. ebenda, S. 32 ff

und auf die Grundannahmen, die hinter der Aufgabenabwicklung stehen, gelegt. Große Veränderungspotentiale eröffnen sich dann, wenn sich die offengelegten Grundannahmen als veraltet, falsch oder inadequat erweisen. Reengineeringprojekte gehen daher immer von einer Analyse der von der Organisation zu erbringenden Leistungen aus und beginnen erst danach mit der Suche nach effizienten Lösungen für die Abwicklung der notwendigen Aufgaben. "Reengineering takes nothing for granted. It ignores what is and concentrates what should be."[21]

*** Schlüsselwort: Radical**

Damit wird zum Ausdruck gebracht, daß sich Reengineering nicht als partielle Verbesserung von bestehenden Organisationsstrukturen versteht, sondern als eine geschäftsprozeßorientierte Optimierung der Organisation. Ausgangspunkt dieses Ansatzes ist, daß sich Verbesserungspotentiale beim Einsatz von IT nur durch wesentliche Veränderungen der Organisation erzielen lassen.[22] Durch die Ablöse von vorhandenen Strukturen wird die einzige Möglichkeit gesehen, innovative Formen der Aufgabenabwicklung zu etablieren. Diese neuen Formen setzen nicht nur das Hinterfragen der bisherigen Grundannahmen voraus, sondern auch die konsequente Beseitigung aller darauf beruhenden Organisationsstrukturen. Inwieweit bewährte Strukturen übernommen werden sollen, wird von einzelnen Autoren unterschiedlich beurteilt. Teilweise wird daher von den Autoren[23] keine detaillierte Erhebung des Istzustandes der Geschäftsprozesse vorgesehen. Da aber ohne einer Analyse der bestehenden Prozesse auch deren Stärken verloren gehen, lehnen andere Autoren[24] diesen Ansatz ab und sehen Erhebungen des Istzustandes als Basis für das Sollkonzept vor. Die Beibehaltung von Strukturen (z. B. Kompetenzverteilung) als "Konfliktvermeidungsstrategie" wird jedenfalls abgelehnt.

---

[21] Hammer, M., Champy, J., Reeingineering the Corporation, 1993, S. 33

[22] Vgl. dazu: Bullinger, H. J., Fröschle, H. P., Brettreich-Teichmann, W., Innovative Unternehmen, 1993, S. 226 ff; Davenport, T., H., Process Innovation, 1993, S. 6 ff

[23] Vgl. beispielsweise: Carr, D., Dougherty, K., Johansson, H., King, R.. Moran, D., Break Point BPR, 1992, S. 16 ff.; Hammer, M., Champy, J., Reeingineering the Corporation, 1993, S. 31 ff.; Smith, H. A., McKeen, J. D., Re-Engineering, 1993, S. 124 ff.

[24] Vgl. beispielsweise: Davenport, T., H., Process Innovation, 1993, S. 137 ff; Johansson, H., McHugh, P., Pendlebury, A., Wheeler III, W., Business Process Reengineering, 1993, S. 57 ff; Newman, G., BPR, 1992, S. 3 ff, Robson, G., D., Work Flow Systems, 1991, S. 60 ff; Vogel, D., Orwig, D., Dean, J. Lee, J., Arthur, C., Re-Engineering, 1993, S. 132 ff

* **Schlüsselwort: Dramatic**
Die Zielsetzung von Reengineering liegt nicht in der Verbesserung der Produktivität um einige Prozentpunkte, sondern in der Erzielung von wesentlichen Veränderungen des Wertschöpfungspotentials. Programme zur Verbesserung der Produktqualität oder zur Senkung der Kosten um einige %-Punkte lassen sich besser mit bekannten Methoden umsetzen. "Marginal improvement requires fine-tuning: dramatic improvement demands blowing up the old and replacing it with something new."[25]

* **Schlüsselwort: Process**
Ansatzpunkt für organisatorische Gestaltungsmaßnahmen ist die funktionsbereichsübergreifende, wertschöpfungsorientierte Optimierung der Prozesse. Die Anforderungen der Kunden bilden dabei den Ausgangspunkt für die Festlegung der optimalen Prozesse. Vielfach wird daher auch von einer "ingenieurmäßigen Optimierung der Prozesse"[26] gesprochen. Der wesentliche Unterschied zu anderen Reorganisationsmaßnahmen besteht in der starken Betonung der Produktivitätsziele als Leitfaden für die Gestaltung.

"Every business activity must have a connection upstream and/or downstream so that the customer or supplier, or both, receives an extraordinary degree of value from the company´s relationship and so a sense of inescapability and/or symbiosis is generated."[27]

Reengineering beinhaltet auch ein neues Verständnis der Rolle der Informationstechnologie. Wie aus der Beschreibung der Schlüsselwörter hervorgeht, ist IT nicht als Mittel zur Automation bestehender Abläufe zu verstehen. Auch die Analyse bestehender Organisationsprobleme und eine darauf aufbauende Suche nach technologischen Lösungen entspricht nicht dem Verständnis von IT im Rahmen von Reengineering-Projekten. Die Rolle der Informationstechnologie ist die eines "Enabling Factors", der Reengineering überhaupt erst ermöglicht. Zugänglich werden dem Organisationsgestalter die neuen Potentiale erst, wenn nicht IT-Lösungen für bestehende Probleme, sondern Anwendungen für zuerst entwickelte innovative Lösungen gesucht werden. Der Lösungsweg ist daher kein deduktives Denken von der Analyse des Problems hin zu einer Lösung mittels IT, sondern ein induktives Denken ausgehend von Lösungen zu Anwendungen.[28]

---

[25] Hammer, M., Champy, J., Reeingineering the Corporation, 1993, S. 33 f
[26] Vgl. Lohoff, P., Lohoff, H. G., Prozeßoptimierung, 1993, S. 251
[27] Johansson, H., McHugh, P., Pendlebury, A., Wheeler III, W., Business Process Reengineering, 1993, S. 7
[28] Vgl. Hammer, M., Champy, J., Reeingineering the Corporation, 1993, S. 82 ff

Diese Thematik wird in den USA unter dem Begriff "Reengineering" sehr intensiv diskutiert. In der vorliegenden Arbeit soll dieser Begriff jedoch aus den folgenden Gründen durch "Redesign" ersetzt werden.

* Der Begriff Reengineering impliziert, daß vorhandene Ablaufregelungen in Organisationen das Ergebnis einer ingenieurmäßigen Gestaltungsarbeit sind.[29] In vielen Fällen sind aber die vorhandenen Strukturen einer Organisation das Ergebnis einer Vielzahl von Einzelentscheidungen, die zu unterschiedlichen Zeitpunkten mit unterschiedlichen Zielsetzungen getroffen wurden.[30]
* Mit dem Begriff Reengineering wird oft ein Downsizing von EDV-Systemen zur Kostenreduktion und ein ingenieurmäßiges Vorgehen mit wenig Rücksichtnahme auf die Mitarbeiter assoziiert.[31]
* Es besteht die Gefahr der Verwechslung mit dem Begriff "Software-Reengineering"[32]

3. Business Redesign

Die Ansatzpunkte des Reengineerings nach Hammer und Champy sollen bei der Definition des Begriffes Business Redesign prinzipiell übernommen werden. Reengineering stellt aber nur ein Element in einem umfassenderen Begriffssystem dar, da damit nicht alle Aspekte der durch IT ausgelösten organisatorischen Veränderungen erfaßt werden können. Die notwendigen Erweiterungen des Begriffes sollen in Form eines Begriffssystems auf Basis empirischer Forschungsarbeiten vorgenommen werden. Der Gesamtumfang der zu berücksichtigenden Aspekte soll somit nicht in einem einzigen Begriff zusammengefaßt, sondern in mehrere Begriffselemente aufgeteilt werden.

Ansatzpunkte für eine Begriffssystematik für Business Redesign können aus den Forschungsergebnissen der MIT-Studie "Management in the 1990s"[33] gewonnen werden. Im Rahmen dieser Arbeiten wurde eine Einteilung der durch den Einsatz von Informationstechnologie ausgelösten Veränderungen von Organisationsstrukturen in fünf Ebenen[34] vorgenommen. Dieses Konzept der Ebenen ist nicht

---

[29] Vgl. Morris, D., Brandon, J., Re-Engineering, 1993, S. 9

[30] Zur historischen Entwicklung der Organisationsstrukturen vgl. auch den Beitrag von Kraus, H. in diesem Band.

[31] Vgl. Carr, D., Dougherty, K., Johansson, H., King, R.. Moran, D., Break Point BPR, 1992, S. V

[32] Zum Begriff des Software-Reengineering vgl. beispielsweise: Eicker, S., Kurbel, K., Pietsch, W., Rautenstrauch, C., Reengineering, 1992, S. 139 ff; Richter, L., Software Reengineering, 1992, S. 127 ff

[33] Eine Darstellung der Ergebnisse findet sich in: Scott Morton, M. (Hrsg.), Corporation of the 1990s, 1991

[34] Vgl. Venkatraman, N., Business Reconfiguration, 1991, S. 126 ff

als stufenweises Entwicklungskonzept zu verstehen, sondern stellt voneinander getrennte Grade von Organisationsstrukturanpassungen dar. In der Abbildung 1 sind die Ebenen mit den zugehörigen Begriffen schematisch dargestellt.

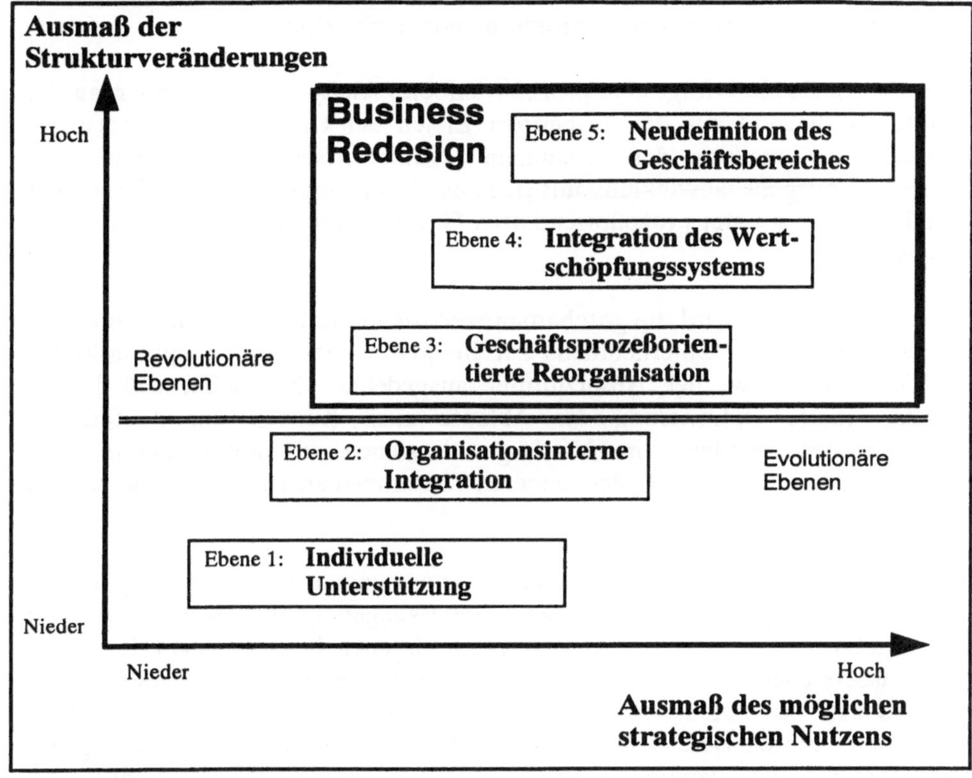

Abb. 1: Ebenen der Strukturveränderungen durch den Einsatz von IT[35]

In die Ebene 1 fallen IT-Anwendungen, die unabhängig voneinander in verschiedenen Abteilungen zur funktionalen Automation eingesetzt werden. Die Zielsetzung für den Einsatz dieser Anwendung ist die Optimierung der Unterstützung für den Funktionsbereich auf Basis der vorhandenen Ziele und Aufgaben. Die Optimierung funktionsbereichsübergreifender Arbeitsabläufe steht in dieser Ebene nicht im Vordergrund.

Die zweite Ebene baut auf die Ebene 1 auf und sieht eine technische und eine organisatorische Integration vor. Unter der technischen Integration wird die Vernetzung aller Informationsverarbeitungssysteme zu einer einheitlichen Plattform verstanden. Auf Basis der technischen Integration wird im Rahmen der organisatorischen Integration versucht, die bisherigen Geschäftsprozesse

[35] Zeichnung des Verfasser in Anlehnung an: Venkatraman, N., Business Reconfiguration, 1991, S. 127

durchgängig zu unterstützen. Die funktionsbereichsübergreifende IT-Unterstützung rückt in dieser Ebene in den Mittelpunkt des Interesses, die funktionale Gliederung der Organisation bleibt jedoch erhalten. Die Ebenen eins und zwei werden als evolutionäre Ebenen bezeichnet, da keine wesentlichen Veränderungen der Organisationsstrukturen notwendig sind.

In der dritten Ebene erfolgt eine prozeßorientierte Analyse und Optimierung der Abläufe. Aufbauend auf den bisherigen Zielen der Organisation werden die Prozesse zur Erstellung der Leistungen organisatorisch optimiert und neue Formen der Aufgabenabwicklung mit Hilfe der IT umgesetzt. Die Gliederung der Organisation wird unter prozeßorientierten Gesichtspunkten zumindest teilweise neu gestaltet.

In der vierten Ebene wird die geschäftsprozeßorientierte Reorganisation über die Grenzen des eigenen Unternehmens zur Integration der Wertschöpfungsketten der Lieferanten bzw. der Absatzmittler ausgedehnt. Das heißt, daß in die prozeßorientierte Optimierung der Abläufe auch Kunden und Lieferanten miteingebunden werden. Im Vordergrund stehen in dieser Ebene aber strategische Ziele, die mit der engeren Zusammenarbeit mit Kunden und Lieferanten verfolgt werden.

In der fünften Ebene werden strategische Anpassungen des Geschäftsbereiches der Organisation vorgenommen. Diese Anpassungen können sowohl in einer Konzentration auf den Kerngeschäftsbereich als auch in einer Ausweitung des Geschäftsbereiches bestehen. Von besonderem Interesse sind in dieser Ebene neue Produkte oder Dienstleistungen, die durch die moderne IT erst ermöglicht werden.[36] In diesen Bereich fallen auch Überlegungen zur Segmentierung der Unternehmung, da dadurch der Geschäftsbereich der Stammorganisation ebenfalls eine Veränderung erfährt.

Die Ebenen drei bis fünf weisen die Prinzipien des Reengineering auf und werden daher als revolutionäre Ebenen bezeichnet.

Die dargestellten Ebenen bilden Elemente von Business Redesign, das hiermit folgendermaßen definiert wird:

[36] Als Beispiel dafür können Fluglinien, die als Betreiber von Buchungssystemen EDV-Dienstleistungen anbieten genannt werden. Vgl. dazu auch: Venkatraman, N., Business Reconfiguration, 1991, S. 148

Der Begriff "Business Redesign" faßt die Ebenen geschäftsprozeßorientierte Reorganisation, Integration des Wertschöpfungssystems und die Neudefinition des Geschäftsbereiches zusammen. D. h. unter Business Redesign wird ein Konzept zur revolutionären Veränderung von Organisationsstrukturen mit dem Ziel der optimalen Nutzung der Potentialfaktoren der IT verstanden.

Unter Geschäftsprozeßmanagement soll die geschäftsprozeßorientierte Reorganisation und die mit der laufenden Abwicklung der Geschäftsprozesse verbundenen Planungs-, Steuerungs- und Kontrollaufgaben verstanden werden.

Business Redesign umfaßt daher im Unterschied zum Geschäftsprozeßmanagement Konzepte für die anzustrebenden Organisationsstrukturen und ein Vorgehensmodell. Ein weiterer Unterschied ergibt sich dadurch, daß Business Redesign auch die Integration des Wertschöpfungssystems und die Neudefinition des Geschäftsbereichs umfaßt. Der Titel des vorliegenden Bandes wurde mit "Geschäftsprozeßmanagement" festgelegt, da dies den gemeinsamen Nenner aller Autoren darstellt.

3.1. Gestaltungsarbeit nach den Prinzipien des Business Redesign

Die folgenden Überlegungen beziehen sich auf die Ebene der geschäftsprozeßorientierten Reorganisation. Den Ausgangspunkt bildet eine Analyse der Kundenwünsche für jede zu erstellende Leistung. Davon ausgehend werden die in der Abbildung 2 symbolisch dargestellten Schritte zur Optimierung des Prozesses durchgeführt.

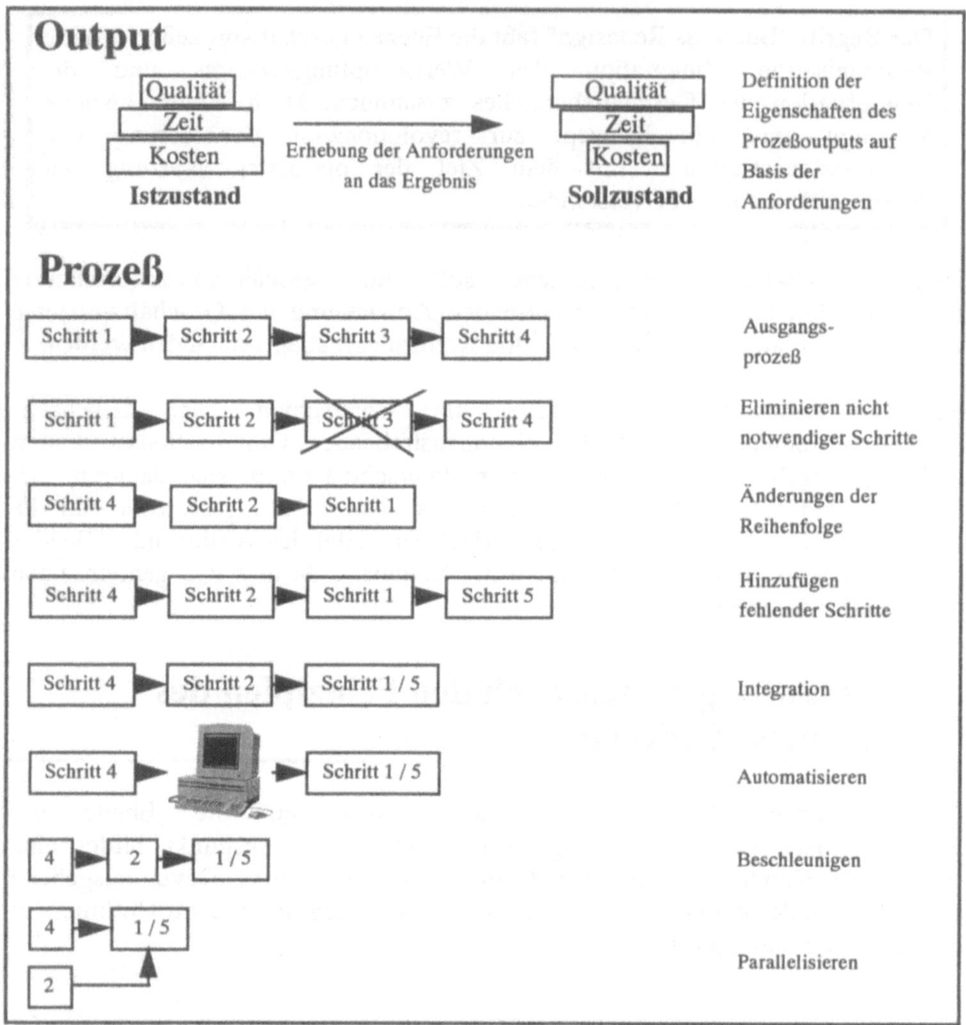

Abb. 2: Ansatzpunkte für geschäftsprozeßorientierte Reorganisation[37]

Folgende Zielsetzungen werden mit der Optimierung der einzelnen Geschäftsprozesse verfolgt:

* Die Anzahl der an der Prozeßdurchführung beteiligten Personen bzw. Funktionsbereiche soll minimiert werden.
* Schnittstellen zwischen den einzelnen Funktionsbereichen sind zu beseitigen oder zumindest zu verbessern.

[37] Zeichnung des Verfassers in Anlehnung an: Lohoff, P., Lohoff, H.-G., Prozeßoptimierung, 1993, S. 251; Metken, M., Organisationsoptimierung, 1993, S. 7 ff

* Innerhalb des Geschäftsprozesse sind einheitliche Ziel- und Erfolgskriterien zu etablieren.
* Für jeden Prozeß ist eine eindeutige Verantwortlichkeit vorzusehen.
* Die Basis für eine eindeutige Zurechenbarkeit der Kosten zu den Geschäftsprozessen ist herzustellen.
* Kontrollen sind im geringst möglichen Ausmaß vorzusehen.

In den meisten Organisationen lassen sich ca. 10 bis 20 Kernprozesse[38] feststellen. Diese sind im operativen Bereich: Produktentwicklung, Kundenaquisitation, Kundenbedarfserhebung, Produktion, Integrierte Logistik, Bestellwesen, Post-Sale-Dienstleistungen. Als Managementprozesse können unterschieden werden: Erfolgskontrolle, Informationsmanagement, Management der Vermögenswerte, Personalmanagement, Planung und Ressourcenallokation.

Nach der Optimierung der Prozesse erfolgt die Stellen- und Abteilungsbildung, bzw. der Aufbau des Koordinationssystems. Die Einrichtung von Instanzen (Prozeßverantwortliche) soll sich dabei an den Prozessen orientieren, d. h. der Verantwortungsbereich einer Instanz umfaßt den gesamten Prozeß. Die nach funktionalen bzw. produktorientierten Gesichtspunkten gebildeten Instanzen werden daher durch Prozeßverantwortliche[39] ergänzt oder ersetzt. Hinsichtlich der Konfiguration werden aber auch visionäre Zielsetzungen verfolgt, wie beispielsweise die Realisierung von fraktalen Organisationen.[40] Insgesamt ergeben sich wesentliche Veränderungen der Organisationsstrukturen,[41] die im folgenden anhand der Strukturdimensionen von Kieser und Kubicek dargestellt werden.[42]

3.2. Zielstruktur von Business Redesign

Die Zielstruktur des Business Redesign sieht eine niedrige Arbeitsteilung vor, bei der Stellenbildung wird daher versucht, möglichst gesamte Prozesse oder zumindest wesentliche Teilprozesse einer Stelle zuzuordnen. Der Beitrag jeder Stelle zur Erfüllung der Gesamtaufgabe soll dadurch für den Stelleninhaber erkennbar sein, um die Eigenverantwortlichkeit und die Zielidentifikation zu fördern. Die Anforderungen an die Qualifikation der Mitarbeiter steigen dabei

[38] Vgl. Davenport, T., H., Process Innovation, 1993, S. 7 ff

[39] Zur Diskussion über die aufbauorganisatorische Positionierung der Prozeßverantwortung vgl. Bürgel, H. D., Gentner, A., Prozeßmanagement, 1992, S. 72 ff; Striening, H.-D., Prozeßmanagement,1988, S. 164 ff

[40] Zum Begriff der fraktalen Organisation vgl. Warneke, H. J., Die fraktale Fabrik, 1992

[41] Eine detaillierte Analyse der Veränderungen der Organisationsstrukturen durch Business Redesign und dem Einsatz von IT findet sich in: Krickl, O., Business Redesign, Habilitationsschrift in Vorbereitung

[42] Vgl. Kieser, A., Kubicek, H., Organisation, 1992, S. 73 ff

sowohl im Bereich des Fachwissens als auch bei der persönlichen (z. B. Teamfähigkeit) Kompetenz.[43]

Bei der Gestaltung des Koordinationssystems verfolgt Business Redesign die Zielsetzung, die strukturelle Koordination möglichst weitgehend abzubauen und durch nicht strukturelle Mechanismen zu ersetzen. Das wesentliche Element dazu besteht in einer Unternehmenskultur, die mit einem Schlagwort ausgedrückt "den Unternehmer im Unternehmen" zu fördern sucht. Das bedeutet, der einzelne Mitarbeiter orientiert sich an den Unternehmenszielen, kennt den Wertschöpfungsbeitrag seiner Tätigkeit und versucht die Wertschöpfung durch kundenorientiertes Handeln zu optimieren. Der Unternehmer im Unternehmen kommt auch dadurch zum Ausdruck, daß die Mitarbeiter selbst auf eine Minimierung des für die Erstellung der Leistungen notwendigen Aufwandes achten. Damit verbunden ist die permanente Suche nach Verbesserungen der Prozesse und die flexible Anpassung von generellen Verfahrensrichtlinien an die Erfordernisse von Einzelfällen.

Die Koordination erfolgt durch die (gemeinsame) Erarbeitung von generellen Verfahrensrichtlinien und durch Selbstabstimmung der Stelleninhaber. Somit wird die Koordination durch Instanzen wird soweit als möglich ersetzt. Der Bedarf an persönlichen Weisungen wird daher tendenziell verringert. Eine besondere Rolle spielt bei der Gestaltung des Koordinationssystems die Informationstechnologie, da Potentialfaktoren[44] zur Verfügung stehen, die neue Gestaltungspotentiale eröffnen. Diese bestehen neben der Automatisierung insbesonders aus den Möglichkeiten zur Asynchronisierung und Dezentralisierung der Abwicklung einzelner Prozeßteile. Die Informationstechnologie kann sowohl für strukturierbare als auch für nichtstrukturierbare Aufgaben eingesetzt werden.

Die nichtstrukturierbaren Bereiche sind Gegenstand der CSCW[45]-Forschung. Die strukturierbaren Prozesse bilden den Kernanwendungsbereich der Workflowmanagementsysteme. Diese führen aber durch die Definition der Vorgangstypen zu einem starken Ansteigen der Vorauskoordination. Die Steuerung der Prozeßabwicklung durch die Workflowmanagementsoftware auf Basis der Vorgangstypdefinitionen kann zu einer Inflexibilität bei der Abwicklung von Sonderfällen führen. Die Koordinationsmechanismen müssen daher eine Methodik zur raschen Anpassung der Vorgangstypdefinitionen vorsehen. Die Anpassungen könnten durch Selbstabstimmung der am jeweiligen Geschäftsprozeß beteiligten Mitarbeiter erfolgen. Die Änderungen der Definitionen ist

[43] Vgl. Krickl, O., Business Process Reengineering, 1993, S. 108 ff
[44] Zu den Potentialfaktoren moderner IT vgl. z.B.: Petrovic, O., Lean Management, 1993, S. 9 ff
[45] Computer-Supported Cooperative Work

durch die Anwender möglich, sodaß keine Systemspezialisten hinzugezogen werden müssen.

Durch die konsequente Minimierung des Koordinationsbedarfes durch Instanzen bei der Prozeßgestaltung und die Effizienzsteigerung der Koordinationsinstrumente[46] durch den Einsatz der IT können die Leitungsspannen erhöht und die Anzahl der Hierarchiebenen verringert werden. Die Konfigurationen der Organisationen weisen in der Zielstruktur des Business Redesign flache Strukturen mit hohen Leitungsspannen und geringer Anzahl von unterstützenden Stellen (z.B. Stäbe) auf.

Hinsichtlich der Entscheidungsdelegation wird bei Business Redesign die Verlagerung der Entscheidungen zu den ausführenden Stellen angestrebt. Diese Delegation von Entscheidungen erfolgt aber mit dem Ziel, durch den Einsatz der IT die Vorteile der dezentralen und der zentralen Entscheidungsfindung zu verbinden. Mittels der IT werden allen Stelleninhabern die für die Entscheidungen notwendigen Informationen verfügbar gemacht. Die Spezialisierungsvorteile zentraler Stellen sollen durch die Informationsbasis auch bei dezentraler Entscheidungsfindung genutzt werden. Die Nachteile zentraler Entscheidungen, wie lange Entscheidungswege bzw. mangelnde Detailkenntnis, sollen durch die Dezentralisierung vermieden werden.[47] Durch den Einsatz der Informationstechnologie kommt es aber auch zu einer Vorstrukturierung von Entscheidungen. D. h. die im Einzelfall getroffene Entscheidung erfolgt innerhalb eines vorgegebenen Spielraumes (z. B. Auswahl von Lieferanten nur aus einer zentral erstellten Liste) und kann nachvollzogen (Speicherung aller Aktivitäten durch das Workflowmanagementsystem) werden. Es kommt daher nicht zu einem Verlust von Einfluß auf die Entscheidungen bei den Instanzen, da dieser über die Vorstrukturierung ausgeübt wird. Zu einer echten Entscheidungsdelegation kommt es erst bei einer Übertragung der Befugnis zur Vorstrukturierung. Die Entscheidungsfindung erfolgt nach den Intentionen des Business Redesign partizipativ.

Bei der Formalisierung wird grundsätzlich versucht, diese so gering als nur möglich zu halten. Hier kommt es aber durch die Funktionalität der Workflowmanagementsysteme zu einem gegenteiligen Effekt. Die Softwaretools zur Analyse der Prozesse erfordern eine detaillierte Eingabe jeder Aktivität und der damit verbundenen Daten (Zeitdauer, logische Abhängigkeiten, benötigte Information etc.). Diese Eingaben werden zur softwareunterstützten Simulation der Prozesse und zum Generieren von Vorgangstypdefinitionen verwendet. Da die Vorgangstypdefinitionen wiederum die laufende Abwicklung der Geschäfts-

---

[46] Eine Begründung dafür findet sich in: Krickl, O., Business Redesign, Habilitationsschrift in Vorbereitung

[47] Vgl. Hammer, M., Re-Engineering, 1990, S. 104 ff

prozesse steuern, ist eine vollständige Abbildung und laufende Wartung aller Prozeßdefinitionen notwendig. Insbesondere die Wartung der Definitionen ist als Grundvoraussetzung für die Erhaltung der Flexibilität der Organisation anzusehen.

In der Abbildung 3 wurden in der Zielstruktur für Business Redesign die Werte für die Formalisierung als hoch eingetragen. Dies entspricht zwar nicht den Zielen, ergibt sich aber als unvermeidbarer Effekt der IT. Die nachteiligen Wirkungen auf die Flexibilität müssen durch organisatorische Mechanismen, die eine rasche Anpaßbarkeit gewährleisten, kompensiert werden.

Insgesamt ergibt sich eine Zielstruktur des Business Redesign, die in der Abbildung 3 mit den Strukturen der Vertrauens- und der Mißtrauensorganisation nach Bleicher[48] gegenübergestellt ist. Diese beiden extremen Ausprägungen wurden gewählt, um die Unterschiede beim Veränderungsbedarf aufzuzeigen. Daraus soll ersichtlich sein, daß eine Beurteilung der Redesign Ansätze nicht unabhängig von der vorhandenen Organisationsstruktur erfolgen kann.

Bei der Vertrauensorganisation liegt ein hoher Grad an Übereinstimmung bei den Ausprägungen der einzelnen Strukturdimensionen vor. Lediglich bei der Formalisierung ergeben sich Abweichungen, die aber auf die Eigenschaften der IT (siehe oben) zurückzuführen sind. Business Redesign in Vertrauensorganisationen besteht daher hauptsächlich in der Umsetzung der Geschäftsprozeßorientierung bei der Gestaltung der Strukturen (insbes. Gliederungsprinzip) und der Implementierung der IT.

Wie aus der Grafik zu entnehmen ist, bestehen zwischen der Mißtrauensorganisation und der Zielstruktur von Redesign diametrale Ausprägungen aller Strukturdimensionen. Dies gilt prinzipiell auch für die Formalisierung, da diese in der Mißtrauensorganisation als Instrument der Verhaltenssteuerung eingesetzt wird, während die hohe Ausprägung beim Redesign einen ungewollten Effekt der IT darstellt. Die Organisationsgestaltung nach den Prinzipien des Redesign beinhaltet in diesem Fall eine völlige Veränderung der Organisationsstrukturen. Die Zielsetzung kann mit denen der Umwandlung von Mißtrauens- in Vertrauensorganisationen verglichen werden und fügt sich damit in eine Reihe von Tendenzen ein, die in der Organisationsgestaltung in den letzten Jahren zu beobachten waren.[49]

48 Vgl. Bleicher, K., Organisation, 1991, S. 70 ff

49 Zu den Tendenzen auf dem Weg zu Vertrauensorganisationen vgl. Bleicher, K., Organisation, 1991, S. 76 ff

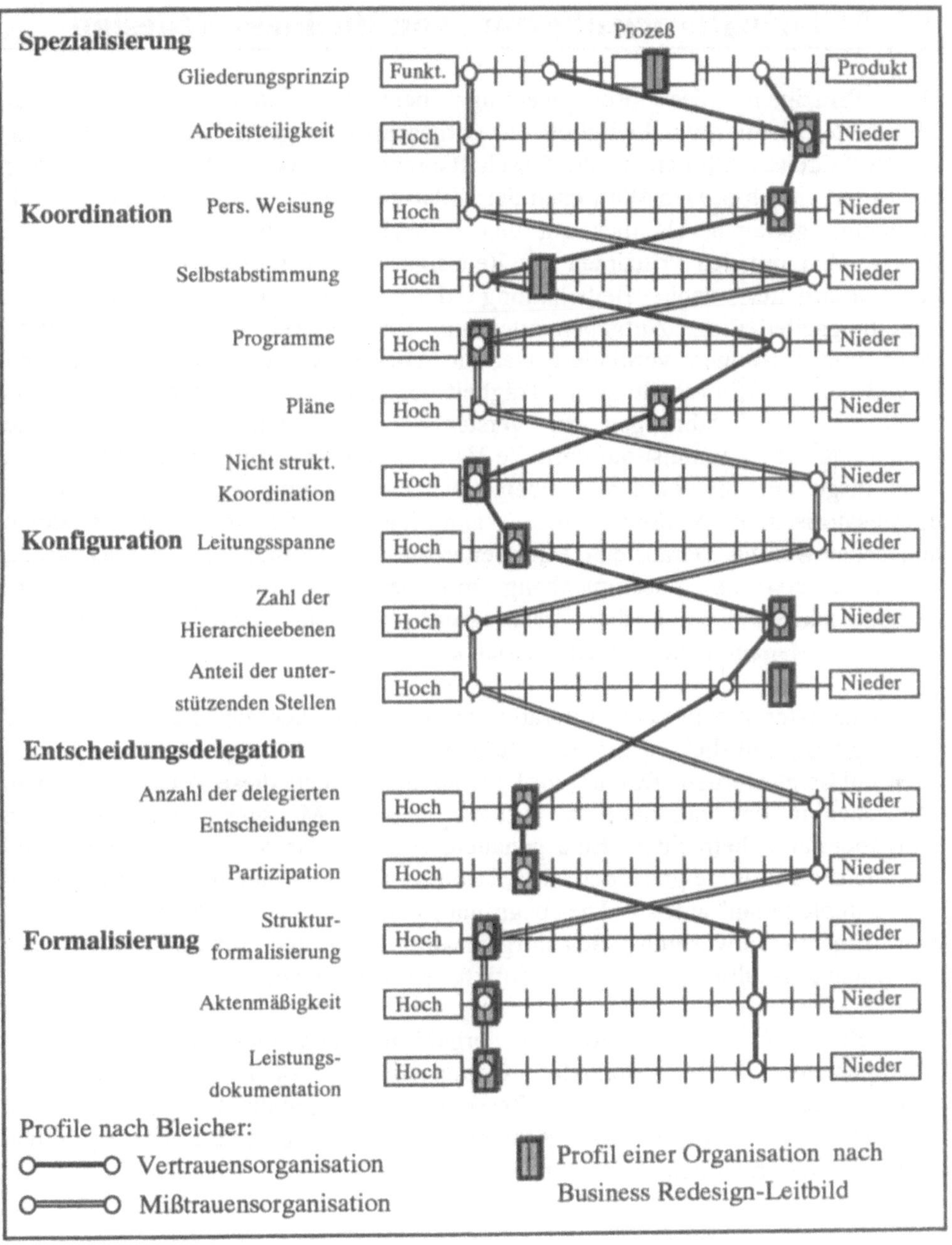

Abb. 3: Gegenüberstellung der Profile von Vertrauens- und Mißtrauensorganisation mit der Zielstruktur von Business Redesign

3.3. Mitarbeiterorientierung von Business Redesign

Die Prinzipien des Reengineering beinhalten keine Aussage zur Mitarbeiterorientierung. Lediglich die vorgeschlagene gemeinsame Erarbeitung der Verfahrensrichtlinien für die Geschäftsprozesse weisen auf eine Einbindung der Mitarbeiter hin. Den Wünschen der Mitarbeiter wird dabei aber nur insoweit Rechnung getragen, als dies mit den Wirtschaftlichkeitszielen vereinbar ist. Unvereinbar mit den Prinzipien des Redesign wäre beispielsweise der Wunsch der Mitarbeiter nach Beibehaltung der vorhandenen Strukturen (z.B. Abteilungsgliederung, Aufgabenverteilung, Einflußbereiche etc.), da dadurch innovative Lösungen verhindert werden. Dieser Ansatz des Redesign zielt bewußt auf die Überwindung der Trägheit von Organisationen[50] ab. Dies ist als Reaktion auf Erfahrungen zu verstehen, die gezeigt haben, daß die Gestaltungsarbeit zumeist nur partielle Verbesserungen vornimmt, die Strukturen aber insgesamt unverändert bleiben. Die Beibehaltung von Strukturen bei organisatorischen Veränderungen kann als Konfliktvermeidungsstrategie angesehen werden. Daraus eine Mitarbeiterorientierung abzuleiten ist aber falsch, da diese erst im Zusammenhang mit den Gestaltungszielen, mit dem Vorgehenskonzept, mit der Zielstruktur und dem begleitenden Human-Ressource-Management beurteilt werden kann.

Ein Charakteristikum der Literatur zum Themenbereich Reengineering / Redesign ist, daß die Aspekte des Human Ressource Managements weitgehend vernachlässigt werden. Daraus wird oft abgeleitet, daß diese Ansätze auf dem Menschenbild des "rational man" aufbauen und den Menschen als normierbaren Aufgabenträger betrachten. Eine genauere Analyse der Vorgehensmodelle und der Zielstrukturen zeigt jedoch, daß Business Redesign auf dem Menschenbild des "complex man" aufbaut. Dies begründet sich durch die starken Ausprägungen von Eigenverantwortung, Selbstorganisation und Koordination durch die Unternehmenskultur, die in der Zielstruktur enthalten sind.

Generell lösen neue Ansätze für organisatorische Gestaltung, wie Lean Management, TQM, fraktale Organisationen oder Redesign, neue Herausforderungen für das Human-Ressourcen-Management aus. Diese bestehen beispielsweise in der Entwicklung von neuen Beurteilungs- und Karrieresystemen in teambasierten Organisationsformen.[51]

---

50 Zur Trägheit von Organisationen vergleiche auch den Beitrag von Kraus, H. in diesem Band.

51 Zu Karrieresystemen in teambasierten Organisationsformen vgl. Scheff, J., Business Teams, 1993, S. 189 ff. Zu den Aspekten des Human Ressourcen Managements vgl. den Beitrag von Scheff, J. in diesem Band.

4. Kritische Beurteilung von Business Redesign

Bei der Beurteilug der Konzepte sollte der Hintergrund, vor dem diese entwickelt wurden, beachtet werden. Folgende Punkte erscheinen dafür maßgebend zu sein:

* Die dynamischen Veränderungen der Unternehmensumwelt erfordern permanente Anpassungen der Organisation in kurzer Zeit. Organisatorische Gestaltungsmaßnahmen, die längerfristig angelegt sind und nur partielle Veränderungen der vorhandenen Strukturen vorsehen, sind daher immer weniger geeignet, die Wettbewerbsfähigkeit der Unternehmung zu erhalten.
* Der Einsatz der IT ist nicht automatisch mit einer Steigerung der Produktivität verbunden. Dieser als Produktivitätsparadoxon der IT bezeichnete Effekt kann nur durch die gezielte Nutzung der Potentialfaktoren der IT überwunden werden. Dies setzt eine Anpassung der Organisationsstrukturen voraus, die über "kosmetische" Änderungen weit hinaus gehen.
* Die Trägheit von Organisationen erschwert tiefgreifende organisatorische Veränderungen erheblich.

Die Ausgangssituation für die ersten Redesign-Projekte waren zumeist durch eine drohende Insolvenz der betreffenden Unternehmung gekennzeichnet. Kurzfristige Erfolge bei der Anpassung waren daher unbedingt notwendig. Die größtenteils guten Ergebnisse, wie beispielsweise wesentliche Verringerungen bei den Durchlaufzeiten oder den Personalkosten, führten dazu, daß die Erfahrungen dieser Projekte in die Erarbeitung der Redesign-Konzepte eingeflossen sind.

Die Ansätze sollen daher auch für Organisationen, die nicht (oder nicht unmittelbar) mit Problemen der Wettbewerbsfähigkeit konfrontiert sind, herangezogen werden. Die Verallgemeinerung der Vorgehensmodelle erscheint jedoch zu undifferenziert, da wie dargestellt die Veränderungsnotwendigkeiten von den vorhandenen Ausprägungen der Organisationsstrukturen abhängen. Die fehlende Differenzierung und die Kompromißlosigkeit der Vorgehensmodelle lassen Widerstände sowohl im Management als auch bei den Organisationsmitgliedern erwarten.

Diese Widerstände führen in Verbindung mit den Eigenschaften der modernen IT, insbesonders den Workflowmanagementsystemen, zum Gestaltungsdilemma des Business Redesign. Dieses besteht darin, daß die IT einen sehr weiten Spielraum für die organisatorische Gestaltung eröffnet, der von Möglichkeiten zur Taylorisierung bis zur ganzheitlichen Aufgabenabwicklung reicht. Im Zuge der Einführung von IT besteht für Organisationen daher die Möglichkeit, die vorhandene Organisation beizubehalten. So werden beispielsweise oft die öffentliche Verwaltung oder Kreditinstitute als besonders geeignet für Workflowmanagementsysteme dargestellt, da die Arbeitsabläufe durch exakte Regelungen vorbestimmt sind. D. h. bei der Implementierung der IT werden diese Abläufe übernommen und nicht die Potentialfaktoren der IT genutzt. Den vielfältigen Problemen bei der Reorganisation kann damit ausgewichen werden. Da die meisten Kostenrechnungssysteme weder für die Erfassung der Anschaffungskosten der Technologie noch für die Kosten des laufenden Betriebes geeignet sind,[52] wird die erreichte Produktivitätssteigerung nicht transparent. Der tatsächliche Erfolg des IT Einsatzes kann daher nicht nachgewiesen werden, insbesonders das durch die unterlassene Reorganisation "verschenkte" Rationalisierungspotential entzieht sich einer Analyse.

Der Nachweis der Wirtschaftlichkeit eines Business Redesign-Projektes ausschließlich auf Basis von Kosten ist schwierig zu führen.[53] Die Entscheidungsträger in Organisationen werden nur dann einer tiefgreifenden Reorganisation zustimmen, wenn dies in Zusammenhang mit der langfristigen Erhaltung der Wettbewerbsfähigkeit gesehen wird.

In der Bewußtseinsbildung für die Zusammenhänge zwischen Organisation, IT und Wettbewerbsfähigkeit kann die Diskussion über Business Redesign wertvolle Beiträge leisten. Die konzipierten Vorgehensmodelle und Zielstrukturen bedürfen noch einiger Ergänzungen durch Detailkonzepte. Eine besondere Bedeutung kommt dabei dem bidirektionalen Informationsaustausch zwischen Forschung und Praxis zu, da die theoretischen Konzepte nur durch praktische Erfahrungen verbessert werden können. Im vorliegenden Band wurde daher versucht, einige der offenen Fragen durch Beiträge von Forschern und Praktikern zu bearbeiten.

> Now this is not the end.
> It is not even the beginning of the end.
> But it is, perhaps, the end of the beginning.
>
> Winston Churchill

---

[52] Vgl. Strassmann, P., A., Value of Computers, 1990, S. 59 ff

[53] Eine Methodik für einen einfachen Wirtschaftlichkeitsvergleich wird im Beitrag von Gneisz, L. in diesem Band dargestellt.

Literaturverzeichnis

Bleicher, K. [Organisation, 1991]: Organisation: Strategie - Strukturen - Kulturen, 2. Auflage, Wiesbaden: Verlag Dr. Th. Gabler, 1991

Bullinger, H. J., Fröschle, H. P., Brettreich-Teichmann, W. [Innovative Unternehmen, 1993]: Informations- und Kommunikationsinfrastrukturen für innovative Unternehmen, in: zfo, Vol. 62, Nr. 4, 1993, S. 225 - 234

Bullinger, H., J., Fähnrich, K., P., Niemeier, J. [Schlanke Unternehmungen, 1993]: Informations- und Kommunikationssysteme für "schlanke Unternehmungen", in: Office Management, Vol. 41, Nr. 1 - 2, 1993, S. 6 - 19

Bürgel, H. D., Gentner, A. [Prozeßmanagement, 1992]: Phasenübergreifende Integration zur Steuerung der Entwicklungs- und Anlaufphasen bei Serienprodukten - Prozeßmanagement und Überleitungsphasen, in: Hanssen, R. A., Kern, W. (Hrsg.): Integrationsmanagement für neue Produkte, Zfbf Sonderheft 30, Düsseldorf / Frankfurt: Verlagsgruppe Handelsblatt, 1992, S.

Carr, D., Dougherty, K., Johansson, H., King, R.. Moran, D. [Break Point BPR, 1992]: Break Point Business Process Redesign, Arlington: Coopers & Lybrand Publishing, 1992

Davenport, T. H., Short, J. E. [Industrial Engineering, 1990]: The New Industrial Engineering: Information Technology and Business Process Redesign, in: Sloan Management Review, Nr. Summer 1990, S. 11 - 27

Davenport, T., H. [Process Innovation, 1993]: Process Innovation - Reeingineering Work through Information Technology, Boston: Harvard Business School Press, 1993

Eicker, S., Kurbel, K., Pietsch, W., Rautenstrauch, C. [Reengineering, 1992]: Einbindung von Software-Altlasten durch integrationsorientiertes Reengineering, in: Wirtschaftsinformatik, Vol. 34, Nr. 2, 1992, S. 137 - 145

Erdl, G., Schönecker, G. [Geschäftsprozeßmanagement, 1992]: Geschäftsprozessmanagement - Vorgangssteuerungssysteme und integrierte Vorgangsbearbeitung, Baden-Baden: FBO - Fachverlag, 1992

Gable, J. [Workflow Software, 1991]: Workflow Processing Software, in: Datapro, Okt., 1991, S. 1 - 8

Hammer, M. [Re-Engineering, 1990]: Reengineering Work: Don't Automate, Obliterate, in: Harvard Business Review, Nr. July-August, 1990, S. 104 - 112

Hammer, M., Champy, J. [Reeingineering the Corporation, 1993]: Reengineering the Corporation - A Manifesto for Business Revolution, New York: Harper Collins Publishers, 1993

Hasenkamp, U. [Bürovorgangssystem, 1987]: Konzipierung eines Bürovorgangssystems - Informations- und Kommunikationstechnik zur aktiven Steuerung von Bürovorgängen, Köln: Habilitationsschrift an der Universität Köln, 1987

Hasenkamp, U., Syring, M. [Workflow-Management, 1993a]: Konzepte und Einsatzmöglichkeiten von Workflow-Management-Systemen, in: Kurbel, K., (Hrsg.): Wirtschaftsinformatik 93 - Innovative Anwendungen, Technologie, Integration, Heidelberg: Physica Verlag, 1993a, S. 405 - 422

Hasenkamp, U., Syring, M. [Workflow-Management, 1993b]: Workflow-Management - Beispiele Zeitschriftenproduktion, in: Office Management, Vol. 41, Nr. 6, 1993b, S. 32 -36

Hoppen, D. [Organisation und IT, 1992]: Organisation und Informationstechnologie - Grundlagen für ein Konzept zur Organisationssystemgestaltung, Hamburg: Verlag Dr. Kovac, 1992

Höller, H., Kubicek, H. [Technikeinsatz, Teil 1, 1991]: Angemessener Technikeinsatz zur Unterstützung selbststeuernder Arbeitsgruppen in der öffentlichen Verwaltung, in: VOP- Verwaltungsführung / Organisation / Personal, Vol. 13, Nr. 1, 1991, S. 21 - 25

Johansson, H., McHugh, P., Pendlebury, A., Wheeler III, W. [Business Process Reengineering, 1993]: Business Process Reengineering, Chichester / New York / Brisbane / u. a.: John Wiley & Sons, 1993

Kieser, A., Kubicek, H. [Organisation, 1992]: Organisation, 3. Auflage, Berlin, New York: Walter de Gruyter Verlag, 1992

Kläger, W., Hofmann, J. [Fat Office, 1993]: Lean Production - Fat Office? - Kurskorrektur durch Prozeß- und Kundenorientierung, in: Office Management, Vol. 41, Nr. 3, 1993, S. 36 - 44

Krickl, O. [Business Process Reengineering, 1993]: Personelle Auswirkungen durch Business Process Reengineering, in: Kraus, H.; Scheff, J.; Gutschelhofer, A. (Hrsg.): Neue Ansätze in der Personalarbeit, Wien: Linde Verlag, 1993, S. 100 - 115

Lohoff, P., Lohoff, H.-G. [Prozeßoptimierung, 1993]: Verwaltung imVisier - Optimierung der Büro- und Dienstleistungsprozesse, in: zfo, Vol. 62, Nr. 4, 1993, S. 248 - 254

Metken, M. [Organisationsoptimierung, 1993]: Prozeßorientierte Organisationsoptimierung - Ein Erfahrungsbericht, in: Office Management, Vol. 41, Nr. 3, 1993, S. 6 - 12

Morris, D., Brandon, J. [Re-Engineering, 1993]: Re-Engineering your Business, New York / St. Louis / u. a.: McGraw-Hill Verlag, 1993

Newman, G. [BPR, 1992]: An Overview of Business Process Redesign (BPR) Consulting Firms, Framingham, Massachusetts: The Applied Technologies Group, 1992

Palermo, A. M., McCready [Workflow Software, 1992]: Workflow Software: A Primer, in: Coleman, D.: Groupware 92, San Mateo: Morgan Kaufmann Publishers, 1992, S. 155 - 159

Petrovic, O. [Lean Management, 1993]: Lean Management und informationstechnologische Potentialfaktoren, in: Veröffentlichung in Vorbereitung, 1993

Richter, L. [Software Reengineering, 1992]: Wiederbenutzbarkeit und Restrukturierung oder Reuse, Reengineering und Reverse Engineering, in: Wirtschaftsinformatik, Vol. 34, Nr. 2, 1992, S. 127 -136

Robson, G., D. [Work Flow Systems, 1991]: Continuous Process Improvement, New York: The Free Press, 1991

Rolf, A., et. al. [Technikleitbilder, 1990]: Technikleitbilder und Büroarbeit - Zwischen Werkzeugperspektive und globalen Vernetzungen, Opladen: Westdeutscher Verlag, 1990

Scheff, J. [Business Teams, 1993]: Business Teams - Implikationen für die Personalplanung, Karl-Franzens-Universität Graz: Dissertation am Institut für Betriebswirtschaftslehre, 1993

Scott Morton, M. (Hrsg.) [Corporation of the 1990s, 1991]: The Corporation of the 1990s - Information Technology and Organizational Transformation, New York / Oxford: Oxford University Press, 1991

Smith, H. A., McKeen, J. D. [Re-Engineering, 1993]: Re-Engineering the Corporation: Where Does I. S. Fit In?, in: Nunamaker, J. F., Sprague, R. H., (Hrsg): Proceedings of the 26 annual HICSS: Information Systems: DSS/Knowledge-Based Systems, Vol. III, Los Alamitos: IEEE Computer Society Press, 1993, S. 120 - 126

Strassmann, P., A. [Value of Computers, 1990]: The Business Value of Computers, New Canaan, Connecticut: The Information Economic Press, 1990

Striening, H.-D. [Prozeßmanagement, 1988]: Prozess-Management, Frankfurt a.M.: Peter Lang Verlag, 1988

Venkatraman, N. [Business Reconfiguration, 1991]: IT-Inducted Business Reconfiguration, in: Scott Morton, M. (Hrsg.): The Corporation of the 1990s - Information Technology and Organizational Transformation, New York / Oxford: Oxford University Press, 1991, S. 122 - 158

Vogel, D., Orwig, D., Dean, J. Lee, J., Arthur, C. [Re-Engineering, 1993]: Reengineering with Enterprise Analyzer, in: Nunamaker, J. F., Sprague, R. H., (Hrsg): Proceedings of the 26 annual HICSS: Information Systems: DSS/Knowledge-Based Systems, Vol. III, Los Alamitos: IEEE Computer Society Press, 1993, S. 127 - 136

Warneke, H. J. [Die fraktale Fabrik, 1992]: Die fraktale Fabrik - Revolution der Unternehmenskultur, Berlin/Heidelberg/New York/u. a.: Springer-Verlag, 1992

MIASOI:
Ein Modell zur iterativen Abstimmung von Strategie, Organisation und Informationstechnologie

Otto Petrovic*
Karl-Franzens-Universität Graz

1 Problemstellung und Aufbau der Arbeit

Im vorliegenden Beitrag wird zunächst der Wirkungsmechanismus der IT auf die Produktivität dargestellt. Hierbei zeigt sich, daß durch eine Entkoppelung bzw. eine lineare Gestaltungsabfolge von Unternehmensstrategie, Unternehmensorganisation und Informationstechnologie (IT) die Potentiale der IT nur rudimentär genutzt werden. Um diese im erhöhten Ausmaß zu nutzen, wird mit MIASOI ein Rahmenmodell für die Implementierung einer iterativen Gestaltung für Unternehmensstrategie, Unternehmensorganisation und IT vorgestellt. Hierbei werden zunächst die Grundelemente von MIASOI, die formalen Anforderungen an einen iterativen Gestaltungsprozeß und die iterative Gestaltung innerhalb von MIASOI besprochen. Abschließend wird der Ablauf eines MIASOI-Projektes dargestellt und der derzeitige Entwicklungsstand der hierfür notwendigen Voraussetzungen besprochen.

2 Der Wirkungsmechanismus der Informationstechnologie auf die Produktivität und die daraus resultierende Notwendigkeit einer iterativen Gestaltungsstrategie

2.1 Die reaktive Gestaltungsstrategie

Traditionelle Ansätze zur Planung des IT-Einsatzes gehen von einer festgelegten Unternehmensstrategie aus. Daraus werden Anforderungen an die Unterneh-

* Univ.-Doz. Dr. Otto Petrovic ist Universitätsdozent am Institut für Betriebswirtschaftslehre der Öffentlichen Verwaltung und Verwaltungswirtschaft

mensorganisation definiert, welche sich aus Strukturen - i.S. der Konfiguration von Stellen - und aus unternehmensinternen und -externen Prozessen -letztere i. S. der Zusammenarbeit mit Lieferanten, Kunden und Absatzmittlern - zusammensetzt. Zur Realisierung dieser Unternehmensorganisation werden im nächsten Schritt Anforderungen an die IT definiert. Bei einem solchen Vorgehen wird die IT an vorhandenen oder unabhängig von den Potentialen der IT entworfenen Strukturen und Geschäftsprozessen ausgerichtet. Grundlage hierfür ist der Gedanke, daß 'Organisation vor Technik' komme, man spricht von einem Organizational Fit der IT. Dieser Gestaltungsstrategie liegt eine *Anforderungsperspektive* zugrunde, was dazu führt, daß die Potentiale der IT für ein Redesign weitgehend ignoriert werden. Wie die Untersuchung von Venkatraman (1991) belegt, liegt gegenwärtig in den meisten Unternehmen eine solche Gestaltungsstrategie vor. In den ersten beiden Phasen des besprochenen Modells richtet sich der IT-Einsatz nach bisherigen Strukturen und Geschäftsprozessen, welche entweder auf der Basis einzelner Mitarbeiter oder ganzer Abteilungen durch IT unterstützt werden.

Abbildung 1 stellt die Wirkungsweise von IT auf die Produktivität eines Unternehmens und unterschiedliche Gestaltungsstrategien dar. Der Gedanke, welcher der Anforderungsperspektive zugrundeliegt, ist ein lineares Vorgehen von der Unternehmensstrategie, über den Entwurf von Strukturen und Geschäftsprozessen, bishin zu deren Implementierung mittels IT- Unterstützung. Dieses Vorgehen soll als *reaktive Gestaltungsstrategie* bezeichnet werden. Die produktivitätssteigernde Wirkung der IT entsteht hierbei durch deren Funktion als Werkzeug zur effizienten und effektiven Implementierung von organisatorischen Strukturen und Geschäftsprozessen. Mit dieser Problematik beschäftigt sich vor allem das Information Engineering (vgl. Martin 1989). Dessen Ausgangspunkt ist ein weitgehend fertig gestalteter Geschäftsprozeß, welcher in ein formales Modell übertragen wird, um mit Hilfe von IT implementiert zu werden.

2.2 Die aktive Gestaltungsstrategie

Eine zweite, noch weitgehend vernachlässigte Perspektive ist die *Potentialperspektive*. Hierbei werden jene Aspekte der IT betrachtet, welche ein Redesign organisatorischer Strukturen und Geschäftsprozesse ermöglichen, das ohne IT-Einsatz überhaupt nicht oder nicht in dieser Form möglich wäre. Ein Vorgehen mit Orientierung an dieser Perspektive wollen wir als *aktive Gestaltungsstrategie* bezeichnen, die Möglichkeiten, welche IT für das Redesign bietet, sind die Potentialfaktoren der IT (vgl. Jacob und Mende 1992, Petrovic im erscheinen). Gemeinsam mit jenen von anderen Bereichen, vor allem denen des Personalmanagements, nehmen die Potentialfaktoren der IT nachhaltig Einfluß auf die Gestaltungsmöglichkeiten im Rahmen des Redesigns und sind daher während der Designphase im Zuge einer aktiven Gestaltungsstrategie zu berücksichtigen. Die produktivitätssteigernde Wirkung der IT entsteht hierbei durch ihre Potentiale für ein Redesign von Unternehmensstrategie und -organisation.

Die Untersuchung von Venkatraman (1991) zeigt weiter, daß gegenwärtig die wenigsten Unternehmen eine wirkliche Ausschöpfung des IT-Potentiales durch das Durchlaufen der weiteren drei Phasen des Modells erreichen. Durch den Verzicht auf eine aktive Gestaltungsstrategie für Unternehmensstrategie und -organisation wird die produktivitätssteigernde Funktion der IT nur rudimentär ausgenutzt. Dies wiederum ist ein nachhaltiger Grund für das Produktivitätsparadoxon der IT (vgl. Brynjolfsson 1993).

2.3 Die Notwendigkeit einer iterativen Gestaltungsstrategie

Für eine vollständige Ausnutzung der produktivitätssteigernden Wirkung der IT ist weder die reaktive, noch die aktive Gestaltungsstrategie hinreichend. Bei beiden handelt es sich um ein lineares Vorgehen, welches Interdependenzen außer acht läßt. Diese Interdependenzen sind durch zwei Faktoren gekennzeichnet:

* jeder der drei Bereiche steht in einer Anforderungs- und Potentialbeziehung mit den beiden anderen und
* durch die Umgestaltung eines Bereiches ändern sich die Anforderungen und Potentiale dieses Bereiches und somit die Gestaltung der anderen Bereiche.

Dies soll anhand eines Beispiels dargestellt werden. Wird in der Unternehmensstrategie eine verstärkte Internationalisierung vorgesehen, erfordert dies ein Überdenken der Frage, an welchen Orten einzelne Aufgaben innerhalb der Geschäftsprozesse wahrgenommen werden. Eine Folge dieses Redesigns kann eine verstärkte elektronische Kommunikation unter Ausnutzung informationstechnologischer Potentialfaktoren sein. Elektronisches Kommunizieren erfordert nachhaltige Änderungen in der Unternehmenskultur, welche wiederum ein Einflußfaktor auf die Unternehmensstrategie ist[1]. Zusätzlich verändern die Anforderungen der Unternehmensorganisation die konkrete Gestaltung des elektronischen Kommunizierens und somit auch dessen Potentiale. Und schließlich stellt eine umgestaltete Unternehmensstrategie andere Anforderungen an die Unternehmensorganisation.

Es besteht somit sowohl eine Interdependenz zwischen Unternehmensstrategie, Unternehmensorganisation und IT als auch zwischen Anforderungen und Potentialen. Diese interdependenten Beziehungen treten primär zwischen Unternehmensorganisation und IT auf. Prinzipiell gelten sie jedoch für alle möglichen Beziehungen zwischen den drei genannten Bereichen.

Es ergibt sich daher die Notwendigkeit, aus den organisatorischen Gestaltungszielen Anforderungen an die IT zu definieren und gleichzeitig bei der Festlegung dieser Ziele die Potentiale der IT zu berücksichtigen. Durch die dargestellten Interdependenzen ist dies jedoch mit keinem linearen Vorgehen, weder in Form der reaktiven, noch der aktiven Gestaltungsstrategie, möglich. Erst eine *iterative Gestaltungsstrategie* erlaubt eine ausreichende Berücksichtigung der Anforderungs- und der Potentialperspektive und somit eine vollständige Nutzung beider produktivitätssteigernden Wirkungsmechanismen der IT.

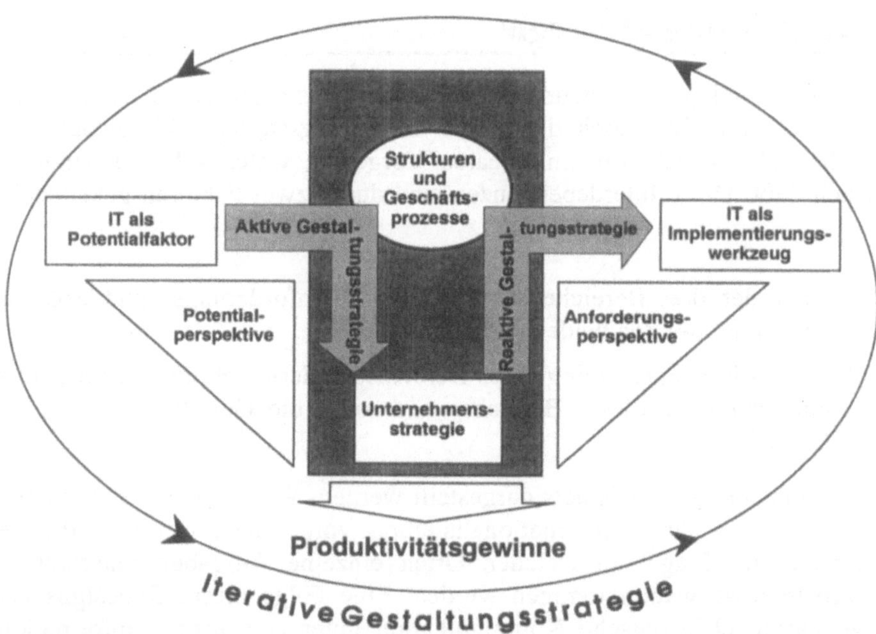

Abbildung 1: Die Wirkung der Informationstechnologie auf die Produktivität und unterschiedliche Gestaltungsstrategien

3 Ein Modell zur iterativen Abstimmung von Unternehmensstrategie, Unternehmensorganisation und Informationstechnologie (MIASOI)

3.1 Die Grundelemente von MIASOI

Im Abschnitt über die Wirkungsweise von IT auf die Produktivität wurde gezeigt, daß eine reaktive Gestaltungsstrategie IT nur aus der Anforderungsperspektive betrachtet. Das führt dazu, daß die Potentialfaktoren der IT überhaupt nicht oder nur rudimentär für das Redesign von Unternehmensstrategie und -organisation genutzt werden. Dies wiederum ist ein nachhaltiger Grund für das Produktivitätsparadoxon der IT. Eine einseitige Konzentration auf die Potentialfaktoren der IT im Rahmen einer aktiven Gestaltungsstrategie birgt hingegen die Gefahr eines technikzentrierten Vorgehens in sich.

Das Ziel von MIASOI ist die Gestaltung von Unternehmensstrategie, Unternehmensorganisation und IT unter Beachtung der gegenseitigen Beeinflussung in Form von Anforderungen und Potentialen. Hieraus ergibt sich die Notwendigkeit, sowohl die Anforderungen welche Unternehmensorganisation, IT und Unternehmensstrategie an die jeweils beiden anderen Bereiche stellen, als auch die dazugehörigen Potentiale zu berücksichtigen[2]. Damit geht MIASOI über die lineare Ableitung von organisatorischen Strukturen und Prozessen aus der Unternehmensstrategie und die Definition der daraus resultierenden Anforderungen an die IT hinaus. Letzteres Vorgehen ist zwar ansich begrüßenwert, stellt aber nur einen Zwischenschritt zwischen einer von der Unternehmensstrategie und -organisation losgelösten IT und einer iterativen Gestaltungsstrategie dar[3].

MIASOI wird diesen Anforderungen dadurch gerecht, daß in den einzelnen Schritten eines iterativen Gestaltungsprozesses sowohl Unternehmensstrategie, Unternehmensorganisation als auch IT

* den zu gestaltenden Bereich *G*,
* den Anforderungsbereich *A* und den
* Potentialfaktor *P*

darstellen.

Wie aus Abbildung 2 ersichtlich, gilt hierbei, daß *A* Anforderungen an *G* stellt, welche mit Hilfe von *P* erfüllt werden sollen. Dieser Grundgedanke soll an einem Beispiel dargestellt werden: Ausgangspunkt ist eine Unternehmensstrategie, welche weitgehende Internationalisierung und Regionalisierung vorsieht. Dies erfordert im Bereich der Unternehmensorganisation dezentrale Strukturen und Geschäftsprozeßorientierung. Diese Form der Unternehmensorganisation kann wiederum nur dann effektiv und effizient realisiert werden, wenn hierbei die Potentialfaktoren der IT in Form der Automatisierung, der vermehrten Information, der Parallelisierung und der Integration berücksichtigt werden.

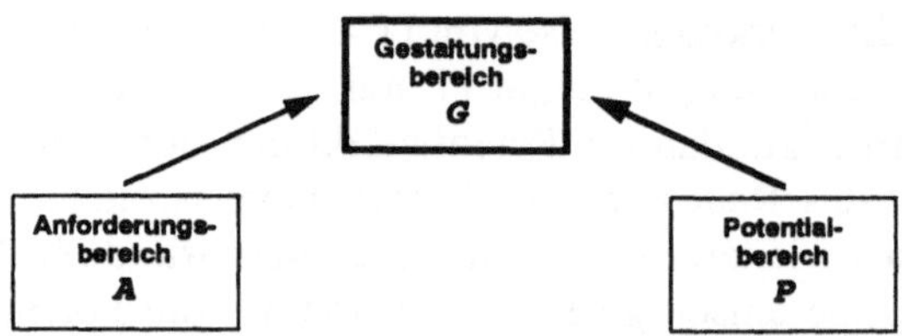

Abbildung 2: Die Grundelemente von MIASOI

3.2 Formale Anforderungen an den Prozeß der iterativen Abstimmung

Die beiden zentralen Anforderungen an ein Modell der iterativen Gestaltungsstrategie sind

* Vollständigkeit
* und Terminiertheit.

3.2.1 Vollständigkeit

Unter Vollständigkeit ist die Berücksichtigung aller Anforderungs- und Potentialbeziehungen zwischen Unternehmensorganisation, IT und Unternehmensstrategie zu verstehen. Diese sind in Tabelle 1 gemeinsam mit jeweils einem Beispiel angeführt. Von besonderer Bedeutung ist hierbei das Verhältnis von Anforderungen zu Potentialen. Prinzipiell können Anforderungen und Potentiale deckungsgleich sein. Es sind jedoch auch Potentiale (Lösungen) denkbar, für die es keine Anforderungen (Probleme) gibt und vice versa. Ebenso können allgemein formulierte Anforderungen auf speziell formulierte Potentiale treffen und vice versa. Aus methodischer Sicht ist die Trennung von Anforderungs- und Potentialperspektive notwendig, da am Beginn einer iterativen Gestaltungsstrategie meist unscharfe und allgemeine Anforderungen den allgemeinen Potentialen aus den anderen Bereichen gegenüberstehen. Diese allgemeinen Potentiale ergeben sich aus Standardkonzepten wie Electronic Data Interchange oder prozeßorientierten Organisationsformen. Im Zuge der iterativen Gestaltungsstrategie werden - sofern der unten besprochene konvergente Prozeß vorliegt - die Anforderungen und die Potentiale im Hinblick auf die individuelle Unternehmenssituation schrittweise spezifiziert und aufeinander abgestimmt.

S	A	O	Eine in der Unternehmensstrategie festgelegte strategische Allianz mit ausgewählten Lieferanten, Absatzmittlern und Kunden erfordert eine Überarbeitung der Wertschöpfungskette, um eine hohe Transparenz betrieblicher Abläufe und klar definierte Schnittstellen zu schaffen und somit 'Modular Sourcing' zu ermöglichen
O	P	S	Durch eine geschäftsprozeßorientierte Organisationsform wird eine erhöhte Arbeitsteilung reduziert, die Transparenz innerbetrieblicher Abläufe erhöht und somit die Voraussetzungen für eine Integration von Lieferanten, Absatzmittlern und Kunden geschaffen
O	A	I	Aus einer Organisationsform mit hoher Integration von Lieferanten, Absatzmittlern und Kunden ergibt sich die Anforderung der rascheren und kostengünstigeren Übernahme von Geschäftspapieren in Form von Bestellungen, Lieferscheinen, Rechnungen etc.
I	P	O	Electronic Data Interchange erlaubt die kostengünstige Übermittlung von Geschäftspapieren ohne Zeitverzögerung
I	A	S	Die Einführung von Electronic Mail erfordert das strategische Bekenntnis zur Aufweichung hierarchischer Strukturen hin zu horizontalen Kommunikationswegen quer über Hierarchien hinweg
S	P	I	Der Übergang zu teambasierten Netzwerkstrukturen schafft die Voraussetzung zur erfolgreichen Nutzung von Groupware
S	A	I	Das strategisch festgelegte Ziel der Preisführerschaft erfordert eine weitgehende Automatisierung des Produktions- und Verwaltungsbereiches
I	P	S	Produktionsplanungs- und -steuerungssysteme sowie Vorgangsbearbeitungssysteme führen zu einer verstärkten Strukturierung und Automatisierung der Abläufe in Produktion und Verwaltung und tragen somit zur Kostensenkung bei
I	A	O	Die sinnvolle Nutzung der Monitoring-Funktionen eines Vorgangsbearbeitungssystems zur Flexibilisierung von Arbeitsabläufen erfordert ein erhöhtes Verständnis der Mitarbeiter für den gesamten Geschäftsprozeß
O	P	I	Organisationsformen, welche auf Job Enrichment und Job Enlargement Wert legen, schaffen ein verbessertes Verständnis für den gesamten Geschäftsprozeß
O	A	S	Die Internationalisierung bei gleichzeitiger Regionalisierung aller Tätigkeiten entlang der Wertschöpfungskette erfordert eine Berücksichtigung des daraus entstehenden Spannungsfeldes in der Unternehmensstrategie
S	P	O	Die Schaffung von strategischen Geschäftseinheiten erlaubt eine Bewältigung des obenstehenden Spannungsfeldes aus Internationalisierung und Regionalisierung durch weitgehende Dezentralisierung

S= Unternehmensstrategie O= Unternehmensorganisation
I= Informationstechnologie A= stellt Anforderung an
P= bietet Potential für

Tabelle 1: Die Anforderungs- und Potentialbeziehungen zwischen Unternehmensstrategie, Unternehmensorganisation und Informationstechnologie

3.2.2 Terminiertheit und Konvergenz

Um die Wirtschaftlichkeit der iterativen Gestaltungsstrategie sicherzustellen, muß eine zufriedenstellende Gestaltung aller drei Bereiche nach möglichst wenig Iterationen erreicht werden. Ist diese zufriedenstellende Gestaltung erreicht, ist der Gestaltungsprozeß zu beenden. Um diese Terminiertheit sicherzustellen, muß der Gestaltungsprozeß konvergent sein. Hierunter ist zu verstehen, daß jede weitere Iteration eine geringere Modifikationen in der Unternehmensstrategie, der Unternehmensorganisation und der IT mit sich bringt, als dies die vorangegangene tat. Wie aus dem untenstehenden Konvergenzkriterium ersichtlich ist, wird die Umgestaltung des Gestaltungsbereiches von dessen Design in der vorhergegangenen Iteration sowie von den aktuellen Anforderungen bzw. Potentialen der beiden anderen Bereiche bestimmt. Um Konvergenz sicherzustellen, ist es notwendig, daß sich die Anforderungen und Potentiale der einzelnen Bereiche zwischen den Iterationen immer weniger verändern. Dies ist - wie bereits im vorigen Abschnitt gezeigt wurde - durch schrittweise Spezifizierung und Abstimmung von Anforderungen und Potentialen zu erreichen. Ein divergenter Prozeß würde vorliegen, wenn sich durch die Umgestaltung eines Bereiches aufgrund der an ihn gestellten Anforderungen dessen Potentiale so verändern würden, daß sich die Gestaltung des von diesen Potentialen betroffenen Bereiches stärker verändern würde, als dies in der vorhergegangenen Iteration der Fall war. Formal läßt sich das Konvergenzkriterium wie folgt darstellen:

Kriterium für einen konvergenten Prozeß:

$$\Delta G_i^{t+1}(G_i^t, P_j^{t+1}, A_k^{t+1}) < \Delta G_i^t(G_i^{t-1}, P_j^t, A_k^t)$$

Hierbei gilt:

G= Zu gestaltender Bereich
P= Potentialfaktor
A= Anforderung
i,j,k= Unternehmensstrategie, Unternehmensorganisation und IT, abhängig vom Abstimmungsschritt
t= t-te Iteration
t+1= Die der t-ten Iteration unmittelbar nachfolgende Iteration
t-1= Die der t-ten Iteration unmittelbar vorhergegangene Iteration

3.3 Die iterative Gestaltungsstrategie in MIASOI

Um den Kriterium der Konvergenz zu entsprechen, wird zunächst, i.S. von Abbildung 4, *gegen* den Uhrzeigersinn vorgegangen. Hierbei ist die Unternehmensstrategie das erste *A*, da sie am stärksten von externen Einflußgrößen - etwa Marktverhältnisse, rechtliche Bestimmungen oder politische und soziale Verhältnisse - abhängig ist. Voraussetzung ist hierbei eine formal niedergeschriebene Unternehmensstrategie. Die Aufgabe im ersten Schritt der ersten Iteration ist die Gestaltung der Unternehmensorganisation (*G*), wobei die Unternehmensstrategie als gegeben angenommen wird und deren Anforderungen an *G* analysiert werden. Bei der Gestaltung der Unternehmensorganisation werden die Möglichkeiten von *P*, in diesem ersten Schritt die IT, berücksichtigt. Im nächsten Schritt wird die IT zum neuen *G*. Der nächste Bereich gegen den Uhrzeigersinn wird zu *P*, in diesem zweiten Schritt ist das die Unternehmensstrategie. Der dritte Bereich, die Unternehmensorganisation, wird zu *A* und definiert die Anforderungen an die IT. Im dritten Schritt ist schließlich die Unternehmensstrategie das *G*, die IT das *A* und die Unternehmensorganisation das *P*. Um dem Kriterium der Vollständigkeit gerecht zu werden, ist die erste Iteration nach diesen drei Schritten *im* Uhrzeigersinn fortzusetzen. Hierbei ist die Unternehmensstrategie im vierten Schritt das *G*, die Unternehmensorganisation das *A* und die IT das *P*. Analog sind Schritt fünf und sechs innerhalb der ersten Iteration durchzuführen. Das Vorgehen innerhalb einer Iteration wird in der folgenden Tabelle und in Abbildung 3 dargestellt.

Schritt	Gestaltungsbereich *G*	Anforderungsbereich *A*	Potentialbereich *P*
1	Organisation	Strategie	IT
2	IT	Organisation	Strategie
3	Strategie	IT	Organisation
4	Strategie	Organisation	IT
5	IT	Strategie	Organisation
6	Organisation	IT	Strategie

Tabelle 2: Vorgehen innerhalb einer Iteration

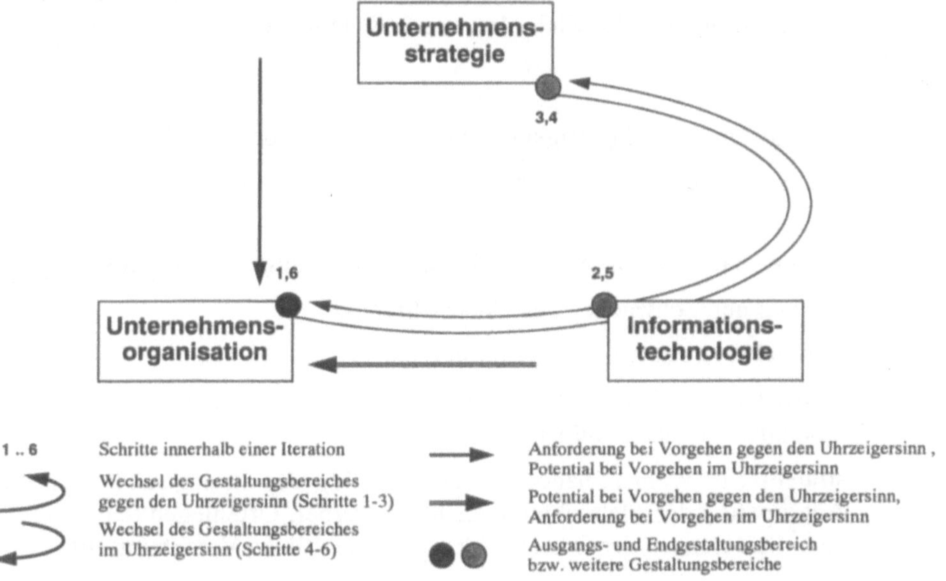

Abbildung 3: Die iterative Gestaltungsstrategie in MIASOI

Liegt nach der ersten Iteration noch kein zufriedenstellendes Ergebnis vor, wird eine zweite Iteration durchgeführt. Der Prozeß sollte dann beendet werden, wenn durch die Neugestaltung von *G* keine nennenswerte Verbesserung zu erwarten ist bzw. diese - etwa aus Budgetgründen - nicht möglich ist. Es sollte angestrebt werden, nach zwei Iterationen eine zufriedenstellende Gestaltung aller drei Bereiche erreicht zu haben.

3.4 Die Implementierung von MIASOI

3.4.1 Dokumentation der Unternehmensstrategie, der Unternehmensorganisation und IT als Ausgangspunkt

Ausgangspunkt ist eine formal festgehaltene Dokumentation des aktuellen Standes und geplanter Änderungen der Unternehmensstrategie, der Unternehmensorganisation und IT. Im folgenden soll kurz auf die wichtigsten Inhaltspunkte dieser Bereiche eingegangen werden.

Unternehmensstrategie

Nach dem auch heute noch dominierenden Konzept einer Unternehmensstrategie, dem an der Harvard Business School entwickelten 'Business Policy' Ansatz[4], umfaßt diese die langfristigen Ziele, die Politiken und Richtlinien sowie die Mittel und Wege zur Erreichung der Ziele. Im wesentlichen sind folgende Bereiche anzuführen:

* strategisches Profil (Tätigkeitsfeld, Wettbewerbsposition, Selbstbildnis),
* relevante Umweltausschnitte (rechtliche Bestimmungen, Konkurrenz, etc.),
* strategische Prognosen (Entwicklung der relevanten Umweltausschnitte),
* Stärken und Schwächen des Unternehmens,
* Entwicklung strategischer Alternativen,
* Konsistenztest (Verbindung der Stärken und Schwächen mit den sich bietenden Chancen und Risken),
* strategische Wahl (Chancen-Risken, Timing der strategischen Schritte, Antizipation der Maßnahmen der Mitbewerber, Offenlegen der persönlichen Präferenzen der Entscheider, gesellschaftliche Verantwortung)

Um einen erfolgreichen Einsatz von MIASOI zu ermöglichen, soll diese Strategiedokumentation grundlegende Annahmen offenlegen, kritische Entscheidungen aufzeigen, Signale dokumentieren, welche den Erfolg und die Angemessenheit der Unternehmensstrategie kennzeichnen und kritische Erfolgsfaktoren des Unternehmens beinhalten. Von besonderer Bedeutung ist, daß jene Mitarbeiter zu identifizieren und in den iterativen Abstimmungsprozeß einzubeziehen sind, welche für die Strategieentwicklung und -implementierung sowie den Ausbau der Stärken und die Korrektur der Schwächen des Unternehmens verantwortlich sind.

Unternehmensorganisation

Neben der Strategiedokumentation stellt die Dokumentation der Unternehmensorganisation in Form eines Unternehmensmodells eine zweite Voraussetzung für MIASOI dar. Dieses soll eine prozeß-, aktoren und informationsorientierte Sichtweise auf die Unternehmensorganisation erlauben[5]. Zentrale Objekte sind hierbei

* Aufgaben als die einzelnen Arbeitsschritte innerhalb eines Geschäftsprozesses,
* Funktionsträger als Bearbeiter der Arbeitsschritte und
* Informationen, die den Aufgaben und somit den Funktionsträgern zur Verfügung stehen bzw. von ihnen generiert oder verändert werden.

Die erste Komponente des Unternehmensmodells ist das *Funktions- und Informationsmodell.* Im Funktionsmodell werden jene Aufgaben dargestellt, die einzelnen Funktionsträgern zugewiesen sind und die einzelne Arbeitsschritte innerhalb eines Geschäftsprozesses darstellen. Diese Funktionen setzen sich - je nach gewünschtem Detaillierungsgrad - aus Teilfunktionen zusammen. Im Informationsmodell werden einzelne Informationsarten in Form von Teilinformationen dargestellt. Die zweite Komponente, das Organigramm, stellt die Aufbauorganisation in Form einer Hierarchie von Funktionsträgern dar. Jedem Funktionsträger innerhalb des Organigrammes werden Funktionen aus dem Funktionsmodell zugewiesen. Die dritte Komponente des Unternehmensmodells stellt schließlich das Prozeßmodell dar, welches die Ablauforganisation beschreibt. Ein Prozeß wird hierbei durch die Aufgaben aus dem Funktionsmodell beschrieben, deren logischer und zeitlicher Zusammenhang durch die fließenden Informationen, die involvierten Informationsträger und die eingesetzten Sachmittel festgelegt wird.

Von besonderer Bedeutung ist das Prozeßmodell. Jeder Prozeß soll einen Verantwortlichen (Process Owner) sowie einen (internen oder externen) Kunden aufweisen und aus Kunden- und Managementsicht auf seine Effektivität und Effizienz, Einschränkungen, Bedeutung für Wettbewerbsvorteile usw. untersucht werden. Da die Human Ressourcen einen wesentlichen Potentialfaktor für ein Process Redesign darstellen, soll ermittelt werden, inwieweit die Fähigkeiten der Mitarbeiter gegenwertige Geschäftsprozesse unterstützen bzw. ein Redesign zulassen.

Für die Entwicklung eines solchen Unternehmensmodells empfiehlt sich der Einsatz eines computergestützten Werkzeuges. Dieses erlaubt einerseits die Mehrfachverwertung von einmal gespeicherten Informationen durch unterschiedliche

Sichtweisen und ermöglicht andererseits eine dynamische Simulation der Auswirkungen von organisatorischen Veränderungen, was dem Grundgedanken von MIASOI entgegenkommt[6].

IT

Die Dokumentation der IT soll sowohl die vorhandene und zukünftig mögliche IT-Ausstattung als auch IT-Prozesse umfassen. Zur IT-Ausstattung gehören unterschiedliche Rechnerkategorien, Betriebssysteme, Datenbanksysteme, Netzwerke und Telekommunikationseinrichtungen, Standardsoftware, Anwendungssysteme sowie die Orientierung an bestimmten Standards. Von besonderer Bedeutung ist, auch die Prozesse der Implementierung und Anwendung von IT zu dokumentieren. Zum Implemtierungsprozeß gehören etwa Methoden und Werkzeuge der Softwareentwicklung. Ein Anwendungsprozeß ist beispielsweise durch die Frage gekennzeichnet, ob er zentral durch die IT-Abteilung, teilweise dezentral durch ein Information Center in Verbindung mit Individueller Datenverarbeitung oder vollständig dezentral durch Individuelle Datenverarbeitung durchgeführt wird. Analog zu Geschäftsprozessen ist auch für jeden IT-Prozeß der Prozeß-Verantwortliche und der (interne oder externe) Kunde festzustellen, sowie der Prozeß nach den anderen oben angeführten Kriterien zu untersuchen. Auch hier sind die vorhandenen Human Ressourcen innerhalb der IT-Abteilung als auch der potentiellen Anwender zu beachten. Erfahrungsgemäß fällt der Umstieg auf Entwicklungswerkzeuge der Vierten Generation leichter, wenn die IT-Abteilung aus jungen Mitarbeitern besteht, als wenn die Mehrzahl der Mitarbeiter bereits jahrzehntelang mit traditionellen Werkzeugen arbeitet. Analog wird die Diffussion der Individuellen Datenverarbeitung erfolgreicher sein, wenn die meisten Mitarbeiter bereits mit der selbständigen Nutzung von Computern vertraut sind.

3.4.2 Die Durchführung der iterativen Gestaltungsstrategie unter Anwendung des MIASOI-Konzeptes

Der erste Schritt in der Implementierung des MIASOI-Konzeptes ist - soweit noch nicht vorhanden - die Erstellung der oben besprochenen Dokumentationen durch die Unternehmensführung, die Organisationsabteilung und die IT-Abteilung. Danach beginnt der eigentliche iterative Gestaltungsprozeß. Der Schwerpunkt liegt in jedem Schritt bei den Mitarbeitern des Gestaltungsbereiches (G), im ersten Schritt beispielsweise bei der Organisationsabteilung. In jedem Schritt sind aber auch die Mitarbeiter des Potentialbereiches (P) und des Anforderungsbereiches (A) einzubeziehen. Hierbei ist ein richtiger Mittelweg von Involvierung mit dem Ziel des Informationsgewinnes und der erhöhten Akzeptanz getroffener Gestaltungsentscheidungen auf der einen Seite und einer Vielzahl an langwierigen und unproduktiven Meetings auf der anderen Seite zu finden. Die Dokumentation der einzelnen Bereiche soll am Beginn auf einige wenige, auch für Vertreter der anderen Bereiche verständliche[7] Punkte reduziert werden. Die volle Dokumentation soll jedoch stets für Detailfragen verfügbar sein.

Am Beginn steht ein Start-Meeting, in welchem die Teilnehmer von der Notwendigkeit einer iterativen Gestaltungsstrategie überzeugt und mit den Grundprinzipien von MIASOI vertraut gemacht werden. Dieses Meeting nimmt etwa einen halben Tag in Anspruch und dient nicht nur der Vorbereitung von MIASOI, sondern soll die Teilnehmer auch motivieren, soweit noch nicht vorhanden, die Dokumentation ihrer Bereiche zu erstellen. Ein guter Beginn für dieses Start-Meeting ist die Darstellung geänderter Umweltbedingungen (Wettbewerb, rechtliche Rahmenbedingungen etc.), da diese weitgehend unumstritten sind und somit eine gemeinsame Ausgangsbasis für die Akzeptanz der Notwendigkeit von geänderten Gestaltungsstrategien bieten.

Nach Vorliegen der jeweiligen Bereichsdokumentationen wird in einem Meeting mit der Dauer von etwa ein bis zwei Tagen die erste Iteration nach dem MIASOI-Konzept durchgeführt. Das zentrale Ziel ist hierbei, daß bereits in der ersten Iteration ein möglichst zufriedenstellendes Design der Gestaltungsbereiche erreicht wird. Die Dauer dieser ersten Iteration wird nachhaltig von der Anzahl möglicher Innovationen, der Vertrautheit der Teilnehmer mit formalisierten Planungsprozessen und der Qualität der vorbereiteten Dokumentationen bestimmt. Gerade in der ersten Iteration ist ein hohes Maß an prozeßbezogener Lernbereitschaft der Teilnehmer notwendig. Sollte eine weitere Iteration notwendig sein, ist dafür Sorge zu tragen, daß die Teilnehmer offene Fragen zu Potentialen, Anforderungen und Gestaltungsoptionen ihrer Bereiche zwischen den Meetings weiterbearbeiten und nicht mit den selben Beiträgen in das nächste Meeting gehen. Von besonderer Bedeutung ist hierbei, daß offene Fragen nicht einfach 'an Mitarbeiter weitergeleitet' werden, ohne daß zwischen den Meetings ein tatsächlicher Fortschritt erzielt wird. Diese Gefahr besteht naturgemäß im Top-Management, was die Bedeutung dessen Überzeugung von der Notwendigkeit, Wichtigkeit und Dringlichkeit von iterativen Gestaltungsstrategien unterstreicht. Bei der erstmaligen Implementierung von MIASOI empfiehlt sich die Einbeziehung eines externen Moderators mit der Aufgabe, den Prozeß nach den Prinzipien von MIASOI zu strukturieren. Auch die Nutzung von computergestützten Werkzeugen zur Unterstützung von planungsorientierten Meetings, wie sie etwa in Form des Grazer Electronic Meeting Managements vorliegen (Petrovic 1993, S. 161), bietet sich an.

4 Der derzeitige Stand der für eine iterative Gestaltungsstrategie notwendigen Voraussetzungen

Voraussetzung für MIASOI ist das Vorliegen der besprochenen Bereichsdokumentationen. Roithmayr und Wendner (1992) untersuchten die 296 umsatzstärksten österreichischen Unternehmen im Hinblick auf ihre Unternehmens- und IT-Strategie. 42,7% der befragten Unternehmen gaben an, über eine schriftlich fixierte Unternehmensstrategie zu verfügen. 31,3% der Befragten besaßen eine schriftlich fixierte IT-Strategie, wobei eine deutlich positive Korrelation zwischen dem Vorhandensein einer Unternehmens- und einer IT-Strategie bestand.

Für die Realisierung einer iterativen Abstimmungsstrategie i.S. von MIASOI ist eine enge Zusammenarbeit von Unternehmensführung, Organisationsabteilung und IT-Abteilung notwendig. Zur Frage der Beteiligung der Unternehmensführung an IT-Planungsprozessen befragten Jarvenpaa und Ives (1991) U.S.-amerikanische Chief Executive Officers (CEOs) sowie Führungskräfte der IT-Abteilung. Hierbei kamen sie zu dem Ergebnis, daß sich CEOs nur etwa einmal im Monat explizit mit IT-Fragen beschäftigen. Auch informelle Gespräche zu IT-Fragen finden nur monatlich statt, eine Ausnahme stellen Banken dar, wo diese Gespräche durchschnittlich einmal pro Woche stattfinden. CEOs glauben zwar, gut sowohl über die eigenen, als auch über die IT-Aktivitäten der Mitbewerber informiert zu sein, ihr Beitrag zu IT-Steuerungskomitees ist aber gering. Sie fungieren zwar bei der ersten Sitzung als Vorsitzender, geben diese Position danach jedoch an den Vizepräsidenten weiter- welcher diese Aufgabe wiederum abgibt - und scheiden danach ganz aus dem Prozeß aus.

Umgekehrt zeigt die Untersuchung von Hershey und Eatman (1990), daß die Einbindung von IT-Führungskräften in den Prozeß der strategischen Unternehmensplanung ebenfalls gering ist. So geben nur 12% der IT-Führungskräfte an, sehr stark eingebunden zu sein, 14% fühlen sich eingebunden, 39% meinen, in irgendeiner Form zu partizipieren, während 35% fast nicht beteiligt sind. Diese Untersuchung zeigt weiter, daß die Einschätzung der IT seitens der Unternehmensführung deutlich von der Involvierung des IT-Leiters in die strategische Unternehmensplanung abhängt. Liegt diese Involvierung nicht vor, ist die Wahrscheinlichkeit gering, IT als Kritischen Erfolgsfaktor für die Realisierung der Unternehmensziele anzusehen[8]. Die befragten IT-Führungskräfte haben zu einem großen Teil die Notwendigkeit der Orientierung am eigentlichen Geschäft der Unternehmung erkannt: sie sehen die Rekrutierung von solchen Leuten, die sich an diesem Geschäft orientieren, als ihre wichtigste Aufgabe der ersten Hälfte der 90er-Jahre an.

Feeny et al. (1992) untersuchten mittels Tiefeninterviews Faktoren, die eine Zusammenarbeit von CEOs und Chief Information Officers[9] ermöglichen. Sie kamen dabei zum Schluß, daß die im folgenden angeführten Kriterien eine enge Zusammenarbeit unterstützen. *Eigenschaften des CEO:* Herkunft aus dem General Management oder dem Marketing, innovativer Führungsstil, Besucher von Seminaren, die ihm das Bewußtsein über die Chancen der IT vermitteln, Erfahrungen mit erfolgreichen IT-Projekten, Einschätzung der IT als kritisch für seinen Geschäftsbereich, Einstufung der IT als Werkzeug zur Transformation von Geschäftstätigkeiten. *Eigenschaften der Organisation:* Persönlicher und informeller Führungsstil, Strategie-Workshops für Führungskräfte, CIO ist Mitglied der Unternehmensführung und dort auch akzeptiert. *Eigenschaften des CIO:* Herkunft aus der Systemanalyse, Einstufung der IT als Werkzeug zur Transformation von Geschäftstätigkeiten, trägt nicht nur zu IT-Fragen etwas bei, erkennt die Einschätzung des CEO über Geschäftstätigkeit und IT, integriert IT mit Unternehmensplanung, führt erfolgreich Teams, denkt unternehmerisch und ist kreativ.

5 Resümee

Der vorliegende Beitrag versuchte zu zeigen, daß erst durch die Nutzung der Potentialfaktoren der IT - welche weit über die Automatisierung hinausgehen - zum Redesign von Unternehmensstrategie, organisatorischen Strukturen und Geschäftsprozessen, die produktivitätssteigernde Wirkung der IT voll genutzt wird. Weiters wurde gezeigt, daß eine lineare Abstimmung von Unternehmensstrategie, Unternehmensorganisation und IT unzureichend ist. Vielmehr ist eine iterative Gestaltungsstrategie unter Berücksichtigung der Potentiale und Anforderungen aller drei Bereiche notwendig. Mit MIASOI wurde ein Modell zur Implementierung dieser interativen Gestaltungsstrategie vorgestellt.

6 Literatur

Brynjolfsson, E. (1993). 'The Productivity Paradox of Information Technology,' Communications of the ACM, Vol.36 Nr.12 S.67-77.

Feeny, D.F.; Edwards, B.R.; & Simpson, K.M. (1992). 'Understanding the CEO/CIO Relationship,' Management Information Systems Quarterly, Vol.16 Nr.4 S.435-448.

Hershey, L; & Eatman, J.L. (1990). 'Why IS Execs Feel Left Out Of Big Decisions,' Datamation, May 15 S.98.

Jacob, O.; & Mende M. (1992). 'Informatik und Reorganisation: Integrierte Gestaltung von Informationssystem und Organisation,' Bericht Nr.: IM2000/CC IM2000/9 des Institutes für Wirtschaftsinformatik an der Hochschule St. Gallen.

Jarvenpaa, S.L.; & Ives, B. (1991). 'Executive Involvement and Participation in the Management of Information Technology,' Mangement Information Systems Quarterly, Vol.15 Nr.2 S.205-227.

Kortzfleisch v., H.F.O. (1993). 'Rechnergestützte Organisationsmodellierung zur Unterstützung der Tätigkeiten von Organisatoren,' IM Information Management, Vol.8 Nr.3 S.30-39.

MacDonald, K.H. (1991). 'Business Strategy Development, Alignment, and Redesign,' In: Scott Morton, M.S.: The Corporation of the 1990s: Information Technology and Organizational Transformation, New York, Oxford, S.159-186.

Martin, J. (1985). Manifest für die Informations-Technologie von morgen, Düsseldorf-Wien.

Martin, J. (1989). Information Engineering, Englewood Cliffs.

Payne, K. (1992). 'Trends in Full Text Management,' Proceedings of Optical Information Systems, June 2-4, London S.140-145.

Petrovic, O. (1993). Workgroup Computing - Computergestützte Teamarbeit: Informationstechnologie für teambasierte Organisationsformen, Heidelberg: Physica.

Petrovic, O. (im erscheinen). 'Lean Management und informationstechnologische Potentialfaktoren.

Roithmayr, F.; & Wendner, J. (1992). 'Ergebnisse einer empirischen Studie über den Zusammenhang zwischen Unternehmensstrategie und Informationssystem-Strategie,' Wirtschaftsinformatik, Vol.34 Nr.5 S.472-480.

Scheer, A.-W. (1992). Architektur integrierter Informationssysteme, Berlin u.a.

Sproull, L.; & Kiesler, S. (1991). 'Two-Level Perspective on Electronic Mail in Organizations,' Journal of Organizational Computing, Vol.1 Nr.2 S.125-134.

Staehle, W.H. (1987). Management: Eine verhaltenswissenschaftliche Einführung, München.

UBIS GmbH. (1993). Objektorientierte Unternehmensmodellierung mit BONAPART, Berlin.

Venkatraman, N. (1991). 'IT-Induced Business Reconfiguration,' In: Scott Morton, M.S.: The Corporation of the 1990s: Information Technology and Organizational Transformation, New York, Oxford, S.122-158.

Yates, J.; & Benjamin, R.I. (1991). 'The Past and Present as a Window to the Future,' In: Scott Morton, M.S.: The Corporation of the 1990s: Information Technology and Organizational Transformation, New York, S.61-92.

7 Anmerkungen

[1]Zu den Auswirkungen des elektronischen Kommunizierens auf die Unternehmenskultur vgl. Sproull und Kiesler 1991

[2]Vgl. hierzu die Ausführungen im Abschnitt über die Notwendigkeit iterativer Gestaltungsstrategien

[3]Für die empirischen Grundlagen von MIASOI vgl. Scott Morton 1991, für einen verwandten Modellansatz MacDonald 1991

[4]Für eine ausführliche Darstellung vgl. Staehle 1987, S. 341 ff

[5]Auf Grund seiner guten Eignung für den Einsatz innerhalb von MIASOI sollen hier insbesondere die Kennzeichen des auf der Kommunikationsstrukturanalyse beruhenden, computergestützten Werkzeuges 'Bonapart' (UBIS GmbH. 1993) dargestellt werden. Für einen anderen Ansatz der Unternehmensmodellierung vgl.: Scheer 1992

[6]Für eine Darstellung entsprechender Werkzeuge vgl. Kortzfleisch 1993

[7]Gerade die unterschiedliche Sprache und die Verwendung von völlig unterschiedlichen Erfolgs-Maßgrößen sind ein zentraler Grund für die ungenügende Abstimmung von Unternehmensführung und IT-Abteilung

[8]Die Vermutung liegt nahe, daß umgekehrt die Einbindung umso geringer ist, umso weniger kritisch die IT für das Erreichen der Geschäftsziele eingeschätzt wird

[9]Chief Information Officers (CIOs) entsprechen weitgehend den im deutschsprachigen Bereich häufig diskutierten, aber noch kaum anzutreffenden Informationsmanagern. CIOs unterscheiden sich vor allem durch ihre stärkere Managementorientierung von den technikzentrierten IT-Leitern traditioneller Prägung und sind Mitglieder der Unternehmensführung

Business Redesign
Implikationen für das Human-Ressourcen-Management

Josef Scheff
Karl-Franzens-Universität Graz

> Wertvoll an einem Unternehmen
> sind nur die Menschen, die dafür arbeiten
> und der Geist, in dem sie es tun.
>
> *Heinrich Nordhoff*

Abstract

Die Betonung wirtschaftlicher gegenüber humanen Aspekten ist ein Charakteristikum des Business-Redesign-Ansatzes. Produktivitätssteigerung wird vor allem durch eine radikale Vorgehensweise erreicht, wobei die Kundenorientierung eine zentrale Rolle einnimmt. Erklärtes Ziel personalwirtschaftlicher Gestaltung ist jedoch neben der Erreichung einer hohen Leistungseffizienz der Aufgabenerfüllung - welche mit dem Redesign-Ansatz konform geht - auch eine möglichst hohe soziale Effizienz im Sinne der Befriedigung von Mitarbeiterbedürfnissen zu erlangen. Zielkonflikte sind damit vorprogrammiert. Im Rahmen des Redesign-Konzepts kommt dem Human-Ressourcen-Management (HRM) eine wesentlich bedeutendere Rolle zu, als dies in den bisherigen Veröffentlichungen erkannt wurde. Im Rahmen dieses Beitrages wird versucht, die unterstützende Rolle des HRM in Zusammenhang mit Redesign-Projekten darzustellen. Andererseits sollen auch die Auswirkungen auf das HRM als interne Dienstleistungsfunktion beleuchtet werden. Damit soll der entsprechende Stellenwert des HRM - ein kritischer Erfolgsfaktor für die Umsetzung des Redesign-Konzepts - zum Ausdruck gebracht werden.

1. Einleitung

In Zeiten der Rezession ist das Management stets auf der Suche nach Einsparungspotentialen. Als Instrumente der Kostenminimierung und Effizienzsteigerung werden verschiedenste Management-Ansätze wie z.B. Lean

Management, Total Quality Management, vernetzte Teams und u.a. auch Business Redesign (BR)[1] diskutiert. Im Rahmen dieser Ansätze werden revolutionäre Veränderungen der "Management-Welt" angekündigt und enorme Produktivitätssteigerungen versprochen.[2]

Lean Management und auch Total Quality Management ordnen den Mitarbeitern eine bedeutendere Rolle zu als im traditionellen Management, indem von eigenverantwortlichen Mitarbeitern mit zusätzlichen Aufgaben und Kompetenzen ausgegangen wird.[3] Obwohl sich dieser veränderte Denkansatz auch im Konzept des Business Redesign wiederfindet, wird den "humanen" Aspekten in den Veröffentlichungen zur BR-Thematik äußerst wenig Bedeutung beigemessen.[4] Diskussionen über informationstechnologische Gestaltungspotentiale (in diesem Zusammenhang wird auch vom "Enabling-Factor"[5] der Informationstechnologie gesprochen) und die damit verbundenen wesentlichen Veränderungen der Struktur und Kultur einer Organisation stehen im Vordergrund. Die Bedeutung der Human-Ressourcen im Rahmen von Redesign-Maßnahmen wird nicht der entsprechende Stellenwert eingeräumt.[6]

Das Ziel des vorliegenden Beitrages ist somit, die Rolle des Human-Ressourcen-Managements (HRM) im Rahmen von Redesign-Projekten aufzuzeigen. Diese Zielsetzung wirft daher folgende Fragestellungen auf:

- ✧ Welche Auswirkungen haben Redesign-Projekte auf das HRM als interne Dienstleisungsfunktion?
- ✧ Welchen Beitrag kann das HRM im Rahmen von BR-Projekten leisten?
- ✧ Business Redesign - mögliche Barrieren bei der Umsetzung aus personalwirtschaftlicher Sicht

---

1 Zur Begriffserklärung vgl. Krickl, O. in diesem Band
2 Vgl. z.B. Hammer, M./Champy, J., 1993, S. 32 ; Hanna D.P., 1988
3 Bösenberg, D., 1993, S. 35f
4 Vgl. Krickl, O. in Kraus/Scheff/Gutschelhofer (Hrsg.), 1993, S. 102 ff
5 Smith, H.A./McKeen, J.D., in Nunamaker, J.F./Sprague, R.H. (Hrsg.), 1993
6 Vgl. zu den Interdependenzen zwischen organisatorischen Regelungen und der Personalarbeit z.B. Kieser, A., in: Gaugler/Weber, 1992, Sp. 1507ff oder Sarges, W., in: Kienbaum, J. (Hrsg.), 1992, S. 341ff

2. Organisatorische Veränderungen durch Business Redesign

Daß die traditionelle hierarchische Organisationsform sich in einer Krise befindet ist nicht neu. Diese Prophezeiung wurde bereits 1959 auf dem Berliner Soziologentag von Hans Paul Bahrdt aufgestellt. Diese Erkenntnis hat sich bis heute nicht wesentlich verändert. Revolutionäre Organisationskonzepte, die auf eine radikale Abkehr von der hierarchischen Struktur und von der Mißtrauensorganisation nach Bleicher, hin zu kleinen flexiblen Einheiten, zu einer Dezentralisierung der Organisationsstrukturen, Prozeßorientierung, Hierarchieabbau und zur Integration von Leitung und Ausführung hinzielen, füllen eine Vielzahl von Veröffentlichungen.[7] Trotz dieser nun schon sehr lang andauernden Diskussion und den verstärkten Bemühungen in die "richtige" Richtung, dürften noch größere Diskrepanzen zwischen der "herbeigesehnten" und der "realen" Organisation in einer Vielzahl von Unternehmungen bestehen. Business Redesign ist ein weiterer Versuch, diese Diskrepanzen zu verkleinern.

Business-Redesign bedeutet zugleich Abschied nehmen von zahlreichen Wertvorstellungen und Verhaltensmustern in unserer Arbeitswelt. Zur Umsetzung der Redesign-Gedanken ist die Förderung des kooperativen und unternehmerischen Denkens der Mitarbeiter notwendig. Mitwissen - Mitdenken - Mitentscheiden - Mithandeln - Mitverantworten sollen nicht nur leere Worthülsen sondern Kriterien darstellen, die wesentlich auf die Gestaltung des betrieblichen HRM Einfluß ausüben müssen.

Da diese organisatorischen Veränderungen wiederum bedeutende Auswirkungen auf die Personalarbeit einer Unternehmung[8] haben, sollen zuvor kurz die wichtigsten Veränderungstendenzen der Organisationsstrukturen durch Redesignprojekte aufgezeigt werden:[9]

- Verringerung der Arbeitsteiligkeit
- Verlagerung der Koordinationsaufgaben zu den ausführenden Stellen - Steigerung der Selbststeuerung

---

7 Vgl. dazu z.B. Bleicher, K., 1990b, S. 152ff oder Brünnecke, K./Deutschmann, C./Faust, M., in Staehle/Conrad (Hrsg.), 1992 S. 2ff

8 Vgl. z.B. Sarges, W., in: Kienbaum, J. (Hrsg.), 1992, S. 341ff

9 Vgl. zur Begründung der organisatorischen Auswirkungen Krickl, O., 1994

- Verringerung des Koordinationsbedarfes, erhöhter Anteil an Vorauskoordination und teilweise Substitution durch maschinelle Koordination
- Der verringerte Koordinationsbedarf und die verbesserte Effizienz der Koordinationsinstrumente sind als Auslöser für eine Erhöhung der Leitungsspanne und dadurch die Verringerung des Anteils an unterstützenden Stellen zu betrachten
- Die Zahl der Hierarchieebenen wird sich aufgrund der Neuausrichtung an Geschäftsprozessen und den dadurch verringerten Koordinationsaufwand verkleinern (flache Organisationsstrukturen)
- Verstärkte Delegation von Entscheidungen an ausführende Stellen bzw. Verlagerung von Entscheidungen von funktionalen Instanzen zu Prozeßverantwortlichen
- Gesteigerte Partizipationsintensität
- Erhöhter Formalisierungsgrad durch den Einsatz von Workflowmanagementsystemen

Dieses Redesign der Organisation verlangt zugleich auch ein Redesign des Human-Ressourcen-Managements.[10] Für eine Analyse der möglichen Auswirkungen der organisatorischen Änderungen auf das HRM bzw. auf die einzelnen Mitarbeiter ergibt sich, daß sowohl leistungsbezogene als auch motivationsbezogene Elemente zu betrachten sind, um Gestaltungsempfehlungen abgeben zu können. Die wesentlichsten Auswirkungen sollen im folgenden einer Diskussion unterzogen werden.

3. Business Redesign - Anforderungen an das HRM

3.1 Redesign des Personaleinsatzes

Die Organisation nach den Prinzipien des Business Redesign verlangt einen polyvalenten Einsatz der Mitarbeiter. Im Rahmen der Prozeßorientierung aber auch durch die Verflachung der Hierarchien und dem Entstehen teambasierter Strukturen kommt es weitgehend zu einer Neuverteilung der Aufgaben.[11]

[10] Walker, J.W., 1992
[11] Scheff, J., 1993

Redesignprojekte bewirken oft zugleich einen Wechsel der Arbeitsfunktion, des Arbeitsbereiches und somit auch der Arbeitsanforderungen. D.h. die qualitativen Anforderungen an die Mitarbeiter werden wesentlich zunehmen. Dies bedingt jedoch andererseits, daß das Management bereit ist, Verantwortung auf Mitarbeiter sowie Teams zu delegieren. Eine Änderung des Organigramms allein wird bei den Mitarbeitern kein verändertes Verständnis hervorrufen.

Von seiten des Managements ist es im Rahmen von Redesign-Projekten nicht zu den üblichen Versprechungen gekommen, die gerne im Zusammenhang mit "neuen" Managementkonzepten getätigt werden. So stehen bei den meisten bisherigen (der Praxis verkauften) Konzepten Zielsetzungen wie Demokratisierung und Humanisierung des Arbeitslebens, Arbeitsgestaltung, Flexibilitätserhöhung durch Selbstorganisation und Stärkung der Corporate Identity im Vordergrund. Mit Business Redesign werden Ziele wie Prozeßrationalisierung, Arbeitsintensivierung und flexibler Einsatz von Mitarbeitern - alles letztendlich Ziele zur Steigerung der Wirtschaftlichkeit und Wettbewerbsfähigkeit - offengelegt. Das bedeutet aber wiederum, daß sich diese Konzepte wesentlich schwieriger bei den Mitarbeitern "verkaufen" lassen. Das HRM nimmt in diesem Rahmen eine zentrale Stellung ein, um Implementationshindernisse und Akzeptanzprobleme abzubauen (vgl. dazu noch ausführlicher Abschnitt 5).

Als Leitgedanken der Arbeitsstrukturierung nach den Prinzipien des Redesign, welche für die Personaleinsatzplanung als Planungsrichtlinie dienen, können angeführt werden:

- "selbstorganisierende Systeme", die auf eine bessere Nutzung der Qualifikationspotentiale der Mitarbeiter abzielen
- Dezentralisation der Kompetenzen und Verantwortung
- Unternehmen im Unternehmen - d.h. die Schaffung autarker Center
- differenzielle Arbeitsgestaltung unter Berücksichtigung hoher Einsatzflexibilität

3.2. Redesign der Anreizsysteme

Veränderte Organisationsstrukturen mit neuen Aufgabenverteilungen verlangen auch eine neue Arbeitsbewertung. Die analytische und die summarische

Arbeitsbewertung,[12] die letztendlich zur Lohnsatzdifferenzierung herangezogen werden, sind nicht mehr geeignet. Im Vordergrund muß ein einheitlicher Maßstab für alle Mitarbeiter stehen, wobei andere Kriterien wie z.B. Qualitätsverhalten, Flexibilität, Lernbereitschaft,[13] Wertschöpfungsorientierung und Teamorientierung als Bewertungsgrundlage dienen müssen. D.h. die starren Vergütungssysteme müssen mit variablen Elementen ausgestaltet werden.

Basis für die Rechtfertigung unserer bestehenden Einkommensstrukturen ist die zu tragende Verantwortung - die "natürlich" mit dem Anstieg der Hierarchiestufen positiv korreliert - und diese Verantwortung ist - den gegenwärtigen Wertvorstellungen entsprechend - zugleich auch der gerechteste Indikator für die Einkommenshöhe. Durch Business-Redesign kommt es jedoch zu einer Verantwortungsverteilung nach unten. Damit wird aber auch die Notwendigkeit für ein Redesign der Entlohnungssysteme offensichtlich.

Um auch den Gedanken - Unternehmer im Unternehmen - einen Ausdruck zu verleihen, sollten Mitarbeiter bzw. Teams zusätzlich ein Feedback über die Höhen und Tiefen des Unternehmens erhalten, welches sich in flexiblen Zusatzleistungen (so könnte z.B. auch das 13./14. Gehalt ertragsabhängig gestaltet werden) ausdrücken muß. Wobei natürlich das Festhalten an bestehende Vereinbarungen eine derartig flexible Handlungsweise erschwert.
Traditionelle Entlohnungssysteme berücksichtigen zudem zu wenig die heute notwendige Flexibilität, Transparenz, Anpassungsfähigkeit, Anreizwirkung sowie Vielseitigkeit. Fragen wie Entgeltgefüge mit Grundlohn- und Leistungskomponente, Erfolgsbeteiligung, Kriterien für Leistung und Erfolg (individuell, Gruppe), Entgeltdifferenzierung innerhalb einer Gruppe sowie Qualifikationsabhängigkeit der Lohnfindung werden aber den Erfolg der Übertragbarkeit von Redesign-Prinzipien bestimmen.

Entsprechend diesen Gestaltungsprinzipien könnte ein Entlohnungssystem wie folgt aussehen:

12 Vgl. Maier, W., 1988 S. 48ff
13 Vgl. Burgoyne, J.G./Pedler, M.J., in Kraus H./Scheff J./Gutschelhofer A., 1994

Leistungs- merkmal	Mitarbeiterqualifikation			
	Anfänger	**Eingearbeiteter**	**Experte**	**Coach, Trainer**
1. Produktivität	entsprechend der Lernkurve	100% Vorgabe	übertrifft Vorgaben	kann Rückstände ausgleichen
2. Erfahrung/ Flexibilität	keine Erfahrung, schrittweises Anlernen	beherrscht einen, kennt mehrere Arbeitsgänge	beherrscht mehrere Arbeitsgänge	beherrscht Prozeßkettenabschnitt
3. Qualität	macht noch Fehler/ kennt Standards	kennt Standards und hält Standards ein	übertrifft Standards	verbessert Standards mit eigenen Vorschlägen
4. Selbständigkeit	braucht Anweisungen und Aufsicht (Coach)	Kontrolle durch Audits	Selbstkontrolle, erkennt Probleme	vermeidet und analysiert Probleme, versucht diese zu lösen
5. Kommunikation	lernt vom Coach, Kollegen und Prozeß	bespricht Probleme mit Coach und Kollegen	Beteiligung für Problemlösung	betreut Anfänger, plant eigenen Arbeitsplatz, fördert Teamarbeit
6. Rolle im Team	Anwärter	Teammitglied	vertritt Sprecher, Träger von Fachwissen	Teamleader bzw. -sprecher

Abb. 1: Kriterien für Entlohnungssystem nach Wissen und Können[14]

Die Optimierung der Wertschöpfungskette der Organisation im Rahmen des gesamten Wertschöpfungssystems ist ein weiteres wesentliches Element im Rahmen des Business-Redesign. Bestehende Anreizsysteme müssen daher auch hinsichtlich ihrer Arbeitsbewertungsgrundsätze neu überdacht, und das materielle und personalorientierte Umfeld entsprechend attraktiv gestaltet werden. Der Konzentration auf wertschöpfende Tätigkeiten muß daher auch durch das betriebliche Anreizsystem ein entsprechender Ausdruck verliehen werden.[15] Bei den Mitarbeitern in europäischen Unternehmen ist eine deutliche Tendenz zur Flucht aus wertschöpfenden Tätigkeiten erkennbar. Nichtwertschöpfende Tätigkeiten werden besonders wertgeschätzt. Dies ist vor allem dann verständlich, wenn man sich die Arbeitsbedingungen in vielen Produktionsbetrieben näher betrachtet. Die meisten wertschöpfenden Tätigkeiten werden schlecht entlohnt und beschränken sich oft auf rein ausführende, monotone Tätigkeiten.

[14] Zeichnung des Verfassers in Anlehnung an: Bösenberg, D., 1993, S. 35
[15] Friedrich, A., 1993, S. 104ff

Zur Steigerung der Attraktivität wertschöpfender Tätigkeiten können folgende Maßnahmen zielführend sein:[16]

1. Personelle Attraktivität:

- Aufgaben- und Verantwortungszuordnung nach Wissen und Können
- Institutionelles persönliches Leistungsfeedback
- individuelle Arbeits- und Arbeitsplatzgestaltung
- Beteiligung an übergreifenden Projekten

2. Materielle Attraktivität:

- Bezahlung nach Wissen und Können
- Erfolgsbeteiligung
- Gehaltsklassen entsprechend dem Werschöpfungsbeitrag

3.3. Redesign der Rekrutierungssysteme

Im Aufbau befindliche Unternehmungen besitzen den unbestreitbaren Vorteil, jene Mitarbeiter zu rekrutieren, die den geforderten Qualifikationen am besten gerecht werden bzw. ein hohes Entwicklungspotential aufweisen.[17] Selbststeuernde Arbeitsgruppen implizieren, daß die Mitarbeiter, außer nach fachlichen Kriterien, auch daraufhin rekrutiert werden, ob und inwieweit sie sich als teamfähig erweisen und sich in ein konkretes Arbeitsteam einfügen können.[18] So müssen auch die höheren Qualifikationsanforderungen im Bereich der persönlichen bzw. sozialen Kompetenz im Rahmen der Rekrutierungsprozesse besondere Berücksichtigung finden.

Da jedoch Business Redesign als Anpassung bestehender Organisationen verstanden wird, muß das vorhandene Rekrutierungssystem auch neu überdacht werden. Redesignprojekte in bestehenden Unternehmen führen zwangsläufig auch zu freigesetzten Personalkapazitäten; dadurch erlangt die innerbetriebliche Personalbeschaffung in Kombination mit der Personaleinsatzplanung für die optimale Nutzung der bereits im Unternehmen vorhandenen Human-Ressourcen ein verändertes Rollenbild (Inplacement). Ein Verzicht auf die Nutzung des

[16] Bösenberg, D., 1993, S. 35-37
[17] Vgl. Hentze J./Kammel A., 1992, S. 328ff
[18] Vgl. Krickl, O., in Kraus/Scheff/Gutschelhofer (Hrsg.), 1993, S. 111ff

bestehenden Personals durch einen aus operativen Überlegungen durchaus notwendig erscheinenden Personalabbau[19] und der Verzicht auf die Transformation - im Rahmen der innerbetrieblichen Beschaffung - freiwerdender Personalressourcen in andere, durch die Reorganisation personell unterbesetzte Bereiche, würde einen Verzicht der Nutzung strategischer Potentiale gleichkommen. Der innerbetrieblichen Personalbeschaffung kommt daher eine wesentliche Rolle im Rahmen des gezielten Personaleinsatzes zu. Den Mitarbeitern werden dadurch zusätzliche Entwicklungsmöglichkeiten aufgezeigt (Signalfunktion), wovon man sich neue Motivationsschübe (Motivationsfunktion) erwarten darf.

Ein Kennzeichen "redesignter" Rekrutierungssysteme ist aber auch, daß externe Personalbeschaffung keinesfalls mit dem Abschluß eines Arbeitsvertrages beendet ist, sondern direkt in eine intensive Einarbeitungsphase mündet, die die geforderte Einsatzflexibilität der Mitarbeiter gewährleisten soll. Gezielter Einsatz von job-rotation und begleitende Personalentwicklungsmaßnahmen on-the-job sollen dies ermöglichen.

3.4. Redesign der Qualifikationssysteme

Business Redesign ist zwar keine ausdrückliche Betonung der "soft-factors" gegenüber den "hard factors", jedoch erfordert die Durchführung von Business-Redesign-Projekten und die daraus resultierenden Veränderungen in der Organisationsstruktur eine dementsprechende Investition in soft-factors. Dazu ist eine breitbandige Aus- und Weiterbildung notwendig, von der obersten Führungsspitze bis hin zum Arbeiter an der Linie.

Die hohen Anforderungen an jeden Mitarbeiter im einzelnen und an selbstgesteuerte Teams in ihrer Gesamtheit lassen der Personalentwicklung (PE) eine herausragende Rolle zukommen. Job-rotation als PE-Maßnahme eignet sich für die geforderte Einsatzflexibilität der Mitarbeiter besonders, da durch den systematischen, geplanten Wechsel innerhalb des eigenen Aufgabenbereiches sowie in andere Unternehmensbereiche ein breites Verständnis für die Aufgaben und Probleme anderer Abteilungen, Mitarbeiter und Teams im Unternehmen

[19] Vgl. dazu Abschnitt 3.6 in diesem Beitrag

vorhanden ist. Die Aufgabenintegration, die eine fachliche Weiterbildung der Mitarbeiter verlangt sowie die Aneignung von Sozial-, Problemlösungs- und Konflikthandhabungstechniken und die Internalisierung der veränderten Werte stellen besondere Trainingsinhalte dar.

Eine empirische Erhebung zur Personalentwicklung und Weiterbildung in österreichischen Unternehmen[20], welche vom ibw - Institut für Bildungsforschung der Wirtschaft (Wien) gemeinsam mit dem Institut für Betriebswirtschaftslehre der Öffentlichen Verwaltung und Verwaltungswirtschaft der Karl-Franzens-Universität Graz / Studienschwerpunkt Personalmanagement seit 1993 durchgeführt wird, zeigt, gefragt nach den Auslösern von PE und WB, daß organisatorische-strukturelle Änderungen im Zuge von Rationalisierungen die wichtigsten Auslöser von PE darstellen.[21] Dabei kommt der Ausweitung des Aufgabenspektrums der PE-Verantwortlichen durch die Begleitung organisatorisch-struktureller Veränderungen ebenfalls entsprechende Bedeutung zu.

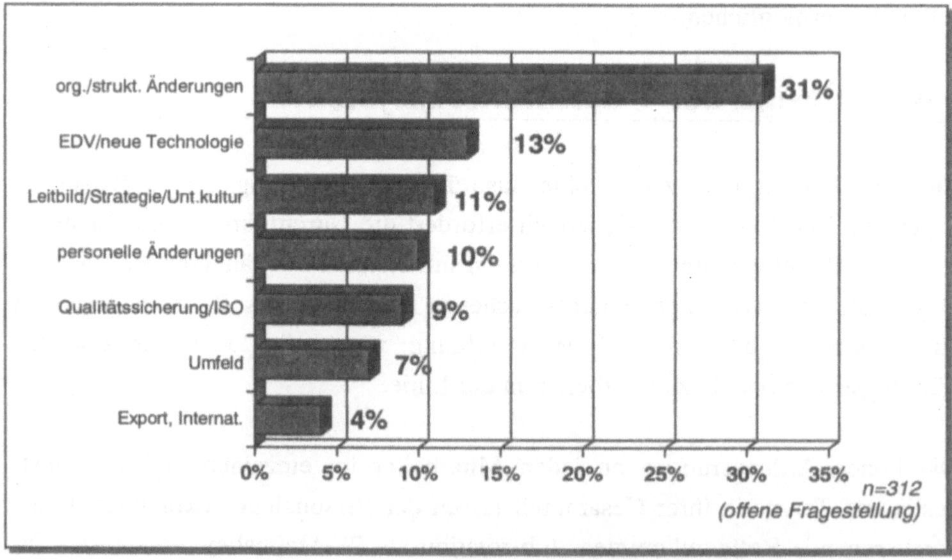

Tab. 1: Auslöser von PE und WB aus Unternehmenssicht[22]

---

[20] Dieses ibw-Forschungsprojekt "Personalentwicklung und Weiterbildung in österreichischen Unternehmen" wurde mit finanzieller Förderung durch den Jubiläumsfonds der Oesterreichischen Nationalbank durchgeführt.

[21] Vgl. Kailer, N./Scheff, J., 1993

[22] Kailer, N./Scheff, J., 1993

Ein weiterer wesentlicher Punkt im Rahmen der Personalentwicklung betrifft die Laufbahngestaltung bzw. Karriereplanung. Weniger Hierarchie bedeutet zugleich geringere vertikale Aufstiegsmöglichkeiten, sodaß alternative Karriereleitern für die Mitarbeiter geschaffen werden müssen. Horizontale Laufbahnen und Team- bzw. Projektlaufbahnen werden somit immer mehr die traditionellen vertikalen Führungs- und Fachlaufbahnen ersetzen.[23] Diese alternativen Laufbahnen, wie z.B. die Teamlaufbahn, schaffen zusätzliche Möglichkeiten, die Karriere eines ausgewählten Personenkreises zu planen und bieten zugleich Möglichkeiten der Leistungs- und Potentialbeurteilung.[24] [25]

Die wachsende Fähigkeit, schwierige Probleme kompetent zu lösen, ist in diesen Unternehmen eine bedeutsame Art des Vorankommens, auch wenn damit nicht unbedingt ein vertikaler Aufstieg innerhalb der Hierarchie verbunden ist. Dieses veränderte Karrieredenken muß jedoch erst bei den Mitarbeitern entsprechend verankert werden. Erfahrungsberichte[26] aus der Praxis zeigen, daß vor allem junge, ambitionierte, gut ausgebildete Mitarbeiter mit den "hierarchiearmen" Strukturen - die veränderte Karrierepfade mit sich bringen - Probleme haben. Wenn sich eine Organisation von einer einfachen hierarchischen Struktur, mit mehr oder weniger gut definierten Weisungsbeziehungen und Laufbahnplänen zu einer hierarchiearmen bzw. komplexen Organisationsform ohne oder nur mit ungenau bestimmten Karrierepfaden wandelt, wird der Ruf nach den "alten Geistern" wieder lauter.

3.5. Redesign der Personalführung

Die Ziele der Führung sind schon immer die gleichen: Visionen entwickeln, Emotionen der Mitarbeiter zu mobilisieren, Sinn und Orientierung geben, Sicherheitsgefühl schaffen usw. Im Rahmen von Reorganisationsmaßnahmen stehen diese Ziele der Personalführung jedoch nicht an oberster Stelle. Folgendes Szenario für "Redesign-willige" Unternehmungen könnte zutreffen:

---

23 Vgl. Scheff, J., in Kraus/Scheff/Gutschelhofer, 1993, S. 141ff

24 Freimuth, J., 1992, S. 220-225

25 Eher kritisch wird dieser Aspekt von Auer u.a. beleuchtet. Parallelhierarchien werden demnach aufgebaut, um die Knappheit von Aufstiegspositionen nicht allzu deutlich zu machen und das sonst brachliegende Führungspotential auszuschöpfen. Vgl. Auer M./Gorbach, S./Laske, S./Welte, H., in: Laske, S. u.a.1992

26 Vgl. Kurstedt, H.A. u.a., in: Gareis, R., 1990 S. 119ff

Eine zentrale Rolle des Business-Redesign wird im strategischen Einsatz als ein Instrument zur Krisenabwehr gesehen. Deshalb werden Business-Redesign-Projekte verstärkt in wirtschaftlich schwierigen Zeiten durchgeführt. Dies führt letztendlich dazu, daß sich zur Angst der Unternehmensleitung das wirtschaftliche Tief nicht zu überwinden, sich auch noch die Arbeitsplatzangst der Mitarbeiter hinzugesellt.
Zusätzlich verlangen veränderte Strukturen in vielen Bereichen auch veränderte Denkansätze. D.h. Führungskräfte sind auf diesen Gebieten meist selbst noch Lernende, müssen aber zur gleichen Zeit durch ihr Vorbild richtungsweisend für die Mitarbeiter sein.[27] Dieses Problem wird noch dadurch verschärft, daß Business-Redesign-Projekte radikale Veränderung der Organisationsstukturen und -abläufe in relativ kurzer Zeit bedeuten.[28]
Da die Veränderungen von der Unternehmensleitung vorgegeben werden und es sich nicht um einen dynamischen Prozeß - vergleichbar mit den OE-Konzepten[29] - handelt, wird Personalführung eines der schwierigsten Aufgaben der Vorgesetzten. Besonders hohe Anforderungen werden vor allem aber an die höhere Selbstmotivationsfähigkeit der Mitarbeiter gestellt.

Neue Organisationsstrukturen bewirken aber zugleich auch veränderte Führungsstrukturen. D.h. die Basis des Führungsanspruches verschiebt sich von hierarchischer Stellung zu fachlicher Kompetenz und sozialer Anerkennung durch die Glaubwürdigkeit der jeweiligen Persönlichkeit. Die Führung der Zukunft wird sich daher auf einem geringeren Machtniveau und einem höheren Argumentationsniveau bewegen.[30]

Die geistige Reflexion der hinter dem Redesign-Konzept stehenden Philosophie kommt innerhalb der Diskussion dieses Ansatzes gegenwärtig noch zu kurz. Vielmehr wird sich als ein kritischer Erfolgsfaktor dieses Ansatzes die Entwicklung eines werteorientierten Führungskonzeptes herausstellen, das im Alltag auch sichtbar vorgelebt und aktiv gesteuert werden kann. Folgende

---

[27] Vgl. Hentze J./Kammel A., 1992, S. 325ff
[28] Dies obwohl die Organisationskulturforschung darauf hinweist, daß ein Cultural Engineering im Sinne eines abrupten signifikanten Änderns gewohnter Werte und Verhaltensweisen häufig einen starken Widerstand von seiten der Mitarbeiter hervorruft.
[29] Vgl. Thom, N., in Frese 1992, Sp. 1477 - 1491
[30] Vgl. Wollert, A., 1993

unterstützende Maßnahmen einer werteorientierten Personalführung können sich als sinnvoll erweisen:[31]

- Kenntlichmachung der Wertschätzung der Leistungsbeiträge einzelner im Team
- Corporate Communication: Entwicklung einer primär nach innen und auf die gewünschten Werte ausgerichteten Informationspolitik
- Open-Door-Prinzip: Jeder Mitarbeiter kann unangemeldet bei Vorgesetzten erscheinen
- Führungskräfte sollten Partizipation, Mitsprache und Eigeninitiative der Mitarbeiter fördern
- Beteiligung am Erfolg und leistungsbezogene Anreize

3.6. Redesign und Personalabbau

Wie bereits erwähnt, stehen Ziele wie Prozeßrationalisierung und Arbeitsintensivierung im Vordergrund des Business-Redesign Ansätzes. Verschiedene Autoren weisen in diesem Zusammenhang darauf hin, daß Effizienzsteigerungen jedoch nur durch Einsparungen bei den Personalkosten - d.h. Personalabbau - erzielt werden können.[32] Aufgrund befürchteter Akzeptanzprobleme wird die Personalfreisetzung jedoch nicht ausdrücklich als Zielsetzung der notwendigen Umstellung genannt und des öfteren wird deshalb sogar auf die Nutzung der "eigentlichen Einsparungspotentiale" (hinsichtlich des Personalbedarfs wird von Einsparungspotentialen bis zu 40% gesprochen) verzichtet.[33] KRICKL sieht in diesem Zusammenhang die Rolle des Managements in der *"........Erarbeitung einer klaren Zielsetzung für die Realisierung der Personaleinsparung"*. Das Personalmanagement hat mehr oder weniger nur mehr für die Umsetzung dieser Ziele zu sorgen.[34] [35] Das heißt, die Rolle des Personalmanagements reduziert sich auf administrative Tätigkeiten. Langfristig orientierte, auf die Unternehmensstrategie abgestimmte Personalprogramme werden durch punktuelle und ohne

[31] Hentze J./Kammel A., 1992, S. 325ff
[32] Vgl. Krickl, O., in Kraus/Scheff/Gutschelhofer (Hrsg.), 1993, S. 102 ff
[33] Vgl. Abi, R., 1992, S. 11
[34] Vgl. Krickl, O., in Kraus/Scheff/Gutschelhofer (Hrsg.), 1993, S. 109
[35] Krickl spricht jedoch auch davon, das vorhandene Humankapital als strategische Chance zu betrachten, indem die Nutzung dieser Chance z.B. in der Verbesserung der Qualität oder auch im Eintritt in neue Geschäftsbereiche gesehen werden kann.

vorausschauende Planung gesetzte Maßnahmen ersetzt. Dies, obwohl in der Literatur genügend Beispiele für die negativen Konsequenzen kurzfristig getätigter Personalabbaustrategien vorhanden sind.[36] In diesen wenigen Aussagen zeigt sich der kompromißlose Denkansatz des Business-Redesign-Konzepts.

Einige Anmerkungen dazu scheinen jedoch angebracht zu sein: Redesign-Projekte werden in der öffentlichen Verwaltung und im "klassischen" Dienstleistungssektor (z.B. Bank- und Versicherungsbetriebe) besonders stark propagiert. Gerade in diesen Branchen ist man im Rahmen der Personalfreisetzung mit erheblich kollektivvertraglicher und gesetzlicher Restriktionen konfrontiert, sodaß größere Personalfreistellungen praktisch kaum umsetzbar sein werden.[37] Andererseits bedeutet dies, daß die freiwerdenden Personalkapazitäten gezielt im Rahmen der Personaleinsatzplanung einer neuen Verwendung zugewiesen werden müssen. Mit einer Zuweisung eines größeren Anteils an Personalkapazitäten an neuen Arbeitsplätzen ist jedoch eine langfristige Einsatzplanung gekoppelt. D.h. die Zuweisung einer größeren Anzahl veränderungsbereiter Mitarbeiter an neuen Arbeitsplätzen muß als längerfristiger Prozeß angesehen werden und ist sicher nicht im Rahmen eines Redesign-Projektes zu bewältigen.

Zudem kann sich ein undifferenzierter Abbau von Mitarbeitern für die Situation des Unternehmens äußerst gefährlich auswirken. KUTZMITZ[38] verwendet die Analogie der "Triage", das ist die Einteilung von Opfern nach einem Katastrophenfall nach der Schwere ihrer Verletzung im Hinblick auf ihre weitere Behandlung.[39]

---

[36] Vgl. z.B. smith Cook/Ferris, 1986 oder Ehmann, 1994

[37] Dollinger, R., in Kraus/Scheff/Gutschelhofer (Hrsg.), 1994

[38] Vgl. Kuzmits, 1988

[39] Vgl. dazu auch Elsik, 1994

	geringe Leistung	hohe Leistung
kritische Qualifikationen	Verwundete Analyse der Leistungsschwäche	Überlebende Priorität bei der Stellenbesetzung
Nicht-kritische Qualifikationen	Verunglückte Outplacement	Versetzung Personalentwicklung

Abb. 2: Notfallopfer beim Personalabbau[40]

Bei Personalfreistellungen geht es daher nicht nur um den Vollzug der Trennung von Mitarbeiter/innen, sondern auch um eine Betreuung der "Überlebenden". Wobei Fairness sowie Transparenz der Trennung bestimmend für die Haltung der verbleibenden Mitarbeiter zum Unternehmen sein dürften.

Ein weiterer Aspekt liegt in der geforderten Flexibilität der Unternehmungen. Um genügend Flexibilität zu gewährleisten, sodaß bei sich schnell änderndem Auftragsvolumen entsprechend reagiert werden kann, müssen genügend freie personelle Kapazitäten vorhanden sein. Nur diese gewährleisten ein kundenorientiertes Auftreten. Dies kann jedoch wiederum zu (kostenintensiven) Personalreserven führen. Damit wird das Spannungsverhältnis deutlich, in dem die Personalplanung agieren muß. Business-Redesign Maßnahmen erschweren natürlich ein entsprechendes Planungsverhalten.

Da gewachsene Strukturen rasch und in erheblichem Maße verändert werden und diese zudem (meist) mit erheblichen Personaleinsparungen (besonders in den nicht unmittelbar an der Wertschöpfung beteiligten Bereichen) verbunden sind, muß mit größeren Widerständen gerechnet werden. Vor allem von seiten der Arbeitnehmervertretungen wird eine Verfolgung von Produktivitätssteigerungsstrategien über Arbeitsplatz-, Sozial- und Lohnabbau entschieden abgelehnt werden. Beschwichtigungsversuche der Arbeitgeber (Ausnutzung der natürlichen Fluktuation, Vorruhestandsregelungen) werden die angespannte Lage kaum beruhigen können. Da jedoch letztlich der Erfolg bei der Umsetzung des Redesign-Konzepts wesentlich von motivierten Mitarbeitern abhängt, muß die

[40] Kuzmits, 1988, S. 39

Unternehmensleitung an einer konstruktiven Zusammenarbeit mit der Arbeitnehmervertretung interessiert sein. Wesentliche Bedeutung in diesem Zusammenhang erlangt das gegenwärtige Verhältnis zum Betriebsrat und die "politische" Stellung[41] des Betriebsrates allgemein.

Die Gefahr bei allen "neuen" Entwicklungen, Ansätzen und Konzepten liegt darin, daß das Management - gerade in Krisenzeiten - diese Konzepte als Grundlage bzw. als Instrument der Personalfreistellung mißbraucht.[42] Business-Redesign ist jedoch als Personalabbaustrategie völlig ungeeignet und kann sogar weitreichende negative Konsequenzen zur Folge haben. Die angesprochenen, mit einer Personalreduzierung einhergehenden negativen Auswirkungen stellt auch eine jüngst veröffentlichte Studie dar:

	abgenommen	gleichbleibend	gestiegen
Operatives Ergebnis	20%	24%	45%
Arbeitsproduktivität	22%	38%	34%
Betriebsklima	80%	13%	2%
Fluktuation	25%	52%	19%

Abb. 3: Effekte von Downsizing-Maßnahmen[43]

4. Business Redesign - Auswirkungen auf das HRM als interne Dienstleistungsfunktion

Im Sinne des Business-Redesign hat die Rationalisierungsdiskussion wie bereits erwähnt auch im Rahmen des HRM Eingang halten. Rasch wirksam werdende, auf kurzfristige Kosteneinsparungen abzielende Personalstrategien entsprechen vor allem der in den USA weit verbreitenden "hire and fire" Denkhaltung. Die Initiative zu rationalisieren sollte von den Personalverantwortlichen selbst vorgenommen werden.[44] Dazu sind wichtige Personalfunktionen in einem cost-

41 Die zeitlich befristete Bestellung des Betriebsrates und das Hoffen auf eine Wiederwahl determinieren im wesentlichen auch die gesetzten Aktionen der Arbeitnehmervertretung.

42 Vgl. Marr, R., 1993

43 Vgl. American Management Association (AMA), 1993, S. 4

44 Vgl. Friedrich A./Vollrath G., 1993, S. 276ff

center-Ansatz auszubauen. Dazu gehört z.B. auch die klassische "make or buy" Entscheidung - die Ausgliederung bzw. die eigene Wahrnehmung von Personalfunktionen. Nachfolgend sollen deshalb am Beispiel der Kundenorientierung und der Wertschöpfung - beides zentrale Elemente des Redesign-Ansatzes - die Auswirkungen auf das HRM aufgezeigt und einer kurzen Diskussion unterzogen werden:

- Kundenorientierung:

Kundenorientierung im Personalbereich heißt zugleich Mitarbeiterorientierung.[45] [46] Im Redesign-Konzept ist damit ein offensichtlicher Widerspruch installiert. Dieser Widerspruch könnte kurz umschrieben werden mit - Kundenorientierung (neben Kostenorientierung) wo möglich - Mitarbeiterorientierung wo unbedingt nötig. Damit soll zum Ausdruck gebracht werden, daß der Mitarbeiterorientierung nicht der entsprechende Stellenwert im Redesign-Ansatzes eingeräumt wird. Ständige Neuorientierungen und Neukonzeptionierungen im Human Ressourcen Management sind nicht nur eine zeit- und kostenintensive Tätigkeit, sondern rufen auch zwangsläufig Widerstände bei den Mitarbeitern hervor! Daher stellt sich auch in diesem Zusammenhang die Frage nach der Kundenorientierung. Statt der laufenden Neuentwicklung von personalwirtschaftlichen Instrumenten sollte die Kundenorientierung (intern und extern) vorrangig durch eine Qualitätsbeurteilung aller "angebotenen" Teilfunktionen innerhalb des Human-Ressourcen-Managements durch die Kunden (Abteilungen, Mitarbeiter) zum Ausdruck gebracht werden.

- Orientierung an der Wertschöpfungskette:

Die Orientierung an der Wertschöpfungskette hat auch für den Personalbereich eine entscheidende Bedeutung.[47] So ist der erste Schritt bei der Verfolgung der Redesign-Ziele die Analyse der Wertschöpfungskette. Diesbezüglich sind zu allen Personalaktivitäten folgende Fragen zu beantworten:[48]

---

[45] Vgl. Bleicher, K., 1992, S. 231ff

[46] Unter Mitarbeiterorientierung soll die Schaffung eines Bewußtseins verstanden werden, welches von allen Mitarbeitern getragen werden kann. Meßbar wird dies unter anderem an der Arbeitsstrukturierung, an planvoller Organisations- und Personalentwicklung und an der höheren Selbstmotivation der Mitarbeiter.

[47] Vgl. dazu Gutschelhofer, A., in Kraus/Scheff/Gutschelhofer (Hrsg.), 1993, S. 64ff

[48] Vgl. dazu Friedrich A./Vollrath G., 1993, S. 277f

- **Wer sind die Abnehmer meiner Arbeit? Bekommen die Abnehmer genau das, was sie von der Personalabteilung erwarten? Sind die Abnehmer zufrieden?**

- **Wer sind die Zulieferer für meine Arbeit? Wissen die Zulieferer, was die Personal-Mitarbeiter benötigen, um gute Leistungen zu erbringen?**

- **Wie kann die Personalarbeit reibungslos verlaufen? Wo sind Sörungen in der Zusammenarbeit? Was kann die Personalabteilung selbst verbessern, was müssen andere Bereichte tun?**

- **Welche Möglichkeiten zur Erlangung von Wettbewerbsvorteilen werden durch Personalaktivitäten geschaffen bzw. welche Wettbewerbsnachteile entstehen, wenn die Personalaktivitäten unterlassen werden?**

Durch die Orientierung an der Wertschöpfungskette können sich im Personalwesen z.B. folgende Effekte ergeben:

- Reduktion von Komplexität, z.B. weniger Lohn- und Statusgruppen (weniger Motivations-Schnickschnack) - Angleichung von Anforderungen und damit Reduzierung von Tarifgruppen
- Verbesserung der Kommunikation
- Aufbau und Unterstützung von Vertrauensbeziehungen - das Personalwesen kann in die Offensive gehen und damit Vertrauen schaffen, in dem es Führungskräften Personalfunktionen zurückgibt und deren Führungssouveränität dadurch stärkt
- Infragestellung des Personalreferentensystems, welches zu einer Entmündigung der Führungskräfte führen kann

5. Business Redesign - Barrieren bei der Umsetzung aus Sicht des Personalmanagements

Business-Redesign setzt als Ziel, einen totalen Wandel des Unternehmens herbeizuführen. Wenn aber soziale Besitzstände im Rahmen einer "Neuordnung" gefährdet erscheinen und Personalfreistellungen anstehen, drohen soziale Konflikte und nachhaltige Störungen der Arbeitgeber/Arbeitnehmer Beziehungen. Reorganisation in Krisenzeiten (Redesign-Ansätze werden ja als Sanierungs-konzepte "gehandelt") bedeuten neben einer Neuverteilung der Aufgaben zugleich auch eine Infragestellung der bestehenden Macht- und Einkommensstrukturen. Das heißt wiederum, daß sich das Management selbst in Frage stellen muß.[49] Befindet sich jedoch ein Unternehmen in einem wirtschaftlichen Tief, können tiefgreifende Reorganisationsmaßnahmen statt der notwendigen Neuordnung und Neuorientierung den Überlebenskampf der verunsicherten Organisationsbereiche und damit jedes einzelnen Mitarbeiters gegeneinander fördern.[50]

Abb 4: Mögliche Veränderungen im Arbeitsleben des einzelnen Mitarbeiters durch Redesign-Maßnahmen

Wenn man sich die in Abbildung 4 dargestellten möglichen Auswirkungen für jeden einzelnen Mitarbeiter vor Augen führt, wird umso verständlicher, daß ein derartiges Konzept nicht in dieser gewünschten bzw. geforderten Radikalität implementiert werden kann. Organisatorische und kulturelle Veränderungen

[49] Vgl. Bleicher, K., 1992, S. 455ff
[50] Vgl. Marr, R., 1993

verlangen deshalb ein aktives "Change-Management"[51], das dazu beiträgt, Akzeptanzprobleme und Implementierungshindernisse abzubauen. Um dies zu ermöglichen, ist ein ganzes Bündel von flankierenden Maßnahmen (der Personalpolitik und Personalführung) von seiten der Verantwortlichen einzusetzen. Vor diesem Hintergrund ist es eine hohe Herausforderung für die Personalverantwortlichen, Veränderungsfähigkeit und -bereitschaft der Mitarbeiter zu fördern bzw. aktiv zu halten.

Diese aufgezeigten Implementierungshemmnisse machen deutlich, daß ein funktionierender Wandel zu flachen, prozeßorientierten Strukturen kurzfristig nicht umsetzbar ist. Die im Redesign-Konzept vorgesehene konzeptionelle Radikalität[52] [53] beim Wandel produziert zusätzliche Hindernisse bzw. Hemmnisse, die die Unternehmensstabilität gefährden können. So lange es nicht gelingt, die Mitarbeiter zur aktiven Mitarbeit bei der Umgestaltung des Unternehmens durch vertrauensbildende Maßnahmen zu motivieren und dazu zu bringen, sich mit den Zielsetzungen und der Vorgehensweise des Business-Redesigns zu identifizieren, ist eine Umsetzung dieses Konzepts nicht gewährleistet.

6. Zusammenfassung

Business-Redesign, verstanden als tiefgreifendes und weitreichendes Reorganisationskonzept, tangiert wesentlich personalwirtschaftliche Handlungsfelder. Einerseits unterstützt das HRM den initiierten Wandel, andererseits ist es selbst von diesen Veränderungen betroffen und hat dementsprechend seine Rolle als interne Dienstleistungsfunktion neu in Frage zu stellen.

Vor allem die im Beitrag angesprochene Radikalität der Veränderungen läßt einigen Zweifel an der Umsetzbarkeit des Redesign-Konzepts hochkommen. So unterscheidet sich Business-Redesign wesentlich von anderen Managementkonzepten, die eher als dynamischer Entwicklungsprozeß verstanden werden und

---

51 Zur Begriffserklärung vgl. Hentze J./Kammel A., 1992, S. 330ff

52 Diese Radikalität des Redesign-Ansatzes hat durchaus auch seine Berechtigung. So versucht man damit vor allem kurzfristige und kurzsichtige Rationalsierungsbestrebungen, ein weitgehendes Beibehalten der bestehenden Organisations- und Führungsstrukturen und das Schonen und Ausklammern von bestimmten Bereichen zu verhindern.

53 Vgl. dazu die "Bombenwurf-Umsetzung" in Bleicher, K., 1992, S. 464f

von einem aktiven Change-Management begleitet werden. Diese Radikalität ist es auch, die einem dem Redesign-Ansatz zugewandtem Personalmanagement einen sehr engen Spielraum setzt. Insgesamt hat das Human-Ressourcen-Management jedoch zum Gelingen einer tiefgreifenden organisatorischen Umstrukturierung unter erhöhtem Zeit- und Rationalisierungsdruck beizutragen. Vor dem Hintergrund dieser Ausführungen erlangt ein "ewig aktuelles" Spannungsfeld besondere Bedeutung:

Ohne Wirtschaftlichkeit schaffen wir es nicht,
ohne Menschlichkeit ertragen wir es nicht.[54]

[54] Wollert, A., 1993

Literatur

Abi, R.: Workflow Automation: The New Competitive Edge - Tools, Techniques and Software, Unitech International Corporation, 1992

AMA: AMA Survey on Downsizing, Summary of Key Findings, New York 1993

Bleicher, K.: Paradigmawechsel im Management, in: Das systemisch evolutionäre Management, Orac-Verlag, 1990a, S. 127-137

Bleicher, K.: Zukunftsperspektiven organisatorischer Entwicklung, zfo 3/1990b, S. 152-161

Bleicher, K.: Das Konzept Intergriertes Management, 2. Auflage, Campus Verlag, 1992

Bösenberg D.: Seine Rolle im "Lean" finden, Personalwirtschaft 11/93, S. 35-37

Brünnecke K./Deutschmann, C./Faust, M.: Betriebspolitische Aspekte des Bürokratieabbaus in Industrieunternehmen, in: Staehle, W./Conrad, P.(Hrsg.): Managementforschung 2, 1992, S. 1-38

Burgoyne, J.G./Pedler, M.J.: Learning Companies: Their Significance and Characteristics, in: Kraus H./Scheff J./Gutschelhofer A. (Hrsg.): Personalmanagement in der Krise - Krise des Personalmanagements, Management Perspektiven, Band 2, Linde Verlag, 1994

Dollinger, R.: Personalkostenmanagement in einem Dienstleistungsunternehmen - eine Gratwanderung zwischen betriebswirtschaftlicher Ineffizienz und Demotivation, in Kraus H./Scheff J./Gutschelhofer A. (Hrsg.): Personalmanagement in der Krise - Krise des Personalmanagements, Management Perspektiven, Band 2, Linde Verlag, 1994

Ehmann, H.M.: So wird die Krise zur Chance, in Personalführung, 1/1994, S. 8-15

Elsik, W.: Personalmanagement im Krisen-Spiel, in Kraus H./Scheff J./Gutschelhofer A. (Hrsg.): Personalmanagement in der Krise - Krise des Personalmanagements, Management Perspektiven, Band 2, Linde Verlag, 1994

Francis, G./Mohr, J./Andersen, K.: HR Balancing: Alternative Downsizing, in: Personnel Journal, Vol. 71, 1992, 1, S. 71-78

Freimuth, J.:Die personalpolitische Absicherung von Projektmanagement, zfo, 4/1992, S. 220-225

Friedrich, A.: Personalarbeit als Erfolgsfaktor im Lean-Management, Personal 3/1993, S. 104-106

Friedrich, A./Vollrath G.R.: Veränderungen des Personalwesens durch Lean-Management, Personal 6/1993, S. 276-278

Gutschelhofer, A.: Impulse für ein strategisches Personalmanagement, in: Kraus, H./Scheff, J./ Gutschelhofer, A. (Hrsg.): Neue Ansätze in der Personalarbeit, Management Perspektiven, Band 1, Linde Verlag, 1993, S. 57-78

Hammer, M./Champy, J.: Reeingineering the Corporation - A Manifesto for Business Revolution, Harper Collins Publisher, 1993

Hanna, D.P.: Designing Organizations for High Performance, Addison-Wesley Publishing, 1988

Hentze, J./Kammel, A.: Lean Production - Personalwirtschaftliche Aspekte der "schlanken" Unternehmung, Die Unternehmung, 5/1992, S. 319-331

Kailer, N./Scheff, J.: Personalentwicklung und Weiterbildung in österreichischen Unternehmungen, ibw-Projekt gefördert durch den Jubiläumsfond der Oesterreichischen Nationalbank, unveröffentlichter Zwischenbericht, Wien 1993

Kailer, N./Scheff, J.: Über die Ernsthaftigkeit der Personalentwicklung in Krisenzeiten, in: Kraus H./Scheff J./Gutschelhofer A.: Personalmanagement in der Krise - Krise des Personalmanagements, Management Perspektiven, Band 2, Linde Verlag, 1994

Kieser, A.: Organisationstheoretische Grundlagen der Personalarbeit, in: Gaugler, E./Weber, W. (Hrsg.): Handwörterbuch des Personalwesens, Sp. 1507-1523, 2. Auflage, Poeschel Verlag, 1992

Kraus H./Scheff J./Gutschelhofer A. (Hrsg.): Neue Ansätze in der Personalarbeit, Management Perspektiven, Band 1, Linde Verlag, 1993

Kraus H./Scheff J./Gutschelhofer A. (Hrsg.): Personalmanagement in der Krise - Krise des Personalmanagements, Management Perspektiven, Band 2, Linde Verlag, 1994

Krickl, O.: Personelle Auswirkungen durch Business Process Re-Engineering, in: Kraus, H./Scheff, J./Gutschelhofer, A. (Hrsg.): Neue Ansätze in der Personalarbeit, Management Perspektiven, Band 1, Linde Verlag, 1993, S. 101-116

Kuzmitz, F.E.: Triage in the Organizational Emergency Room, in: Training & Development Journal, Vol. 42, 1988, 8, S. 38-40

Krickl, O.: Business-Redesign: Organisatorische Auswirkungen und Gestaltungspotentiale von Workflow-Management-Systemen, Habilitationsschrift in Vorbereitung

Kurstedt, H.A. u.a.: Experience in Designing and Using a Flat Structure in a Multi-Project Organization, in: Gareis, R.: Handbook of Management by Projects, Manz Verlag, Wien 1990

Laske, St./Auer, M./Gorbach St./Welte H.: Politische Perspektiven einer Personalentwicklung, Widersprüche (in) der Personalentwicklung, Institut für Wirtschaftspädagogik und Personalwirtschaft, Universität Innsbruck, 1992

Lietz, J.: Lean-Management - Illusionen bei der Umsetzung, Gablers Magazin, 4/93, S. 27-29

Maier, W.: Arbeitsanalyse und Lohngestaltung, Enke-Verlag, 1988

Marr, R.: Lean-Management - über die Gefährlichkeit von Illusionen, unveröffentlichtes Thesenpapier an der Bundeswehr-Universität München, 1993

Panskus, G.: Der Wettbewerb zwingt zum Umschalten, Gablers Magazin, 4/93, S. 12-21

Sarges, W.: Veränderungen von Organisationsstrukturen und ihr Einfluß auf das Personalmanagement, in: Kienbaum, J. (Hrsg.): Visionäres Personal-Management, Poeschel Verlag, 1992

Scheff, J.: Business Teams - Implikationen für die Personalplanung, in: Kraus, H./Scheff, J./ Gutschelhofer, A. (Hrsg.): Neue Ansätze in der Personalarbeit, Linde Verlag, 1993, S. 101-116

Scholz, C.: Personalmanagement in der Rezession: Die Stunde der Wahrheit, WISU 10/93, S. 751-752

Smith Cook, D./Ferris, G.R.: Strategic Human Resource Management and Firm Effectiveness in Industries Experiencing Decline, in: Human Resource Management, Vol. 25, 1986, S. 441-457

Smith, H.A./McKeen, J.D.: Re-Engineering the Corporation: Where Does I. S. Fit In? in: Nunamaker, J.F./Sprague, R.H. (Hrsg.) Proceedings of the 26 annual HICSS: Information Systems, Vol. III, IEEE Computer Society Press, 1993, S. 120-126

Thom, N.: Personalentwicklung als Instrument der Unternehmensführung, Poeschel Verlag Stuttgart, 1987

Thom, N.: Organisationsentwicklung, in: Frese, E.: Handwörterbuch der Organisation, 1992, S. 1477 - 1491

Walker, J.W.: Managing Human Resources in Flat, Lean and Flexible Organizations: Trends for the 1990´s, Human Resource Planning, Volume 11/92, Number 2, S. 125-132

Wollert, A.: Führung im Wandel, unveröffentlichtes Thesenpapier an der Bundeswehr-Universität München, 1993

Business Redesign - Implikationen für das Informationsmanagement

Bettina Schwarzer
Helmut Krcmar

Lehrstuhl für Wirtschaftsinformatik
Universität Hohenheim

Abstract

Viele Unternehmen versuchen, sich durch Business Redesign eine stärkere Prozeßorientierung zu geben, mit der sie den sich verschärfenden Wettbewerbsbedingungen besser begegnen können. Der Beitrag beschäftigt sich mit den aus der Prozeßorientierung resultieren Konsequenzen für das Informationsmanagement. Insgesamt zeigt sich, daß sich durch die Prozeßorientierung der Unternehmen die Komplexität der Aufgaben des Informationsmanagements weiter erhöht. Inhaltliche Konsequenzen, die sich in veränderten Aufgabendefinitionen und Anforderungsprofilen im Informationsmanagement widerspiegeln, werden aufgezeigt. Des weiteren werden Veränderungen in der organisatorischen Gestaltung des Informationsmanagements, die für die Umsetzung der neuen Anforderungen erforderlich erscheinen, erläutert. Abschließend wird anhand einer Fallstudie aus der Praxis aufgezeigt, wie ein prozeßorientiertes Informationsmanagement aussehen könnte.

1. Einleitung

Die in fast allen Märkten zu beobachtende Verschärfung des Wettbewerbs hat dazu geführt, daß immer mehr Unternehmen nach "schlankeren" Organisationsformen streben. In dem häufig als Business Redesign bezeichneten Bemühen, die heute von Markt und Wettbewerb geforderte gleichzeitige Erschließung von Zeiteinsparungs- und Kostensenkungspotentialen zu realisieren, treten Geschäftsprozesse und ihre gezielte Gestaltung in den Vordergrund des Interesses (vgl. Abb. 1).[1] Durch Prozeßorientierung, durch die eine verbesserte Koordination der Aktivitäten eines Prozesses über Abteilungs- und Ländergrenzen hinweg erzielt werden soll, sollen Ressourcen besser ausgenutzt und die Durchlaufzeiten verkürzt werden.[2] Ein reibungsloser Prozeßablauf setzt voraus, daß die für die Aufgabenerfüllung benötigte Informa-

1 Vgl. Hammer, 1990; Harrington, 1991; Davenport, 1993.
2 Vgl. Hirzel, 1990, S. 37ff; Rutt, 1990, S. 62ff; Lardi/Langmoen, 1992, S. 49.

tion in der richtigen Qualität und Quantität zur richtigen Zeit am richtigen Ort vorhanden ist.[3] Von zentraler Bedeutung sind in diesem Zusammenhang die Informations- und Kommunikationstechnologien (IKT). Durch ihren Einsatz werden die Voraussetzungen für den durch die stärkere Koordination erforderlich werdenden Informationsaustausch geschaffen. Insbesondere auf internationaler Ebene werden durch eine entsprechende Gestaltung des IKT-Einsatzes organisatorische Gestaltungsfreiräume eröffnet, die vor wenigen Jahren noch undenkbar waren.

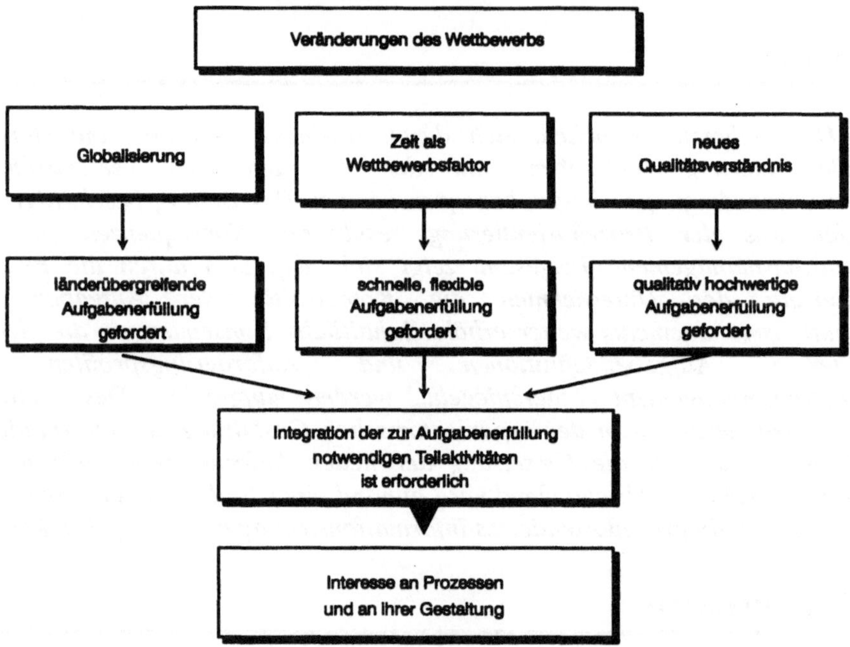

Abb. 1: Antriebsfaktoren für die Prozeßorientierung. (Quelle: Schwarzer, 1994a)

Die Gestaltung des IKT-Einsatzes ist Aufgabe der DV-Abteilungen, auch als Informationsmanagement (IM) bezeichnet. Das IM hat den aus der Aufgabenerfüllung in den Fachabteilungen resultierenden Informationsverarbeitungsanforderungen Rechnung zu tragen und durch Planung, Bereitstellung und Kontrolle adäquater Informationssysteme zu begegnen.[4] Daraus folgt, daß Veränderungen in der Aufgabenerfüllung in den Fachbereichen, die sich in veränderten Informationsverarbeitungsanforderungen niederschlagen, notwendigerweise auch Konsequenzen für das IM resultieren. Welche Auswirkungen sich auf die inhaltliche Gestaltung des IM durch die

3 Vgl. Augustin, 1990, S. 23; Krcmar, 1991a, S.7.
4 Vgl. Krcmar, 1991b.

Prozeßorientierung ergeben und welche organisatorischen Konsequenzen für das IM daraus resultieren, ist bislang weitgehend ungeklärt.

Diese Fragen stehen im Mittelpunkt der folgenden Überlegungen. Die Ausführungen basieren auf einer in der Pharmaindustrie im Jahre 1992 in Deutschland, England, der Schweiz und den USA durchgeführten Untersuchung, die sich mit der Prozeßorientierung des IM für den F&E-Prozeß beschäftigt hat.[5] Zunächst werden Konsequenzen der Prozeßorientierung auf die inhaltliche Gestaltung der IM-Aktivitäten untersucht. Im Anschluß daran werden organisatorische Aspekte des IM diskutiert. Anhand eines Fallbeispiels aus der Pharmaindustrie werden die Überlegungen verdeutlicht. Den Abschluß bilden Überlegungen zur Integration eines prozeßorientierten Informationsmanagements in den Gesamtzusammenhang des Unternehmens.

2. Inhaltliche Konsequenzen des Business Redesign für das Informationsmanagement

Konsequenzen des Business Redesign für das IM können am besten durch einen Vergleich der in der Vergangenheit und der heute an das IM gestellten Anforderungen identifiziert werden. In der Vergangenheit wurden dem IM keinerlei Gestaltungspotentiale zugesprochen.[6] Seine Aufgabe war es, die bestehenden Abläufe und Strukturen durch IKT zu elektrifizieren und automatisieren. Die Entwicklung rechnergestützter Systeme orientierte sich viele Jahre an tayloristischen Rationalisierungsmustern und sollte die organisatorisch vorgenommene Arbeitsteilung weiter optimieren. Aus diesem Grund wurde in den 70'er und 80'er Jahren ein massiver Ausbau von einzelnen Anwendungssystemen und dedizierten technischen Infrastrukturen betrieben, wobei insbesondere die operativen Bereiche mit IKT durchdrungen wurden.[7] Mit Business Redesign wird das Ziel verfolgt, die Abläufe im Unternehmen grundlegend neu zu gestalten. Dabei steht nicht, wie oftmals in der Vergangenheit, die Optimierung des IKT-Einsatzes im Vordergrund, sondern eine Optimierung der Prozeßgestaltung unter Einbeziehung der Potentiale der IKT. Aus dieser Zielsetzung resultieren neue Anforderungen an des IM, die einmal inhaltlicher Natur, im Sinne der geforderten IKT-Unterstützung, sind, andererseits aber auch die Rollen, die das IM auszufüllen hat, betreffen.

5 Vgl. Schwarzer, 1994a.
6 Vgl. Scheer, 1991, S. 5.
7 Vgl. Dienhardt et al., 1990, S. 2; Hirsch-Kreinsen, 1990, S. 57; Sommerlatte, 1990, S. 14.

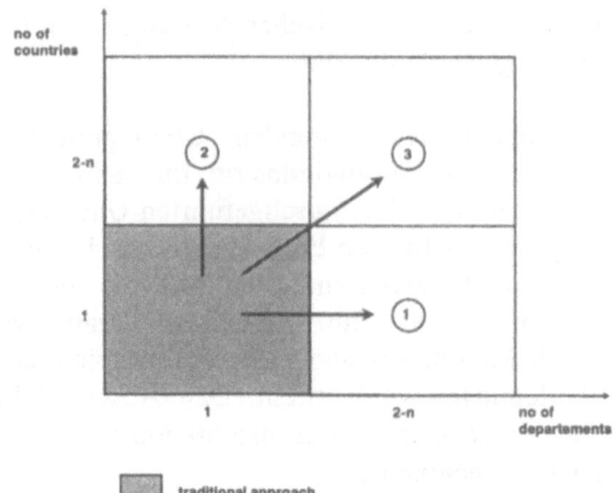

Abb. 2: Entwicklungsrichtungen des Informationsmanagements. (Quelle: Schwarzer, 1994c)

In der Vergangenheit stand die gezielte Unterstützung einzelner Aufgabenträger durch geeignet Informationssysteme im Vordergrund der IM-Aktivitäten (vgl. Abb. 2). Der Gedanke sowohl bereichs- als auch länderübergreifender Integration war nur von untergeordneter Bedeutung, da das Denken in den Fachbereichen tayloristisch geprägt war. Gerade die Integrationsüberlegungen werden jedoch durch die Prozeßorientierung in den Mittelpunkt des Interesses gerückt. Die angestrebte Verbesserung der Koordination der Aufgabenträger über Bereichs- und Ländergrenzen hinweg setzt einen ungehinderten Informationsaustausch zwischen den betroffenen Aufgabenträgern voraus. Im Vordergrund steht heute eine Unterstützung der Informationsverarbeitung über Abteilungsgrenzen (vgl. Abb. 2 -> 1), Ländergrenzen (vgl. Abb. 2 -> 2) und eine Kombination von beiden (vgl. Abb. 2 -> 3). Für das IM bedeutet dieses nicht, wie in der Vergangenheit, "einfach" die Bereitstellung der DV-technischen Unterstützung, sondern es knüpfen sich daran eine Reihe von neuartigen Leistungen, die zu erbringen sind. Zusätzlich zu den neuen Integrationsanforderungen und den damit verbundenen Probleme, denen zu begegnen ist, sind Fragen und Probleme der Innovation und Kooperation zu lösen (vgl. Abb. 3).

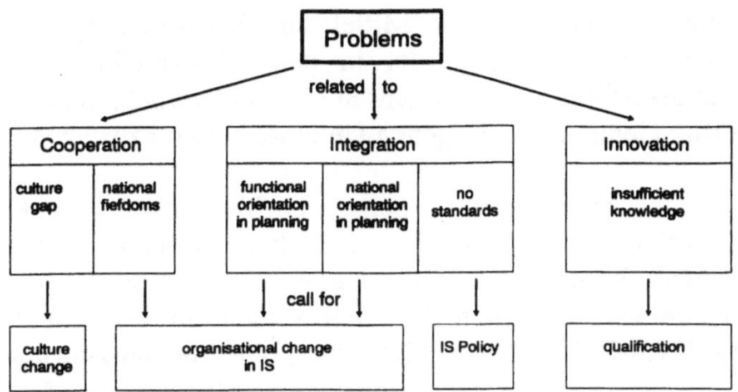

Abb. 3: Inhaltliche Konsequenzen für das Informationsmanagement. (Quelle: Schwarzer, 1994c)

So einfach der Gedanke des Business Redesign auch klingen mag, so immens sind doch die Probleme, die zunächst überwunden werden müssen, bevor überhaupt an ein Redesign zu denken ist. In der Redesign Debatte oftmals vernachlässigt, aber doch von zentraler Bedeutung ist die Prozeßwahrnehmung und die Wahrnehmung der IT als Enabler für organisatorische Veränderungen durch die Mitarbeiter in den Fachbereichen. Nur wenn sie Prozesse als solche wahrnehmen und erkennen, daß IKT zur Neugestaltung und Verbesserung von Prozessen beitragen können, sind sie in der Lage, die Gedanken des Business Reengineering zu realisieren.

Untersuchungen[8] haben gezeigt, daß grundlegende Unterschiede in der Prozeßwahrnehmung zwischen verschiedenen Mitarbeitergruppen eines Unternehmens bestehen. Immer wieder zeigte sich, daß die Mitarbeiter in den Fachbereichen Prozesse nicht als solche wahrnehmen. Sie sind auf die eigene Aufgabe fixiert und Denken nur selten in den übergreifenden Zusammenhängen des Aufgabenerfüllungsprozesses. Weder die abteilungs- noch die länderübergreifenden Beziehungen zwischen verschiedenen Aufgabenträgern des Prozesses werden erkannt. Demgegenüber wurde den Mitarbeitern in den DV-Abteilungen die Wahrnehmung von Prozessen nachgesagt, was einerseits auf ihre Programmiererfahrung und das damit verbundene Denken in Abfolgen, andererseits auf das vom Integrationsgedanken geprägte Umfeld, wie z.B. die Anbieter von integrierter Standardsoftware, zurückgeführt wurde.

Für die Durchführung von Business Process Reengineering Projekten (BPR) ist darüberhinaus auch die Wahrnehmung der IKT als Enabler von großer Bedeutung. Untersuchungen[9] haben gezeigt, daß die Mitarbeiter in den Fachbereichen die IKT nur als Mittel zur Verbesserung der eigenen

8 Vgl. Schwarzer, 1994a; Schwarzer/Krcmar, 1994.

9 Vgl. Schwarzer/Krcmar/Kutschker, 1993; Schwarzer, 1994a; Schwarzer/Krcmar, 1994.

Aufgabenerfüllung, nicht aber als Mittel zur Verbesserung von Prozessen wahrnehmen. Im Gegensatz dazu ist in den DV-Abteilungen der Enabler Gedanke fest verankert und von dort geht in vielen Unternehmen der Antrieb aus, den Reenigneering Gedanken im eigenen Unternehmen umzusetzen.

Aufgrund der derzeit in den Fachbereichen vorherrschenden Wahrnehmungsdefizite, sowohl was Prozesse als auch die Wahrnehmung der IT als Enabler angeht, kommt dem IM eine neue "Lehrrolle" zu. Um die für Business Redesign erforderlichen Voraussetzungen in den Fachbereichen zu schaffen, sollte das IM aktiv an der Schaffung eines neuen Bewußtseins in den Fachbereichen mitwirken. Einerseits muß den Mitarbeitern das Denken in übergreifenden Zusammenhängen nähergebracht werden, d.h. das Erkennen abteilungs- und länderübergreifender Beziehungen. Andererseits sollten in diesem Zusammenhang auch die Möglichkeiten der Neugestaltung von Prozessen durch IKT-Einsatz im Denken der Fachbereiche verankert werden. Daß das IM diese Aufgabe nicht alleine bewältigen kann, sondern die uneingeschränkte Unterstützung des Top-Managements benötigt, hat sich bereits vielfach gezeigt.[10] Während das Top-Management "von oben" den Umdenkprozeß steuern und beeinflussen kann und muß[11], kann das IM im Alltagsgeschäft den Fachbereichen die neuen Gedanken näherbringen. In diesem Sinne ist das IM ein Promotor einer neuen Idee.

Sind die Voraussetzungen für Business Redesign geschaffen und die Projekte initiiert, so kann das IM verschiedene Rollen übernehmen. So kann es an den Projekten als Spezialist für Analyse, Design, Implementierung, Systementwurf und -entwicklung und/oder als Technologieexperte partizipieren.[12] Unabhängig davon, welche Rolle(n) das IM in den Projekten übernimmt, es hat immer zu berücksichtigen, daß es in erster Linie um die Optimierung von Prozessen und nicht die Optimierung des DV-Einsatzes geht. IM ist somit nicht mehr als rein technische Angelegenheit zu sehen, sondern in engem Zusammenhang mit fachlichen und organisatorischen Aspekten. Für das IM resultiert daraus erstens die Notwendigkeit einer engen Zusammenarbeit mit den Fachbereichen, zweitens die Notwendigkeit nicht nur über DV-technisches Wissen, sondern auch über fundierte Kenntnisse des zu unterstützenden Prozesses zu verfügen und drittens die Notwendigkeit den Fokus der eigenen Aktivitäten zu erweitern.

Die in der Vergangenheit oftmals zu beobachtende Kluft zwischen DV- und Fachabteilungen wurde auf Desinteresse und die fehlende Bereitschaft, sich mit den Belangen der anderen Seite zu beschäftigen, zurückgeführt.[13] Um Business

10 Vgl. Krass, 1992, S. 28; Schwarzer, 1994b, S. 34.
11 Vgl. Hammer/Champy, 1992, S. 14; Leibs, 1992, S. 8.
12 Vgl. dazu ausführlich Schwarzer, 1994b.
13 Vgl. Grindley, 1992, S. 16f.

Redesign erfolgreich umsetzen zu können, muß diese Kluft überwunden werden. Die Fachabteilungen können neue organisatorische Lösungen, die zu einem großen Teil auf den Möglichkeiten des IKT-Einsatzes basieren nicht ohne die Beratung und Unterstützung des Informationsmanagements finden und implementieren, da sie in der Regel nicht über ausreichende Technologiekenntnisse verfügen. Eine enge Zusammenarbeit zwischen Fachbereichen und IM ist daher erforderlich. Diese enge Zusammenarbeit wurde in der Literatur oft gefordert[14], die Umsetzung in der Praxis ließ bislang jedoch zu wünschen übrig.[15]

Damit das IM die Fachbereiche adäquat beraten und innovative Lösungen vorschlagen kann, muß es über umfassende Kenntnisse des Fachbereichs verfügen. Das IM muß nicht nur die technischen Alternativen kennen, sondern auch die Abläufe in den Fachabteilungen sowie die Anwendungen verstehen, um Lösungsvorschläge machen zu können. Die Qualifikationsanforderungen erweitern sich somit im IM, denn zusätzlich zu den umfassenden DV-Kenntnissen sind auch andere Fachkenntnisse gefordert. Business Redesign setzt somit auf beiden Seiten die Bereitschaft zur Zusammenarbeit und Interesse an dem jeweils anderen Fachgebiet voraus.

Zusammenfassend ist festzuhalten, daß sich die Komplexität der Aufgaben des Informationsmanagement durch die Prozeßorientierung der Unternehmen erhöht. Zusätzliche Komplexität wird dadurch hervorgerufen, daß das IM einerseits die Aufgabe hat, die spezifischen Informationsverarbeitungsanforderungen innerhalb der Abteilungen zu erfüllen, andererseits über Abteilungsgrenzen hinweg zu integrieren, sei es innerhalb eines Landes oder über Ländergrenzen hinweg. Bei der Systemgestaltung und -entwicklung sind die spezifischen nationalen Einstellungen und Verhaltensweisen zu berücksichtigen und gleichzeitig die Integration über Ländergrenzen hinweg sicherzustellen. In den Unternehmen müssen grundlegende Einstellungsveränderungen vollzogen werden, um die Kluft zwischen Informationsmanagement und Fachbereichen zu überwinden. Des weiteren ist bei der Auswahl der Mitarbeiter für die DV-Abteilungen darauf zu achten, daß sich die Qualifikationsanforderungen durch die Prozeßorientierung verändert haben. Nicht mehr nur technisches Know How ist gefragt, sondern auch organisatorische Kenntnisse und Kenntnisse des zu unterstützenden Prozesses.

---

14 Vgl. Gerrity/Rockart, 1986; Dearden, 1987; Rockart, 1988; Dixon/John, 1989; Henderson, 1990.
15 Vgl. Schwarzer/Krcmar/Kutschker, 1993; Schwarzer/Krcmar, 1994.

3. Organisatorische Konsequenzen des Business Redesign für das Informationsmanagement

Vorstehend wurden die Konsequenzen der Prozeßorientierung für das Informationsmanagement dargestellt und neue Aufgaben und Anforderungen aufgezeigt. Um diesen begegnen zu können, erscheint es notwendig, auch die organisatorische Gestaltung des Informationsmanagements anzupassen. Nur wenn das IM so organisiert ist, daß ihm die für die Erfüllung der neuen Aufgaben erforderlichen Freiräume gewährt werden, wird es seine Aufgaben ausfüllen können.

In der Vergangenheit orientierte sich die Organisation des IM an der Organisation der Fachbereiche. Sie war daher stark abteilungsorientiert und in der Regel auf einzelne Länder spezialisiert. Beide Charakteristika stehen der Erfüllung der heute an das IM gerichteten Anforderungen entgegen. Die enge Beschränkung des Aufgabenfeldes und der Verantwortung lassen die bereichs- und länderübergreifende Integration, die heute im Mittelpunkt der IM-Aufgaben steht, zu einem langwierigen, komplizierten Abstimmungsproblem werden. Erfahrungen aus der Industrie zeigen, daß solange die Realisierung von Integrationsprojekten schwierig, wenn nicht gar unmöglich ist, wenn keine bereichs- und länderübergreifende Verantwortung verankert sind.

Spätestens im Rahmen des Business Redesign ist auch ein Redesign des IM vorzunehmen. Als möglicher Lösung kann ein kombiniert zentral-dezentraler Ansatz in betracht gezogen werden.[16] Weitgehend akzeptiert ist, daß die Zentralisierung z.B. von Netzwerkaufgaben oder der Entwicklung und Pflege von unternehmensweit einsetzbaren Systemen wie Personalabrechnung oder Kostenrechnung, vorteilhaft ist, da Synergieeffekte ausgeschöpft werden können.[17] Dieses wird sich auch durch die Prozeßorientierung nicht ändern, d.h. die klassisch zentralen Bereiche sollten auch in prozeßorientierten Unternehmen erhalten bleiben.

Demgegenüber sollte in der Anwendungsentwicklung der Prozeßorientierung der Unternehmen rechnung getragen werden. Als neue Lösung kann die Ausrichtung der Anwendungsentwicklung an den zu unterstützenden Geschäftsprozessen in betracht gezogen werden. Eine Gestaltung entlang der Prozesse hätte den Vorteil, daß damit die Bereichs- und Ländergrenzen aufgehoben werden. Eine

16 Vgl. zur Kombination zentraler und dezentraler Einheiten Heinrich/Lamprecht, 1986, S. 20; Marchand/Horton, 1986, S. 152; Schneider, 1990, S. 305f.

17 Vgl. King, 1983, S. 245; Marchand/Horton, 1986, S. 152.

durchgängige Unterstützung der Fachbereiche könnte gewährleistet werden. Trotz dieser Vorteile ist zu berücksichtigen, daß auch eine prozeßorientierte Lösung keine Optimallösung darstellen kann. So wird auch bei der Organisation entlang der Prozesse eine Segmentierung vorgenommen, die dazu führt, daß Synergieeffekte, die bei einer prozeßübergreifenden Gestaltung ausgeschöpft werden könnten, nicht wahrgenommen werden können.

Zwei weitere Überlegungen zur organisatorischen Gestaltung des IM erscheinen im Zusammenhang mit der Prozeßorientierung der Unternehmen wichtig. Erstens die Aufhängung des IM im Unternehmen und zweitens die Nähe zu den Fachbereichen. Untersuchungen haben gezeigt, daß das IM mit höherer Aufhängung in der Unternehmenshierarchie an Bedeutung gewinnt. Ihm wird vom Top-Management mehr Beachtung zuteil und es gewinnt an Einflußmöglichkeiten. Aufgrund der durch die Prozeßorientierung gestiegenen Bedeutung der Informationsverarbeitung sollte die Höhe der Verankerung im Unternehmen sorgfältig durchdacht werden.

Der zweite Aspekt betrifft die Nähe zu den Fachabteilungen. Damit das IM seine Aufgaben wahrnehmen kann, ist ein enger Kontakt zu den Mitarbeitern der Fachbereiche erforderlich. Um diesen zu gewährleisten, kann einmal auf große räumliche Nähe geachtet werden, d.h. die IM-Mitarbeiter können direkt in den Fachbereichen angesiedelt werden. Des weiteren ist auch an eine Unterstellung der IM-Mitarbeiter unter die für die Prozesse verantwortlichen Manager in Erwägung zu ziehen.

4. Prozeßorientiertes Informationsmanagement in der Praxis

Eine im Jahre 1992 durchgeführte Untersuchung in zwölf der zwanzig umsatzstärksten Pharmaunternehmen der Welt ergab, daß nur in einem Unternehmen der Gedanke der Prozeßorientierung im Informationsmanagement wirklich umgesetzt wird. Auch heute wird eine konsequente Prozeßorientierung vermutlich erst in wenigen Unternehmen zu finden sein, da bislang zu wenig über die Umsetzung eines prozeßorientierten Informationsmanagements bekannt ist. Vorstehend wurden sowohl inhaltliche als auch organisatorische Aspekte der Prozeßorientierung diskutiert. In diesem Kapitel soll deren Umsetzung anhand einer kurzen Fallstudie des prozeßorientierten Pharmaunternehmens verdeutlicht werden.

Fallstudie

Unternehmen A hat vier Divisionen, von denen die Pharmadivision mit fast US$ 5 Billionen Umsatz die größte ist. Getrieben durch einen Zusammenschluß der

Pharmadivision mit einem anderen Pharmaunternehmen vor einigen Jahren, sowie dem wachsenden Time-to-market Druck im internationalen Wettbewerb, begann die Geschäftsführung sich intensiv mit innovativen Organisationskonzepten zu beschäftigen. Als erfolgversprechende Alternative wurde ein konsequente Prozeßorganisation ausgewählt. Zur Umsetzung der Prozeßorientierung wurden in der Pharmadivision sechs Geschäftsprozesse definiert:

* Forschung
* Entwicklung
* Neuprodukteinführung
* Verkauf&Marketing
* Supply Chain
* Product Line Extension

Für diese Prozesse wurde je ein Prozeßverantwortlicher benannt, Subprozeßverantwortliche waren zum damaligen Zeitpunkt noch auszuwählen. Geschäftsprozesse, Kompetenz und Technologie wurden in ihrem Zusammenwirken als Kernfähigkeiten definiert, die die Grundlage der strategischen Planung des Unternehmens bilden. Radikale Veränderungen im Sinne von Business Process Reengineering sowie inkrementelle Verbesserungen im Sinne eines Continuous Improvement werden in den jährlichen strategischen Planungsrunden im dreijährigen operativen Plan festgeschrieben.

An diesen Planungsrunden nimmt auch der Chief Information Officer (CIO), der gleichzeitig Senior Vice President ist, teil. Dadurch soll sichergestellt werden, daß der IKT die größtmögliche Beachtung im Rahmen der Planung eingeräumt wird. Der CIO steht der Zentralabteilung vor, die für die Infrastruktur wie z.B. Netzwerke, Telekommunikation, Büroautomation, technischen Service und Data Center, betriebswirtschaftliche Systeme wie z.B. Rechnungswesen, die Abschätzung neuer Technologien sowie das Setzen von Standards zuständig ist. Neben dieser Zentralabteilung gibt es drei dezentrale DV-Abteilungen, die für die Informationsverarbeitung der sechs Geschäftsprozesse verantwortlich sind (vgl. Abb. 4).

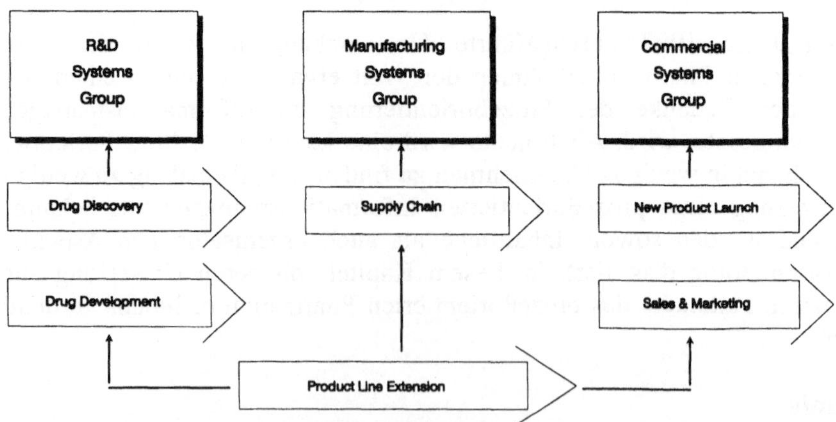

Abb. 4: Prozeßorientierte DV-Abteilungen. (Quelle: Schwarzer, 1994a)

Die drei Abteilungen sind für die Entwicklung der für die Durchführung des jeweiligen Prozesses benötigten Systeme verantwortlich. Am Beispiel des DV-Abteilung für F&E soll die Organisation näher betrachtet werden. Der Abteilung steht ein DV-Manager vor, der weltweit für die F&E-Systeme zuständig ist und direkt an den Vorstand für F&E berichtet. Um den DV-Bereich fest in den Fachbereichen zu verankern, ist der DV-Verantwortliche gleichzeitig verantwortlich für den Teilprozeß der Klinischen Forschung, der aus Sicht der Informationsverarbeitung für die Pharmaunternehmen von zentraler Bedeutung für den Unternehmenserfolg ist. Die interne Organisation der DV-Abteilung ist an den zu unterstützenden Teilprozessen ausgerichtet, d.h. folgt nicht den traditionellen aufbauorganisatorischen Grenzen und macht auch keine Unterschiede zwischen Ländern. Die DV-Mitarbeiter sitzen in den F&E-Einrichtungen, deren Prozesse sie zu unterstützen haben und sind ein Teil der dortigen Organisation. Sie sind Mitarbeiter in F&E-Projekten und entwickeln gemeinsam mit den F&E-Mitarbeitern Systeme zur Unterstützung, sie partizipieren in Business Process Reengineering und sonstigen Verbesserungsprojekten und haben als Berater die Funktion Verbesserungsvorschläge zu machen.

In der Fallstudie kommt sowohl in der inhaltlichen als auch der organisatorischen Gestaltung des IM die Prozeßorientierung deutlich zum Ausdruck. In dem Unternehmen wurde die traditionelle IM-Organisation, die sich an Funktionsbereichsgrenzen und Ländergrenzen orientierte aufgehoben und durch eine prozeßorientierte Organisation ersetzt.

In diesem Unternehmen lassen sich deutlich die unterschiedlichen Auswirkungen der Prozeßorientierung auf Zentralbereich und Anwendungsentwicklung erkennen. Während der Zentralbereich mit seinen traditionellen Aufgaben erhalten bleibt, zeigt sich die Prozeßorientierung in der Anwendungsentwicklung sehr deutlich.

Dem Gedanken der Prozeßorientierung wurde umgesetzt, indem die Anwendungsentwicklung entlang der Prozesse definiert, bzw. nach Subprozessen organisiert wurde. Aus dieser Organisationsform resultiert, daß eine durchgängige Unterstützung für die Prozesse über Bereichs- und Ländergrenzen gewährleistet werden kann. Sofern dieses möglich ist, wird nur ein System entwickelt, das dann weltweit, eventuell mit Modifikationen, eingesetzt wird.

In der Fallstudie kommt auch die große Nähe zu den Fachabteilungen deutlich zum Ausdruck. Die DV-Mitarbeiter sitzen nicht nur mit den Mitarbeitern zusammen, sondern sind auch demselben Chef unterstellt. Interessant ist, daß der DV-Leiter gleichzeitig Leiter der Klinischen Forschung ist. Die DV-Mitarbeiter partizipieren am täglichen F&E-Geschehen und werden als Teil der F&E-

Organisation angesehen. Die Kluft zwischen den beiden Bereichen erscheint weitgehend überwunden.

5. Schlußfolgerungen

Die vorstehenden Ausführungen deuten darauf hin, daß die Komplexität der IM Aufgaben durch Business Redesign erheblich erhöht wird. In den 60'er und 70'er Jahren wurde noch nicht von Informationsmanagement, sondern überwiegend von Datenverarbeitung gesprochen. Die stark technische Orientierung wurde in den 80'er Jahren durch die Diskussion über die Ressource Information aufgeweicht und aus der Datenverarbeitung wurde die Mode "Informationsmanagement". In den 90'er Jahren zeichnet sich ein weiterer Wandel ab: Die DV-technischen Überlegungen haben immer organisatorische Aspekte einzubeziehen und Lösungen sind vor dem Hintergrund der Optimierung der Abläufe in den Fachbereichen zu beurteilen.

Je mehr sich die Unternehmen an Prozessen ausrichten und die Koordination der Aufgabenträger in den Vordergrund stellen, desto wichtiger wird für sie die Informationsverarbeitung. Die enge Einbindung des Informationsmanagements in die Unternehmensplanung und in Redesignprojekte erscheint daher sinnvoll und notwendig, denn Prozeßgestaltung ohne Berücksichtigung der Informationsverarbeitung erscheint wenig erfolgversprechend. Informationsmanagement ist damit nicht länger eine Unterstützungsfunktion zur Verbesserung der Informationsverarbeitung sondern von zentraler Bedeutung für die Unternehmensgestaltung und das Unternehmensgeschehen.

Diesen Bedeutungszuwachs des Informationsmanagements in den Unternehmen in eine funktionierende Zusammenarbeit zwischen Top-Management, Fachbereichen und DV-Abteilungen umzusetzen, wird auf allen Seiten erhebliche Anstrengungen erfordern. In Top-Management und Fachbereichen muß ein tiefergehendes Verständnis für die durch IKT-Einsatz eröffneten Chancen in Abläufen und Aufbauorganisation gewonnen werden. Die Mitarbeiter im DV-Bereich müssen sich von ihrer stark technischen Orientierung hin zu einer stärker betriebswirtschaftlich-fachlichen Orientierung wenden.

Die bislang in vielen Unternehmen unterschätzte Notwendigkeit der Neugestaltung des Informationsmanagements im Zuge von Redesign Projekten in den Fachbereichen der Unternehmen kann gefährliche Konsequenzen mit sich bringen. Das Informationsmanagement ist nicht nach allem anderen sondern parallel oder besser vor allem anderen zu reorganisieren, denn vom IM sollen zukünftig Impulse für Verbesserungen ausgehen.

Wenn das IM durch seine eigene Gestaltung und Organisation an der Wahrnehmung seiner Aufgaben gehindert wird, können daraus nicht nur für das IM sondern für das gesamte Unternehmen verheerende Folgen resultieren, weil es dann seine Integrations-, Qualifikations- und Dienstleistungsrolle nicht erfüllen kann.

6. Literaturverzeichnis

Augustin, S.: Information als Wettbewerbsfaktor. Köln, 1990.

Bellmann, K.; Wittmann, E.: Modelle der organisatorischen Arbeitsstrukturierung - Ökonomische und humane Effekte. In: Handbuch des Informationsmanagements, Bd. 1. Hrsg.: Bullinger, H.-J., München, 1991, S. 487-517.

Davenport, T.: Process Innovation - Reengineering Work Through Information Technology. Boston, 1993.

Dearden, J.: The Withering Away of the IS Organization. In: SMR, Vol. 29(1987), Summer, S. 87-91.

Dienhart, U. et al.: Einleitung. In: CIM - Integration und Vernetzung. Hrsg.: Noack, M. et al, Berlin u.a., 1990, S. 1-9.

Dixon, P.J.; John, D.A.: Technology Issues Facing Corporate Management in the 1990's. In: MISQ, Vol. 13(1989), Nr. 3, S. 247-255.

Emery, J.C.: Downsizing the Enterprise. In: SIM Network, Vol. VII(1992), Nr. 1, S. 1-3.

Gerrity, T.P.; Rockart, J.F.: End-User Computing: Are you a Leader of a Laggard. In: SMR, Vol. 28(1986), Summer, S. 25-34.

Grindley, K.: Information Technology Review 1991/1992. London, 1992.

Hammer, M.: Reengineering Work: Don't Automate, Obliterate. In: HBR, Vol. 68(1990), Nr. 4., S. 104-112.

Hammer, M.; Champy, J.A.: What is Reengineering? In: Informationweek, May 5, 1992, S. 10, 14, 18, 20, 24.

Harrington, H.: Business Process Improvement- The Breakthrough Strategy for Total Quality, Productivity and Competitiveness. New York, 1991.

Heinrich, L.J.; Lamprecht, M.: Fallstudie Zentralisierung/Dezentralisierung. In: IM, 1. Jg.(1986), Nr. 1, S. 16-20.

Henderson, J.C.: Plugging into Strategic Partnerships: The Critical IS Connection. In: SMR, Vol. 32(1990), Spring, S. 7-18.

Hirsch-Kreinsen, H.: Probleme der Arbeitsorganisation bei der Einführung rechnerintegrierter Produktionssysteme. In: CIM - Integration und Vernetzung. Hrsg.: Noack, M. et al, Berlin u.a., 1990, S. 55-66.

Hirzel, M.: Wie Ihr Unternehmen reaktionsfähiger wird. In: Gablers Magazin, 8/1990, S. 37-39.

King, J.L.: Centralized versus Decentralized Computing: Organizational Considerations and Management Options. In: Computing Services, Vol. 15,(1983), Nr. 4, S. 155-185.

Krass, P.: A Delicate Balance. In: Informationweek, May, 5, 1992, S. 28-30.

Krcmar, H.: Informationslogistik der Unternehmung - Konzept und Perspektiven. Arbeitspapier Nr. 21, Lehrstuhl für Wirtschaftsinformatik, Universität Hohenheim, 1991a.

Krcmar, H.: Annährungen an das Informationsmanagement - Management und/oder Technologiedisziplin? In: Managementforschung. Bd. 2, Hrsg. Staehle, W., Berlin, 1991b.

Lardi, D.; Langmoen, R.: Zeitmanagement - Führungsmethode mit Zukunft. In: io Management Zeitschrift, Vol. 61(1992), Nr. 1, S. 48-51.

Leibs, S.: We're all in this together. In: Informationweek, Oct. 26, 1992, S. 8.

Marchand, D.A.; Horton, F.W.: Infotrends. Profiting from your Information Resources. New York, 1986.

Rockart, J.F.: Chief executives define their own data needs. In: HBR, Vol. 57(1988), Nr. 2, S. 81-93.

Rutt, H.N.: Die flexible Organisation - eine zeitoptimale Vielzweckmaschine. In: Harvard Manager, 3/1990, S. 62-72.

Scheer, A.-W.: Konsequenzen für die Betriebswirtschaftslehre aus der Entwicklung der Informations- und Kommunikationstechnologien. Institut für Wirtschaftsinformatik, Universität des Saarlandes, Heft 79, Saarbrücken, 1991.

Schneider, U.: Kulturbewußtes Informationsmanagement. München, Wien, 1990.

Schwarzer, B.: Prozeßorientiertes Informationsmanagement - Eine Untersuchung in der Pharmaindustrie. Wiesbaden, 1994a.

Schwarzer, B.: Die Rolle der Informationstechnologien und des Informationsmanagements in Business Process Reengineering Projekten. In: Information Management, 1/1994b, S. 2-7.

Schwarzer, B.: Process Orientation in IS management. Paper angenommen für Second European Conference on Information Systems, Nijenrode, 30.-31.5.1994c.

Schwarzer, B.; Krcmar, H.: Understanding line management participation in information systems management in selected business processes in multinational corporations. In: Proceedings of the 27th Annual Hawaii International Conference on Systems Sciences, Vol. III, 1994, S. 479-488.

Schwarzer, B.; Krcmar, H.; Kutschker, M.: Empirische Ergebnisse zum IT-Einsatz in ausgewählten Prozessen deutscher multinationaler Unternehmen, Arbeitspapier Nr. 40, Lehrstuhl für Wirtschaftsinformatik, Universität Hohenheim, 1993.

Sommerlatte, T.: Die Schnittstelle zwischen Technik und Organisation. In: Büroautomation im betrieblichen Umfeld. Hrsg.: Fuhrmann, S.; Pietsch, R., Berlin, 1990, S. 11-28.

Die Evaluierung von Workflow-Management-Systemen

mit Hilfe von Feld- und Laborstudien

Markus Gappmaier
Johannes Kepler Universität Linz

Abstract

Dem steigenden Angebot von Systemen zur Unterstützung der kooperativen Vorgangsbearbeitung (auch: Workflow-Management-Systeme) steht eine mangelhafte Kenntnis der Anforderungen gegenüber. Dieses Defizit an Wissen über die kooperative Vorgangsbearbeitung erschwert eine anforderungsgemäße Systemauswahl. Eine Langzeitstudie in Wirtschaft und Öffentlicher Verwaltung (Feldstudien), die 1991 begonnen wurde und sich auf die Erhebungsmethoden Fragebogen, offenes Interview und videogestützte Beobachtung stützte, leistet Beiträge zum erforderlichen Anforderungsverständnis und trug zur Entwicklung eines Modells zur Evaluierung von Workflow-Management-Systemen in Laborstudien bei. Seit 1993 wurden drei Laborstudien dieser Art durchgeführt. Die Untersuchungsergebnisse der Feld- und Laborstudien zur Evaluierung von Workflow-Management-Systemen unterstützen anforderungsgemäße Technologieeinsatz-Entscheidungen.

1. Problemstellung

Technologische Entwicklungen der vergangenen Jahre und spezielle Merkmale der Geschäftsprozesse in Wirtschaft und Öffentlicher Verwaltung sind die Grundlage für die Entwicklung von Systemen zur Unterstützung der kooperativen Vorgangsbearbeitung, einem Beispiel für Computerunterstützung kooperativen Arbeitens[1]. Arbeitsteilige Geschäftsprozesse (auch: kooperative Bürovorgänge) kommen in Unternehmen häufig vor. Eine genaue Kenntnis der Anforderungen der Geschäftsprozesse und der Aufgabenträger ist notwendig, um optimale Entscheidungen bei der Auswahl von Workflow-Management-Systemen treffen zu können.

Theoretische Grundlagen für die Auswahl von Workflow-Management-Systemen sind bisher kaum entwickelt, jedenfalls nicht veröffentlicht worden. Einige

---

[1] vgl. Gappmaier, M.; Heinrich, L. J.: Das aktuelle Schlagwort - Computerunterstützung kooperativen Arbeitens (CSCW); in: Mertens, P.; Hasenkamp, U. (Hrsg.): WIRTSCHAFTSINFORMATIK 3/92, Vieweg Verlag Braunschweig/Wiesbaden 1992, 341

Publikationen enthalten zwar Anforderungskataloge; diese sind jedoch in vielen Fällen hauptsächlich das Ergebnis logisch deduktiven Vorgehens[2]. Nur selten fußt ein Anforderungskatalog auf wissenschaftlichen Erkenntnissen[3]. Viele Ursachen für Produktivitäts- und Akzeptanzmängel in der kooperativen Vorgangsbearbeitung könnten vermieden bzw. behoben werden, wenn theoretisches Grundlagenwissen und Ergebnisse von praxisnahen Produktevaluierungen bei der Auswahl von Workflow-Management-Systemen verwendet würden. Dazu sollen die im vorliegenden Beitrag geschilderten Feld- und Laborstudie beitragen.

2. Die Feldstudien[4]

Zur Gewinnung von deskriptivem Grundlagenwissen über kooperative Bürovorgänge und zur Ermittlung von deren Anforderungen an Workflow-Management-Systeme wurde am Institut für Wirtschaftsinformatik an der Universität Linz, Arbeitsgruppe Information Engineering, Ende 1991 eine Langzeitstudie (bestehend aus mehreren Feldstudien) begonnen.

2.1. Design der Feldstudien

Hauptbestandteil des "Methodenkastens" der Langzeitstudie ist ein Fragebogen. Er wurde von Vertretern der Wirtschaftsinformatik und der Betriebswirtschaftslehre mit Unterstützung durch je einen Arbeitspsychologen und Arbeitssoziologen erarbeitet und im Laufe der Feldstudien weiterentwickelt. Die Erhebung mit Hilfe des Fragebogens erfolgte in Interviews, die ungefähr eine halbe bis eine dreiviertel Stunde dauerten. Es wurden jeweils alle an einem Bürovorgang beteiligten Aufgabenträger befragt, um ein möglichst lückenloses Gesamtbild zu erhalten. Idealerweise entsprachen die untersuchten Bürovorgänge den Kerngeschäftsprozessen des jeweiligen Unternehmens. In bisher vier Untersuchungsphasen wurden mehr als 700 Mitarbeiter, die mehr als 200 Bürovorgänge bearbeiteten, befragt.

2.2. Ergebnisse der Feldstudien

Die Untersuchungsergebnisse der Feldstudien umfassen quantitative Aussagen und - auf deren Grundlage entwickelte - qualitative Aussagen über die Men-

---

2 vgl. z.B. Marshak, R. T.: Requirements for Workflow Products, in: Coleman, D. D. (Hrsg.): Groupware 92, Morgan Kaufmann Publishers, San Mateo 1992, 281 - 285

3 vgl. z.B. Medina-Mora, R. et al.: The Action Workflow Approach to Workflow Management Technology, in: ACM SIGCHI & SIGOIS (Hrsg.): CSCW 92 Toronto, Proceedings of the Conference on Computer Supported Cooperative Work, The Association for Computing Machinery, New York 1992, 281 - 288

4 vgl. auch Gappmaier, M.: Kooperative Bürovorgänge und deren Computerunterstützung, Dissertation an der Johannes Kepler Universität Linz, Linz 1993

schen, über die Aufgaben und über die Technik in der kooperativen Vorgangsbearbeitung. Sie führen zu einem neuen Verständnis der räumlichen Verteilung der Kooperations- und Kommunikationspartner und der Informations- und Kommunikationssystem-Infrastruktur, die für die kooperative Vorgangsbearbeitung zur Verfügung steht. Sie gewähren Einblick in die Bedeutung der Liegezeit für die Durchlaufzeit, zeigen auf, woraus Bearbeitungsobjekte bestehen und in welcher Form sie von einem Aufgabenträger zum anderen weitergegeben werden. Sie machen den Zeitbedarf der Aufgabenträger für die Feststellung des Bearbeitungsstatus und den Zweck der Kommunikation deutlich.

Die Untersuchungsergebnisse der Feldstudien enthalten viele *direkte Beiträge* zur Unterstützung der Evaluierung (hier auch: Auswahl) eines Workflow-Management-Systems. Beispiele dafür sind etwa die Aussagen über Funktionen, die die Leistungsbereitschaft der Benutzer verringern können, sowie die Hinweise auf die erforderliche Flexibilität von Workflow-Management-Systemen. Die Untersuchungsergebnisse der Feldstudien enthalten aber auch *indirekte Beiträge* zur Unterstützung der Evaluierung von Workflow-Management-Systemen. Eine realitätsnahe Abbildung von Bürovorgängen im Labor, wie dies für Simulationsstudien erforderlich ist, ist nur bei einer detaillierten Kenntnis einer großen Anzahl typischer Bürovorgänge möglich. Die Untersuchungsergebnisse der Feldstudien stellten ausreichend Input dieser Art für die Laborstudien bereit.

Nachfolgend werden beispielhaft ausgewählte Untersuchungsergebnisse aus den Feldstudien präsentiert. Die quantitativen und qualitativen Untersuchungsergebnisse ("Aussagen") werden nach den Hauptkomponenten eines Informations- und Kommunikationssystems strukturiert, nämlich nach den Komponenten "Mensch" (Aufgabenträger), "Aufgabe" und "Technik" (Hilfsmittel).

2.2.1. Mensch (Aufgabenträger)

- Räumliche Verteilung der kooperierenden Aufgabenträger:
  Rd. 20% der Aufgabenträger sind im selben Raum tätig (z.B. einem Großraumbüro; in der Abbildung als "Raum" bezeichnet, analog dazu sind die anderen Begriffe zu verstehen). 74% haben ihren Arbeitsplatz im selben Gebäude wie ihre Kooperationspartner. Ungefähr zwei Drittel davon sind derselben Abteilung zugeordnet. 23% aller Aufgabenträger sind in einem anderen Gebäude als ihre Kooperationspartner tätig, rund zwei Drittel davon als Mitarbeiter einer anderen Organisation (vgl. Abbildung 1).

- Persönliche Prioritäten:
Selbständiges Arbeiten ist 72% der Aufgabenträger sehr wichtig, ein gutes Betriebsklima 68%. Tätigkeitsvielfalt ist 41% sehr wichtig, persönliche Entwicklung 38% und Anerkennung durch Vorgesetzte 34%. Kreativität bei der Aufgabenerfüllung ist nur 22% der Aufgabenträger sehr wichtig.

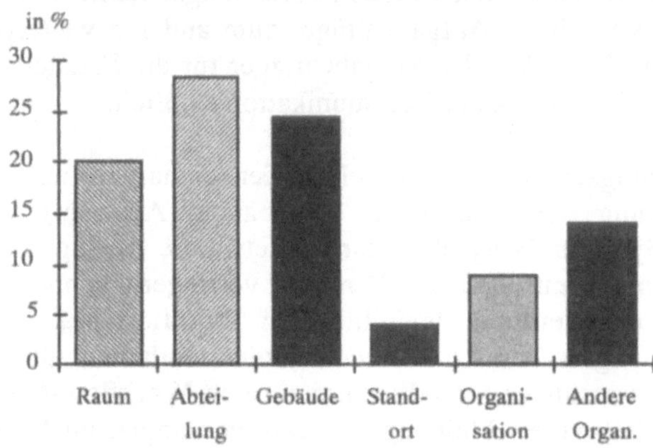

Abb. 1: Räumliche Verteilung der kooperierenden Aufgabenträger

AUSSAGEN:

- Den Aufgabenträgern ist *selbständiges Arbeiten* sehr wichtig. Es gibt Funktionen von Workflow-Management-Systemen, die die Möglichkeiten selbständigen Arbeitens fördern und solche, die sie einschränken. Eine förderliche Funktion ist z.B. die Erinnerung an Termine und Fristen. Einschränkende Funktionen sind z.B. solche, die zur Kontrolle der Arbeitsleistung ("electronic monitoring") eingesetzt werden. Diese Funktionen wirken sich auf die Leistungsfähigkeit und -bereitschaft der Aufgabenträger und damit auf die Produktivität eines Workflow-Management-Systems aus.

- Die Teilaufgaben kooperativer Bürovorgänge sind *kommunikationsintensiv*. Kontakte zu Arbeitskollegen werden als sehr wichtig für die Aufgabenerledigung bewertet. Die durch die Aufgabe bedingte Kommunikation dient nicht nur der Information, der Koordination und der Kontrolle, sondern auch der Befriedigung persönlicher Bedürfnisse (z.B. nach sozialem Kontakt). Die Unterstützung des Transports der Bearbeitungsobjekte und der Kommunikation durch ein Workflow-Management-System soll nicht dazu führen, daß diese Bedürfnisse nicht mehr befriedigt werden (können). Gegebenenfalls müssen neue Möglichkeiten geschaffen werden.

2.2.2. Aufgabe

- Struktur und hierarchische Einordnung:
  Ca. 60% der kooperativen Bürovorgänge sind rein sequentiell organisiert. Bei 40% der Bürovorgänge ist neben Sequenzen mindestens eine andere Ablaufform festzustellen (z.B. eine Gleichzeitigkeit). Sie erstrecken sich über maximal fünf Hierarchieebenen. Annähernd 50% der Bürovorgänge erstrecken sich über zwei Hierarchieebenen.

- Durchlaufzeit einer Teilaufgabe eines Bürovorgangs:
  Die Durchlaufzeit einer Teilaufgabe eines Bürovorgangs umfaßt die Zeit zwischen dem Einlangen eines Bearbeitungsobjekts bei einem Aufgabenträger und dem Einlangen des Bearbeitungsobjekts (nach Wertsteigerung durch die Arbeit des ersten Aufgabenträgers) beim nächsten Bearbeiter. Die Durchlaufzeit setzt sich zusammen aus der Liegezeit vor der Aufgabenerfüllung, der Bearbeitungszeit, der Liegezeit nach Beginn der Bearbeitung und aus der Zeit des Transports des Bearbeitungsobjekts zwischen den Bearbeitern. Abbildung 2 zeigt die durchschnittliche Durchlaufzeit einer Teilaufgabe eines Bürovorgangs im Normalfall (Routinebearbeitung) und im Problemfall (Def.: Ein unvorhergesehenes Problem tritt bei der Bearbeitung auf.). Weiters zeigt sie die geschätzten Durchlaufzeiten bei Einsatz eines Workflow-Management-Systems (kurz: WFM-System oder WFMS), einmal ohne und einmal mit Reorganisation der Geschäftsprozesse.

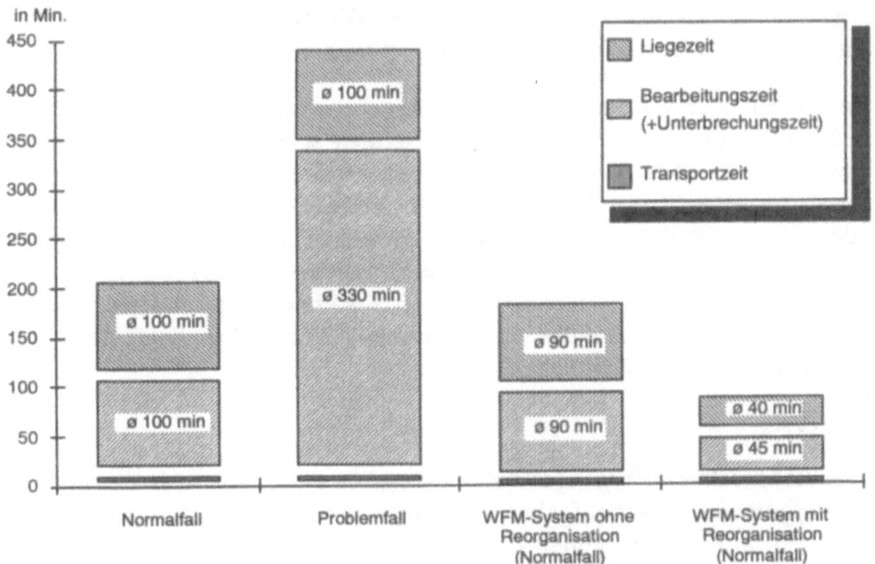

Abb. 2: Die Durchlaufzeit im Normal- und Problemfall; Vergleich mit geschätzten Durchlaufzeiten bei Einsatz eines WFM-Systems ohne bzw. mit Reorganisation

Liegezeit vor der Aufgabenerfüllung (auch: Liegezeit 1. Art):
Das Bearbeitungsobjekt bleibt vor Beginn der Bearbeitung zwischen 15 Minuten und 3 Stunden unbearbeitet. Bei durchschnittlich 42% der Teilaufgaben kann binnen 15 Minuten nach Eintreffen der Unterlagen mit der Bearbeitung begonnen werden, bei mehr als 20% der Teilaufgaben dauert dies länger als einen Tag.

Bearbeitungszeit:
Die Bearbeitung vor Weitergabe bzw. Ablage der Bearbeitungsobjekte dauert zwischen 15 Minuten und drei Stunden, wobei Arbeitsunterbrechungen (siehe Liegezeit 2. Art) nicht berücksichtigt wurden. 42% der Teilaufgaben können innerhalb von 15 Minuten erledigt werden.

Liegezeit nach Beginn der Bearbeitung (auch Liegezeit 2. Art):
Die Bearbeitung wird bei 54% der Teilaufgaben unterbrochen. Im Unterbrechungsfall bleibt das Bearbeitungsobjekt zwischen 15 Minuten und drei Stunden unbearbeitet. Bei 32% der Teilaufgaben dauert die Unterbrechung bis 15 Minuten, bei 11% länger als einen Tag. Eine wichtige Ursache für Unterbrechungen ist die Nichtverfügbarkeit von Informationen (in 36% der Fälle).

Transportzeit:
Die Weiterleitung eines Bearbeitungsobjekts zum nächsten Bearbeiter dauert bis zu 15 Minuten. Während in den Branchen Industrie, Handel, Dienstleistungen und Banken/Versicherungen ungefähr die Hälfte der Transportzeiten unter 15 Minuten liegt, beträgt dieser Prozentsatz bei den in der Öffentlichen Verwaltung erhobenen Vorgängen nur 12%. Die Transportzeit in der Öffentlichen Verwaltung beträgt zwischen 1 und 4 Stunden.

- Form, in der Bearbeitungsobjekte weitergegeben werden:
  Die Bearbeitungsobjekte werden hauptsächlich schriftlich auf Papier weitergegeben (69% - 85%, je nach Ort des Kooperationspartners). Im selben Raum folgt als zweitwichtigste Form das elektronische Dokument (File, Datensatz). In derselben Abteilung und im selben Gebäude einer Organisation folgt als zweitwichtigste Form die mündliche (Informations-)Weitergabe (23%). In andere Gebäude desselben Unternehmens (6,3 %) und in ein anderes Unternehmen (9%) wird die mündliche (Informations-) Weitergabe per Telefon ergänzend zur schriftlichen Form eingesetzt.

AUSSAGEN:

- In der kooperativer Vorgangsbearbeitung gibt es deutlich mehr *Sachbearbeitungsaufgaben* als Fachaufgaben, Führungsaufgaben und Unterstützungsaufgaben. Workflow-Management-Systeme können die Dominanz der Sachbearbeitungsaufgaben auf folgende Weise verstärken: Strukturierbare Entscheidungs- und Kontrolltätigkeiten, die von Führungs- und Fachkräften durchgeführt werden, können vom Workflow-Management-System übernommen werden. Wissen von Führungs- und Fachkräften kann Sachbearbeitern zugänglich gemacht werden und diese in die Lage versetzen, bisher von Führungs- und Fachkräften ausgeführte Aufgaben zu erledigen. Schließlich unterstützen Workflow-Management-Systeme Sachbearbeiter dabei, bisher vorwiegend von Unterstützungskräften wahrgenommene Tätigkeiten (z.B. Informationsbereitstellung) selbst auszuführen. Workflow-Management-Systeme können damit Sachbearbeitungsaufgaben mit neuen Qualifikationsanforderungen schaffen.

- Die *Liegezeit* und die *Transportzeit* sind länger als die *Bearbeitungszeit*. Dies trifft besonders in der Öffentlichen Verwaltung und im Bereich Banken und Versicherungen durch sehr lange Transportzeiten zu. Der Nutzen eines Workflow-Management-Systems kann nicht aus einer Verkürzung der Transportzeit allein abgeleitet werden, da eine Verkürzung der Transportzeit ohne Reorganisation nur zu einer entsprechend verlängerten Liegezeit führt. Eine starke Reduktion der Durchlaufzeit kann vor allem durch eine Beseitigung von Schwachstellen der Bearbeitung erfolgen. Produktivitätssteigerung erfordert also neben *Funktionen* zur Reduzierung der Transport-, Liege- und Bearbeitungszeiten auch eine *Reorganisation* der Geschäftsprozesse.

2.2.3. Technik (Hilfsmittel)

- Verfügbare Informations- und Kommunikationstechnologien:
  Zusätzlich zu einem Telefon steht 56% der Aufgabenträger am Arbeitsplatz ein PC zur Verfügung. Mehr als die Hälfte der PCs sind vernetzt. Knapp 20% steht ein Terminal zur Verfügung, 52% der Aufgabenträger können Telefax nutzen, 12% Electronic Mail.

- Hilfsmittelverwendung:
  Pro Teilaufgabe werden sieben Hilfsmittel verwendet. 32% der Hilfsmittel sind Unterlagen (z.B. technische Handbücher), 24% EDV-Unterstützung, 24% klassische Büroausstattung und 12% traditionelle Kommunikationsmittel (z.B. Telefon).

- Feststellung des Bearbeitungsstatus bzw. Bearbeitungsortes:
  8% der Befragten beurteilen den Zeitaufwand zur Feststellung des Bearbeitungsstatus als unangemessen lang, von 92% wird er als akzeptabel bezeichnet. In weniger als einem Prozent der Fälle beträgt die dafür erforderliche Zeit mehr als 1 Stunde. Mehr als die Hälfte der Aufgabenträger ermitteln den Aufenthaltsort eines Bearbeitungsobjekts und den Bearbeitungsstatus durch Nachfragen. Erfahrung und konventionelle Aufzeichnungen (z.B. ein Aktennummernverzeichnis) sind weitere gebräuchliche Hilfen. 7% der Befragten stellen den Bearbeitungsstatus/Bearbeitungsort mit Hilfe der EDV fest.

- Kommunikation im Normalfall:
Die unternehmensintern bevorzugte Kommunikationsform ist das persönliche Gespräch (56%); zweitwichtigstes Kommunikationsmittel ist das Telefon (32%). Als Ersatz und/oder Ergänzung dazu wird per Formblatt, brieflich und per Telefax kommuniziert (die jeweiligen Anteile liegen unter 5%; vgl. Abbildung 3). Für externe Kommunikation wird am häufigsten das Telefon verwendet (43%). Zweitwichtigste Form der externen Kommunikation ist das persönliche Gespräch (25%), gefolgt vom Brief (15%). Electronic Mail ist als Kommunikationsmedium unbedeutend, obwohl 10% der Befragten auf diesen Dienst zurückgreifen können. Insgesamt ergibt sich folgende Reihung der wichtigsten Kommunikationsformen: Telefon (37%), persönliches Gespräch (36%), Brief (12%), und Formblatt (6,5%).

- Hilfsmittel für den Weitertransport des Bearbeitungsobjekts:
Innerhalb desselben Gebäudes ist der Weitertransport durch den Bearbeiter am häufigsten (61%). Danach folgen traditionelle, hausinterne Postsysteme (z.B. Boten). Für den Weitertransport im selben Raum sorgt die EDV nach der persönlichen Weitergabe als zweitwichtigstes Hilfsmittel (mehr als 15%). Der Weitertransport eines Bearbeitungsobjekts an einen anderen Ort (an einen anderen Standort eines Unternehmens oder an ein anderes Unternehmen) erfolgt vorwiegend durch die "gelbe Post" (rd. 50%), gefolgt von der persönlichen Weitergabe und dem Weitertransport mit Telefax (jeweils mehr als 20%).

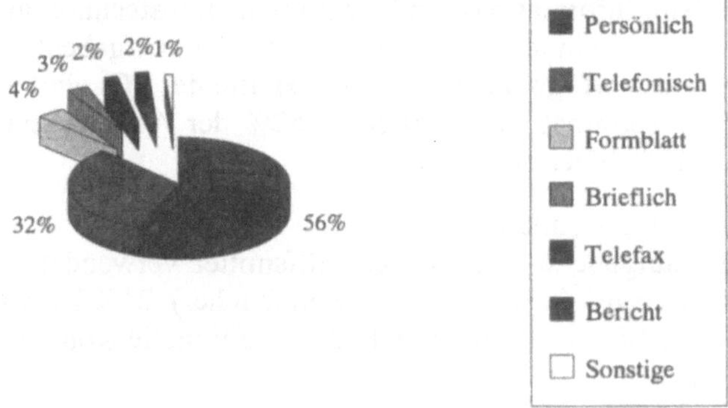

Abb. 3: Interne Kommunikation im Normalfall

AUSSAGEN:

- *Interne Kommunikation* erfolgt vorwiegend persönlich, *externe Kommunikation* vorwiegend per Telefon. Rund einem Zehntel der Aufgabenträger steht Electronic Mail zur Verfügung, aber nur ein geringer Teil diesen Kommunikationsdienst. Die häufige Verwendung der indirekten Kommunikationsformen Telefax und Brief für die Kommunikation mit externen Kommunikationspartnern zeigt, daß Electronic Mail bei zunehmender Verbreitung von Kommunikationstandards, bei besserer Benutzbarkeit, sowie bei zunehmendem Vertrauen in die Sicherheit ein großes Nutzungspotential hat. Dies trifft besonders dann zu, wenn Electronic Mail (wie auch Voice-Mail-Systeme und Telefax) als Teile eines Workflow-Management-Systems zur Ergänzung der persönlichen und telefonischen Kommunikation eingesetzt werden.

- Die Aufgabenträger bewerten *persönliche Kommunikation* als sehr wichtig; dies trifft ganz besonders auf Kommunikation mit denjenigen Mitarbeitern zu, die persönlich leicht erreichbar sind. Computergestützte Kommunikation wird nur als Ergänzung zu persönlicher Kommunikation empfohlen. Telefonische Kommunikation mit Mitarbeitern, die den Aufgabenträgern persönlich nicht näher bekannt sind, und von denen nur standardisierte Information eingeholt wird, kann ohne negative Konsequenzen durch computergestützte Kommunikationsformen ersetzt werden. Dabei wird nur eine Form der indirekten Informationsweitergabe durch eine andere ersetzt[5].

- *EDV-Systeme* werden gegenwärtig nur sehr eingeschränkt zur Unterstützung kooperativer Vorgangsbearbeitung eingesetzt: Der Bearbeitungsstatus läßt sich selten computergestützt feststellen, und der Weitertransport der Bearbeitungsobjekte erfolgt kaum elektronisch. Zwar haben mehr als drei Viertel der Befragten Rechnerleistung am Arbeitsplatz, aber die Integration der verfügbaren Technologien ist nicht ausreichend. Viele PCs sind nicht mit den Rechnern ihrer Kooperationspartner vernetzt. Die nicht ausreichende *EDV-Durchdringung* und die eingeschränkte Nutzung verfügbarer EDV-Systeme werden verursacht durch die als sehr gut beurteilte Eignung und Verfügbarkeit bestehender Hilfsmittel und durch das Fehlen von Nutzungskonzepten für EDV-Systeme. Nur Workflow-Management-Systeme, die benutzerfreundlich gestaltet sind und eine Integration der benötigten Hilfsmittel vorsehen, haben Erfolgsaussichten. Eine umfassende Computerunterstützung kooperativer Vorgangsbearbeitung setzt eine lückenlose Verfügbarkeit und Nutzung integrierter EDV-Systeme voraus.

3. Die Laborstudien

Ziel der Laborstudien ist es, die Funktionen und Leistungen von Workflow-Management-Systemen in Simulationsstudien, in welchen typische Bürovorgänge aus der Praxis von Probanden abgearbeitet werden, zu bewerten. Auf diese Weise soll festgestellt werden, welche Vorteile sich für den Anwender eröffnen, wenn Bürovorgänge, die mit den in der Laborstudie verwendeten Bürovorgängen vergleichbar sind, durch Workflow-Management-Systeme unterstützt werden.

5 vgl. Heinrich, L. J.; Hartwig, Th.: Ersetzbarkeit von Mensch-Mensch-Kommunikation durch Mensch-Maschine-Mensch-Kommunikation, Institutsbericht 89.02, Institut für Wirtschaftsinformatik und Organisationsforschung der Johannes Kepler Universität Linz, Mai 1989, 7 - 33

3.1. Design der Laborstudien[6]

Das Design der Laborstudien baut auf einem allgemeinen Bewertungsmodell zur Unterstützung von Technologieeinsatz-Entscheidungen auf (vgl. Abbildung 4). Das Bewertungsmodell sollte wie folgt interpretiert werden: Bewertungsobjekt sind Informationssysteme im Sinn von Mensch/Aufgabe/Technik-Systemen; die Aufgabe wird durch die Struktur- und Ablauforganisation abgebildet. Input des Bewertungsmodells sind neue Informations- und Kommunikationstechnologien (hier Workflow-Management-Systeme) für die ein Bewertungsbedarf besteht; Output sind Informationen zur Unterstützung von Technologieeinsatz-Entscheidungen. Die Bewertungsergebnisse können sowohl auf die verwendeten Techniksysteme als auch auf anwenderspezifische Mensch/Aufgabe-Bedingungen verändernd einwirken. Der Bewertungsprozeß wird durch ein Zielsystem und Bewertungsverfahren bestimmt. Das Zielsystem legt fest, welche Bewertungskriterien verwendet werden. Aufgabe des Bewertungsverfahrens ist es, die Methoden, Techniken und Werkzeuge und ihre Anwendung für den Bewertungsprozeß festzulegen. Im Bewertungsprozeß werden die Erträge für die Bewertungskriterien ermittelt.

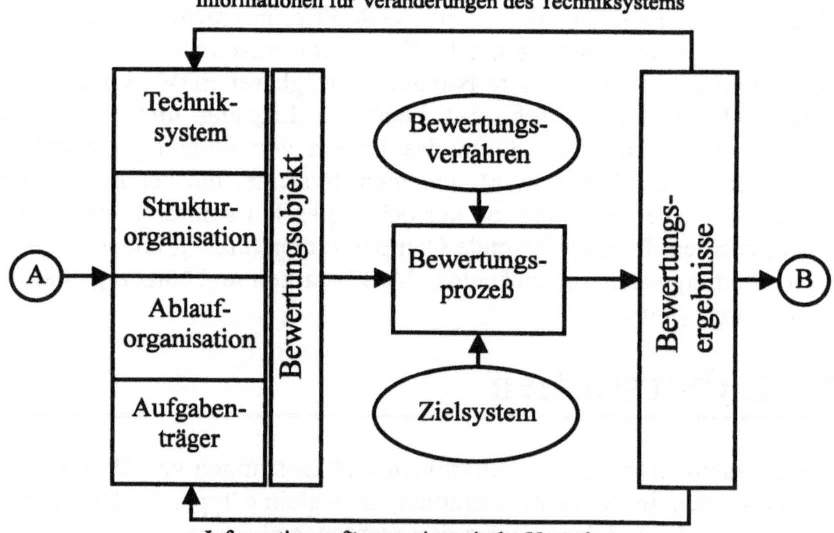

Abb. 4: Bewertungsmodell der Laborstudien

6 vgl. Heinrich, L. J.: Technologiemanagement - Bewertung von Informationssystemen durch Laborstudien, Institutsbericht 93.02, Institut für Wirtschaftsinformatik und Organisationsforschung der Johannes Kepler Universität Linz, Oktober 1993, 9 - 19

3.1.1. Bewertungskriterien der Laborstudien

Die Bewertungskriterien, mit denen ökonomisch relevanten Unterschiede der kooperativen Vorgangsbearbeitung mit bzw. ohne Workflow-Management-System ermittelt werden können, zeigt Abbildung 5.

Eine Erläuterung der Bewertungskriterien im einzelnen ist aus Raumgründen hier nicht möglich. Die in diesem Beitrag vorgestellten Ergebnisse der Laborstudien beziehen sich auf das Bewertungskriterium Produktivität, die über die Meßgröße Durchlaufzeit ermittelt wurde. Zusätzlich zu den durch die eigentlichen Laborversuche erzielbaren Evaluierungsergebnisse (z.B. zur allgemeinen Bewertung der Funktionalität von Workflow-Management-Systemen) sollen - wie in Abbildung 5 ersichtlich - Evaluierungsergebnisse durch die Verwendung der ergänzend eingesetzten Methoden Checkliste, Fragebogen und Videoanalyse erzielt werden.

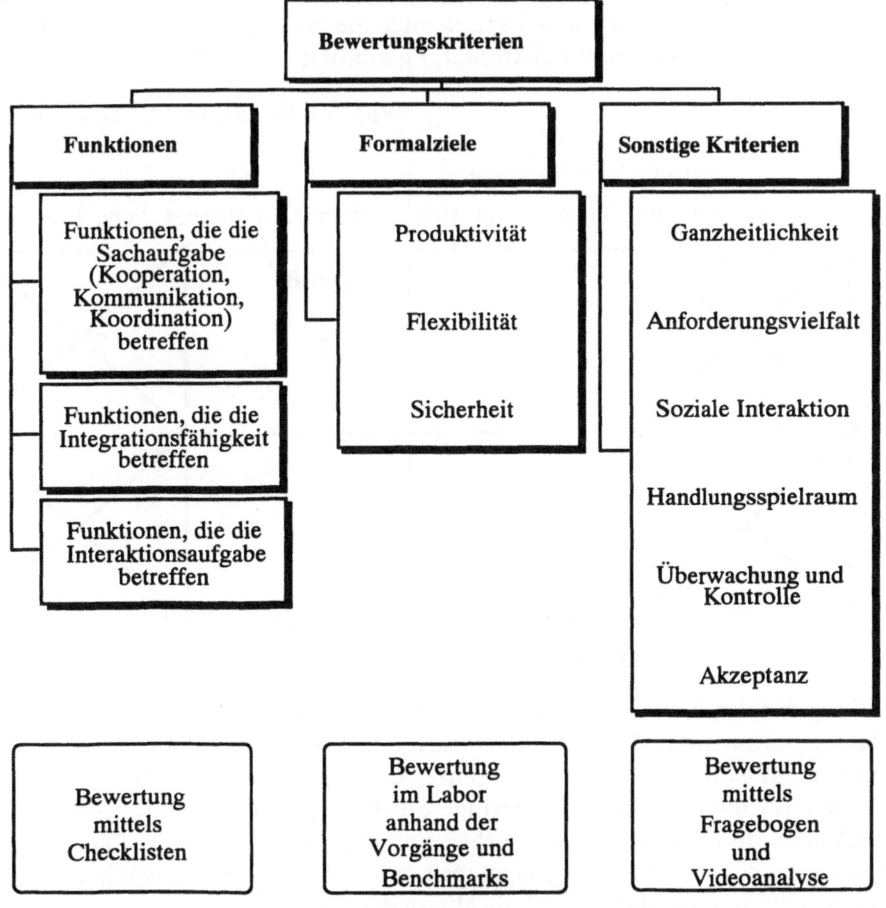

Abb. 5: Bewertungskriterien der Laborstudien

3.1.2. Versuchsplan der Laborstudien

Das Untersuchungsdesign sah die Simulation von zwei typischen Bürovorgängen vor, die aus einschlägigen Feldstudien über Geschäftsprozesse gewonnen wurden (Typ A und Typ B). Vorwiegend drei Gestaltungsvariable beeinflußten den Versuchsplan für die Simulationsstudien zur Evaluierung von Workflow-Management-Systemen: das verwendete Unterstützungsmedium, die Komplexität und die Strukturiertheit des Vorgangs. Die Verwendung der Gestaltungsvariable "verwendetes Unterstützungsmedium" (z.B. ohne Verwendung eines Workflow-Management-Systems vs. mit Verwendung eines Workflow-Management-Systems) ergibt sich unmittelbar aus dem Untersuchungsziel. Mit den Gestaltungsvariablen "Komplexität des Vorgangs" (gering vs. hoch) und "Strukturiertheit des Vorgangs" (gering vs. hoch) soll die Evaluierung grundsätzlich unterschiedlicher Vorgangsarten sichergestellt werden. Bei der Formulierung der beiden letztgenannten Gestaltungsvariablen wurde von der Hypothese ausgegangen, daß Strukturiertheit und Komplexität die wesentlichen Einflußfaktoren auf die Bewertungskriterien Produktivität, Flexibilität und Sicherheit sind.

WFMS = Workflow-Management-System

	geringe Strukturiertheit		hohe Strukturiertheit	
	geringe Komplexität	hohe Komplexität	geringe Komplexität	hohe Komplexität
mit WFMS	1	Typ A 3	Typ B 5	7
ohne WFMS	2	4	6	8

Abb. 6: Versuchsplan Workflow-Management-Systeme

Abbildung 6 zeigt den Versuchsplan, der sich aus den Gestaltungsvariablen und der Manipulation ihrer Ausprägungen ergibt; die Versuchsfelder, deren Untersuchung nicht sinnvoll ist, sind gekreuzt. Untersucht wurden also zwei Vorgangstypen (A und B), die durch geringe Strukturiertheit und hohe Komplexität (Typ A) bzw. durch hohe Strukturiertheit und geringe Komplexität (Typ B) gekennzeichnet sind. Beide Vorgangstypen wurden mit den gewählten Unterstützungsmedien abgearbeitet, und die Werte der Variablen Produktivität, Sicherheit und Flexibilität, für die operationale Meßgrößen definiert sind (z.B. die

Durchlaufzeit als Meßgröße für Produktivität), wurden gemessen. Eine Erläuterung der Variablen im einzelnen ist aus Raumgründen hier nicht möglich. Ebenso wenig können die Hypothesen wiedergegeben werden, die auf der Grundlage der Variablen und des Versuchsplans formuliert worden sind.

3.1.3. Vorgänge der Laborstudien

Die Vorgänge für den Vorgangstyp B "Bearbeitung einer Kundenbestellung" wurden aus dem Datenmaterial der obengenannten Feldstudien entnommen. Es handelt sich also um typische Vorgänge im Sinn von "in der Wirklichkeit häufig anzutreffen". Die Vorgänge für den Vorgangstyp B wurden für die Laborstudie konstruiert, wobei auf einen engen Realitätsbezug durch Orientierung an den Ergebnissen der Feldstudien geachtet wurde.

Es wurden Vorkehrungen dafür getroffen, daß die Probanden in den Laborstudien ihre Aufgaben genau und in jedem Versuch gleich realitätsgetreu erledigen. Um z.B. sicherzustellen, daß die Ein- und Ausgangsrechnungen in der Finanzbuchhaltung bei allen Versuchen gleich verbucht werden, wurden Muster vorbereitet. Mit Hilfe von Eingangsstempeln wird die Unterscheidung von Transport- und Liegezeiten sichergestellt. Weiters sind Störszenarien (z.B. die Übertragung einer unvorgesehenen, nicht im idealen Arbeitsablauf enthaltenen Tätigkeit oder die Mitteilung einer Pause) vorgesehen, um den Realitätsbezug zu erhöhen.

3.2. Ergebnisse der Laborstudien[7]

Bisher wurden drei Workflow-Management-Systeme bewertet. Die folgenden Abbildungen zeigen exemplarisch Befunde aus einer der drei Laborstudien.

Abbildung 7 zeigt die Durchlaufzeit für jeden der acht bearbeiteten Vorgänge ("Auftrag") vom Vorgangstyp B. Die Durchlaufzeit beträgt im Durchschnitt ohne Workflow-Management-System 84 Minuten, mit Workflow-Management-System 60 Minuten. Die Verkürzung der Durchlaufzeit beträgt also rd. 30%. Diese Abbildung zeigt auch, daß die Verkürzung der Durchlaufzeit vom einzelnen Vorgang unabhängig ist.

[7] vgl. Damschik, I.; Häntschel, I.: Die Evaluierung von Workflow-Management-Systemen im Labor, Institutsbericht 94.02, Institut für Wirtschaftsinformatik der Johannes Kepler Universität Linz, April 1994

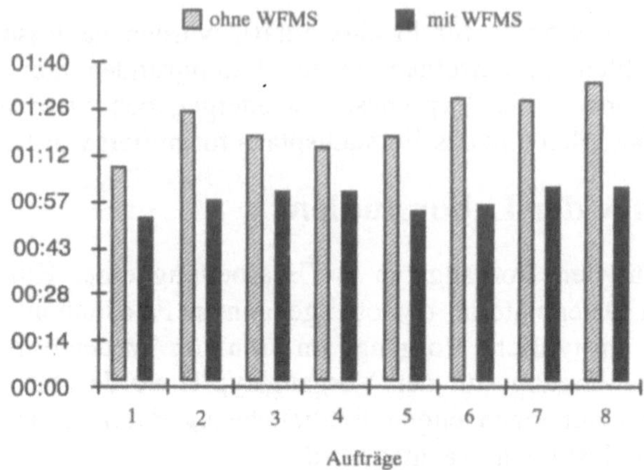

Abb. 7: Durchlaufzeit des Vorgangstyps B pro Auftrag

In Abbildung 8 wird die durchschnittliche Durchlaufzeit des Vorgangstyps B in Bearbeitungs-, Liege- und Transportzeit gegliedert. Bei den Versuchen mit Workflow-Management-System war es aufgrund der Kürze der Transportzeit nicht zweckmäßig, zwischen Transport- und Liegezeit zu unterscheiden. Die Transportzeit, die deutlich unter einer Minute liegt, wurde als Teil der Liegezeit erfaßt. Aus dieser Abbildung ist ersichtlich, daß die Verkürzung der Durchlaufzeit vor allem auf eine Verkürzung der Bearbeitungszeit zurückzuführen ist. Eine deutliche Verkürzung der Liegezeit wurde nicht erreicht, da in den Versuchen mit Workflow-Management-System keine Reorganisation der Geschäftsprozesse durchgeführt wurde.

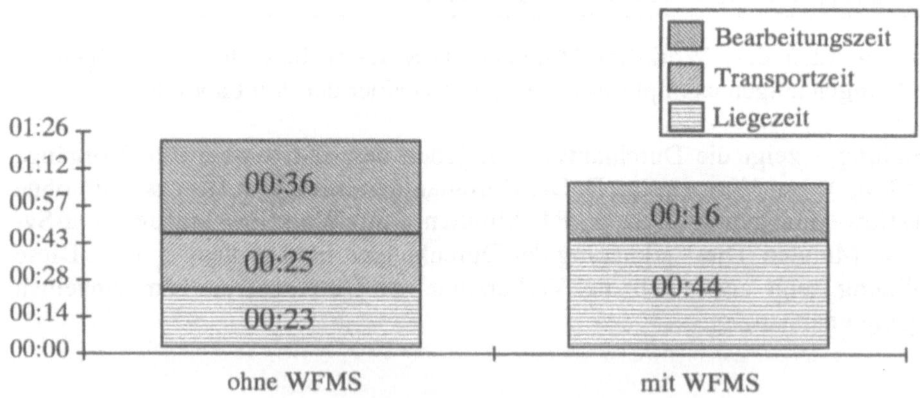

Abb. 8: Durchlaufzeit des Vorgangstyps B - gegliedert nach Bearbeitungs-, Transport- und Liegezeit

Abbildung 9 zeigt als exemplarisches Detailergebnis die durchschnittliche Bearbeitungszeit einer der vier Teilaufgaben des Vorgangstyps B. Die Bearbeitungszeit reduzierte sich durchschnittlich um 82%. Dieses Ergebnis weist auf große Rationalisierungspotentiale durch Workflow-Management-Systeme hin.

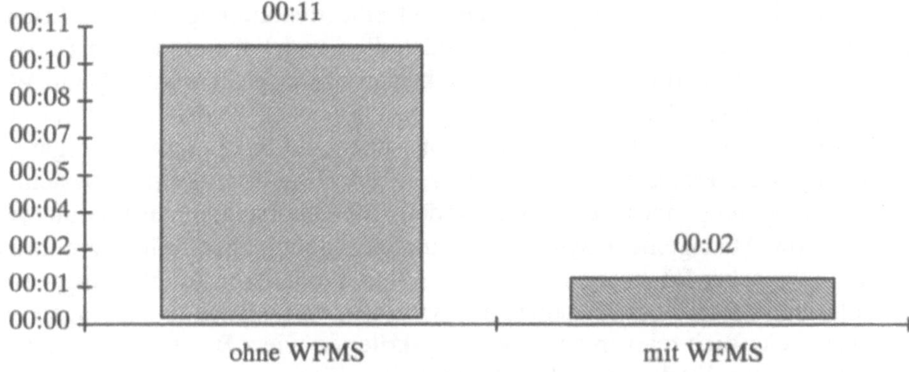

Abb. 9: Bearbeitungszeit einer Teilaufgabe des Vorgangstyps B

Die Durchlaufzeit für den zweiten in der Pilotstudie abgearbeiteten Vorgangstyp A beträgt ohne Workflow-Management-System rd. 103 Minuten, mit Workflow-Management-System rd. 117 Minuten (vgl. Abbildung 10). Eine Verkürzung der Durchlaufzeit konnte bei diesem Vorgangstyp durch den Einsatz des Workflow-Management-Systems also nicht erreicht werden. Mit diesem Ergebnis kann die Hypothese, daß die ökonomischen Vorteile eines Workflow-Management-Systems umso mehr zum Tragen kommen, je höher die Strukturiertheit und je geringer die Komplexität des Vorgangs ist, nicht abgelehnt werden.

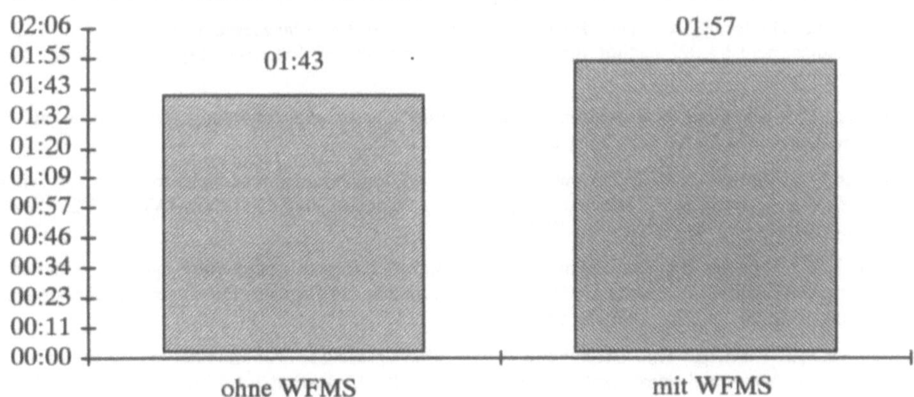

Abb. 10: Durchlaufzeit des Vorgangstyp A

4. Schlußfolgerung

Mit diesem Beitrag soll gezeigt werden, daß eine Evaluierung von Workflow-Management-Systemen mit Hilfe von Feldstudien und Laborstudien (z.B. zum Zwecke einer anforderungsgemäßen Produktauswahl) erreicht werden kann. Wie nachzuweisen versucht wurde, können die beschriebenen Feldstudien durch die Schaffung deskriptiven Grundlagenwissens über die kooperative Vorgangsbearbeitung in der Praxis zur Vorauswahl von Workflow-Management-Systemen und zur Entwicklung eines Bewertungsmodells für Laborstudien zur Evaluierung von Workflow-Management-Systemen beitragen. Laborstudien liefern durch die Abbildung typischer Bürovorgänge im Labor und durch deren Abarbeitung - z.B. mit und ohne Workflow-Management-System - vergleichende Aussagen zu betriebswirtschaftlich relevanten Bewertungskriterien wie z.B. Produktivität, und tragen dadurch zur Evaluierung dieser innovativen Technologien bei. Damit kann durch die Feld- und Laborstudien der bestehende Mangel an geeigneten Methoden zur Unterstützung von Technologieeinsatz-Entscheidungen allgemein und zur Evaluierung von Workflow-Management-Systemen im besonderen verringert werden. Von den Ergebnissen einer unternehmensspezifischen Evaluierung von Workflow-Management-Systemen mit Hilfe von Feld- und Laborstudien kann eine wirksame, individuelle Unterstützung bei Technologieeinsatz-Entscheidungen erwartet werden.

Literaturverzeichnis

Damschik, I.; Häntschel, I.: Die Evaluierung von Workflow-Management-Systemen im Labor, Institutsbericht 94.02, Institut für Wirtschaftsinformatik der Johannes Kepler Universität Linz, April 1994

Gappmaier, M.: Kooperative Bürovorgänge und deren Computerunterstützung, Dissertation an der Johannes Kepler Universität Linz, Linz 1993

Gappmaier, M.; Heinrich, L. J.: Das aktuelle Schlagwort - Computerunterstützung kooperativen Arbeitens (CSCW); in: Mertens, P.; Hasenkamp, U. (Hrsg.): WIRTSCHAFTSINFORMATIK 3/92, Vieweg Verlag Braunschweig/Wiesbaden 1992

Heinrich, L. J.: Technologiemanagement - Bewertung von Informationssystemen durch Laborstudien, Institutsbericht 93.02, Institut für Wirtschaftsinformatik und Organisationsforschung der Johannes Kepler Universität Linz, Oktober 1993

Heinrich, L. J.; Hartwig, Th.: Ersetzbarkeit von Mensch-Mensch-Kommunikation durch Mensch-Maschine-Mensch-Kommunikation, Institutsbericht 89.02, Institut für Wirtschaftsinformatik und Organisationsforschung der Johannes Kepler Universität Linz, Mai 1989

Marshak, R. T.: Requirements for Workflow Products, in: Coleman, D. D. (Hrsg.): Groupware 92, Morgan Kaufmann Publishers, San Mateo 1992

Medina-Mora, R. et al.: The Action Workflow Approach to Workflow Management Technology, in: ACM SIGCHI & SIGOIS (Hrsg.): CSCW 92

Toronto, Proceedings of the Conference on Computer Supported Cooperative Work, The Association for Computing Machinery, New York 1992

Aktueller Stand und Entwicklungsperspektiven von Dokumenterkennungssystemen

Markus Hübl

Improx GmbH, Brunn am Gebirge

Abstract

Die Konversion von physischen zu elektronischen Dokumenten stellt einen bedeutenden Zeit- und Kostenfaktor beim Einsatz von Workflow- und Archivsystemen dar. Moderne Dokumentenscanner ermöglichen es heute, den ersten Schritt der Konvertierung, und zwar die Erstellung eines elektronische Bildes der Papiervorlage relativ schnell und sicher durchzuführen. Da jedoch diese Bilddaten die relevante inhaltliche Information des Dokuments nicht explizit kodiert wiedergeben (non coded info), können sie allein nicht sinnvoll weiterverarbeitet werden. Sie müssen daher durch zusätzliche Information (coded info) beschrieben werden, damit sie in einem EDV System verwaltet bzw. weiterverarbeitet werden können.

Die Ablöse der langsamen und teuren manuellen Erfassung von Dokumenten (Abtippen vom Papier oder vom Bildschirm) durch den Einsatz von Erkennungstechnologie ermöglicht Produktivitätssteigerungen bei der Datenerfassung von 50 - 80 % und entlastet den Menschen von unangenehmen und ungesunden Arbeiten.

Dieser Beitrag beleuchtet die technischen Grundlagen und die einzelnen Komponenten von Schrifterkennungssystemen und gibt einen Ausblick über den Stand der Technik und künftige Entwicklungen.

1. Grundlagen

1.1. Allgemeines

Im Prinzip besteht ein Konvertierungssystem aus zwei Komponenten: dem *Scanner* und der *Erkennungslogik* (Abb. 1). Im Scanner werden die Dokumente optisch abgetastet wobei Bilddaten entstehen, die vom Erkennungssystem oder aber von einem Menschen in kodierte Textinformation übersetzt werden. Danach

werden, je nach Bedarf und Anwendung die Textdaten (coded info) mit oder ohne den entsprechenden Bilddaten (non coded info) an ein Zielsystem übergeben (z.B. zur Buchung, Workflow-, Archivsystem).

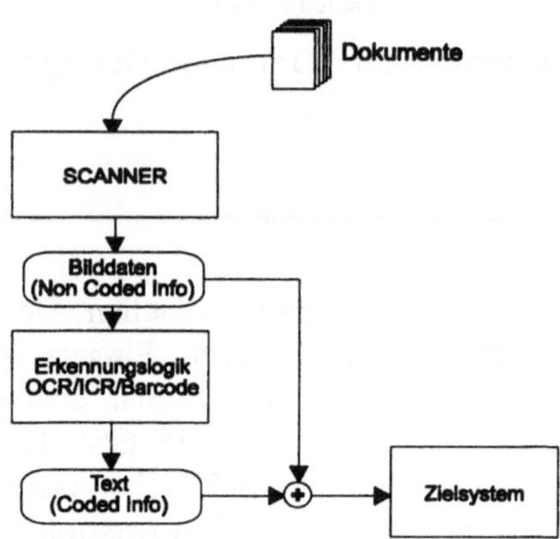

Abb.1 Dokumenterkennung Grundschema

Abb.1 impliziert, daß der Erkennungsprozeß vollautomatisch und ohne zutun einer Arbeitskraft abläuft. Dies ist in der Praxis nur bei der Erkennung von Barcode annähernd gegeben. In der Praxis der optischen Zeichenerkennung (OCR, ICR) ist eine vollautomatische Verarbeitung meist nicht möglich, da

- Störungen oder schlechte Dokument- bzw. Schriftqualität Erkennungsfehler zur Folge haben können,
- Die Definition, welche Bereiche des Dokuments überhaupt zu erfassen sind - außer bei Formularen oder anderen Dokumenten mit bekannter Layout-Struktur - vom Menschen selbst durchgeführt werden muß.

In beiden Fällen muß fehlende Information durch interaktive Bildschirmarbeit ergänzt werden. Bei fehlerhafter und unvollständiger Erkennung ist eine manuelle Nachbearbeitung (am Bildschirm) nötig. Zur Definition der relevanten Daten bzw. Bereiche des Dokumentes benötigt man Werkzeuge, mithilfe derer das Dokument in Lesebereiche (Zonen) unterteilt kann. (Falls nur die komplette, unstrukturierte Erfassung der gesamten Textdaten auf dem Dokument erwünscht ist kann die Definition von Lesezonen entfallen.)

1.2. Schriftarten und Lesegenauigkeit

Abbildung 2. gibt einen Überblick über das Spektrum der heute maschinell lesbaren Schriftarten. Die besten Erkennungsergebnisse liefern Barcode und Normschriften wir OCR-A oder OCR-B, die speziell für die automatische Erkennung konzipiert wurden. Auch Maschinenschriften, Drucke, Nadeldrucke sind mit relativ hoher Genauigkeit lesbar. In vielen Anwendungen können auch Blockhandschriften effizient maschinell erfaßt werden - der Wirkungsgrad ist jedoch stark vom Schriftbild der jeweiligen Personen bzw. der Disziplin beim händischen Ausfüllen abhängig. Die Erkennung von Schreibschrift aus gescannten Dokumentbildern ist technisch bis auf weiteres nicht sinnvoll möglich. (Schreibschrifterkennung bei Pen-Systemen ist technisch wesentlich einfacher und könnte in absehbarer Zeit auch praktisch sinnvolle Einsatzbereiche finden.)

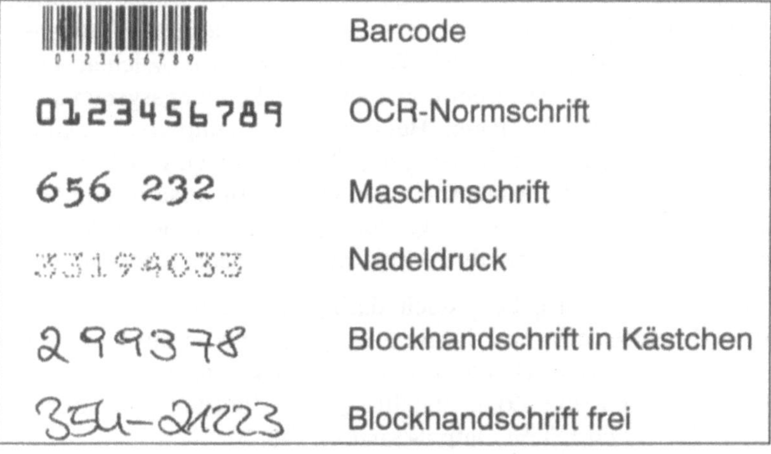

Abb.2 Spektrum maschinell lesbarer Schriftarten
(nur numerische Zeichen dargestellt)

Neben der Schriftart bzw. der Schriftqualität ist die Qualität des Dokumentenbildes der wichtigste Einflußfaktor auf die Genauigkeit eines Erkennungssystems. Die Bildqualität kann durch Störungen wie Schmutz, zu helle oder zu dunkle Stellen (zerbrochene oder verschmolzene Zeichen) oder geometrische Verzerrungen beeinträchtigt werden. Ausschlaggebend für die Bildqualität ist einerseits die Dokumentvorlage selbst, zum anderen die Qualität des Scanners, also seine mechanischen Eigenschaften sowie seine Fähigkeit auch kontrastarme Vorlagen durch intelligente Binärisierungsalgorithmen in klare, saubere Schwarzweiß Bilder (ohne Zwischentöne) umzusetzen.

Die Zeichenerkennung kann drei Arten von Leseergebnissen liefern:

- Zeichen richtig erkannt.
- Rückweisung (Reject, je nach Erkennungswahrscheinlichkeit mit oder ohne Vorschlagszeichen)
- Falscherkennung (Substitution, harte Substitution, z.B. "5" -> "6" oder weiche, z.B. Punkt-Komma Verwechslung)

1.3. Strukturierte und unstrukturierte Dokumente

Bei der Anwendung von Erkennungstechnologie ist es sinnvoll, zwischen sogenannten strukturierten und unstrukturierten Dokumenten zu unterscheiden. Als strukturierte Dokumente sollen solche Vorlagen bezeichnet werden, bei denen die geometrischen Bereiche in welchen sich die relevanten Daten befinden á priori bekannt oder zumindest automatisch vom System errechnet werden können (durch automatische Layoutanalyse). Die Erfassung von solchen strukturierten Dokumenten stellt andere Anforderungen an ein Erkennungssystem als die Erfassung von unstrukturierten Vorlagen. Bei der Verarbeitung von strukturierten Dokumenten kann die interaktive Bestimmung der relevanten Lesebereiche für jedes einzelne Dokumentenbild entfallen. Es genügt hier, für jede bekannte Dokumentenart die erfaßt werden soll, die Lage der Lesezonen in der Formulardefinition *einmal* vorab zu definieren und als Formulardefinitionsdatei abzuspeichern.

Besteht die Erfassungsaufgabe jedoch darin, unstrukturierte oder ungenügend strukturierte Dokumente in eine bestimmte, vorgegebene Struktur zu übertragen (z.B. in einen definierten Datensatz), ist ein zusätzlicher, vorbereitender Arbeitsgang erforderlich: die Zonenerstellung und Zuordnung zu den jeweiligen Datenfeldern des gewünschten Output-Satzes (Abb. 3).

1.4. Arbeitsablauf

Das idealisierte Ablaufschema aus Abb.1 Scannen und Erkennen ist also in der Praxis der Zeichen- und Dokumenterkennung noch um den wesentlichen Bestandteil der *Nachbearbeitung und Prüfung* zu erweitern (Abb.3). Prüfungen können teilweise automatisiert ablaufen (z.B. automatischer Abgleich des Leseergebnisses mit Datenbeständen, Lexika oder Prüfzifferroutinen etc.) In den meisten Fällen ist jedoch auch eine Arbeitskraft erforderlich, die die letzten Unsicherheiten abklärt, Fehler korrigiert und fehlende Daten ergänzt.

Bei unstrukturierten Dokumenten ist außerdem noch der Arbeitsschritt der Zonenzuordnung erforderlich.

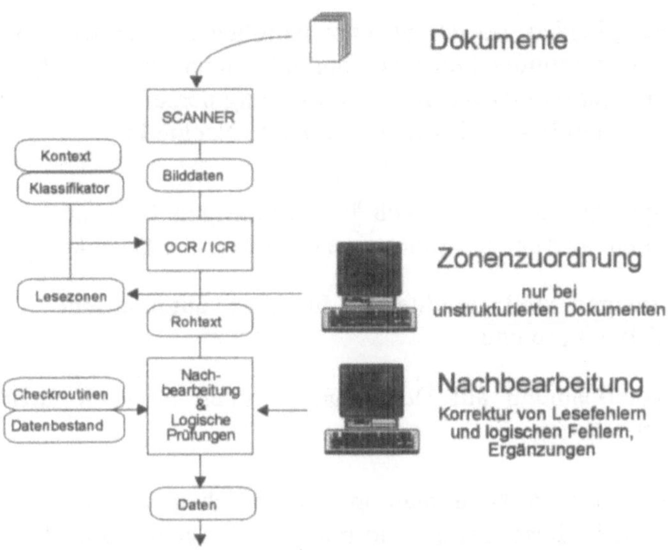

Abb.3: Ablaufschema bei der Erkennung von Dokumenten

2. Systeme

2.1 Scanner

Das Eingabegerät für die Erfassung von Dokumenten ist der Scanner. Die folgende Aufzählung bietet eine Checkliste die als Anhaltspunkt zur Beurteilung von Qualität und Funktionalität von am Markt erhältlichen Geräten dienen kann.

- Bildqualität: Kontrasteigenschaften
- Unterstütze Dokumentformate
- Dokumenteneinzug: Robustheit (Doppelabzugskontrolle) und Größe
- Geschwindigkeit: Erhältlich zwischen 1 und 2000 Dokumente je Minute
- Schwarzweiß-, Grauwert- oder Farbbilder
- Blindfarben
- Vorder- und Rückseitenkamera
- Zusatzfunktionen: Paginator/Endossierung, Sortierfächer, etc.
- Preis
- Sonstiges: Stellfläche, Geräuschentwicklung

Es ist zu unterscheiden, ob der Scanner lediglich schwarzweiß Images (binär) oder aber Graustufenbilder liefert (Farbbilder spielen im Bereich des Formular- und Belegerfassung im Gegensatz zum Publishing derzeit noch keine wesentliche Rolle). Schwarzweiß Images haben Vorteile und Nachteile:

+ ihr Speicherbedarf hält sich in vernünftigen Grenzen, es existiert ein allgemein anerkannter Industriestandard für die Datenkompression, und

+ die Images sind unmittelbar für eine automatische Texterkennung (OCR/ICR) geeignet.

- die Anerkennung auf Dokumentenechtheit ist noch nicht vollständig geklärt.

Bei Dokumentscannern kann man im wesentlichen vier Leistungskategorien unterscheiden. Alle diese Geräte sind mit einem sogenanntem ADF (**A**utomatic **D**ocument **F**eeder = Automatische Dokumentenzuführung) ausgestattet.

- High Speed Scanner: mehrere tausend Belege pro Minute, meist Systeme bis für A6 Format; Hersteller: IBM, Unisys, NCR, Banctec u.a.
- Mid Range Scanner: 50 bis tausend Belege pro Minute, oft Systeme für Dokumente im Format bis zu A4; Hersteller: Bell & Howell, Kodak, NCR, Unisys, Fujitsu
- Front- und Back-Office Belegscanner: bis zu 50 Belege pro Minute, meist mit Zusatzfunktionen wie Indossierung, Paginierung, Hersteller: NCR, CTS, Olivetti, Buic.
- Systeme für dezentralen, low volume Einsatz: Scanzeit 5 bis 10 Sekunden je Beleg, Format A6-A4, keine Zusatzfunktionen, einfache Integrierbarkeit. z.B. der IMROX Dokumentenscanner AV100.

Einige dieser Scanner ermöglichen auch doppelseitiges Erfassen der Belege in einem Arbeitsgang (Kodak, NCR, Bell & Howell u.A.).

2.2 Erkennungseinheit (OCR / ICR)

Der Erkennungsvorgang läßt sich in sechs Schritte unterteilen:

- Bild-Dekompression
  z.B. Bild nach Kompressionsstandard CCITT Gruppe 4.

- Positionierung der Lesezonen bei strukturierten Belegen (Formularen) fix vorgegebenen Lesezonen, eventuell die sogenannte Zonennachführung, die durch den Scannereinzug verursachte Verschiebungen und Schräglagen ausgleicht.

- Zeilensegmentierung
Berechnung der Lage der jeweils nächsten Textzeile im zu lesenden Bildbereich.

- Zeichensegmentierung
Auffinden der einzelnen Zeichen durch einfache Abgrenzung, Trennung verschmolzener Zeichen oder Zusammenfassen von Teilen einzelner (u.U. zerbrochener) Zeichen.

- Einzelzeichenerkennung
Erkennung der segmentierten (isolierten) Einzelzeichen

- Formatierung
die Erstellung des Ergebnistextes aus den internen Erkennungsresultaten.

Bei der Einzelzeichenerkennung können grundsätzlich drei Verfahrensarten unterschieden werden:

- Mustervergleich (Pattern Matching)

- Merkmalsentnahme (Feature Extraction)

- Neuronale Netze (Neural Networks)

Beim Mustervergleich wird das einzelne, zu erkennende Buchstabenmuster mit vortrainierten Schablonen verglichen und erkannt. Dieses Verfahren ist extrem genau, jedoch bei ständig wechselnder Schriftart nicht geeignet (auch nicht für Handschrifterkennung). Bei der Merkmalsentnahme werden Zeichen anhand ihrer charakteristischen Merkmale identifiziert (z.B. Lage von Eckpunkten, Kanten, Kreuzungen, Bögen etc.) Viele der handelsüblichen "omnifont" Systeme arbeiten nach diesem Verfahren.

Mitte der achtziger Jahre wurden neuronale Netze für die Mustererkennung wiederentdeckt. Hier handelt es sich um selbstorganisierende Systeme, die bei vorgegebenen Netz-Strukturen und Lernalgorithmen in der Lage sind, nach entsprechenden Trainingsläufen mit echten Zeichenmustern komplizierte Erkennungsaufgaben zu erlernen. Erkennungssysteme die auf neuronalen Netzen basieren werden heute bereits am Markt angeboten und sind Systemen die nach herkömmlichen Feature Extraction- Verfahren arbeiten (z.B. Winkelschnittanalyse) in vielen Bereichen bereits überlegen. Weltweit konzentrieren sich derzeit die

Forschungen im Bereich ICR / OCR und Dokumentenerkennung auf verschiedenste Varianten neuronaler Netzwerke.

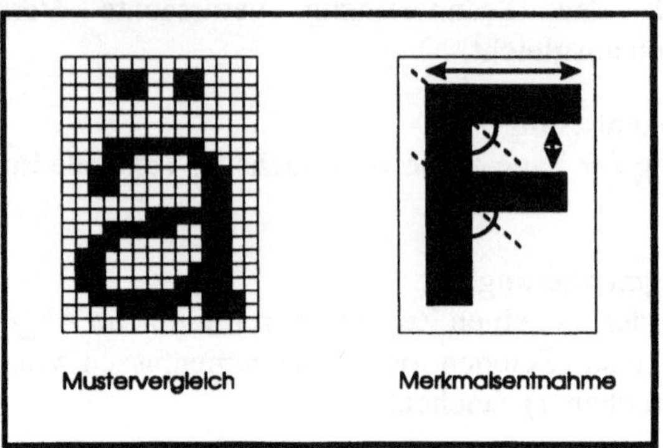

Abb. 4: Verfahren der Zeichenerkennung

2.3 Applikationssoftware

Wie aus der Ablaufbeschreibung (Abb. 3) hervorgeht, ist als dritte Komponente neben Scanner und Erkennungssystem auch eine umfassende Applikationssoftware erforderlich, die die folgenden Funktionalitäten integriert:

- Scannersteuerung
- Formulardefinition oder Zonenzuordnung (bei unstrukturierten Dokumenten)
- Nachbearbeitung
- Plausibilitätsprüfung
- Datenexport
- Ablaufsteuerung
- Stapel- bzw. Dokumentenverwaltung, Ausnahmenbehandlung (Exception Handling)
- Sonstiges: Administratorfunktionen, Benutzerberechtigunssystem etc.

Formulardefinition - Zonen und Plausibilitäten

Irgendwann muß dem Erfassungssystem beigebracht werden, wo es was lesen soll. Dies geschieht in der Phase der durch den Systemadministrator duchzuführenden Formulardefinition, in der einerseits auf einem Musterfomular die Lesezonen, die Art der darin zu erwartenden Zeichen, Parameter wie Einzeiligkeit oder notwendige Bildvorverarbeitung (Entfernen von Vordruck-Linien, Schmutzpunkten, Kontrastverstärkung) und die Plausibilitätskriterien (Prüfziffernrechnung für eine Kontonummer, Bestandüberprüfung in einer Datenbank, Checks bei Multiple Choice Bereichen) festgelegt werden.

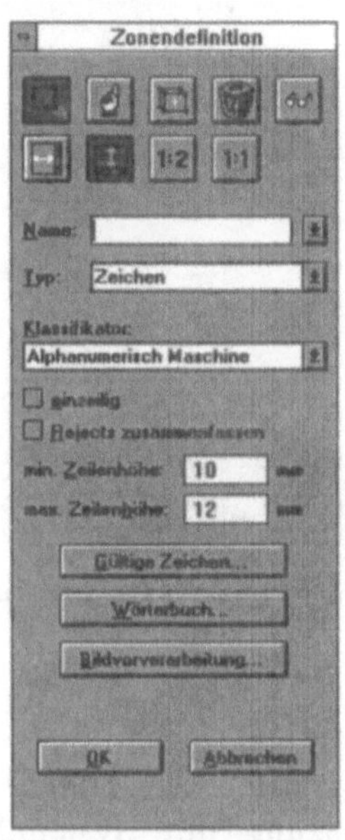

Abb. 5: Zonendefinitionsmöglichkeiten eines Formularerfassungssystems

Prüfung und Nachbearbeitung

Hier findet die Korrektur von Lesefehlern sowie logischen Fehlern, die die eingebauten Plausibilitätsprüfungen nicht passiert haben statt. Kriterien einer optimalen Korrektur sind die ergonomische Präsentation der Problemstelle durch Anzeige der betreffenden Textzeile im Image und im erkannten Text einschließlich Markierung der einzelnen zu korrigierenden Zeichen.

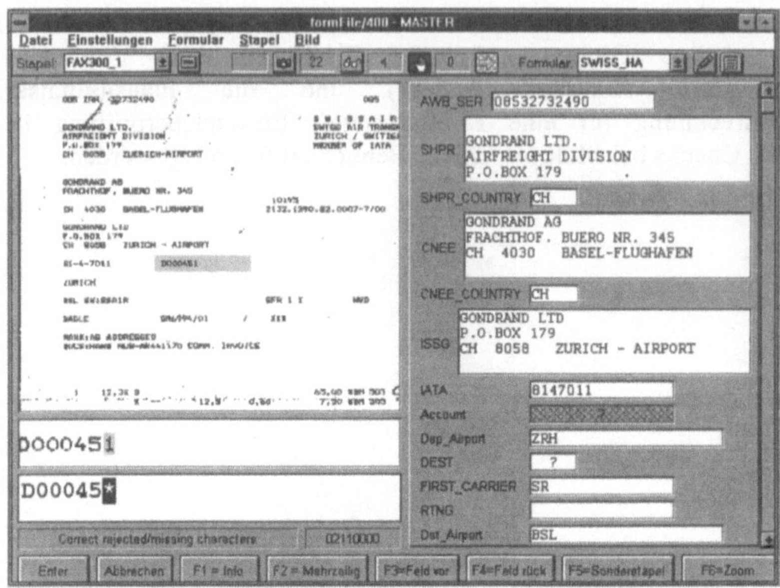

Abb. 6: Nachbearbeitungsmaske eines Formularerfassungssystems

Datenexport, Weiterleitung

Schließlich bedarf die Weiterleitung der Daten in vielen Fällen noch einer Aufbereitung, z.B. der Ergänzung mit Systemdaten, der Formatierung des Datensatzes, der Zusammenfassung mehrerer Datensätze zu einem Gesamtbuchungssatz etc.

Verwaltungsfunktionen

Schließlich stellen sowohl die Verwaltung der zu verarbeitenden Daten (gescannte TIFF-Images, von der OCR erzeugte Rohtextdaten, durch die Nachbearbeitung bereinigte, korrigierte Daten und für die Weiterverarbeitung aufbereitete Daten) und die Möglichkeit von Sonderbehandlungen für Problembelege (z.B. Weiterleitung zur Bearbeitung an einen Sonderarbeitsplatz, Zurückstellen) sowie die Benutzerverwaltung mit einer den verschiedenen Abläufen entsprechenden Benutzerhierachie wesentliche, notwendige Funktionalitäten einer integrierten Dokumentenerkennungslösung dar.

3. Trends

Der Trend bei der Erkennungstechnologie geht dahin, immer schwierigere Dokumente für die automatisierte Erkennung erfassbar zu machen. Dies geschieht einerseits durch die Verbesserung Robustheit der Schrifterkennung selbst. Auch werden die Möglichkeiten der Erfassung unstrukturierter oder schwach strukturierter Vorlagen dramatisch verbessert werden. Immerhin sind strukturierte Dokumente wie z.B. Formulare im Büroalltag ungleich seltener anzutreffen als allgemeine Schriftstücke die keinem einfachen Layoutschema entsprechen.

Die technischen Ansätze bei der Verbesserung der Schriftzeichenerkennung betreffen im wesentlichen vier Punkte:

- Verbesserung der Bildqualität (Scanner und Bildoptimierung, Grauwertbildverarbeitung)
- Verbesserung der Einzelzeichenerkennung
- Verbesserung der Zeichentrennung bei berührenden und überlappenden Zeichen
- Einbeziehung von Zusatzwissen (Kontext) in den Erkennungsprozess

Immer mehr Scannerhersteller schenken der Bildqualität und Kontrasteigenschaften ihrer Produkte nun die Aufmerksamkeit, die sie von Anfang an verdient hätte. Dadurch steigt nun die Erkennungsgenauigkeit bei der ICR/OCR bei schwierigeren Vorlagen spürbar an. Langfristig wird sich auch im Bereich der Dokumentscanner die Grauwert-Bildverarbeitung und Farb-Bildverarbeitung durchsetzen, da sie enorme Qualitätsvorteile bringt. Zuvor muß jedoch noch die Frage nach den Kosten für den eklatant größeren Speicherplatzbedarf und die erhöhten Bearbeitungszeiten geklärt werden. Ebenso ist die Frage nach einem allgemein anerkannten Komprimierungsvervahren für Grauwert-Dokumentbilder noch nicht endgültig gelöst.

Bei der Einzelzeichenerkennung liegt, wie erwähnt, der Forschungsschwerpunkt auf neuronalen Netzen. Die Firma INTEL, Hersteller des Herzstücks, der CPU, beinahe aller PCs bringt in Kürze einen kostengünstigen Neural-Network-Chip auf den Markt, der bei Mustererkennungsaufgaben die tausendfache Rechenleistung eines schnellen PCs hat. Dadurch, und durch ähnliche Marktentwicklungen ist mittelfristig ein starker Entwicklungsschub zu erwarten, sowohl was die Geschwindigkeit, als auch die Genauigkeit und Robustheit von Erkennungssystemen betrifft.

Auch der Forschungsbereich der automatischen *Dokumentanalyse* macht gegenwärtig große Fortschritte. Damit wird es in absehbarer Zeit möglich sein, unstrukturierte Schriftstücke unterschiedlicher Typen (Korrespondenz, Rechnungen, Bestellungen, Lieferscheine etc.) gemischt in einem Stapel zu scannen und weitgehend automatisch in die EDV zu übertragen, wobei das Erkennungssystem selbständig erkennt, um welche Art von Dokument es sich handelt und wie es weiter zu verarbeiten ist.

Die Vorboten solcher Systeme sind bereit hier und im Laufe des kommenden Jahres werden solche "intelligenten" Systeme zunehmend Verbreitung finden.

4. Produktbeispiel: Formularerfassung mit formFile

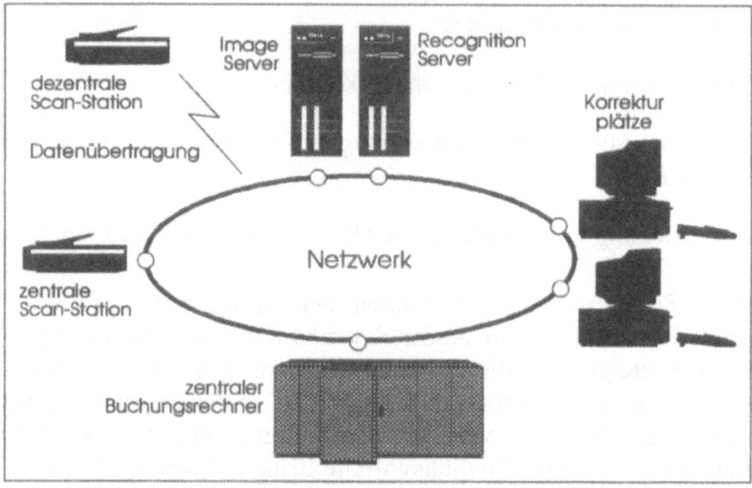

Abb. 7: Netzwerklösung eines Beleglesesystems auf Basis formFile

Die Varianten

Gemäß den Anforderungen an ein modernes Formular und Belegerfassungssystem bietet die Produktfamilie formFile Flexibilität hinsichtlich der verwendbaren Peripherie (Unterstützung aller relevanten Scanner im Beleglesebereich), Skalierbarkeit gemäß den tatsächlichen Anforderungen an die Leseleistung (vom kostengünstigen Software-only System für dezentrale Anwendungen bis zur leistungsfähigen Multisystemlösung für Durchsätze von mehreren zehntausend Zahlungsbelegen pro Tag) und Integrierbarkeit in heutige Standard-Rechnerumgebungen, sodaß keine proprietären Insellösungen zur Formularerfassung entstehen. Während formFile mit reine Software-Erkennung ca. 40 Zeichen pro Sekunde erkennt, erreichen die formFile - Serversysteme mit Hardwareunterstützung am PC Erkennungsgeschwindigkeiten von mehreren hundert Zeichen numerischer Handschrift pro Sekunde und Durchsatz von über 5 Belegen je Sekunde.

Flexible Arbeitsabläufe

Durch die Parametrierbarkeit der Erfassungsabläufe und die Integration des Systems in eine Netzumgebung (z.B. Novell Netware) kann eine Optimierung der eingesetzten Ressourcen (Scanner, Korrektur) auf die Charakteristik des Beleggutes erzielt werden.

Anwendung Formular für den Auslandszahlungsverkehr AZV

Besonders der Bankenbereich bietet ein ideales Einsatzfeld für Formularlesesysteme. Der Trend geht dabei von teuren Verarbeitungszentren hin zur kleinen, flexiblen Verarbeitungseinheit. Mehrere österreichische Geldinstitute setzen formFile für die Erfassung von Auslandsüberweisungsaufträgen ein.

- das einheitliche AZV Formular ist in Blindfarbe gehalten und wird mit einem leistungsfähigen A4 Desktopscanner stapelweise erfaßt
- die Felder eines Formulars werden von formFile einzeln ausgelesen
- für jedes Feld werden geeignete Prüfungen durchgeführt: gültige Währungskürzel, Prüfziffern bei Kontonummern, korrekte Markierungen bei Ankreuzfeldern, Plausibilitätsprüfungen bei Beträgen etc.
- Felder, die nicht vollständig automatisch erfaßt werden können, werden von einem befugten Mitarbeiter händisch ergänzt
- die Daten werden in das geeignete Datenformat konvertiert und direkt in die EDV-Anwendung des Geldinstitutes übertragen

Weitere Anwendungsgruppen

Dank seiner Flexibilität und Anpaßbarkeit ist formFile für eine Vielzahl von Anwendungen geeignet. formFile kann dabei im Versandhandel zur Verarbeitung von Bestellkarten ebenso eingesetzt werden wie für die Erfassung von amtlichen Formularen im Behördenbereich oder für die Auswertung von Fragebögen und Prüfungsformularen im Ausbildungswesen.

5. Anwendungsbeispiel: Erfassung von Eingangsrechnungen

Tägliches Volumen:	5000 Rechnungen von verschiedenen Lieferanten.
Relevante Daten:	4 Felder für Buchung und Indizierung (Felder durchschnittlich 7 stellig)
Schrift:	Maschin- bzw. Nadeldrucker

5.1 Manuelle Erfassung

Zeitbedarf je Rechnung (gemessen):	15 s
Täglicher Aufwand:	5000 x 15s = 20,8 h
Personalbedarf für reine Erfassung (effektive Arbeitszeit 7 h / Tag):	20,8h / 7h = 3 Mitarbeiter

5.2 Erfassung mit Scanning und OCR

Tägliche Menge an Feldern:	5000 x 4 = 20 000 Felder
Tägliche Menge an Zeichen:	5000 x 4 x 7 = 140 000 Zeichen
5 % der 20 000, also 1000 Felder erfordern eine Kompletteingabe á 5 s:	1000 x 5 s = 5000 s
zusätzlich müssen 2 % der Einzelzeichen korrigiert oder bestätigt werden (á 1 s):	2800 x 1 s = 2800 s
Aufwand Erfassung:	5000 s + 2800 s = 7800 s = 2,2 h
Zusatzaufwand für Papiermanipulation und Scanning:	ca. 6 h

EDV-gestütztes Geschäftsprozeßmanagement: Anforderungen und Trends

Ing. Gerald A. Pitschek
Intos Information Service, Klagenfurt

Abstract

Die Krise im Bürobereich ist Vergangenheit. Jedenfalls wenn man den Aussagen der Anbieter von Workflow Management Systemen glauben darf. In der Realität treten jedoch noch immer einige Probleme auf. Einerseits sind die Produkte zwar am Markt, es fehlen jedoch noch einige Funktionalitäten und beim Thema "Systemoffenheit" enden oft viele Herstellerangaben. Andererseits zieht der Einsatz eines Workflow Systems eine Reihe an technischen und organisatorischen Aufwänden nach sich. Dieser Artikel beschäftigt sich mit dem aktuellen Status im Bereich des Workflow Managements aus technischer bzw. produktorientierter Sicht. Dazu werden die Funktionen eines Workflow Systems kurz beschrieben, um darauf aufbauend einen Überblick über die vorherrschende Produktsituation und die für einen erfolgreichen Einsatz notwendigen Weiterentwicklungen zu geben. Zum Abschluß werden einige Trends bei der Realisierung künftiger Workflow Management Systeme aufgezeigt.

Autor

Ing. Gerald A. Pitschek ist Geschäftsführer der Intos Information Service. Herr Pitschek beschäftigt sich seit Jahren mit Workflow Management Systemen, ist Veranstalter der DOKUMENT'94, Referent bei fachspezifischen Seminaren (ÖAF, Intos) und Autor der Marktstudie "Auswahl von Workflow Management Systemen". Weiters ist er Verfasser von Publikationen in nationalen und internationalen Fachzeitschriften zu den Themen Workflow Management, Business Engineering und Informationsmanagement.

1 Einleitung

Workflow Management hat sich in letzter Zeit vom Trendthema zu einem anerkannten Lösungsansatz entwickelt. Doch bei der Auswahl und dem Einsatz von Workflow Management Systemen (kurz Workflow Systemen) treten nachwievor einige Probleme auf. So ist die Auswahl noch immer kein Standardprozeß, weil der notwendige Funktionsumfang noch nicht ausführlich genug definiert ist und es daher an meßbaren Vergleichsmöglichkeiten der Produkte untereinander mangelt. Zu unterschiedlich sind die Produktimplementierung, zu unterschiedlich werden die Produkte von den

Anbietern positioniert. Beim Einsatz werden die notwendigen organisatorischen Änderungsmaßnahmen oft vernachlässigt, die Produkte müssen oft mit viel Aufwand in bestehende EDV-Strukturen eingebunden werden und nicht zuletzt müssen die eigentlichen Anwender mit den neuen Möglichkeiten von Workflow Systemen erst umgehen lernen. Dieser Artikel ist eine kurze Darstellung des aktuellen Funktionsumfanges von am Markt vorhandenen Workflow Systemen, sowie der notwendigen jedoch noch nicht implementierten Funktionen. Damit soll einerseits gezeigt werden, welche Möglichkeiten die verfügbaren Produkte derzeit bieten, andererseits sollen Implementierungen bzw. Weiterentwicklungen beschrieben werden, welche für einen erfolgreichen Einsatz notwendig sind, jedoch bisher nicht oder nur teilweise realisiert wurden. Abschließend werden aus Sicht des Autors einige Trendthemen beschrieben, welche direkt oder indirekt einen Einfluß auf zukünftige Produktentwicklungen haben werden.

2 Workflow Management: Eine kurze Einleitung

Workflow Management ist in dieser Form ein relativ neues Informatikgebiet. Die dabei verwendeten theoretischen Grundlagen und Methoden sind zwar bereits seit langer Zeit in anderen technischen Bereichen im Einsatz (z.B. Petri-Netze in der Regeltechnik), deren Nutzung bei der Gestaltung neuartiger Kommunikations- und Informationssysteme war jedoch erst durch die Entwicklung von Workflow Management Systemen gegeben.

Die Basis jeder Workflow Management Lösung ist die Unterstützung der in einem Unternehmen ablaufenden Geschäftsprozesse (Vorgang, Workflow). Damit unterscheiden sich solche Systeme eindeutig von den bisherigen EDV-Lösungsansätzen wie beispielsweise der Bürokommunikation. Denn hier steht die Unterstützung des einzelnen Anwenders durch entsprechende Werkzeuge bzw. Anwendungen und somit die Unterstützung von einzelnen Tätigkeiten im Vordergrund. Es besteht dabei kein Bezug zum Gesamtvorgang, welcher im Rahmen der Abarbeitung der Einzeltätigkeiten abgewickelt werden soll. Da jedoch das Vorhandensein leistungsfähiger Anwendungen und somit die Produktivität des Einzelnen nicht die ausschlaggebenden Gründe für die bestehenden Probleme im Verwaltungsbereich (Büro, Adminstration,...) sind, wurde dadurch keine wesentliche Verbesserung der Situation erreicht. Die anstehenden Probleme verursacht durch die langen Durchlaufzeiten, eine fehlende Transparenz der Geschäftsprozesse und die nicht vorhandene Nachvollziehbarkeit der Abwicklung blieben weiterhin ungelöst.

Durch Workflow Management Systeme wird es nun Einzelnen oder Gruppen von Anwendern ermöglicht, eine Serie von aufeinanderfolgenden oder parallelen Tätigkeiten (Geschäftsprozesse) DV-gestützt abzuarbeiten bzw. zu verwalten.

Diese Teilautomatisierung kann sowohl bei strukturierten als auch unstrukturierten Geschäftsprozessen vorgenommen werden. Das Ziel ist ein optimaler Arbeits- und Informationsfluß, im Hinblick auf die vom Unternehmen bestimmten Geschäftsziele (Business objectives). Weiters helfen Workflow Systeme dem Management bei der Anpassung und Änderung von Geschäftsprozessen, um schneller auf Veränderungen der Marktgegebenheiten reagieren zu können. Workflow Systeme unterstützen weiters entscheidend bei der Gestaltung der Ablauforganisation, indem sie helfen, bestehende Geschäftsprozesse zu analysieren bzw. zu beschreiben und somit notwendige Veränderungen transparent zu machen. Diese damit in Zusammenhang stehende Vorgehensweise wird oft als Business-(Re)-Engineering bezeichnet und verdeutlicht den Umfang als auch die Mächtigkeit von Workflow Systemen.

Der hinter Workflow Management Systemen liegende Ansatz der absoluten Ausrichtung an den Geschäftsprozessen verspricht damit eine deutliche Verbesserung bzw. Auflösung der Probleme. Um jedoch soweit zu kommen, müssen Workflow Systeme über entsprechende Funktionalitäten verfügen.

3 Funktionen eines Workflow Management Systems

Die Beschreibung des Funktionsumfanges eines idealisierten Workflow Systems kann auf zweierlei Arten erfolgen. Entweder man analysiert den Anbietermarkt, d.h. alle verfügbaren Produkte, bezüglich der implementierten Funktionen. Dies ist jedoch nicht bzw. nur schwer zu realisieren, weil einerseits zu viele unterschiedliche Implementierungsvarianten existieren und andererseits dabei die Anforderungen der Anwender nicht berücksichtigt werden können. Die zweite Möglichkeit besteht in der Entwicklung eines Referenzmodells für ein Workflow System und einer daraus abgeleiteten Funktionsbeschreibung. Dieses Modell sollte nicht an Produkte gebunden sein und trotzdem die Basis für den Vergleich und die Beschreibung der unterschiedlich implementierten Produkte darstellen. Zusätzlich lassen sich hierbei die Anwenderbedürfnisse optimal integrieren.

3.1 Referenzarchitektur eines Workflow Systems

Im Rahmen der Marktstudie “Auswahl von Workflow Management Systemen” hat der Autor eine Referenzarchitektur entwickelt, welche es erlaubt eine umfangreiche Funktionsbeschreibung und einen Vergleich der unterschiedlichen Produkte vorzunehmen. Diese Referenzarchitektur geht von einem idealisierten Workflow Management Systemen aus, bei welchem die einzelnen Funktionen zu Architekturkomponenten (Funktionsklassen) zusammengefaßt werden. Weiters werden dabei die Zusammenhänge zwischen diesen Komponenten, sowie deren Aufgaben definiert. Diese daraus entstandene Referenzarchitektur besteht aus folgenden Komponenten:

- **Organisationsmodellierung**
Die Komponente "Organisationsmodellierung" dient zur Beschreibung der Organisation eines Unternehmens. Durch sie sollten alle Organisationsobjekte, welche zur Unterstützung der Bearbeitung von Geschäftsprozessen notwendig sind, dokumentiert bzw. modelliert werden. Dies sind im speziellen die Aufbauorganisation, die Ablauforganisation sowie die im Rahmen der Vorgangsbearbeitung verwendeten Informationsobjekte (Fachdaten). Die Aufbauorganisation wird hauptsächlich durch die Mitarbeiter, d.h. deren Rollen, Stellen und Funktionen im Rahmen der Organisation beschrieben. Ziel dabei ist die Herstellung eines "elektronischen Organigramms". Bei der Ablauforganisation steht der Geschäftsprozeß (Vorgang) im Vordergrund. Hierbei ist es notwendig, alle Vorgänge, welche durch das Workflow System unterstützt werden sollen, umfassend und korrekt zu modellieren. Im Idealfall entspricht das Gesamtmodell dann der vollständigen Ablauforganisation. Zur Beschreibung eines Vorganges werden die Teiltätigkeiten (Jobs, Aufgaben), die darin involvierten Mitarbeiter, die logische bzw. zeitliche Reihenfolge bei der Abarbeitung und die dabei verarbeiteten Informationsobjekte herangezogen. Diese Informationsobjekte sind Beschreibungen der auftretenden "Büroprodukte" wie beispielsweise Dokumente, Kundenaufträge oder Akte. Die Summe aller Beschreibungen (Ablauf-, Aufbauorganisation, Informationsobjekte) bildet dann die sogenannte "Organisationsdatenbank", welche ein elektronisches Abbild des Unternehmens aus statischer und dynamischer Sicht, sein sollte. Eine umfassende und korrekte Organsationsdatenbank ist die Grundlage für die Unterstützungsmöglichkeiten durch das Workflow System. Denn jedes Workflow System kann nur so gut sein, wie das dahinterstehende Organisationsmodell ist. Das heißt, je korrekter und umfangreicher die Organisationsdaten vorliegen, desto besser wird auch die Unterstützung durch das System sein.

- **Verteilung/Transport**
Eine der Hauptfunktionen eines Workflow Systems ist die optimale Verteilung der Aufgaben bzw. Jobs eines Geschäftsprozesses im Unternehmen. Es müssen die entsprechenden Mitarbeiter ausgewählt werden, welche im Rahmen eines Geschäftsprozesses für eine bestimmte Aufgabe (Job, Tätigkeit) verantwortlich sind. Danach sind die Informationsobjekte (z.B. Dokumente) zu diesem Mitarbeiter zu transportieren und der Mitarbeiter mit dieser Aufgabe im Sinne einer Prozeßkostenrechnung zu "belasten". Die Aufgabe der Verteilungskomponente ist die richtige und optimale Auswahl der Mitarbeiter bzw. des Verteilungspfades durch das Unternehmen. Dazu muß die Information über den Vorgang, die dabei abzuarbeitenden Teilaufgaben, die dafür vorgesehenen Mitarbeiter und die bearbeiteten Informationsobjekte aus der Organisationsdatenbank gelesen und interpretiert werden. Das Ergebnis ist das "Weiterleiten" von Aufgaben bzw. der damit assoziierten Informationsobjekte an den jeweils nächsten Bearbeiter eines Geschäftsfalles.

Die dabei erzeugte "Vorgangsdatenbank", welche alle Informationen bezüglich der Vorgangsbearbeitung beinhaltet, kann dabei als Informationspool für den aktuellen Zustand des Unternehmens bezüglich der Abarbeitung der Geschäftsprozesse gesehen werden. Sie bildet die Grundlage für eine durchgängige Dokumentation der Vorgangsbearbeitung und steigert die Transparenz und Nachvollziehbarkeit der Bearbeitung. Weiters ist die Verteilungskomponente für die Kontrolle von Terminen oder Prioritäten, sowie das Auslösen von entsprechenden Systemreaktionen (Mitteilung, Alarm,...) verantwortlich.

- **Anwenderschnittstelle**
  Alle Funktionen, welche dem eigentlichen Vorgangsbearbeiter (Bürokraft, Sachbearbeiter, Manager,...) zur Verfügung stehen, werden durch die Architekturkomponente "Anwenderschnittstelle" definiert. Diese Komponente ist somit der Präsentationsteil des Systems gegenüber dem Anwender. Die Bearbeitung der durch das System verteilten Aufgaben, das Initiieren des "Weiterleitens" zur nächsten Bearbeitungsinstanz (Mitarbeiter, Abteilung,...) und die Manipulation der Informationsobjekte durch Aufruf beliebiger Anwendungen erfolgt mittels der hier enthaltenen Funktionen.

- **Auswertefunktionen**
  Die Architekturkomponente "Auswertefunktionen" ist Teil der Anwenderschnittstelle und umschließt alle Funktionen, welche interne Informationen des Workflow Management Systems auswertet. Die Auswertungen können sich auf die Organisationsdatenbank, aktuelle bearbeitete oder auf bereits abgearbeitete Geschäftsprozesse beziehen. Sie können entweder direkt dem Bearbeiter (z.B. Liste aller gerade in Bearbeitung befindlichen Kundenaufträge) oder spezifisch verantwortlichen Mitarbeitern (z.B. Abteilungsleiter: Wer bearbeitet gerade den Auftrag "Meier KG") zur Verfügung stehen.

- **Schnittstellenmechanismen**
  Workflow Systeme beeinhalten selbst keine Basisfunktionen, um beispielsweise die Bearbeitung eines Textes, den elektronischen Transport eines Aktes oder die Verwaltung der Vorgangsdaten vornehmen zu können. Hierfür müssen spezielle Basisdienste bzw. Anwendungen bereitstehen bzw. Bestandteil der bestehenden EDV-Infrastruktur sein. Um auf diese Basisdienste zuzugreifen, sind Schnittstellendefinitionen bzw. realisierte Softwareschnittstellen notwendig. Durch die Architekturkomponente "Schnittstellenmechanismen" wird die Summe aller notwendigen Schnittstellen definiert, die eine durchgängige Vorgangsbearbeitung unter Einbeziehung von neuen oder bereits bestehenden Basisdiensten bzw. Anwendungen ermöglicht.

3.2 Aufbau des Referenzmodells

Nachdem die einzelnen Funktionsklassen bzw. Architekturkomponenten beschrieben wurden, müssen zur vollständigen Beschreibung des Referenzmodells auch die Zusammenhänge bzw. Abhängigkeiten zwischen den einzelnen Komponenten der Architektur festgelegt werden (siehe Graphik).

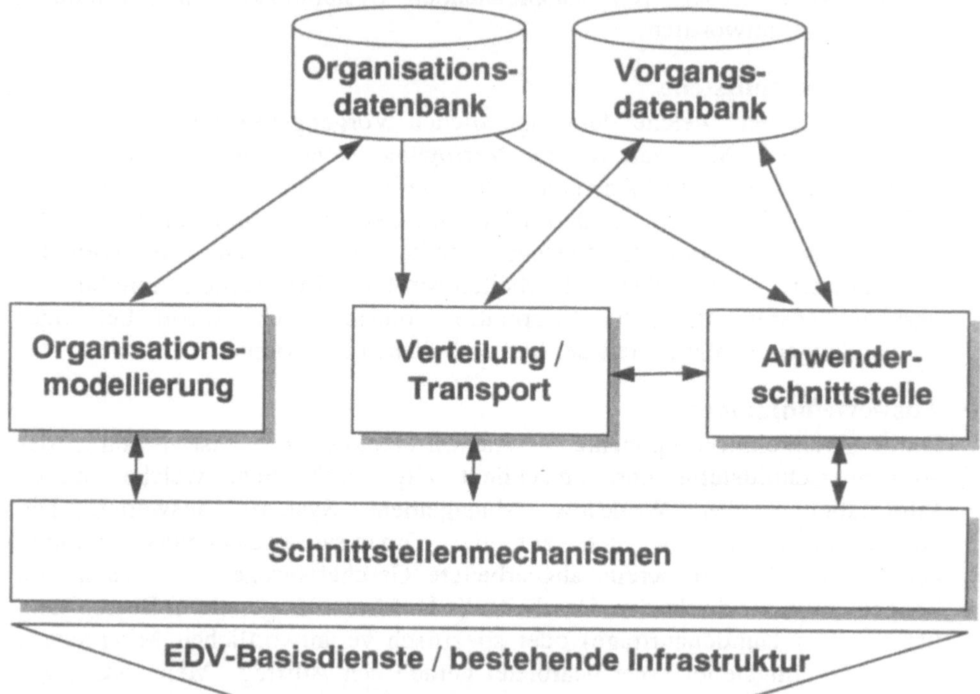

Auf eine detailliertere Beschreibung der Zusammenhänge wird hier verzichtet. Der Aufbau des Modells wurde mit der Zielsetzung entwickelt, die meisten Workflow Systeme dadurch beschreiben und somit vergleichen zu können. Die bisherigen Erfahrungen mit dem Modell bei der Analyse, der im Rahmen der Marktstudie "Auswahl von Workflow Management Systemen" betrachteten Produkte, sind im Kontext dieser Zieldefinition durchwegs befriedigend. In diesem Zusammenhang muß festgehalten werden, daß bei einigen am Markt verfügbaren Produkte diese Architektur zwar konzeptionell umgesetzt ist, die Realisierung jedoch entsprechend den technischen Möglichkeiten vorgenommen wurde. So ist beispielsweise die Verteilungskomponente kein eigenes Softwaremodul, sondern zumeist in eine Serverkomponente eingebettet, welche auch andere Funktionalitäten (Schnittstellen,...) aufweist.

3.3 Positionierung und technische Voraussetzungen

Zur Bestimmung der Kernfunktionen von Workflow Management Systemen muß weiters eine Positionierung dieser neuen Technologie im Rahmen der bestehenden EDV-Strukturen vorgenommen werden. Denn Workflow Systeme bauen zumeist auf Werkzeugen der klassischen Büroautomation und -kommunikation auf, was eine Ausgliederung dieser genutzten Funktionen bei der Definition des Funktionsumfanges zur Folge hat. Die Nutzung dieser Funktionen erfolgt über die Referenzkomponente "Schnittstellenmechanismus" und wird beispielsweise von Anwendungen wie Bürokommunikationssysteme oder Archivierungssysteme zur Verfügung gestellt.

3.4 Funktionen

Aufbauend auf dem Referenzmodell und den dabei definierten Klassen können nun die Funktionen eines Workflow Management Systems kategorisiert und beschrieben werden. In diesem Kapitel werden die für den Betrieb eines Workflow Management Systems unbedingt notwendigen Funktionen kurz aufgezählt.

3.4.1 Organisationsmodellierung

Die Funktionen zur Modellierung der statischen (Aufbauorganisation), der dynamischen (Ablauforganisation) Organisationsobjekte und der während der Vorgangsbearbeitung verwendeten Informationsobjekte können grob folgend eingeteilt werden:

- *Beschreibung der Aufbauorganisation*
  Hier müssen Funktionen zur Verfügung stehen, um folgende
  Organisationsobjekte zu beschreiben:
  - Mitarbeiter, sowie deren Stellen und Rollen
  - Organisationseinheiten
  - Kompetenzdefinitionen (Berechtigungen,...)
  - Organisationsaufbau (Hierarchie)

- *Beschreibung der Ablauforganisation*
  Um die Ablauforganisation zu beschreiben, müssen zumindest folgende
  Organisationsobjekte beschrieben werden:
  - Einzeltätigkeiten
  - Vorgangsmodell (logische Verkettung der Einzeltätigkeiten)
  - Involvierte Mitarbeiter
  - Involvierte Informationsobjekte

  Die Modellierung des Vorgangsmodells sollte graphisch erfolgen, wobei dabei auf bereits bestehende Vorgangsmodelle (oder Teile davon) zurückgegriffen werden kann.

• *Informationsobjekte*
  - Bildung von Objektklassen (Akten, Verträge, Schriftstücktypen)
  - Definition der anzuwendenden Methode (Anwendung)
  - Verwaltung diverser Hilfsinformation (z.B. Schlagwörter,...)

Auf Basis der modellierten Organisationsobjekte und der bestehenden Vorgangsdatendank (welche ja die bereits abgearbeiteten und die aktuellen Vorgangsdaten enthält) sollte eine Simulation möglich sein. Folgende Funktionen sollten dabei implementiert sein:

- Veränderung der Eingangsparameter (z.B. Aufträge per Stunde)
- Visuelle Simulation der Prozeßmodelle
- Dynamische Änderung der Modelle zum Zwecke der Optimierung
- Erstellung von Simulationsprotokollen

3.4.2 Verteilung/Transport

Um die zur Abarbeitung eines Geschäftsprozesses notwendigen bzw. durch das Prozeßmodell beschriebenen Aufgaben (Tätigkeiten, Jobs) optimal an die dafür verantwortlichen Organisationsinstanzen (Mitarbeiter, Rollen, Organisationseinheiten,...) zu verteilen und diese Verteilung zu optimieren, sind folgende Funktionen zu implementieren:

- Auswahl der nächsten Bearbeitungsinstanz
- logische Verteilung der Aufgabe
- "Weiterleiten" der entsprechenden Informationsobjekte (Fachdaten)
- Manipulation der Vorgangsdatenbank (Aufbau der Vorgangsprotokolle,...)
- Kompetenzprüfung (Berechtigungsprüfung)
- Terminkontrolle
- Reagieren auf Termine und Prioritäten

3.4.3 Anwenderschnittstelle

Die Funktionen der Anwenderschnittstelle dienen dem eigentlichen Anwender (Vorgangsbearbeiter) zur Bedienung des Workflow Management Systems. Dazu sind folgende Funktionen notwendig:

- Verwalten von elektronischen "To-Do Listen"
- Starten eines Vorganges
- Beenden eines Vorganges
- Starten einer Aufgabe (Bearbeitungsschritt)
- Beenden (Weiterleiten) einer Aufgabe
- Aufruf der entsprechenden Methode bei der Manipulation von Fachdaten
- Bestimmung von Terminen und Prioritäten
- Wiedervorlage von Aufgaben (zeitgesteuert)
- Sonderfunktionen der Vorgangsbearbeitung (Genehmigung, Storno,...)

3.4.4 Auswertefunktionen

Die Auswertungen können grundsätzlich in zwei Kategorien eingeteilt werden. In solche Auswertungen, welche von Anwendern angefordert werden können und in Auswertungen, die für spezielle Bedienergruppen (Adminstrator,...) vorbestimmt sind. Weiters lassen sich die Auswertungen nach der Präsentationsart (graphisch, Liste,...) unterteilen. Folgende Auswertungen sollten realisiert sein:

- Beschreibung der Organisationsdaten (Aufbau)
- Beschreibung der Vorgangsmodelle (wenn möglich graphisch)
- alle aktiven Vorgänge mit aktuellen Stati (Wie weit ist der Prozeß ?)
- involvierte Mitarbeiter in einen bestimmten Vorgang
- Rückstandsauswertungen (z.B. Verzögerung von Terminen,...)

3.4.5 Schnittstellenmechanismen

Um auf externe Anwendungen oder Basisdienste der bestehenden EDV-Infrastruktur zuzugreifen, sind entsprechende Softwareschnittstellen zu implementieren. Dabei sind die folgenden Anwendungen bzw. Basisdienste zu integrieren:

- Methoden bzw. Anwendungen zur Manipulation (Textverarbeitung,...)
- Transportdienste (Netzwerk, X.400, ...)
- Datenhaltungsdienste (Datenbanksysteme,...)
- Betriebssystemdienste
- Document Processing Services (Imaging, OCR)
- Volltextdatenbanksysteme (Text Retrieval)
- Archivierung

Die Schnittstellen sind so auszuführen, daß sie möglichst die in den jeweiligen Bereichen verfügbaren internationalen Standards und Normen berücksichtigen.

4 Weitere Anforderungen an die Technik

Über die vorher beschriebenen Funktionen hinaus, werden noch weitere, globale Anforderung an eine Workflow Management Lösung gestellt. Diese Anforderung betreffen die technische Realisierung, die Präsentation des Systems gegenüber dem Benutzer und die möglichen Weiterentwicklungen. Hier eine kurze Liste der zusätzlichen, nicht an der grundsätzlichen Funktionalität eines Workflow Systems orientierten Anforderungen:

- Implementierung gemäß der Client/Server Architektur
- Einfache Benutzung (graphische Oberfläche)

- Integrationsfähig - offen für die Einbindung externer Produkte
- Portabel (nicht systemabhängig)
- Relationales Datenbanksysteme zur Verwaltung der anfallenden Daten

Eine wichtige und oft vernachlässigte Funktion ist die Verwaltung des Systems (Systemadministration). Diese trägt zwar nicht offensichtlich zur Leistungsfähigkeit eines Workflow Management Systems bei, ohne eine einfache und doch effiziente Verwaltungs- und Administrationskomponente kann solch ein System jedoch nur schwer betriebstauglich gehalten werden. Die zu realisierenden Funktionen sind beispielsweise die Installation bzw. der Update der Software, die Sicherung der bestehenden Daten (Organisation, Vorgang) oder die Aktivierung neu entwickelter Vorgangsmodelle für die laufende Vorgangsbearbeitung.

5 Die aktuelle Produktsituation

Die in diesem Kapitel beschriebenen Stärken und Schwächen von Workflow Produkten wurden auf Basis der erhobenen Informationen der Marktstudie "Auswahl von Workflow Management Systemen" festgelegt. Für Produkte, welche nicht Teil der Studie waren, wurden die Informationen diversen Herstellerunterlagen (Handbücher, White-Papers) und entsprechenden Fachartikeln entnommen.

5.1 Typen von Workflow Systemen

Die derzeit am Markt erhältlichen Workflow Produkte lassen sich grundsätzlich in drei Kategorien einteilen:

- **Branchenorientierte Systeme**
  Dies sind Produkte, welche für eine spezifische Branche entwickelt wurden, d.h. die angebotenen Funktionen hauptsächlich den Anforderungen dieser Branche entsprechen. Die Workflow Management Funktionen sind für den Benutzer nicht direkt ersichtlich, sondern homogen in die Gesamtlösung eingebettet. Beispiele dafür sind Kanzlei-Informations-Systeme (KIS) für den öffentlichen Verwaltungsbereich oder Workflow Management Lösungen für den Bankenbereich.
- **Eingebettete Systeme**
  Einige der angebotenen Workflow Lösungen sind ein Bestandteil von Document Processing oder Office Automation Systemen. Die Workflow Management Funktionen sind hier zwar explizit verfügbar, die Nutzung erfolgt

nur im Zusammenspiel mit dem jeweiligen Hauptprodukt. Sie ist jedoch nicht auf einen bestimmten Anwendungszweck festgelegt.

- **Reine Workflow Management Systeme**
Solche Produkte sind von anderen Systemen unabhängig und für den Einsatz in beliebigen Anwendungsgebieten vorgesehen. Die Workflow Management Funktionen stellen noch keine einsetzbare Applikation dar, sondern stehen für die Realisierung einer kundenspezifischen Anwendung zur Verfügung. Die Anpassung an die Anwenderanforderungen erfolgt entweder durch entsprechende Konfiguration des Produktes (Parametrisierung von Funktionen) oder es werden dem Anwendungsprogrammierer die Funktionen in Form eines Toolkits (z.B. Programmierbibliothek) zur Verfügung gestellt.

Die meisten der verfügbaren Produkte sind Hybridsysteme (Mix-Systeme) und in andere Systeme eingebettet bzw. können zusätzlich über Softwareschnittstellen (z.B. API oder DDE) auch von anderen Anwendungen genutzt werden.

5.2 Implementierte Funktionen

Dieses Kapitel ist eine grobe Zusammenfassung der von den angebotenen Produkten realisierten Workflow Funktionen. Dabei werden die Funktionen nicht einzeln aufgeführt, sondern auf Basis des Referenzmodells grundsätzliche Aussagen über den Erfüllungsgrad der Funktionen je Architekturkomponente vorgenommen.

5.2.1 Organisationsmodellierung

Der Organisationsmodellierung kommt eine sehr wichtige Rolle bei der Implementierung und dem Betrieb eines Workflow Management Systems zu. Die beobachteten Lösungen reichen von rudimentären Beschreibungsmöglichkeiten bis hin zu komplexen und umfangreichen Modellierungsfunktionen.

Dabei verfügen alle Produkte über die Möglichkeit, die zu beschreibenden Geschäftsprozesse (Vorgänge) graphisch zu modellieren. Bei einigen Produkte bestehen zusätzliche Möglichkeiten, die modellierten Vorgänge in eigenen Vorgangsbibliotheken abzulegen. Ein sinnvoller Mechanismus zur einfacheren und übersichtlicheren Verwaltung.

Bei der Abbildung der Aufbauorganisation (Mitarbeiter, Kompetenzen,...) ist der Unterschied zwischen den Produkten am größten. Einige Produkte bieten nur im Ansatz die entsprechenden Funktionen, wobei man dabei eigentlich nicht von einer Aufbauorganisationsmodellierung sprechen kann. Andere Produkte wiederum unterstützen die vollständige und umfangreiche Beschreibung aller (auf jeden Fall der wichtigsten) Organisationsobjekte.

5.2.2 Verteilung/Transport

Die Verteilungkomponente tritt bei keinem Produkten als eigenständige Funktionseinheit auf. Zumeist ist sie in den Serverteil der Lösung eingebunden, es existieren jedoch auch Realisierungen, welche die Aufgabenverteilung und den notwendigen Informationstransport von der Clientsoftware erledigen lassen. Bei beiden Ansätzen stehen die Basisfunktionen dieser Architekturkomponente zur Verfügung.

5.2.3 Anwenderschnittstelle

Der Anwenderschnittstelle kommt die Präsentation aller für den Anwender relevanten Workflow Management Funktionen zu. Je nach Lösungskategorie (siehe "Typen von Workflow Systemen) ist der Funktionsumfang mehr oder weniger umfangreich bzw. für den Anwender transparent vorhanden. Bei einigen Produkten sind Funktionen wie beispielsweise die Genehmigung oder die Wiedervorlage von Aufgaben bereits im Standardlieferumfang enthalten. Andere Produkte wiederum stellen nur einen Kern an Funktionen (Weiterleiten, Storno,...) zur Verfügung, der Rest muß durch Programmierung auf Basis der verfügbaren Funktionssammlung individuell entwickelt werden. Bei Produkten welche eine starke Integration zu einem anderen Produkt aufweisen, d.h. in dieses Produkt eingebettet sind, wird der Funktionsumfang durch die zusätzlichen Funktionen des Hauptproduktes noch aufgewertet. So kann beispielsweise durch die Zusammenarbeit mit einer elektronischen Ablage ein leistungsfähiges Dokumentenleitsystem entwickelt werden.

5.2.4 Auswertefunktionen

Hier kann eine Unterscheidung zwischen Workflow Produkten mit offener und solchen mit geschlossener Datenhaltungsschnittstelle vorgenommen werden. Bei Produkten, welche eine offene Schnittstelle zum Datenhaltungssystem aufweisen, ist der Leistungsumfang bezüglich der Auswertungen am größten. Hier können die Anbieter oder der Anwender die notwendigen Auswertungen individuell entwickeln bzw. an die vorherrschenden Anforderungen anpassen. Im anderen Fall stehen dem Anwender zumeist nur vorgefertigte Auswertungsmöglichkeiten zur Verfügung, die durch Parametrisierung an die jeweiligen Bedürfnisse angepaßt werden können. Wichtig sind auch noch jene Abfragen, welche die Anwender bei der täglichen Arbeit unterstützen und die jeweiligen Geschäftsprozesse transparent darstellen sollen. Beispiele hierfür sind die Anzeige aller Bearbeiter an einem Vorgang, der möglichen weiteren Bearbeitungsinstanzen (sofern ein manuelles Initiieren erfolgt) oder die Anzeige der für eine Aufgabe benötigten Fachdaten.

5.2.5 Schnittstellenmechanismen

Da ein Workflow Management System nicht ohne die Einbindung externer Anwendungen bzw. Dienste eingesetzt werden kann, müssen entsprechend umfangreiche und leistungsfähige Schnittstellen dafür zur Verfügung stehen. Die angebotenen Produkte weisen allesamt viele Möglichkeiten zur Anwendungs- und Systemintegration auf. Unterschiede existieren lediglich bei der Implementierung, indem Workflow Produkte entweder offene Schnittstellen anbieten, welche vom Anwender für den Betrieb entsprechend konfiguriert werden müssen oder vorgefertigte Schnittstellen für bestimmte Produkte angeboten werden.

5.3 Problemfelder / Schwächen

Die in diesem Kapitel beschriebenen Problemfelder bzw. Schwächen beziehen sich nur auf einige Funktionen, welche als wichtig erachtet werden müssen. Es wird nur ein Überblick dieser mangelhaft realisierten Funktionen geboten und dies ohne besondere Berücksichtung eines Produktes. Demnach sind folgende Probleme vorhanden:

- Es stehen zu wenige und wenn, dann nur unzureichende Möglichkeiten zur Organisationsanalyse bzw. zur Umsetzung einer Organisationserhebung zu Verfügung.
- Die Modellierung der Unternehmensstrukturen (Aufbau, Ablauf, Information) erfolgt unvollständig oder überhaupt nur rudimentär.
- Die Modellierungskomponenten weisen Mängel bei der Beschreibung paralleler Prozesse auf.
- Eine direkte Unterstützung von Terminen bei der Verteilung von Aufgaben (Auswirkungen auf den Verteilungsprozeß) ist bisher nicht implementiert.
- Implementierungen können oft nur als Dokumentenflußsteuerungssysteme bezeichnet werden, da nur unzureichende Funktionen für die Abbildung der Organisation vorliegen.
- Die Unterstützung bzw. Einbindung von Geschäftsprozessen, welche nicht vollständig durch Workflow Management Systeme implementiert werden können, ist mangelhaft. Beispielsweise ist die parallele Führung und der parallele Transport von Informationen auf Papier ("das übrigens nie aussterben wird") unzureichend ausgeführt.
- Für die Entwicklung unternehmensspezifischer Workflow Management Anwendungen stehen zu wenige Standardfunktionen zur Verfügung.

6 Notwendige Weiterentwicklungen

Aus den vorher beschrieben Problemfeldern können die notwendigsten Weiterentwicklungen abgeleitet werden:

- verbesserte Abbildung der Organisation bezüglich Umfang und Detaillierung
- mehr Unterstützung bei der Erhebung der Organisationsstrukturen
- explizite Realisierung von paralleler Prozeßgestaltung bei der Modellierung, sowie Unterstützung der Anwender bei der Bearbeitung arbeitsteiliger Prozesse
- Einbindung von unternehmensweiten Kalendern, um ein sinnvolles Terminmanagement und Reagieren auf Termine zu realisieren
- Erweiterung der Metadaten über die Informationsobjekte (Fachdaten), um Informationen auf Papier homogen in die elektronisch unterstützten Vorgangsbearbeitung zu integrieren

7 Trends

Die zukünftigen Entwicklungen von Workflow Management Systemen werden einerseits durch die Bedürfnisse der Anwender geprägt, andererseits sind herstellerspezifische Trends bzw. Wünsche dafür verantwortlich. Daher werden in diesem Kapitel einige Trends beschrieben, welche einen Einfluß auf die Entwicklung und Umsetzung der Produkte haben werden.

- **Durchgängige Analysemethode**
  Ähnlich den Entwicklungen im CASE-Bereich ist auch beim Workflow Management ein methodisches Vorgehen bei der Erhebung, der Analyse, der Modellierung und der Simulation der bestehenden Unternehmensstrukturen notwendig. Dafür wurden bis jetzt spezialisierte Business Engineering Werkzeuge verwendet, welche über entsprechende Funktionalitäten verfügten. Bei zukünftigen Entwicklungen werden diese Produkte bzw. die dahinterstehenden Grundlagen und Methoden einbezogen. Workflow Systeme werden dann immer mehr auch zu einem Werkzeug für den Organisator und zum Datenhaltungssystem für ein "elektronisches Organisationshandbuch".
- **Workflow Management als Basisdienst**
  Derzeit stehen eine Menge an spezialisierten Workflow Produkten zur Verfügung. In Zukunft werden die wesentlichen Funktionen der Verteilungs- und Anwendungskomponente jedoch in die Basissysteme wie beispielsweise Netzwerkedienste oder Betriebssysteme integriert werden. Damit stehen der Entwicklung völlig neuer und leistungsfähiger Systeme neue Wege offen.

Workflow Management wird so zu einem Thema für viele Unternehmen, welche durch die Verfügbarkeit solcher Services zu Engagements in diesem Bereich angeregt werden.

- **Zusammenarbeit unterschiedlicher Workflow Produkte**
  Da die EDV-Unterstützung bei der elektronischen Kommunikation und Zusammenarbeit über Unternehmensgrenzen hinweg in letzter Zeit enorme Fortschritte gemacht hat (siehe X.400, EDI,...), kann mit einer ähnlichen Entwicklung auch im Bereich des Workflow Managements gerechnet werden. Die Grundvoraussetzung dabei ist die Kooperation der unterschiedlichen Produkte, d.h. die Möglichkeit über Produktgrenzen hinweg eine Unterstützung der Vorgangsbearbeitung zu ermöglichen. Um dieses Ziel zu erreichen, wurde im Herbst 1993 die Workflow Management Coalition ins Leben gerufen. Durch die Aktivitäten dieser Herstellervereinigung sollen Schnittstellen definiert werden, welche die Zusammenarbeit zwischen beliebigen Workflow Management Systemen erlauben.

8 Zusammenfassung

Workflow Management richtig eingesetzt, kann zu wesentlichen Verbesserungen bei der Gestaltung und beim Ablauf von Geschäftsprozessen führen. Die dazu notwendigen Funktionen sind zum Großteil bereits in den angebotenen Produkten realisiert. Die fehlenden bzw. noch nicht gänzlich implementierten Funktionen umfassen die Bereiche der Analyse und Modellierung der bestehenden Organisation, sowie die Zusammenarbeit unterschiedlicher Workflow Produkte. Die zukünftigen Entwicklungen werden in diesem Bereich jedoch wesentliche Verbesserungen mit sich bringen.

Ungeachtet der aktuellen Techniksituation darf jedoch nicht vergessen werden, daß erfolgreiche Workflow Management Projekte die Zusammenarbeit zwischen Technikern, Organisatoren und den eigentlichen Anwendern erfordern. Dies zieht eine Neuorientierung bzw. Umgestaltung des Vorgehensmodells für die Implementierung und den nachfolgenden Betrieb nach sich.

Workflow Management ist kein reines Technikthema, die richtige Auswahl und das Wissen um die notwendigen Funktionen ist jedoch eine notwendige Voraussetzung für einen erfolgreichen Einsatz dieser neuen Informationstechnolgie.

Methoden und Techniken für Prozeßanalysen und Redesign

Werner Girth
Ernst & Young Unternehmensberatung, Wien

Abstract

Obwohl Business Redesign als Wundermittel der 90er Jahre angepriesen wird, scheitern unverhältnismäßig viele Projekte in diesem Bereich. Die erfolgreich abgeschlossenen Projekte lassen den Schluß zu, daß es nicht an den Konzepten des Business Redesign per se liegt. Neben anderen Gründen, z.B. Vernachlässigung von Themen der Organisationsentwicklung, erweist sich in vielen Fällen eine unklare oder ungeeignete Vorgehensweise als Ursache für den Projektmißerfolg. Die Erfahrung zeigt, daß der Einsatz einer geeigneten Methodik die Erfolgsquote beträchtlich erhöht. Diese Erkenntnis hat den Ruf nach einer geeigneten Methodik für Business Redesign-Projekte laut werden lassen. In diesem Beitrag wird eine solche Vorgehensweise für Business-Redesign-Projekte vorgestellt.

1. Einleitung

Die kontinuierliche Verbesserung (Kaizen) ist durch die radikale Veränderung von Geschäftsprozessen als Leitbild für Reorganisationsvorhaben abgelöst worden. Dies ist zumindest aus der Aufmerksamkeit zu schließen, welche die Management-Literatur der Vereinigten Staaten von Amerika, typischerweise gespickt mit Fallbeispielen aus führenden Unternehmungen, dem Thema des Business Redesign entgegenbringt.

Ungeachtet dieser Tatsache zeigen jüngste Untersuchungen, daß unverhältnismäßig viele Projekte in diesem Bereich scheitern.[1] Es ist daher nicht verwunderlich, daß trotz der scheinbaren Dominanz von Abhandlungen, in denen Erfolgsversprechungen mit missionarischer Vehemenz vorgebracht werden, eine steigende Autorenzahl dem Konzept beträchtliche Skepsis entgegenbringt und die Frage aufwirft, ob es sich bei diesem neuen Organisationskonzept nicht lediglich um eine weitere schillernde Modeerscheinung handelt.

---

[1] Vgl. Hall, Rosenthal, Wade, Make Reengineering Work; 1993, S. 119 ff.

Die Tatsache, daß alle Komponenten des Business Redesign[2] bereits seit geraumer Zeit akzeptiert sind, spricht eher gegen diese Annahme.[3] Es bleibt aber immer noch die Frage offen, warum die Erfolgsquote der Business Redesign-Projekte dermaßen gering ist.

Unserer Ansicht nach liegt der Grund dafür nicht in der mangelnden Realisierbarkeit der Konzepte des Business Redesign an sich. Vielmehr ist das Scheitern darauf zurückzuführen, daß ein Großteil der Projekte auf ungeeignete Art und Weise durchgeführt wird.

Es ist uns bewußt, daß hinter dieser vagen Formulierung ein breites Spektrum möglicher Fehlerquellen liegt, deren Identifizierung und Charakterisierung eine wichtige empirische Aufgabe darstellt. Dies ist jedoch nicht Gegenstand dieses Beitrags. Ziel ist vielmehr, dem praktisch Interessierten ein Instrument in die Hand zu geben, mit dem die Erfolgswahrscheinlichkeit eines Business Redesign-Projekts gesteigert werden kann.

2. Die Vorteile einer methodischen Vorgehensweise

Zur Erzielung eines einheitlichen Begriffsverständnisses ist es notwendig, vorab einige Begriffe zu definieren.

Eine **Methodik** ist ein ergebnisorientertes Ablaufphasenschema für die Durchführung eines bestimmten Projekttyps, das phasenspezifische Arbeitsschritte, Ergebnisse, Rahmenbedingungen, Techniken und Werkzeuge sowie deren Zusammenspiel beschreibt.

Eine **Technik** ist die Gesamtheit zusammenhängender Arbeitsschritte, die erläutern, wie einzelne oder verwandte Arbeitsergebnisse erstellt werden.

Ein **Werkzeug** ist ein Hilfsmittel, dessen Verwendung die Produktivität der Arbeit steigert.

Unsere Erfahrung hat gezeigt, daß der Einsatz einer geeigneten Methodik die Erfolgswahrscheinlichkeit von Reorganisationsprojekten erheblich steigert. Die Gründe sind folgende:

- **Einbringung der Erfahrung aus unternehmensexternen Projekten**: Eine gute Methodik wird aus der Erfahrung mit zahlreichen realen Projekten und aus einer Vielzahl unterschiedlicher Situationen

2 In dem Beitrag von Krickl, O. wird ausführlich dargestellt, in welchem Sinne Konzepte des Business Redesign bzw. der Kontext, in dem diese Konzepte präsentiert werden, neuartig sind.

3 vgl. Davenport, Process Innovation, 1993, S. 209f.

entwickelt. Der strukturierte Aufbau ermöglicht einen schnellen, teils impliziten (bei allgemein gültigen Sachverhalten), teils expliziten (bei spezifischen Projekterfahrungen) Wissenstransfer.

- **Grundlage für die Projektplanung und -kontrolle**: Der phasenspezifische Aufbau der Methodik sowie die Beschreibung der Arbeitsschritte und Ergebnisse stellen eine wertvolle Grundlage für die Planung und Kontrolle konkreter Projekte dar.
- **Ermöglichung einer schnellen und zielgerichteten Schulung des Projektteams**: Die detaillierte Gliederung des Arbeitsablaufs und die Einbindung von Techniken und Werkzeugen stellen umfangreiches Material für die effiziente und effektive Schulung neuer Teammitglieder dar.
- **Erleichterung des Wissensaufbaus innerhalb der Unternehmung**: Eine Methodik ist flexibel und erweiterbar. Aus diesem Grund können eigene Erfahrungen in die Methodik eingebracht werden, wodurch der Wissensaufbau in der Unternehmung für die Durchführung ähnlicher Reorganisationsprojekte erleichtert wird.

Es darf jedoch nicht übersehen werden, daß die Gefahr der "Methodenhörigkeit", insbesondere bei umfangreichen und detaillierten Methodiken, vorhanden ist. Von diesem Symptom spricht man dann, wenn es das Projektteam verabsäumt, das konkrete Projektvorgehen situativ an den spezifischen Kontext des Unternehmensbereichs anzupassen und in der Folge undifferenziert nach Vorlage agiert.

Da dieser Gefahr durch kritische Prüfung der gegebenen Projektzielsetzungen bzw. Rahmenbedingungen leicht begegnet werden kann, wird an dieser Stelle noch einmal mit Nachdruck darauf hingewiesen, daß eine Methodik als Leitfaden für die Projektdurchführung aufgefaßt werden muß. Dieser Leitfaden ist vor Projektbeginn an den spezifischen Kontext anzupassen. Die Praxis hat gezeigt, daß durch die Verwendung eines Leitfadens, insbesondere wenn dieser in anderen Projekten getestet wurde, eine bedeutende Hilfestellung für die Projektabwicklung erreicht und die Wahrscheinlichkeit für die Erreichung der Projektziele wesentlich erhöht wird.

3. Die Methodik zur Geschäftsprozeß-innovation von Ernst & Young

Ernst & Young hat zur Durchführung von Business Redesign-Projekten eine eigene Methodik entwickelt, auf der dieser Beitrag basiert. Diese Methodik, betitelt "Geschäftsprozeßinnovation", wurde bereits in mehr als 60 großen

Projekten weltweit eingesetzt und verfeinert. Sie weist die folgende Zielsetzung auf:

- o Identifikation der Beziehungen zwischen der Unternehmensstrategie und wesentlichen Kernprozessen sowie darauf aufbauende Auswahl der Geschäftsprozesse für die Geschäftsprozeßinnovation oder zur Optimierung mit anderen Methoden wie Fokussierte Prozeßverbesserung, Kontinuierliche Prozeßverbesserung oder Fokussierte Restrukturierung.
- o Unterstützung bei der Durchführung von Geschäftsprozeßinnovationen zur Erzielung bedeutender Verbesserungen in Kosten, Durchlaufzeit und/oder Qualität.
- o Entwurf, Prototyperstellung, Realisierung und Implementierung des Geschäftsprozesses inklusive der dazugehörigen Systemanwendungen zur Verwirklichung der Geschäftsprozeßinnovation.

Die Methodik sieht fünf Phasen vor. Nachfolgend werden die ersten beiden Phasen im Detail beschrieben - sie bilden den Kern der Geschäftsprozeßinnovation. Die letzten drei Phasen sind unerläßlich, um die Reorganisation tatsächlich umzusetzen. Da sie jedoch mit Projekten zur Implementierung von Informationssystemen verwandt sind, wird ihnen an dieser Stelle weniger Platz gewidmet.[4]

Ergänzt wird die Beschreibung der Methodik durch eine Auflistung von phasenspezifischen Techniken, die für die Erarbeitung der jeweiligen Ergebnisse eingesetzt werden.

In Abbildung 1 ist das der Geschäftsprozeßinnovation zugrundeliegende Ablaufschema dargestellt.

---

4 Für eine ausführliche Behandlung dieser Phasen verweisen wir auf die Ernst & Young Methodik zur Erstellung von Informationssystemen: Navigator System Series^{SM}.

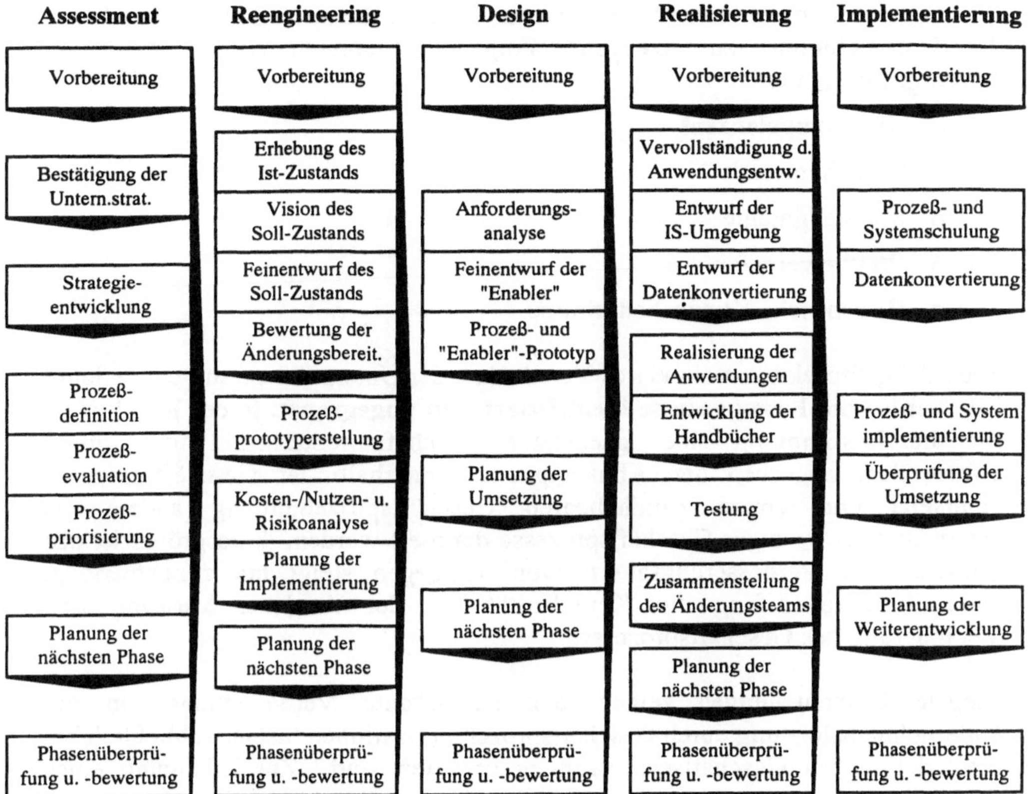

Abbildung 1: Ablaufschema der Methodik zur Geschäftsprozeßinnovation von Ernst & Young

3.1. Assessment

Die Geschäftsprozeßinnovation ist ihrer Intention nach ein strategisches Vorhaben. Die primäre Zielsetzung, einen signifikanten Wettbewerbsvorteil durch die Veränderung von Geschäftsprozessen, Technologien und der Organisation erzielen zu wollen, weist dies aus. Dementsprechend hoch sind Aufwand, Umfang und Dauer des Projekts.

Diese Rahmenbedingungen lassen der Geschäftsprozeßinnovation eine Bedeutung zukommen, durch die ein Fehlschlag weitaus stärker ins Gewicht fällt als bei Projekten, die kleiner dimensioniert und weniger ehrgeizig sind. Deswegen und weil die Strategie den Kontext für die Innovation liefert, ist es besonders wichtig, die Ziele der zu innovierenden Geschäftsprozesse mit der vorhandenen Unternehmensstrategie zu verknüpfen.

Zu Beginn des Projekts ist es erforderlich, zwischen dem Projektteam und der Geschäftsführung ein einheitliches Verständnis über die strategische Ausrichtung der Unternehmung zu erzeugen.[5] Folgende Elemente sollten dabei im Vordergrund stehen:

- o Kernkompetenzen[6]
- o Branchentrends
- o Marktsegmente
- o Wettbewerbsfaktoren
- o Wesentliche Kundenbedürfnisse

Sobald das Projektteam ein klares Verständnis der Unternehmensstrategie erlangt hat, werden die **Kernprozesse identifiziert und abgegrenzt**. In der Regel ist es für die Bestimmung einer geeigneten Geschäftsprozeßanzahl und -größe erforderlich, zwischen den Abhängigkeiten innerhalb der Geschäftsprozesse einerseits und einem handhabbaren Geschäftsprozeßumfang andererseits abzuwägen. Je weniger Geschäftsprozesse definiert werden, desto größer ist das Spektrum an Verbesserungsalternativen. Hingegen steigt mit zunehmendem Geschäftsprozeßumfang die Komplexität bei der Analyse, Messung und Veränderung des Geschäftsprozesses.

Jüngste Untersuchungen zeigen, daß signifikante Verbesserungen in der Unternehmensleistung durch Geschäftsprozeßinnovationen fast ausschließlich bei breit definierten Geschäftsprozessen zu erwarten sind.[7] Zur Erlangung eines Richtwertes für die Bestimmung der Anzahl der Geschäftsprozesse kann die These herangezogen werden, daß die meisten Unternehmungen über 6 bis maximal 20 Kernprozesse verfügen.[8]

Jeder Geschäftsprozeß wird anhand seines Beginn- und Endpunkts, der Hauptinputs und Hauptoutputs, der beteiligten Organisationseinheiten (funktionale Abhängigkeiten), der zugrundeliegenden Technologie, der wesentlichen Interessensgruppen sowie der schematischen Darstellung des groben Ablaufs definiert. Darüberhinaus wird angeführt, welche Produkte und Märkte in welchen Regionen der Geschäftsprozeß bedient, und über welche Vertriebskanäle dies geschieht.

---

5 Aus dieser Aktivität resultiert u. U. die Erkenntnis, eine Strategie entwickeln zu müssen. Wenn dies als notwendig erachtet wird, sollte die Strategieentwicklung in jedem Fall vor der Weiterführung der Geschäftsprozeßinnovation abgeschlossen werden.

6 Zu einer Darstellung des Konzepts der Kernkompetenzen s. Prahalad, Hamel, Core Competence, 1990.

7 vgl. Hall, Rosentahl, Wade, Make Reengineering Work, 1993, S119f.

8 vgl. Kaplan, Murdock, Core Process Redesign, 1991, S.44ff. IBM zum Beispiel operiert momentan mit 18 Geschäftsprozessen.

Im Anschluß an die Abgrenzung und Definition der **Geschäftsprozesse** werden diese **evaluiert**, um ihre strategische Relevanz zu bestimmen. Folgende Kriterien können dafür herangezogen werden:

- o Kernkompetenzen der Unternehmung;[9]
- o Wettbewerbsposition;[10]
- o Ausmaß der notwendigen Veränderung;
- o Kurz- und langfristige Bedeutung.

Bestandteil der Evalution der Geschäftsprozesse ist weiters eine Bewertung des Zustands des Prozesses. Er wird am Ressourcenverbrauch, der Durchlaufzeit, den Kosten, der Qualität, der Flexibilität sowie einer Einschätzung der Veränderungspotentiale (Dringlichkeit, Veränderungsgeschichte, Stärke des Projektsponsors) gemessen.

Anhand der Ergebnisse aus der Prozeßevaluation werden geeignete **Geschäftsprozesse für die Innovation ausgewählt**. Die Auswahl erfolgt auf Basis mehrerer Kriterien, zum Beispiel:

- o Bedeutung des Geschäftsprozesses für die Unterstützung der Unternehmensstrategie;
- o Zustand des Prozesses;
- o Ausmaß und Geschwindigkeit der erforderlichen Veränderung;
- o Bewältigbarkeit des Projektumfangs;
- o Kulturelle und organisatorische Rahmenbedingungen des Geschäftsprozesses;
- o Bereitschaft zur Veränderung.

Die Bewertung des Geschäftsprozesses anhand des Kriterienkatalogs kann ergeben, daß sich der Geschäftsprozeß nicht zur Innovation eignet. Viele Gründe können dafür verantwortlich sein. Mangelnde strategische Relevanz oder ein zufriedenstellender Zustand des Prozesses sind nur zwei Szenarien, die gegen ein Innovationsprojekt sprechen. Wenn diese Situation eintritt, sollten andere Verbesserungsarten gewählt werden. Eine Einordnung kann anhand des Verbesserungsportfolios erfolgen, das in Abbildung 2 dargestellt ist.

---

9 Wenn z.B. eine Unternehmung anstrebt, Marktführer im Bereich des Kundendienstes zu werden, sind Geschäftsprozesse mit hohem Kundenkontakt, wie "Auftragsbearbeitung" und "Kundenbetreuung", von großer strategischer Relevanz.

10 D.i. Produkt- oder Dienstleistungsdifferenzierung, Kundennutzen sowie Preis-/Kostenverhältnis.

		Veränderungsgeschwindigkeit	
		rasch	gemessen
Verän-derungs-grad	taktisch	Fokussierte Verbesserung	Kontinuierliche Verbesserung
	strategisch	Fokussierte Restrukturierung	Geschäftsprozeß-innovation

Abbildung 2: Verbesserungsportfolio

Die folgenden Techniken werden in der Assessmentphase eingesetzt:

Techniken der strategischen Analyse	o Strategieanalyse o Analyse der kritischen Erfolgsfaktoren o Informationsbedarfsanalyse o Finanzanalyse o Strategische Unternehmensbewertung
Techniken für die Geschäftsprozeß-bewertung	o Prozeßdokumentation o Prozeßmodellierung o Prozeßqualifikation

Zusammenfassung:

Die Zielsetzung dieser Phase ist es, die Beziehung zwischen unternehmensweiten Strategien und wesentlichen Kernprozessen zu identifizieren und, falls erforderlich, neu zu definieren. In dieser Phase werden die Unternehmensstrategie, die zugrundeliegenden Marktcharakteristika, die Wettbewerbsposition und die Kundenbedürfnisse in Frage gestellt, um ein gemeinsames Verständnis dieser Elemente zu erhalten. Wenn es notwendig erscheint, kann diese Aktivität um eine tiefergehende Bewertung und Reformulierung der Unternehmensstrategie erweitert werden. Am Ende der Phase werden die wesentlichen Geschäftsprozesse sowie deren Hauptprodukte und Technologien identifiziert und Geschäftsprozesse für die Innovation oder andere Verbesserungsprojekte ausgewählt.

3.2. Reengineering

Die Reengineering-Phase ist der Kern der Geschäftsprozeßinnovation. Ziel ist es, den gewählten Geschäftsprozeß unter Berücksichtigung aller Rahmenbedingungen (Strategie, Ist-Zustand des Prozesses, organisatorische und technologische Faktoren, "Best Practices", Veränderungsbereitschaft der Organisation) so zu gestalten, daß die Strategie der Unternehmung bestmöglich unterstützt wird. Aufgrund der oben erwähnten Diskrepanz zwischen theoretischer Forderung und praktischer Umsetzung von Business Redesign-Projekten muß an dieser Stelle erneut betont werden, daß die Vision des Soll-Zustands in einer umsetzbaren Form vorliegen muß.

Voraussetzung für die Erarbeitung der Vision ist demnach die Kenntnis aller Rahmenbedingungen. In Abbildung 3 ist der Ablauf der Reengineering-Phase beispielhaft dargestellt.[11] Im Anschluß daran werden die einzelnen Arbeitsschritte kurz beschrieben.

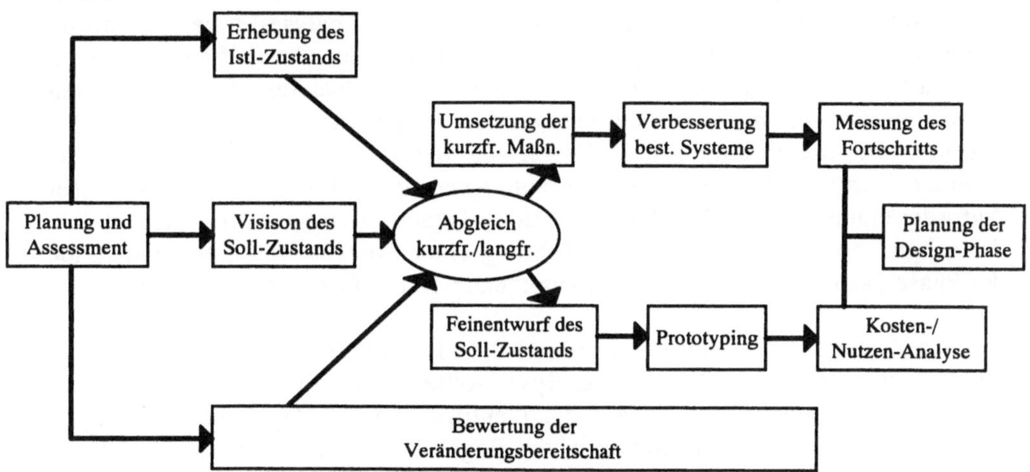

Abbildung 3: Beispielhafter Ablauf der Reengineering-Phase

Zwischen den Propagenten des Business Redesign herrscht große Uneinigkeit darüber, ob der Ist-Zustand des zu innovierenden Geschäftsprozesses analysiert werden soll oder nicht.[12] Es wird argumentiert, daß die Analyse eines Prozesses, der über "Bord" geworfen werden soll, die Kreativität behindere und darüberhinaus Zeitverschwendung sei. Die Erfahrung zeigt jedoch, daß viele Unternehmungen nicht bereit sind, die in der Theorie geforderte radikale

[11] Der Vollständigkeit halber ist die Aktivität zur Bestätigung der Unternehmensstrategie in die Abbildung miteingebunden, obwohl sie bereits in der Assessment-Phase durchgeführt wird.

[12] vgl. z.B. Hammer, Champy, Reengineering the Corporation, 1993, S. 31 ff.; Davenport, Process Innovation, 1993, S. 137ff.

Veränderung durchzuführen.[13] Diese Entwicklung ist für uns Anlaß genug, um der theoretischen Forderung zu widersprechen. Darüberhinaus sprechen noch sechs weitere, gewichtige Gründe für die **Ist-Analyse**:

- o Identifizieren von Regeln, Vorschriften und Fähigkeiten, die großen Einfluß auf die Leistung haben;
- o Bewußtmachen von Problemen, die im Soll-Zustand vermieden werden können;
- o Fördern der Veränderungsbereitschaft;
- o Identifizieren von kurzfristigen Verbesserungsmöglichkeiten;
- o Feststellen der Ausgangsbasis für die Veränderung;
- o Errichten einer Datenbasis für die Kosten/Nutzen-Analyse sowie die Risiko-Analyse.

Die Analyse bestehender Geschäftsprozesse ist Kern der "Fokussierten Prozeßverbesserung", der Ernst & Young-Methodik zur "Verschlankung" bestehender Geschäftsprozesse. Zielsetzung der Analyse-Phase in dieser Methodik ist es, den Ist-Zustand des zu verbessernden Geschäftsprozesses zu dokumentieren und quantitativ und qualitativ zu analysieren. Sie beginnt mit einer Prozeßbegehung zu Orientierungszwecken und umfaßt folgende weitere Schritte: die Identifikation und Bewertung der Anforderungen interner und externer Kunden; die Identifikation von Kennzahlen für die Messung dieser Anforderungen; die Identifikation und Quantifizierung von Aktivitäten, Aufgaben und Ursachen; die Durchführung einer Prozeßwertanalyse. Am Ende der Phase existiert eine detaillierte Dokumentation des Geschäftsprozesses.

Für den Zweck der Geschäftsprozeßinnovation ist eine Prozeßanalyse auf diesem Niveau zu detailliert. Die Ist-Analyse sollte sich auf Subprozesse bzw. wesentliche Aktivitäten sowie auf die Identifikation der Kundenanforderungen beschränken. Diese Daten reichen in der Regel aus, um die genannten Ziele zu erreichen.

Die folgenden Techniken werden bei der Geschäftsprozeßanalyse eingesetzt:

---

[13] vgl. Davenport, Reengineering in the States, 1994, S. 1f.

Techniken für die Geschäftsprozeß-analyse	o Kosten-/Nutzen-Analyse o Kostenflußanalyse o Qualitätskostenanalyse o Finanzanalyse o Flow Charting o Prozeßdokumentation o Prozeßmodellierung o Prozeßqualifikation o Ursachenanalyse o Wertschöpfungsanalyse

Das Kernstück der Geschäftsprozeßinnovation ist die **Vision des Geschäftsprozesses** "von morgen". Die "Qualität" der Vision bestimmt die erzielbaren Verbesserungen unmittelbar. Aufgabe der Konzepte des Business Redesign und der hier vorgestellten Methodik ist es, einen guten Nährboden für die kreative Arbeit zu schaffen. Neben der optimalen Gestaltung der kreativen Sitzungen sind hierfür einige wesentliche Vorbereitungen zu treffen, die an dieser Stelle kurz erläutert werden sollen.

Ein fundamentaler Unterschied zwischen der Geschäftsprozeßinnovation und anderen Konzepten zur Reorganisation auf der grünen Wiese ist die Tatsache, daß bei der Geschäftsprozeßinnovation die Mittel zur Umsetzung der Innovation in der kreativen Phase berücksichtigt werden.[14] Mittel, die neue Gestaltungsoptionen erschließen, werden "Enabler" genannt. Für den Zweck der Geschäftsprozeßinnovation kann im wesentlichen zwischen *Technologie-"Enabler"* und *Organisations-"Enabler"* unterschieden werden.

Das Konzept der Technologie-"Enabler" impliziert, den Fokus der Gestaltungsüberlegungen verstärkt auf die Informationstechnologie zu richten. Dies läßt sich mehrfach begründen:

- Die Möglichkeiten der Informationstechnologie werden überwiegend nicht ausgenützt.
- Die Informationstechnologie ist das mächtigste Werkzeug, um Geschäftsprozesse zu formen.
- Historisch gesehen hat die Informationstechnologie großteils Funktionen oder Organisationseinheiten unterstützt, aber kaum Geschäftsprozesse.
- Die meisten Geschäftsprozesse wurden vor der Ära der Informationstechnologie entworfen.
- Die Systeme werden zunehmend funktionsübergreifend.

---

[14] vgl. Davenport, Process Innovation, 1993, S.16ff.

Zusammenfassend läßt sich festhalten, daß die Informationstechnolgie einen bestimmenden Einfluß auf die Gestalt des Geschäftsprozesses einnimmt, unabhängig davon, ob sie aktiv in die Gestaltungsüberlegungen miteinbezogen wird oder nicht.

Gleichwertig zu den Technologie-"Enablern" stehen die "Enabler" im Bereich der Organisation (strukturell und kulturell) bzw. des Personalmanagents (Fähigkeits-basierend und motivatorisch). Ohne begleitende Veränderungen in den Organisationsstrukturen bzw. im Personalmanagement können in den seltensten Fällen große Veränderungen bewirkt werden. Beispiele für organisatorische "Enabler" sind:

- "Case Management": Behandlung eines Kunden durch einen einzigen Mitarbeiter über alle Abteilungen hinweg, z.B. ganzheitliche Fallbearbeitung in der Versicherung.
- Teamstrukturen, z.B. Qualitätszirkel, Selbst-verwaltende Teams.
- Horizontale Organisation: Ausrichtung der Organisationsstruktur auf Geschäftsprozesse, u.a. durch Schaffung von Prozeßkoordinatoren und Forcierung von Teams.
- "Empowerment": Erhöhung der Kompetenz der Mitarbeiter mit Kundenkontakt, damit diese auf Kundenbedürfnisse flexibel reagieren können.
- Prämiensysteme: Schaffung von finanziellen Anreizen zur Ausrichtung der Mitarbeiter auf die Unternehmensziele.

Als Vorbereitung auf die kreativen Sitzungen sollten sowohl Technologien als auch Organisationsformen identifiziert werden, die für den Geschäftsprozeß entfernt in Frage kommen. Die Eignung hängt nicht nur von der Aufgabenstellung des Geschäftsprozesses, sondern auch von dem Risiko ab, das die Unternehmung bereit ist einzugehen. Weiters sollte der Nutzen abgeschätzt werden, der durch den Einsatz dieser "Enabler" erzielt werden kann.

Eine weitere wesentliche Voraussetzung für die Erarbeitung der Vision ist die Kenntnis von Verfahren, die führende Unternehmungen anwenden ("Best Practices"). Durch **"Benchmarking"**[15], bekannt geworden durch die Erfolge, die Xerox mit dieser Technik erzielte, können Geschäftsprozeßziele, technologische und organisatorische Merkmale und effektive Umsetzungsmöglichkeiten festgestellt werden. Benchmarking ist für Geschäftsprozeßinnovationen auch deswegen von besonderer Bedeutung, weil es das Denken über bestehende organisatorische und kulturelle Grenzen hinweg fördert und alternative Wege der Prozeßgestaltung aufzeigt.

---

[15] Für eine ausführliche Beschreibung der "Benchmarking"-Technik s. z.B. Camp, Benchmarking, 1989.

Nachdem die Vorbereitungsarbeiten abgeschlossen sind, ist der Boden für die kreativen Sitzungen aufbereitet. Die Zielsetzung dieser Workshops ist es, ein vollständiges Bild darüber zu erhalten, welche Leistungen der Geschäftsprozeß auf welchem Niveau erbringen wird. Die Vision über den Soll-Zustand umfaßt einerseits Geschäftsprozeßcharakteristika, die beschreiben, wie der Geschäftsprozeß funktionieren soll und wie er strukturiert sein wird,[16] andererseits Geschäftsprozeßziele, die als quantitative Innovationsziele aufgefaßt werden können. Um die Vision validieren und verbessern zu können, aber auch um den Weg für den Feinentwurf des Geschäftsprozesses zu bereiten, werden sowohl die der Vision zugrundeliegenden wesentlichen Annahmen, als auch mögliche Erfolgsbarrieren identifiziert.

Die Vision wird in einer Abfolge kreativer Sitzungen erarbeitet. In jedem Workshop sollte der Schwerpunkt auf einem bestimmten Aspekt der Vision liegen. Unsere Erfahrung hat gezeigt, daß die Qualität der Sitzungen erhöht werden kann, wenn die Teilnehmer eine bestimmten Reihenfolge bei der Schwerpunktsetzung einhalten. Die in Abbildung 4 dargestellte Sequenz hat sich bewährt.

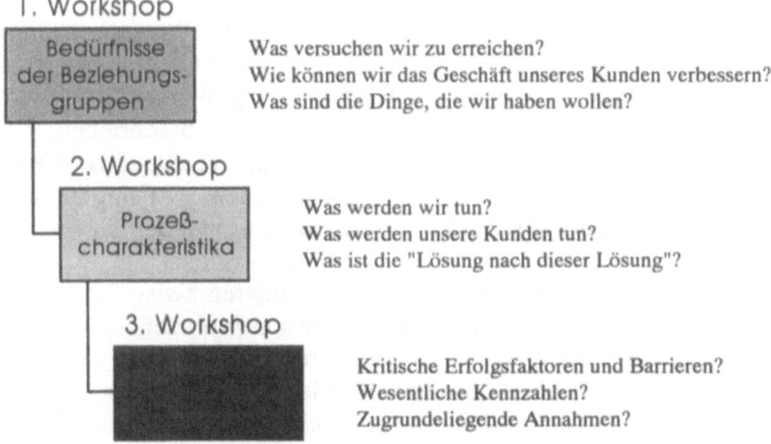

Abbildung 4: Abfolge der Kreativ-Workshops

Es ist Aufgabe des Workshop-Moderators, während der Visions-Sitzungen für eine kreative Atmosphäre zu sorgen. Dafür kann er sich einer Vielzahl von Kreativitätstechniken bedienen, die helfen sollen, den kreativen Prozeß zu stimulieren. Darüberhinaus muß er danach trachten, bei den Teilnehmern eine positive Grundhaltung zu erzeugen. Auch hierfür gibt es mehrere Techniken, die

---

[16] Die Geschäftsprozeßcharakteristika im einzelnen sind: grober Geschäftsprozeßfluß, wesentliche Aspekte der Geschäftsprozeßgestaltung und des Geschäftsprozeßbetriebs, Leistungsniveau, Outputs, Organisation, Technologie.

primär darauf abzielen, Blockaden bei den Sitzungsteilnehmern aufzulösen. Einige dieser Techniken sind in der folgenden Tabelle angeführt.

Folgende Techniken werden zur Erarbeitung der Vision eingesetzt:

Kreativitäts-techniken	o Brainstorming (Variation: 6-5-3) o Attributauflistung o Morphologischer Kasten o Verbmanipulation o Verkehrtes Denken o Erzwungene Beziehungen o Affinitätsdiagramm o Analogien und Metaphern o Synektik
Techniken zur Erhöhung der Teameffektivität	o Rollenspiele o Die sechs Denk-Hüte

Nach dem Abschluß der kreativen Phase muß überprüft werden, ob die Vision durchführbar ist. Dazu ist es erforderlich, daß der **Soll-Zustand im Detail entworfen** wird. In mehreren Reengineering-Workshops wird der Geschäftsprozeß zumindest bis auf Aktivitäten-Niveau beschrieben. Das Soll-Modell umfaßt neben dem detaillierten Geschäftsprozeßablauf Beschreibungen der Organisationsstruktur, der erforderlichen Fähigkeiten, des Entlohnungsschemas sowie der Technologiearchitektur und der Anwendungen.

Bei der Erarbeitung des Feinentwurfs ist im besonderen zwischen Effizienz und Flexibilität abzuwägen. Entscheidungen am Geschäftsprozeßbeginn zu treffen, resultiert in einer höheren Effizienz des weiteren Geschäftsprozeßflusses; späte Entscheidungen erhöhen die Flexibilität des Geschäftsprozesses. Ähnliches gilt für die Anzahl der Outputvariationen: eine geringe Anzahl erhöht die Prozeßeffizienz; eine hohe Anzahl ermöglicht, besser auf Kundenwünsche eingehen zu können. Die Entscheidung für die konkrete Ausgestaltung hängt wesentlich von den Zielen des Geschäftsprozesses und damit von der Unternehmensstrategie ab.

Unabhängig von den Gestaltungszielen können jedoch generelle Aussagen darüber getroffen werden, wie Geschäftsprozesse leistungsfähig gestaltet werden können. Dazu zählen z.B. die parallele Durchführung von Bearbeitungschritten, die Verteilung umfangreicher Verantwortlichkeiten, der Einsatz horizontaler Teams, die Bereitstellung umfangreicher Informationen am Kontaktpunkt mit dem Kunden sowie die Verwendung kundenorientierter und prozeßbasierender Kennzahlen.[17]

Als wichtige Technik für die Validierung des Feinentwurfs erweist sich die Geschäfts-prozeßsimulation mittels geeigneter Software. Durch Computersimulationen können wichtige Annahmen, die dem Geschäftsprozeßentwurf zugrundeliegen, z.B. Ressourcenaustattung, Durchsatz, Durchlaufzeit und Auslastungsgrad, mit verhältnismäßig geringem Aufwand getestet werden. Darüberhinaus erlauben moderne Simulationswerkzeuge Sensitivitätsanalysen, anhand derer die Sensibilität des Geschäftsprozesses gegenüber der Änderung verschiedener Parameter simuliert werden kann.[18]

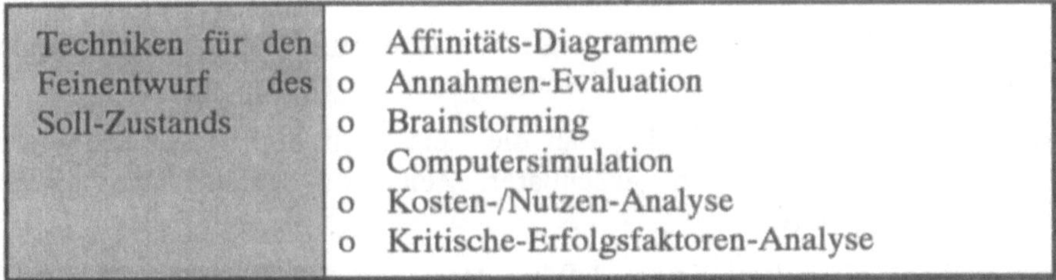

Techniken für den Feinentwurf des Soll-Zustands	o Affinitäts-Diagramme o Annahmen-Evaluation o Brainstorming o Computersimulation o Kosten-/Nutzen-Analyse o Kritische-Erfolgsfaktoren-Analyse

Das Simulationsmodell liefert den Ausgangspunkt für die Erstellung eines **Geschäftsprozeßprototypen**. Die Erstellung eines Prototyps soll Informationen darüber liefern, ob die Geschäftsprozeßinnovation in der vorgeschlagenen Form durchführbar ist.

Ein Prototyp ist eine Zusammenstellung von Werkzeugen, welche die Schlüsseltechnologien, die Organisations- und Dokumentationsmerkmale und den Ablauf des Geschäftsprozesses illustrieren. Anhand des Geschäftsprozeßprototyps werden unter Teilnahme der Beziehungsgruppen (interne und externe Kunden, Lieferanten und Geschäftsprozeßverantwortliche) die Auswirkungen, die durch die technologischen und organisatorischen Veränderungen hervorgerufen werden, in einer simulierten Umgebung getestet. Im Laufe der Tests werden erste Ansätze für die Umsetzung identifiziert und Material für die nachfolgende Wirtschaftlichkeitsbewertung erzeugt.

Im Rahmen der **Wirtschaftlichkeitsbewertung** werden die Kosten und der Nutzen, die mit der Geschäftsprozeßinnovation verbunden sind, auf mehreren Ebenen evaluiert. Sie konzentriert sich auf drei zentrale Fragestellungen:

- o Wie groß sind die finanziellen Auswirkungen?
- o Wie bald können diese Auswirkungen erzielt werden?
- o Wie sicher sind die Auswirkungen?

[17] Weitere Trends finden sich in Hammer, Champy, Reengineering the Corporation, 1993, S. 65 ff.

[18] Für eine nähere Behandlung dieser Thematik verweisen wir auf den Beitrag von Redl, R. in diesem Band.

Die Kosten-/Nutzen-Analyse evaluiert und dokumentiert den Nutzen und die Kosten, die mit der Geschäftsprozeßinnovation in Zusammenhang stehen. Ausgehend von der Dokumentation des Ist-Zustandes werden die Unterschiede zum Soll-Zustand festgestellt. Relevant sind in diesem Zusammenhang einerseits der Nutzen aus Veränderungen der Leistungsmerkmale (Geschäftsvolumen, Kundenanzahl, Durchlaufzeit, Qualität), andererseits Unterschiede in den Betriebskosten. Zusätzlich müssen die Implementierungskosten abgeschätzt werden, die ebenfalls von dem derzeitigen Ist-Zustand wesentlich mitbestimmt werden.

Die Risikoanalyse schätzt die mit der Umsetzung verbundenen Risiken in fünf Risikobereichen ab:

- Marktrisiko: Risiko, daß fehlende Marktkenntnis die Leistungsfähigkeit oder den Nutzen des neuen Geschäftsprozesses behindert.
- Wettbewerbsrisiko: Risiko, daß die Leistungsfähigkeit des innovierten Geschäftsprozesses in absehbarer Zeit von einem Wettbewerber übertroffen wird
- Technologierisiko: Risiko, daß ein Versagen der Technologie oder der Informationssysteme den geplanten Nutzen unmöglich macht.
- Gesetzesrisiko: Risiko, daß neue Gesetze oder Regulationen den Betrieb oder die Leistung des innovierten Geschäftsprozesses negativ beeinflussen.
- Opportunitätsrisiko: Risiko, daß für die Unternehmung besteht, wenn es die Geschäftsprozeßinnovation nicht durchführt.

Die Reengineering-Phase schließt mit der **Planung der Implementierung des Geschäftsprozesses**. Der Plan beschreibt die Strategie und Maßnahmen, die notwendig sind, um vom Ist-Zustand zum Soll-Zustand zu migrieren. Er umfaßt sowohl die personellen, als auch die technologischen Ziele, die erfüllt werden müssen, und wie diese erreicht werden sollen.

Zusammenfassung:

Die Zielsetzung dieser Phase ist es, den Kurs für die Geschäftsprozeßinnovation abzustecken und zu testen. Diese Phase umfaßt die Bewertung des Geschäftsprozeß-Ist-Zustands, die Entwicklung einer Vision des Soll-Zustands und die Identifikation von kurzfristigen Verbesserungsmöglichkeiten, die mit dem angestrebten Soll-Zustand konsistent sind. Weiters beinhaltet diese Phase die Entwicklung eines ersten Prototyps des neugestalteten Geschäftsprozesses und die Bewertung der Veränderungsbereitschaft, um die Veränderungen in Geschäftsprozeß, Organisation und Technologie abschätzen und planen zu können. Als Endergebnis dieser Phase wird ein Umsetzungsplan für die

Geschäftsprozeßinnovation entwickelt. Dieser Plan basiert einerseits auf der Veränderungsfähigkeit der Organisation und andererseits auf einer, aus einer Kosten/Nutzen-Analyse sowie einer Risiko-Analyse abgeleiteten Prioritätenreihung der verschiedenen Optionen für die Geschäftsprozeßinnovation.

3.3. Design

Die Zielsetzung der Design-Phase ist es, den zukünftigen Geschäftsprozeß, die Organisation und die Technologie zu spezifizieren. Die Phase umfaßt eine Verfeinerung des Prototyps, die Durchführung eines Pilot-Tests, die detaillierte Dokumentation des Geschäftsprozesses, den Entwurf der Systeme und die Verfeinerung des Umsetzungsplans. Das Ergebnis dieser Phase ist eine Dokumentation, welche die Realisierung des Geschäftsprozesses und der Systeme unterstützt.

3.4. Realisierung

Zielsetzung dieser Phase ist die Erstellung eines funktionierenden Geschäftsprozesses und funktionsfähiger Systemanwendungen. Die Anwendungen werden auf jeder Entwicklungsstufe getestet, um die funktionale und technische Eignung sicherzustellen. Es wird die gesamte Bandbreite an Bedienerhandbüchern erstellt, und durch die Benutzer werden Akzeptanztests durchgeführt. Im Verlauf der Phase werden alle benötigten Hardware, System-Software und Netzwerk-Komponenten eingerichtet.

3.5. Implementierung

In dieser Phase sollen funktionierende Geschäftsprozesse und funktionsfähige Systemanwendungen implementiert werden, um die Geschäftsprozeßinnovation abzuschließen. Der neue Geschäftsprozeß, die neue Organistaion und die neuen Systeme werden vom Projektteam auf die Geschäftsprozeßbeteiligten übergeleitet. Diese Phase umfaßt die Schulung der Geschäftsprozeßbeteiligten, die Datenkonvertierung und die Entwicklung eines Evolutionsplans für die Weiterentwicklung der Technologie.

4. Abschließende Bemerkungen

Unternehmungen, die den Weg des Business-Redesign gegangen sind, haben vorgezeigt, daß sprunghafte Verbesserungen in den Geschäftsprozessen realisierbar sind:

- o Ein OEM erneuerte seinen Produktentwicklungsprozeß und reduzierte den Produktentwicklungszyklus um 75%. Gleichzeitig konnte die Kundenakzeptanz der Produkte um das Dreifache gesteigert werden.

- o Ein Hersteller von Haushaltsgeräten verringerte die Zeit für die Abwicklung von Standardbestellungen von 15 auf einen halben Tag und senkte die damit verbunden Kosten von 90 auf 10 ECU.
- o Eine Großbank durchbrach die mit steigendem Geschäftsvolumen zusammenhängende Kostenspirale und wickelt um dreimal mehr Darlehensvergaben mit 25% weniger Personal ab.

Für jedes erfolgreiche Beispiel läßt sich jedoch zumindest ein weiteres Beispiel finden, bei dem die Projektziele nicht erreicht worden sind. Aus unseren Erfahrungen sind in den meisten Fällen eine oder mehrere der folgenden Ursachen dafür verantwortlich:

- o schwache oder nicht anhaltende Unterstützung durch die höchste Managementebene;
- o unklare Ziele;
- o ungenaue oder zu eng definierte Prozeßgrenzen;
- o mangelnde Erfahrung mit den Konzepten;
- o schlecht definierte oder unklare Vorgehensweise.

Ein Teil der Ursachen kann durch die Verwendung der hier vorgestellten Methodik verhindert werden. Die verbleibenden Gründe fallen in den Bereich der Organisationsentwicklung, von dem in diesem Beitrag nur am Rande die Rede war. Die aktive Auseinandersetzung mit dieser Thematik ist jedoch ein bedeutender Erfolgsfaktor für jede Projektrealisierung. Demzufolge sind während des gesamten Projektablaufs Maßnahmen im Bereich der Organisationsentwicklung zu treffen[19], die ausgehend von der spezifischen Organisationskultur eine geeignete Überleitung vom Ist-Zustand zum Soll-Zustand sicherstellen.

Literaturverzeichnis

Camp, R.C. [Benchmarking, 1989]: Benchmarking - The Search For Industry Best Practices That Lead To Superior Performance, Milwaukee: ASQC Quality Press, 1989.

Davenport, T.H. [Process Innovation, 1993]: Process Innovation - Reengineering Work through Information Technology, Boston: Harvard Business School Press, 1993

Davenport, T.H. [Reengineering in the States]: Reengineering in the United States, in: Focus on Change Management, January 1994, S. 1f.

Hall, G., Rosenthal, J., Wade, J. [Make Reengineering Work]: How To Make Reengineering Really Work, in: Harvard Business Review, Vol. 71, Nr. 6 1993, S. 199 ff.

Hammer, M., Champy, J. [Reengineering the Corporation]: Reengineering the Corporation. A Manifesto for Business Revolution, New York: Harper Collins Publishers, 1993.

Kaplan, R., Murdock, L. [Core Process Redesign] Core Process Redesign, in: McKinsey Quarterly, 2/1991.

Prahalad, Hamel [Core Competence]: The Core Competence of the Corporation, in: Harvard Business Revies, Vol. 68, Nr. 3.

[19] Beispielhaft sei hier die Erarbeitung eines Kommunkationsplans während der Assessmentphase genannt.

Business Redesign im Einklang mit der österreichischen Unternehmenskultur?

Wolfgang Wurzer
Dissertant an der Karl-Franzens-Universität Graz

Abstract

Der vorliegende Beitrag untersucht die Übertragbarkeit des in den USA entwickelten Business Redesign auf österreichische Unternehmen. Jene kulturellen Variablen, die die Anwendbarkeit des Business Redesign in Österreich im besonderen beeinflussen und daher näher untersucht werden sollten, werden in einem Kulturvergleichsmodell spezifiziert. Dieses Modell dient in weiterer Folge als Systematik für die Präsentation empirischen Sekundärmaterials aus der kulturvergleichenden Forschung, das Teile des vorgeschlagenen Modells abdeckt. Aus den empirischen Arbeiten werden abschließend Implikationen für die kulturbewußte Anwendung des Business Redesign in österreichischen Unternehmen abgeleitet.

1. Business Redesign in österreichischen Unternehmen

Der Ursprung des Business Redesign liegt bei einigen amerikanischen Unternehmensberatern, insbesondere Hammer Inc., CSC Index, Coopers & Lybrand, Ernst & Young und Morris-Tocarski-Brandon & Co., die Ende der 80er Jahre - ausgehend von der Unfähigkeit vieler Unternehmen, Investitionen in Informationstechnologie (IT) in Produktivitätssteigerungen umzusetzen - das Beratungsprodukt Business Redesign entwickelt haben.[1] Der Großteil der bis heute veröffentlichten Business Redesign-Literatur ist diesen Aktivitäten zuzuordnen.

Aus einer vergleichenden Analyse der beraterspezifisch unterschiedlichen Ansätze wurde folgende Definiton für Business Redesign, das vielfach auch als Business Reengineering bezeichnet wird, erstellt:[2] **Business Redesign** ist eine

---

1) Vgl. beispielsweise: Carr, David K.; u.a. (Breakpoint), S.III-VII; Davenport, Thomas H. (Process), S.IX-X; Hammer, Michael; Champy, James (Corporation), S.3-5; Morris, Daniel; Brandon, Joel (Reengineering), S.VII-VIII;

2) Diese Definition ist zusammengefaßt aus: Davenport, Thomas H. (Process), S.1-2; Davenport, Thomas

Neupositionierung des Unternehmens und der radikale Neuentwurf der betrieblichen Prozesse mit dem Ziel einer möglichst großen Leistungssteigerung, gemessen an den Kosten, der Qualität, des Service und der Geschwindigkeit der Prozesse. Die Neupositionierung des Unternehmens besteht im Überdenken und der Neudefinition der Geschäftsbereiche, in Überlegungen zur Wertketteninte-gration (Integration von Abnehmern und Zulieferern) sowie der Formulierung einer neuen Geschäftsstrategie. Darauf aufbauend werden in Teilprojekten einzelne Geschäftsprozesse durch Management-Teams neu entworfen und eingeführt. Sowohl die Neupositionierung des Unternehmens als auch der Neuentwurf von Prozessen geht mit die konsequenten Suche nach neuen Einsatzmöglichkeiten der Informationstechnologie einher.

In den Vereinigten Staaten wird Business Redesign in breitem Rahmen eingesetzt. In einer empirischen Untersuchung der Unternehmensberatungsfirma *CSC/Index* wurden 224 "senior IS executives" in den USA und Canada über die Einschätzung der Wichtigkeit von verschiedenen Zielen im Informationsmanagment befragt.[3)] Seit 1990 befindet sich Business Redesign unter den wichtigsten Zielen; bei der letzten Befragung 1993 waren zum Befragungszeitpunkt 72% der Antwortenden in Business Redesign-Projekte involviert. Eine interessante Bestätigung finden diese Zahlen in einer Untersuchung von *Deloitte & Touche*, die 1993 500 Chief Information Officers (CIOs) nordamerikanischer Unternehmen befragt haben.[4)] Die durchschnittliche Anzahl von Reengineering-Projekten je Antwortender ist von 1,6 im Jahr 1991 um 175% auf 4,4 im Jahr 1992 angestiegen.

Ansätze zur Anwendung des Business Redesign in Österreich sind vor allem bei internationalen Unternehmensberatungsfirmen und in Töchterunternehmen multinationaler Konzerne zu finden. Einige exemplarische Interviews bei internationalen Anbietern von Reengineering-Beratung haben gezeigt, daß bislang - trotz des bestehenden Angebots - kaum echte Business Redesign-Projekte in Österreich durchgeführt wurden, sondern eher Teilaspekte dieses neuen Ansatzes in die gängige Beratung miteingeflossen sind; prozeßorientierte radikale Reorganisation wird vielmehr als "Zukunftsprodukt" betrachtet. Die österreichischen Tochterorganisationen multinationaler Unternehmen erhalten in vielen Fällen das Business Redesign als zentral geschaffenes Managementwissen ihrer Muttergesellschaften in Form eines "geistigen Werkzeuges"; hier sind die ersten umfangreichen Redesign-Projekte in Österreich zu erwarten. Durch die steigende Bekanntheit des Business Redesign wird diese Methode auch bei anderen österreichischen Unternehmen immer stärker diskutiert. Diese Untersuchung soll zu einer Versachlichung dieser Diskussion beitragen, indem geklärt wird, welche

Champy, James (Corporation) S.32; Morris, Daniel; Brandon, Joel (Re-engineering), S.1-22; Smith, H.A.; McKeen, J.D. (IS), S.3; Venkatraman, N. (Reconfiguration), S.126-150

3) Zu diesen und den nachfolgenden Ausführungen vgl. Champy, James (Designs), S.26

4) Zu diesen und den nachfolgenden Ausführungen vgl. o.V. (Trends), S.1 und 4

spezifischen Faktoren der österreichischen Landeskultur und der Unternehmenskultur österreichischer Unternehmen die Anwendung des Business Redesign beeinflussen. Weiters werden Sekundärstudien aus dem Bereich der kulturvergleichenden Forschung zur Beschreibung dieser kulturellen Unterschiede herangezogen und erste Implikationen für die Anwendung des Business Redesign in Österreich abgeleitet.

2. Kultur - Unternehmenskultur

Bevor jedoch die "österreichische Unternehmenskultur" auf ihre Eignung für den Einsatz des Business Redesign untersucht werden kann, ist allgemein zu klären, was im Rahmen dieses Beitrags unter Kultur zu verstehen ist, worin sich die Kultur eines Landes vom Konzept der Unternehmenskultur unterscheidet, und wie diese beiden Kulturformen zusammenhängen.

Im Bereich der kulturvergleichenden Forschung wird unter dem Konzept einer Kultur in der Regel das gesamte Wertsystem einer Gesellschaft verstanden, das den Mitgliedern einer Gesellschaft gemein ist und in ihr tief verwurzelt ist[5] In Anlehnung an diese Denkrichtung bezeichnet *Hofstede* Kultur als "collective mental programming", als kollektive Programmierung menschlichen Denkens, das die Mitglieder einer spezifischen menschlichen Gruppe von anderen Gruppen unterscheidet und das das Handeln der Mitglieder beeinflußt[6] Diese Definition verdeutlicht die Zugehörigkeit der Kultur zu einer spezifischen Gruppe. Im Bereich der kulturvergleichenden Forschung wird diese Gruppe in der Regel mit einer bestimmten Nation gleichgesetzt. Dieser Ansatz erscheint zumindest teilweise problematisch, da nationale Grenzen kulturellen Grenzen nicht entsprechen müssen. Die Beschreibung der Kultur als "kollektive mentale Programmierung" kann auch zur Definition der Unternehmenskultur herangezogen werden. Wir verstehen folglich unter Unternehmenskultur das Wertsystem, das den Mitgliedern des Unternehmens gemein ist und das ihr Verhalten prägt[7]

Im Sinne eines Vergleiches der Kulturen verschiedener Nationen stellt sich die Frage nach dem Zusammenhang von Unternehmenskultur und der Kultur einer Nation. Einen Erklärungsansatz bietet hier die Sichtweise des Unternehmens als Subkultur, also als das Wertsystem einer bestimmten Gruppe innerhalb einer Gesellschaft, das sich von anderen Wertsystemen innerhalb derselben Gesellschaft unterscheidet[8] Unternehmenskultur (Subkultur) und die Kultur der

---

[5] Vgl. Child, John (Cross-National), S.304; Wiswede, Günther (Soziologie) S.176

[6] Vgl. Hofstede, Geert (Culture), S.13 und S.21; Hofstede, Geert (Software), S.4-6

[7] Vgl. Bleicher, Knut (Organisation) S.731-734

[8] Zu diesen und den nachstehenden Ausführungen vgl. Bleicher, Knut (Organisation) S.738-744; Tschandl, Martin (Unternehmensbewertung), S.94-98; Wiswede, Günther (Soziologie), S.186

Gesellschaft (Umkultur) stehen in wechselseitiger Interaktion miteinander. Weiter zu unterscheiden von der Unternehmenskultur ist die Individualkultur, die das Wertsystem eines einzelnen Menschen darstellt und wiederum innerhalb einer Subkultur variieren kann. Eine anschauliche Darstellung des Verhältnisses von Unternehmens-, Um- und Individualkultur bietet das Schachtelmodell, das in Abbildung 1 dargestellt wird. Jede Kulturebene kann einerseits die vor- oder die nachgelagerten Ebenen beeinflussen, wird aber andererseits ebenfalls selbst von ihnen beeinflußt. Die Schlußfolgerung für die zu bearbeitende Problemstellung ist folgende: Unterschiedliche Umkulturen - beispielsweise die amerikanische oder die österreichische Kultur - beeinflussen die Unternehmenskultur der dort ansässigen Unternehmen[9] Daraus folgt, daß sich die Unternehmenskulturen bei verschiedenen Umkulturen unterscheiden werden.

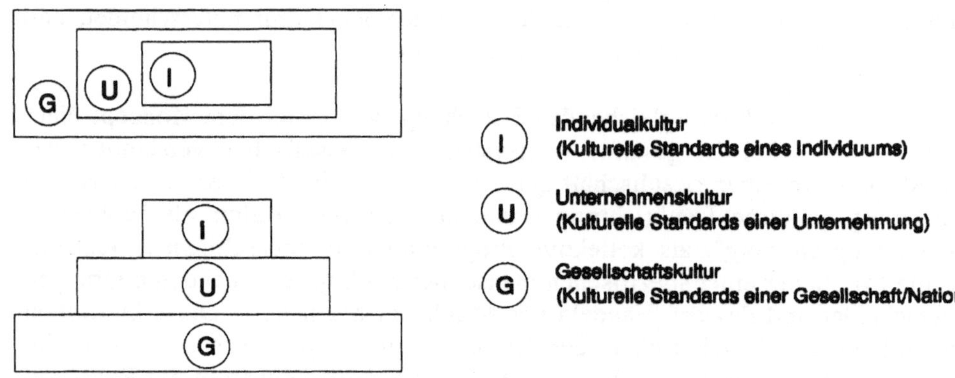

Abb.1.: Kulturelles Schachtelmodell. Adaptiert aus: Scheuß, R., Strategische Anpassung der Unternehmung, St.Gallen 1985, zitiert in Bleicher, Knut (Organisation) S.739

3. Modell des Kulturvergleiches

Die Übertragung "kulturfremder" Managementtechniken hat eine lange Tradition mit Erfolgen und Fehlschlägen. Insbesondere die Versuche, japanische Techniken des Qualitätsmanagements wie das System der Qualitätszirkel in die USA und Europa zu übertragen, haben uns gelehrt, daß kulturelle Unterschiede einen beträchtlichen Einfluß auf die Einsetzbarkeit und den potentiellen Erfolg von Managementtechniken haben. Bisher wurde die Übertragbarkeit des Business Redesign auf österreichische Unternehmen nicht systematisch untersucht. Daher

[9] Zu diesen und den nachfolgenden Ausführungen vgl. Tschandl, Martin (Unternehmensbewertung) S.189-192. Zu beachten gilt es aber, daß eine Unternehmenskultur auch durch mehrere Umkulturen gleichzeitig beeinflußt werden kann. Ein Beispiel hierfür wäre der Aufbau eines Zweigwerkes eines US-amerikanischen Unternehmens in Österreich. Die auf diese Weise realisierte Unternehmenskultur wäre sowohl von der amerikanischen als auch von der österreichischen Umkultur beeinflußt.

wird im Rahmen dieses Beitrags ein Modell aufgebaut, das als Ausgangspunkt einer empirischen Untersuchung über die Anwendbarkeit des Business Redesign in unterschiedlichen Kulturen dienen könnte. Weiters ist es das Ziel dieses Modells, eine Analyse der aus Sekundärstudien vorhandenen empirischen, kulturvergleichenden Daten, die Teilbereiche des vorgeschlagenen Modells abdecken, in strukturierter Form zu ermöglichen (Abschnitt 4.).

Ausgangspunkt der Überlegungen zu diesem Modell ist die Vorstellung, daß auch das Business Redesign selbst als Prozeß dargestellt werden kann. Die Analyse der an diesem Prozeß beteiligten Kräfte führt zu einer Systematisierung der für den Kulturvergleich notwendigen Variablen (siehe auch Abbildung 2.).

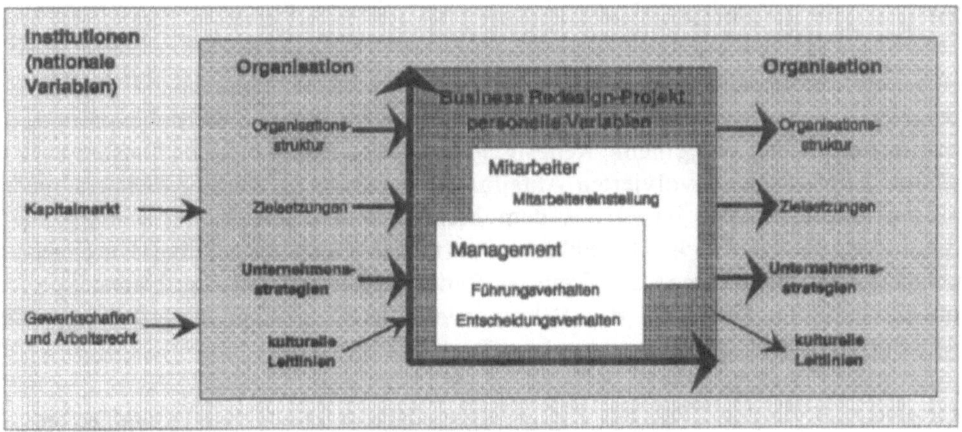

Abb.2.: Modell des Kulturvergleiches

Das erste Modul des Modells (personelle Variablen) entsteht aus der Überlegung, welche Kräfte im Unternehmen direkt am Business Redesign-Projekt beteiligt sind. Dies sind die Mitarbeiter und das Management des Unternehmens. Es geht nun darum, das Verhalten dieser beiden Gruppen zu antizipieren und kulturspezifische Unterschiede offenzulegen. Dabei werden entweder direkt die Verhaltensweisen oder die dem Verhalten zugrundeliegenden Werte und Einstellungen verglichen. Diese Meßgrößen werden im Modell als **personelle Variablen** bezeichnet, da sie an den Individuen gemessen werden.

Dem Mitarbeiter an der Basis wird im Business Redesign eine passive Rolle zugeordnet; er wird nicht direkt in die Gestaltung der neuen Prozesse miteinbezogen.[10)] Es stellt sich daher hier die Frage, ob sich die Einstellung der Mitarbeiter, die sowohl das Akzeptanzverhalten für die neuentworfenen Prozesse

[10)]Vgl. Carr, David K.; u.a. (Breakpoint), S.101-123; Davenport, Thomas H. (Process), S.191-192; Hammer, Michael; Champy, James (Corporation), S.148; Morris, Daniel; Brandon, Joel (Reengineering), S.213-218 als auch die Motivationsfaktoren für die Partizipation am Business Redesign beeinflußt, kulturspezifisch unterscheidet.

Demgegenüber werden dem Management im Business Redesign umfangreiche Entscheidungs- und Gestaltungsaufgaben zugeordnet. Zunächst trägt das Management die Entscheidung zur Einführung des Business Redesign. Da kulturspezifische Unterschiede die Wahrnehmung und Präferenzenbildung der Manager beeinflussen,[11)] muß das Entscheidungsverhalten österreichischer und amerikanischer Führungskräfte untersucht werden. Business Redesign resultiert in der Regel in einer radikalen weitreichenden Veränderung der Organisation, was für das Management ein erhebliches Risiko darstellt. Daher könnte insbesondere die Risikotoleranz der Führungskräfte von entscheidender Bedeutung für die Einführungsentscheidung des Business Redesign sein.

Nach der Einführung des Business Redesign wird in einzelnen Redesign-Projekten jeweils ein bestimmter Prozeß der unternehmerischen Leistungserstellung von einem "Redesign-Team", bestehend aus den "besten und hellsten Köpfen" der involvierten Abteilungen, optimiert.[12)] Da die "besten und hellsten Köpfe" in der Regel aus dem Management stammen, ist weiters zu überprüfen, ob österreichische Führungskräfte den Gestaltungs- und Durchsetzungsaufgaben im Rahmen des Business Redesign gewachsen sind. Daher ist es notwendig, einen Vergleich des Führungsverhaltens zwischen amerikanischen und österreichischen Managern durchzuführen.

Während also der erste Teil des Kulturvergleichsmodells auf den Veränderungsprozeß selbst eingeht und auf der Ebene des Individuums gemessen wird, untersucht das zweite Modul die Input- und Outputbeziehungen des Veränderungsprozesses. Es stellt das Redesign-Projekt in Interaktion mit dem bestehenden organisatorischen System dar. Daher besteht das zweite Modul des Modells aus **organisationsbezogenen Variablen**, die zwischen verschiedenen Kulturen verglichen werden sollen. Da das Business Redesign trotz seines revolutionären Charakters in der bestehenden Organisation verankert werden muß, ist zu untersuchen, ob die Organisationsform österreichischer Unternehmen für den Einsatz des Business Redesign geeignet ist. Um die mögliche Einordnung des Business Redesign in die bestehende Unternehmensstruktur österreichischer Betriebe zu bestimmen, müssen Unterschiede in den Organisationsstrukturen zwischen amerikanischen und österreichischen Unternehmen aufgedeckt werden.

[11)] Vgl. Bleicher, Knut (Organisation) S.782-788

[12)] Vgl. Carr, David K.; u.a. (Breakpoint), S.66-73; Hammer, Michael; Champy, James (Corporation), S.102-116

Ein wesentlicher Input für das Business Redesign ist vor allem das unternehmerische Zielsystem, das hier auf den Inhalt, das Ausmaß und den Zeitbezug der Ziele zu untersuchen ist. Amerikanische Reengineering-Projekte zeichnen sich insbesondere durch stark kostensenkungsorientierte Zielsetzungen aus, die innerhalb kurzer Zeit umgesetzt werden müssen.[13)] Grundsätzlich erscheint jedoch eine langfristige Zielorientierung für den Einsatz des Business Redesign aufgrund der langen Projektdauer vorteilhaft. Daher ist zu untersuchen, welche Zielsetzungen für Business Redesign-Projekte dem Zielsystem in österreichischen Unternehmen entsprechen.

Weitere Variablen sind Strategien und kulturelle Leitlinien. Das Business Redesign steht in starkem Zusammenhang mit den unternehmerischen Strategien, da es einerseits als Maßnahme eingesetzt wird und andererseits zur Strategieformulierung beiträgt. Schließlich beeinflussen kulturelle Leitlinien, wie z.B. Unternehmensphilosophien oder Führungsgrundsätze, das Führungsverhalten des Managements im Veränderungsprozeß.

Als drittes Modul werden unternehmensexterne Einflüsse auf die Anwendung des Business Redesign spezifiziert. Hier sind **nationale Variablen** im Sinne von **Institutionen** zu untersuchen, die auf die einzelnen Organe im innerbetrieblichen Veränderungsprozeß wirken.

Im Rahmen der Betrachtung der Zielsetzung des Business Redesign spielt insbesondere die Struktur der Eigentümer des Unternehmens eine wesentliche Rolle. Die relativ kurzfristige Zielorientierung amerikanischer Reengineering-Projekte ist vor allem ein Resultat des beträchtlichen Einflusses der Eigenkapitalgeber auf die Entscheidungen des Managements. Um Unterschiede in der Beeinflussung von Unternehmensentscheidungen durch externe Kräfte nachzuweisen, können hier für Großunternehmen die Systeme der in der Regel national organisierten Kapitalmärkte verglichen werden.

Während diese Einschränkung des Entscheidungsspielraumes der Führungskräfte durch die Eigentümer in österreichischen Unternehmen wesentlich schwächer zu erwarten ist, sind erweiterte Mitbestimmungsrechte der Mitarbeiter und ein stärkerer Einfluß der Arbeitnehmervertreter zu beachten. Die im Vergleich zu den USA ungleich stärkere und einflußreichere Position der Gewerkschaften in Österreich macht es notwendig, auch diese Interessensvertretung in die vergleichenden Betrachtungen einzuschließen. Die Ergebnisse aus diesem Vergleich sollten Auskünfte darüber liefern, inwiefern Mitarbeitervertreter an der Entscheidung für den Einsatz des Business Redesign beteiligt sind, welche Rolle den Mitarbeitern in der Gestaltung organisatorischer Veränderungen zuerkannt werden sollte, und welche Widerstände bei der Implementierung der Veränderungen zu erwarten sind.

[13)] Vgl. Morris, Daniel; Brandon, Joel (Re-engineering), S.77-89

Zu beachten ist bei der Anwendung des Modells ebenso wie bei den in Abschnitt 4 präsentierten empirischen Analysen von Teilen des Modells, daß die gemessenen Abweichungen nicht ausschließlich auf kulturelle Faktoren zurückgeführt werden können. In den vorliegenden empirischen, kulturvergleichenden Untersuchungen sind zwischen 15 und 63 % der gemessenen Abweichungen auf die unterschiedliche Nation zurückzuführen.[14)] Der restliche Anteil der Abweichungen kann je nach Untersuchungsdesign auf unterschiedliche Branchen, Betriebsgrößen, etc. sowie auf nicht näher erläuterbare situative Faktoren zurückgeführt werden. Für eine kulturvergleichende empirische Untersuchung empfiehlt sich daher eine möglichst starke Kontrolle dieser Faktoren durch das Untersuchungsdesign (z.B.: Unternehmen aus derselben Branche und mit derselben Unternehmensgröße), die allerdings mit einer Einschränkung des Geltungsbereiches der Ergebnisse einhergeht.

4. Ausgewählte empirische Ergebnisse

Im folgenden Abschnitt werden nun ausgewählte empirische Kulturvergleiche herangezogen, die geeignet erscheinen, Aussagen hinsichtlich einiger Teilgebiete des oben vorgestellten Modells abzuleiten. Dabei werden im Rahmen dieses Beitrags vor allem die personellen Variablen (Modul 1) behandelt; hier werden empirische Vergleiche der Mitarbeitereinstellung (4.1.) sowie des Entscheidungs- und Führungsverhalten der Manager (4.2.) präsentiert. Von den organisationsbezogenen Variablen (Modul 2) wird im Rahmen dieses Beitrages nur exemplarisch auf die Unternehmensziele näher eingegangen (4.3.), die auf die unterschiedliche Bedeutung der institutionellen Variablen (Modul 3) in Österreich und den USA hinweisen.

4.1. Mitarbeitereinstellung

Die breiteste und wichtigste Arbeit auf dem Gebiet der interkulturellen Vergleiche der Mitarbeitereinstellung ist jene von *Hofstede*, der zwischen 1967 und 1973 eine umfangreiche Befragung in insgesamt 72 nationalen Tochterbetrieben des multinationalen Unternehmens IBM durchführte, wobei die Daten aus 50 Nationen und drei Regionen (mehr als 116.000 Fragebögen) ausgewertet werden konnten.[15)]

Auf Basis der Faktorenanalyse konnte Hofstede aus der Befragung **vier Dimensionen nationaler Kultur** identifizieren:[16)] Die Dimension

[14)] Vgl. Ronen, Simcha (Comparative), S.162

[15)] Vgl. Hofstede, Geert (Culture), S.39-64; Hofstede, Geert (Dimensions), S.47-49; Hofstede, Geert (Software), S.251-253; Hofstede, Geert; Bond (Confucius), S.9-10

[16)] Zu diesen und den nachfolgenden Ausführungen vgl. Hofstede, Geert (Culture), S.65-210; Hofstede,

"Machtdistanz" (MD) - ist eine Maßzahl für das Ausmaß an ungleicher Machtverteilung in Organisationen und Institutionen, das von einer Gesellschaft akzeptiert wird. Die zweite Dimension "Individualismus/Kollektivismus" (IK) beschreibt, inwiefern das Verhalten der Individuen auf die eigene Person oder auf eine Gruppe gerichtet ist. Individualismus beschreibt dabei eine Gesellschaft, die ein loses Bindungsgeflecht zwischen ihren Mitgliedern schafft, in dem von jedem Individuum erwartet wird, daß es nur seine eigenen Interessen verfolgt. Unter Kollektivismus wird demgegenüber eine Organisationsform einer Gesellschaft verstanden, die ein enges soziales Beziehungsgeflecht schafft, innerhalb dessen Individuen zwischen In-groups und Out-groups unterscheiden und in einer Beziehung gegenseitiger Verantwortung mit der In-group stehen. Die Dimension "Männlichkeit/Weiblichkeit" (MW) der Gesellschaft beschreibt, inwiefern die in einer Gesellschaft dominanten Werte männlicher oder weiblicher Natur sind. "Männliche Werte" sind dabei Geltungsbedürfnis, die Anhäufung von Geld und Dingen, die Nichtbeachtung anderer sowie der Lebensqualität oder der Allgemeinheit. Die "Unsicherheitsvermeidung" (UV) zeigt an, in welchem Ausmaß eine Gesellschaft sich durch unsichere und zweideutige Situationen bedroht fühlt und inwiefern sie versucht, solche Situationen der Unsicherheit durch stabilere Karrierepfade, durch eine Vielzahl formaler Regeln, durch die Ablehnung von kulturellen Mustern abweichender Ideen und Verhaltensweisen und durch den Glauben an absolute Wirklichkeiten und den Wert der Erfahrungen zu vermeiden.

Tabelle 1 zeigt nun eine Zusammenfassung der Ergebnisse von Hofstede, der alle 53 untersuchten Kulturen auf den vier Dimensionen einordnet. Die mathematische Formel zur Berechnung der Skalenwerte jeder Dimension wurden dabei so gewählt, daß 0 beziehungsweise 100 Punkte ungefähr die Extremwerte der Dimension verdeutlichen.[17)] Es handelt sich dabei um eine relative Darstellung der Dimensionen, das bedeutet, einzelne Punkte beschreiben nicht die absolute Stellung des Landes, sondern seine Position im Vergleich zu anderen Ländern. Der jeweilige Index beschreibt dabei die Stellung eines Landes auf den Skalen der Dimensionen, die um den Rangplatz, den das Land mit diesem Wert unter den 53 untersuchten Kulturen einnimmt, ergänzt wird.

Land	MD	Rang (MD)	IK	Rang (IK)	MW	Rang (MW)	UV	Rang (UV)
USA	40	38	91	1	62	15	46	43
A	11	53	55	18	79	2	70	24-25

Tab.1.: Vergleich der österreichischen und US-amerikanischen Kultur auf den vier Kulturdimensionen von Hofstede. Daten entnommen aus: Hofstede, Geert (Software) S.26,53, 84 sowie113.

Geert (Dimensions), S.50-55; Hofstede, Geert (Software), S.23-138;

[17)] Vgl. Hofstede, Geert (Software) S.24-27,53,83 und S.113-114

Welche Aussagekraft haben nun die Unterschiede der Kulturen in diesen Dimensionen bei der Anwendung des Business Redesign in österreichischen Unternehmen? Der vergleichsweise sehr niedrige **Machtdistanzindex** bedeutet, daß österreichische Arbeitnehmer in wesentlich geringerem Maße die ungleiche Machtverteilung zwischen Management und Mitarbeitern akzeptieren.[18)] Die Frage, ob österreichische Mitarbeiter ebenso wie amerikanische Mitarbeiter auf die umfangreichen durch Business Redesign initiierten Veränderungen reagieren, kann also mit Berechtigung gestellt werden. Der niedere Machtdistanzindex zeigt, daß die Konfrontation der nicht in das Projekt miteinbezogenen Mitarbeiter mit einem vollkommen neuen Prozeßgerüst durch das Business Redesign beträchtliche Akzeptanzprobleme nach sich zieht. Das bedeutet, daß die Mitarbeiter schon im Rahmen der Gestaltung der Veränderung stärker involviert werden sollten. Dadurch wird jedoch auch das Projekt unbeherrschbarer und manche Ziele, wie etwa eine Reduktion der Personalkosten, können nur schwer erreicht werden.

In der Dimension "**Individualismus/Kollektivismus**" wird Österreich als wesentlich kollektivistischere Kultur als die USA klassifiziert.[19)] Das bedeutet, daß die Zugehörigkeit zu bestimmten Gruppen für österreichische Mitarbeiter wichtiger ist als für amerikanische, die die eigene Leistung stärker in den Vordergrund stellen. Ein österreichisches Mitglied des Redesign-Teams sieht also auch während des Projektes sich selbst als einen Teil jener Menschengruppe, der es durch seine tagtägliche Arbeit angehört. Die österreichische Position auf dieser Dimension ist zwar nicht im stark kollektivistischen Bereich, dennoch ist also davon auszugehen, daß hier beträchtliche Unterschiede zu den Verhältnissen in den USA bestehen. Es muß also berücksichtigt werden, daß individuelle Leistung für die Arbeitnehmer in österreichischen Unternehmen eine geringere, die Gruppenzugehörigkeit eine größere Bedeutung als in den USA hat. Logische Schlußfolgerung daraus wäre der Einsatz gruppenorientierter Methoden, vor allem der Qualitätszirkel oder der Organisationsentwicklung, zum Neuentwurf bestimmter abgegrenzter Prozesse oder Prozeßteile.

Beträchtliche Unterschiede zwischen der österreichischen und der amerikanischen Kultur wurden auch hinsichtlich der "**Unsicherheitsvermeidung**" gemessen.[20)] Mitarbeiter in österreichischen Unternehmen fühlen sich durch unsichere Situationen wesentlich stärker bedroht und tendieren stärker dazu, durch formale Regeln Unsicherheitssituationen zu vermeiden. Dieses Bestreben äußert sich unter anderem mit der Wahrnehmung von Neuerungen als gefährlich. Ein Business Redesign-Projekt, in das auch die eigene Abteilung involviert ist, stellt eine solche erhebliche Unsicherheitssituation dar. Daher ist bei der Einführung

---

18) Die folgenden Aussagen wurden aus den Analysen von Hofstede, Geert (Software), S.23-48 abgeleitet.
19) Die folgenden Aussagen wurden aus den Analysen von Hofstede, Geert (Software), S.49-78 abgeleitet.
20) Die folgenden Aussagen wurden aus den Analysen von Hofstede, Geert (Software), S.109-138 abgeleitet.

des Business Redesign mehr Widerstand seitens der Mitarbeiter und auch der Manager zu erwarten. Nach Hofstede geht starke Unsicherheitsvermeidung mit dem Bedürfnis nach formaler Regelung einher, durch die Unsicherheit bewältigbar gemacht werden soll. Das bedeutet für den kulturbewußten Einsatz des Business Redesign, daß vor der Einführung das System des Business Redesign viel stärker formalisiert werden sollte. Dabei sollten sowohl die Organe der Veränderung - also das Steuerkommittee, der Reengineering Champion (Koordinator für alle Redesign-Aktivitäten im Unternehmen) und die Prozeßeigentümer - als auch ein zumindest teilweise standardisierter Ablauf der Redesign-Projekte festgelegt werden. Hofstede führt weiters an, daß der Grad der Unsicherheitsvermeidung stark mit den in einer Kultur vorrangigen Motivationsfaktoren zusammenhängt. Während in Kulturen mit schwacher Unsicherheitsvermeidung, wie den USA, vor allem die individuelle Leistung für Motivation sorgt, ist bei hoher Unsicherheitsvermeidung, wie in Österreich, Sicherheit der vorrangige Motivationsfaktor. Kulturgerechtes Business Redesign würde nun bedeuten, daß das Sicherheitsbedürfnis der Mitarbeiter über den gesamten Veränderungsprozeß erfüllt wird. Konkret könnte dies beispielsweise durch eine Garantie des Managements erfolgen, daß kein Mitarbeiter aufgrund der Prozeßveränderungen entlassen wird. Eine solche Garantie, insbesondere wenn sie angesichts einer schlechten wirtschaftlichen Ausgangsposition erfolgt, könnte ein entscheidender Motivator für die Mitarbeiter sein, die prozeßorientierten Veränderungen zu unterstützen. Allerdings bedeutet dies auch eine Einschränkung des Gestaltungsspielraumes beim Redesign der Prozesse, wenn mögliche Reduktionen der Personalkosten nicht umgesetzt werden können.

Methodisch liegt der herausragende Vorteil dieser Untersuchung eines einzigen multinationalen Unternehmens (IBM) in der relativen Ähnlichkeit der Tätigkeitsbereiche der befragten Individuen und der Organisationskultur in den verschiedenen Töchterbetrieben.[21)] Dadurch können die gemessenen Unterschiede in der Arbeitseinstellung in verschiedenen Nationen zu einem großen Teil auf die Nationalität zurückgeführt werden. Allerdings ist durch die Einschränkung der Untersuchung auf ein einziges Unternehmen die Aussagekraft des Vergleiches limitiert, da nicht geklärt ist, inwiefern die IBM-Unternehmenskultur den Einfluß der nationalen Kulturen "verwässert" hat. Für die Gültigkeit der Ergebnisse spricht jedoch die nachträgliche Analyse anderer empirischer Studien, die dieselben Schlußfolgerungen zulassen, die Übereinstimmung der durch Hofstede gefundenen Kulturcluster mit den Ergebnissen anderer Untersuchungen und die Bestätigung der Ergebnisse durch eine neuere empirische Untersuchung (Chinese Value Survey) in einem vollkommen anderen subkulturellen Umfeld.[22)] Eine wesentliche Einschränkung der Aussagekraft der Studie resultiert aus dem

[21)]Vgl. Hofstede, Geert (Software), S.13-15 sowie S.251-253

[22)]Vgl. auch Hofstede, Geert (Culture), S.62-63; Hofstede, Geert (Software), S.161-164; Hofstede, Geert; Bond (Confucius), S.5-19; Ronen, Simcha (Comparative), S.239-267; Ronen, Simcha; Shenkar, Oded (Clustering), S.435-454

Alter der Erhebungen. Da in den Jahren 1967-1970 eine erste Befragung und in den Jahren 1971-1973 eine zweite Untersuchung durchgeführt wurden, konnte Hofstede zeigen, daß seine Ergebnisse über diesen Zeitraum relativ stabil geblieben waren. Der Untersuchungszeitraum von sechs Jahren erscheint dennoch sehr kurz, da sich kulturelle Faktoren grundsätzlich nur langsam verändern. Von besonderem Interesse wäre natürlich eine Kontrolluntersuchung heute, mehr als 20 Jahre nach der eigentlichen Datenerhebung.

Zusammenfassend kann also davon ausgegangen werden, daß die Einstellung österreichischer Mitarbeiter, die ihr Akzeptanz- und Partizipationsverhalten im Business Redesign beeinflußt, sich von der amerikanischer Mitarbeiter wesentlich unterscheidet. Der kulturbewußte Einsatz des Business Redesign bedeutet insbesondere eine stärker partizipative und gruppenorientierte Vorgehensweise und die Erfüllung des Sicherheitsbedürfnisses der Mitarbeiter über den gesamten Veränderungsprozeß.

4.2. Entscheidungs- und Führungsverhalten der Manager

Erfolgreiche Beispiele der Übertragung von Managementtechniken - insbesondere im Rahmen von Produktionsstätten amerikanischer und japanischer Konzerne im Ausland und im Rahmen von multinationalen Unternehmen - dienen als Beweis dafür, daß die Anwendung "kulturfremder" Techniken möglich ist; Vorraussetzung ist dabei die konsequente Unterstützung der Managementtechnik durch die herrschenden Führungsebenen, die selbst die Führungsrolle in der Anwendung übernehmen und aktiv die notwendigen Veränderungen gestalten sollen.[23)] Nun stellt sich die Schlüsselfrage, ob österreichische Manager Business Redesign mit der gleichen Intensität vertreten können wie ihre amerikanischen Kollegen. Dies ist von entscheidender Bedeutung, denn alle Autoren im Bereich des Business Redesign betonen, daß die Überzeugung und die konsequente Umsetzung durch das Top Management der entscheidende Faktor für den Erfolg prozeßorientierter Veränderungen ist.[24)] Im Rahmen des Business Redesign kommen dem Management drei entscheidende Rollen zu. Erstens trägt es die Entscheidung zur Einführung des Business Redesign. Kulturelle Gegebenheiten beeinflussen sowohl das Suchverhalten des Managements nach Informationen als auch die Bildung von unternehmerischen Strategien.[25)] Da das Business Redesign aufgrund der Radikalität des Ansatzes mit großem Risiko behaftet ist, ist hier vor allem die Risikotoleranz der Manager für

---

23) Vgl. beispielsweise die Studie zur Übertragung japanischer Managementtechniken von Ebrahimpour, Maling; Lee, Sang M. (Electronic), S.28-31

24) Vgl. beispielsweise Davenport, Thomas H. (Process), S.177-178; Hammer, Michael (Reengineering) S.112; Hammer, Michael; Champy, James (Corporation), S.103-108; Johannson, Henry J.; u.a. (Reengineering), S.192-195; Wilkinson, Richard (Industrial) S.47-48

25) Vgl. Bleicher, Knut (Organisation) S.782-783

die Einführungsentscheidung ausschlaggebend. Zweitens ist das Top-Management für die unternehmensinterne Promotion des Business Redesign zuständig; schließlich kommt den Führungskräften im Business Redesign drittens eine besondere Bedeutung als Gestalter organisatorischer Veränderungen zu. Es ist folglich zu überprüfen, ob die Führungsfähigkeiten österreichischer Manager ausreichen, um diese Aufgaben zu erfüllen.

4.2.1. Risikotoleranz

In einer Untersuchung von *Bass und Burger*, die zwischen 1966 und 1973 in 13 Ländern - darunter wiederum die USA und Österreich, das hier mit Westdeutschland zu einem gemeinsamen Kulturraum zusammengefaßt wurde, - Manager befragten und ihr Verhalten mit Assesment-Center-Methoden testeten, wurde unter anderem die durchschnittliche Risikotoleranz der befragten Manager erhoben.[26)] Die Grundgesamtheit setzte sich in diesem Untersuchungsteil aus 1044 Führungskräften zusammen.

Tabelle 2 zeigt die von den Managern in dieser Untersuchung erreichte Risikotoleranz im Kulturvergleich.[27)] Deutsche und österreichische Manager sind bei weitem weniger risikotolerant als amerikanische Führungskräfte. Dieser Unterschied in der Risikotoleranz liefert eine Erklärung für den bis zum heutigen Zeitpunkt relativ geringen Einsatz des Business Redesign im deutschsprachigen Wirtschaftsraum. Führungskräfte im deutschsprachigen Raum scheuen also die mit der Einführung des Business Redesign einhergehenden Risken, daher entscheiden sich einige Unternehmen gegen die Einführung oder schieben die Entscheidung weiter auf. Soll nun die Einführung eines prozeßorientierten Veränderungssystems forciert werden, gilt es die geringe Risikotoleranz durch eine größere Quantität und Qualität der der Entscheidung zugrundeliegenden Informationen zu entkräften. Da bislang im deutschsprachigen Raum nur wenig über Business Redesign publiziert wurde, stellt dies die Wissenschaft vor die Aufgabe, die Informationen über diese Managementtechnik für österreichische Führungskräfte systematisch aufzubereiten. Darüberhinaus kann innerbetrieblich das Risiko der Einführungsentscheidung insbesondere durch eine Redesign-Pilotstudie in einem abgegrenzten betrieblichen Bereich, in dem man hohes Verbesserungspotential und geringes Risiko vermutet, verringert werden.

---

26) Vgl. Bass, Bernard M.; Burger, Philip C. (Assessment), S.25-35

27) Die folgenden Aussagen wurden aus den Analysen von Bass, Bernard M.; Burger, Philip C. (Assessment), S.79-93 abgeleitet.

USA	89%	Großbritannien	50%
Japan	67%	Indien	50%
Niederlande	61%	Italien	44%
Frankreich	61%	Spanien	44%
Skandinavien	61%	Belgien	39%
Lateinamerika	60%	Deutschland/Österreich	39%

Tab.2.: Risikotoleranz der Manager im Kulturvergleich. Quelle: Bass, Bernard M.; Burger, Philip C. (Assessment), S.91

Methodisch sind an der Untersuchung von Bass/Burger vor allem die mangelhaften Angaben über die Zusammensetzung der Grundgesamtheit sowie wiederum das Alter der Erhebungen zu bemängeln.

4.2.2. Führungsverhalten

Neben der Einführungsentscheidung übernehmen die Manager im System des Business Redesign die Aufgaben der Gestaltung neuer Prozesse und der Durchsetzung der Veränderung. Da auf diesem Gebiet keine österreichisch-amerikanischen Vergleichsdaten existieren, wird hier auf eine Studie zurückgegriffen, die das Führungsverhalten europäischer und amerikanischer Manager vergleicht. *Nonaka/Okamura* führten in den Jahren 1980-1982 eine Untersuchung großer Unternehmen in Japan, den USA und Europa durch, um herauszufinden, welche strategischen Stärken das japanische Management im Vergleich zu amerikanischen und europäischen Ansätzen hat.[28] Grundgesamtheit der Untersuchung waren jene 1000 amerikanischen Bergbau- und Fertigungsbetriebe mit dem größten Umsatz nach der Bewertung der Zeitschrift Fortune, die 256 größten europäischen Bergbau- und Fertigungsbetriebe nach ihrer Berertung durch Fortune, sowie die 1031 größten japanischen an der Börse in Tokyo notierten Unternehmen. Allen diesen Unternehmen wurden Fragebögen zugesandt; geantwortet haben in den USA 227 Unternehmen, in Japan 291 Unternehmen und in Europa 30 Betriebe. Die Anzahl der Untersuchungseinheiten in Europa wurde durch eine weitere Untersuchung auf 50 ergänzt. Dabei ist noch zu erwähnen, daß die Untersuchung in den USA und Japan 1980, in Europa erst 1982 durchgeführt wurde.

Tabelle 3 zeigt die einzelnen Statements, die im Rahmen des Fragebogens auf einer 5-stufigen Ratingskala (1 = unbedingt falsche Aussage, 5 = unbedingt richtige Aussage) zu bewerten waren, sowie die durchschnittliche Bewertung durch amerikanische, japanische und europäische Manager. Dabei wurde das Führungsverhalten folgendermaßen klassifiziert: "Vorsorgendes Verhalten", bei dem die Führungsperson unter Beachtung anderer Personen im Unternehmen

[28] Zu diesen und den nachfolgenden Ausführungen vgl. Nonaka, Ikujiro; Okumura, Akihiro (Firms I), S.23-24; Nonaka, Ikujiro; Okumura, Akihiro (Firms II), S.20

handelt, "Aufgabenorientiertes Verhalten", das jene Verhaltensweisen beschreibt, die die eigentliche Arbeit der Unterstellten betreffen, "Informationsverhalten", das das Sammeln und Weitergeben von für die Arbeit relevanten Informationen betrifft, sowie das "Wert-Überzeugungs-Verhalten", das die Weitergabe der Ideologie der Manager zum Gegenstand hat. Nonaka/Okumura leiten aus den Ergebnissen ein schwerwiegendes Führungsproblem in europäischen Unternehmen ab.[29] Denn in keinem der vier Bereiche des Führungsverhaltens zeigen die europäischen Manager herausragende Fähigkeiten. Defizite gegenüber amerikanischen Führungskräften zeigen europäische Manager vor allem in den Bereichen "**Vorsorgendes Verhalten**", "**Aufgabenorientiertes Verhalten**" und "**Wert-Überzeugungsverhalten**". Diese Bereiche des Führungsverhaltens sind jedoch von immanenter Bedeutung für die Ausübung der Unterstützungs- und Gestaltungsfunktion für das Business Redesign. "Vorsorgendes Verhalten" spielt bei der Planung prozeßorientierter Veränderungen eine besondere Rolle, denn die weitreichenden organisatorischen Veränderungen verlangen ein beträchtliches Planungspensum. "Aufgabenorientiertes Verhalten" bedeutet im Rahmen des Business Redesign insbesondere eine konsequente Suche nach Schwachstellen im Unternehmen und das Ergreifen der Initiative zu ihrer Beseitigung. Das "Wert-Überzeugungs-Verhalten" ist im Rahmen des Business Redesign unabdingbar, da es untrennbar mit einer top-down-Einführungsstrategie verbunden ist, und die starke Unterstützung des Top-Managements zur Umsetzung der weitreichenden Veränderungen unbedingt notwendig ist. Diese hier von Nonaka/Okumura gemessenen Führungsdefizite europäischer Manager machen ein wesentlich bewußteres Auswahlverfahren jener Führungspersönlichkeiten notwendig, die die Business Redesign-Aktivitäten steuern sollen.

[29] Zu diesen und den nachfolgenden Ausführungen vgl. Nonaka, Ikujiro; Okumura, Akihiro (Firms II), S.23

Indikator - Frageitem	USA	Japan	Europa
Führungsverhalten			
Vorsorgendes Verhalten	**3.63**	**3.61**	**3.20**
"The organization of your company is designed with specific executives and/or managers in mind."	3.08	2.94	3.15
"Senior executives strive to promote sense of identification with the company among employees."	4.11	4.19	3.51
"Senior executives are constantly conscious of developing capability of their potential successors."	3.70	3.72	2.96
Aufgabenorientiertes Verhalten	**3.31**	**3.29**	**3.13**
"Senior executives always encourage competition among managers or among divisions"	3.14	3.02	2.81
"Senior executives actively search for problems within your company and take leadership in solving them."	3.88	3.65	3.48
"Senior executives are strict in applying rewards and punishments related."	2.91	3.20	3.11
Informationsverhalten	**3.45**	**3.78**	**3.51**
"Senior executives always clarify information requests (i.e., what needs to be known) about each division or department"	3.12	3.74	3.30
"Senior executives always try to develop reliable sources of information aside from formal channels of information already available."	3.69	3.75	3.66
"Senior executives actively gather information by themselves about relevant events in and out of your company and about situations on the line."	3.54	3.86	3.57
Wert-Überzeugungs-Verhalten	**3.60**	**3.63**	**3.22**
"The value and belief of the chief executive officer is reflected in every system in your organization."	3.60	3.62	3.42
"The organization´s climate is inseparable from the unique value and belief of the chief executive officer."	3.63	3.48	3.18
"The basic strategy of your company is inseparable from the unique value and belief of the present C.E.O. or the original founder."	3.55	3.80	3.07
Konfliktlösungsformen			
Authoritäre Konfliktlösung	**3.00**	**3.42**	**3.11**
"The conflct among executives and managers are promptly resolved based apon superiors´authority."			
Vorabkoordination	**2.72**	**3.72**	**3.07**
"Executives and managers exchange information in advance of a formal meeting so that differences in opinion and judgement are not brought up at the meeting."			
Kompromiß			
"When there is a difference in opinion and judgement among executives and managers, they allways seek to find a temporary compromise rather than to impose a final decission"	**2.94**	**3.06**	**3.33**
Problemkonfrontation	**3.50**	**3.32**	**3.26**
"Executives and managers thoroughly discuss differences in opinion and judgement among themselves even though such discussions are time consuming.			

Tab.3.: Führungsverhalten und Konfliktlösungsformen im Kulturvergleich. Quelle: Nonaka, Ikujiro; Okumura, Akihiro (Firms I), S.38

Ebenfalls in Tabelle 3 enthalten ist ein Vergleich zwischen den typischen **Konfliktlösungsformen** durch die Manager bei innerbetrieblichen Auseinandersetzungen. Amerikanische Führungskräfte tragen ihre Konflikte stärker in direkter Diskussion aus. Das europäische Konfliktlösungsmodell scheint der Kompromiß zu sein. Dies - so Nonaka/Okumura - könnte bedeuten, daß europäische Führungskräfte in einer Position stehen, in der sie nicht aktiv die Führungsrolle zu einer Problemlösung ergreifen können.[30)] Diese Situation könnte vor allem auch durch die ungleich stärkeren Einschränkung der Handlungsfreiheit der Manager durch staatliche Stellen und durch externe

[30)] Zu diesen und den nachfolgenden Ausführungen vgl. Nonaka, Ikujiro; Okumura, Akihiro (Firms II), S.23

Interessensvertretungen entstanden sein. Durch die konsensorientierte Problemlösung wird natürlich das Engagement der Führungskräfte für das Business Redesign erschwert; es ist daher danach zu trachten, mögliche Konflikte, die in einzelnen Verbesserungsprojekten entstehen könnten, mit potentiellen Streitparteien (beispielsweise den Gewerkschaften) bereits vorab zu klären.

Methodisch ist diese Untersuchung von Nonaka/Okumura aus drei Gründen kritisch zu bewerten. Erstens war die Stichprobe in Europa wesentlich kleiner als in den anderen Ländern, und die Untersuchung wurde nicht gleichzeitig durchgeführt. Zweitens wurde von Nonaka/Okumura nicht berücksichtigt, daß Europa kulturell gesehen nicht ein einheitliches Ganzes bildet, sondern in verschiedene Kulturen zerfällt. Nonaka/Okumura berichten hier, daß die europäische Stichprobe aus englischen, deutschen, schweizer, holländischen und italienischen Firmen sowie einer französischen Firma bestand.[31)] Da im Rahmen des "Cultural Clustering" eine besondere Nähestellung der deutschen und schweizer Kultur zur österreichischen nachgewiesen werden kann, sind die Ergebnisse dennoch auch für die österreichische Kultur aussagekräftig.[32)] Drittens finden sich in den Analysen von Nonaka/Okumura keine Hinweise auf die Stellung der Antwortenden in der Organisationshierarchie der Unternehmen, was die Nachvollziehbarkeit des Untersuchungsdesigns einschränkt.

Zusammenfassend kann das Entscheidungs- und Führungsverhalten österreichischer/europäischer Manager im Vergleich zu amerikanischen Führungskräften als weniger risikotolerant, weniger "vorsorgend", weniger "aufgabenorientiert", weniger "Wert-überzeugend" und stärker konsensgerichtet beschrieben werden. Kulturbewußtes Business Redesign bedeutet nun, das Risko der Einführungsentscheidung zu verringern, die Schlüsselpersonen der Veränderung bewußt im Hinblick auf ihr Führungsverhalten auszuwählen und vor der Einführung einen Konsens zwischen allen Beteiligten herzustellen.

---

31) Vgl. Nonaka, Ikujiro; Okumura, Akihiro (Firms II), S.20

32) Im Rahmen von multinationalen kulturvergleichenden Untersuchungen wird durch Cultural Clustering versucht, jene Länder, die einander in kulturellen Variablen besonders nahe stehen, zu Gruppen sogenannten Clustern zusammenzufassen. In zwei Publikationen analysiert *Ronen* zum Teil gemeinsam mit Shenkar diese Versuche der Gruppierung von Landeskulturen in der kulturvergleichenden Literatur. (Zu diesen und den nachfolgenden Ausführungen vgl. Ronen, Simcha (Comparative), S.239-267; Ronen, Simcha ; Shenkar, Oded (Clustering), S.435-454). Ein eigener Germanischer Cluster (Deutschland, Schweiz, Österreich) wurde in vier der sechs überregionalen Untersuchungen als eigenständige Ländergruppe erkannt. Für die vorliegende Arbeit bedeutet dies, daß die Kulturen Österreichs der Schweiz und Deutschlands (im Sinne von Westdeutschland) in hohem Maße übereinstimmen. Daher können insbesondere auch aus Kulturvergleichen zwischen den USA und anderen Ländern des Germanischen Clusters für Österreich gültige Ergebnisse abgeleitet werden.

4.3. Organisationsbezogene Variablen

Es wurde bereits erläutert, daß das Unternehmen als ein Subsystem einer nationalen Kultur zu betrachten ist, das einerseits von der Kultur geformt ist und andererseits die Gesamtkultur beeinflussen kann. Dabei gehen wir von der Prämisse aus, daß sich auch die am Unternehmen meßbaren Ausdrucksformen der Unternehmenskultur - wie die Organisationsstruktur, das unternehmerische Zielsystem, die Strategien sowie kulturelle Leitlinien - zwischen österreichischen und amerikanischen Betrieben unterscheiden. Im Folgenden werden also Merkmale der Organisation, die mit dem Business Redesign-Projekt in einer Input-/Outputbeziehung stehen, auf ihre nationalen Unterschiede hin untersucht; als Beispiel werden hier die Unternehmensziele herausgegriffen. Ausgangspunkt ist dabei die bereits in Abschnitt 4.2.2. zitierte Studie von *Nonaka/Okumura*.

Im Rahmen ihrer Untersuchung verglichen Nonaka/Okumura auch die **Unternehmensziele** japanischer, amerikanischer und europäischer Unternehmen.[33)] Dabei wurden die Befragten dazu angehalten, die drei wichtigsten Unternehmensziele auszuwählen und nach ihrer Wichtigkeit mit 3 (wichtigstes Ziel), 2 (zweitwichtigstes Ziel) und 1 (drittwichtigstes Ziel) zu bewerten. Die durchschnittlichen Bewertungen für die Ziele sind aus Tabelle 4 zu entnehmen. Die Bewertung des Zieles "Return on Investment" (ROI) entspricht dabei der großen Bedeutung der Finanzabteilungen in europäischen und amerikanischen Unternehmen, für die dieses Ziel zentrale Bedeutung hat. Besondere Relevanz für diese Arbeit hat die unterschiedliche Bewertung des Ziels "Steigerung des Aktienpreises", der für amerikanische Unternehmen von entscheidender Bedeutung, in Europa hingegen weniger entscheidungsrelevant ist. Für die Einführung des Business Redesign bedeutet dies, daß im Unterschied zu den Vereinigten Staaten der Druck der Aktienmärkte geringer einzuschätzen ist. Daher haben die kurzfristigen Ziele der Kapitalgeber am Aktienmarkt weniger Bedeutung für das unternehmerische Zielsystem, und es können im Rahmen der prozeßorientierten Veränderung beträchtlich langfristigere Ziele verfolgt werden. Auffallend ist schließlich noch die vergleichsweise sehr hohe Position der europäischen Unternehmen in der Bewertung des Unternehmenszieles "Verbesserung der Qualität des Arbeitslebens", was den hier überproportional starken Einfluß der Gewerkschaften und Arbeitnehmervertreter auf betriebliche Entscheidungen erahnen läßt. Die Funktionsweise der Institutionen Kapitalmarkt einerseits und Arbeitsrecht/Gewerkschaften andererseits ist im Rahmen des dritten Moduls des oben vorgestellten Modells zu vergleichen, auf das hier jedoch nicht mehr näher eingegangen werden soll.

[33)] Zu diesen und den nachfolgenden Ausführungen vgl. Nonaka, Ikujiro; Okumura, Akihiro (Firms II), S.21

Unternehmensziele	USA	Japan	Europa
Return on Investment	2.43	1.24	2.51
Steigerung des Aktienpreises	1.14	0.02	0.70
Marktanteilssteigerung	0.73	1.43	0.46
Verbesserung des Produktportfolios	0.50	0.68	0.85
Effizienz der Produktion und physischen Distribution	0.46	0.71	0.81
Verschuldungsgrad	0.38	0.59	0.48
Anteil an Neuprodukten	0.21	1.06	0.25
Verbesserung des Unternehmensimage in der Ösffentlichkeit	0.05	0.20	0.25
Verbesserung der Qualität des Arbeitslebens	0.04	0.09	0.40

Tab.4.: Unternehmensziele im Kulturvergleich. Quelle: Nonaka, Ikujiro; Okumura, Akihiro (Firms I), S.33; Übersetzung durch den Verfasser

Zusammenfassend kann festgehalten werden, daß die Ziele österreichischer/europäischer Unternehmen im Vergleich zu amerikanischen Betrieben weniger auf die kurzfristige Steigerung des Aktienpreises gerichtet sind. Business Redesign könnte folglich in österreichischen Unternehmen zur Erreichung langfristigerer Ziele eingesetzt werden. Dabei ist jedoch der ungleich stärkere Einfluß der Arbeitnehmervertreter auf die unternehmerische Zielbildung zu beachten, der die Handlungsmöglichkeiten des Managements einschränkt.

5. Implikationen für kulturbewußtes Business Redesign in österreichischen Unternehmen

Die im letzten Abschnitt präsentierten empirischen, kulturvergleichenden Studien sind nicht ausreichend, um alle Bereiche des vorgeschlagenen Modells abzudecken und somit alle Fragen bezüglich der Übertragbarkeit des Business Redesign auf österreichische Unternehmen zu klären. Insbesondere das Alter der Erhebungen ist hier kritisch zu betrachten, da sich inzwischen Verschiebungen der Kulturen ergeben haben könnten. Trotz dieser methodischen Unsicherheit lassen sich aus diesen Studien einige klare Implikationen für den kulturbewußten Einsatz des Business Redesign in österreichischen Unternehmen ableiten. Da hier die Erkenntnisse aus den verschiedenen zitierten Untersuchungen zusammengefaßt werden sollen, werden die Schlußfolgerungen nicht nach den einzelnen Variablen des vorgeschlagenen Modells gegliedert. Vielmehr werden zunächst Anforderungen an die Wissenschaft spezifiziert, die für die österreichischen Führungskräfte die notwendigen Informationen für die Einführungsentscheidung aufbereiten sollte. Im weiteren werden notwendige innerbetriebliche Anpassungen des Business Redesign - ihrer zeitlichen Abfolge entsprechend - diskutiert.

Da im deutschsprachigen Raum bislang nur wenig über Business Redesign veröffentlicht wurde, und viele Führungskräfte österreichischer Unternehmen noch nicht ausreichend über diese Alternative organisatorischer Gestaltung informiert sind, besteht die dringende **Forderung an die Wissenschaft**, das Business Redesign in strukturierter Form und unternehmensunabhängig darzustellen und so zu einer "Entmythisierung" dieser prozeßorientierten Veränderungstechnik beizutragen. Dabei ist die nach Bass/Burger wesentlich höhere Risikoaversion österreichischer Manager im Vergleich zu amerikanischen Führungskräften bei der Einführungsentscheidung zu beachten. In diesem Zuge wäre insbesondere eine stärkere Formalisierung des - in der amerikanischen Managementliteratur in der Regel relativ unstrukturiert dargestellten - Business Redesign notwendig, die die Konsequenzen dieser Methodik absehbarer macht. Weiters könnte eine aktuelle empirische kulturvergleichende Untersuchung größere Klarheit über den Einfluß kultureller Variablen auf die prozeßorientierte Reorganisation schaffen.

Innerbetrieblich kann das Risiko der Einführung des Business Redesign durch eine **Pilotstudie** in einem abgegrenzten organisatorischen Bereich beträchtlich vermindert werden. Dabei muß nach einem betrieblichen Leistungsprozeß gesucht werden, der klein und überblickbar ist, in dem die Motivation zu Veränderungen hoch ist und der ein möglichst großes Verbesserungspotential bei möglichst geringem Versagensrisiko aufweist. Der Erfolg beim ersten Redesign-Projekt ist ein wesentlicher Faktor für die längerfristige Unterstützung durch das Top-Management.

Ist die Entscheidung zum Einsatz des Business Redesign getroffen, empfiehlt sich auch innerbetrieblich eine **stärker strukturierte Vorgangsweise** als jene der amerikanischen Managementpraxis. Aus der Arbeit von Hofstede läßt sich ableiten, daß aufgrund der starken Tendenz österreichischer Arbeitnehmer, Unsicherheitssituationen zu vermeiden, ein erhöhter Regelungsbedarf für betriebliche Veränderungen besteht, und daß diese Regelungen schriftlich und ausdrücklich festzulegen sind. Die geringen Risikotoleranz österreichischer Manager bestätigt dieses Formalisierungsbedürfnis auch seitens der Führungskräfte. Insbesondere müssen dabei vorweg die Veränderungsorgane (Entscheidungsausschuß, Reengineering Champion, Prozeßeigentümer) und ein standardisierter Ablauf des einzelnen Redesign-Projektes festgelegt und unternehmensweit kommuniziert werden. Die Organisationsform des Business Redesign sollte dabei keinesfalls eine Stabsabteilung bilden, sondern die Linienverantwortlichen im höheren Management miteinbinden, weil die rasche Umsetzung der umfangreichen organisatorischen Veränderungen nur durch die direkte Weisungsrechte der Linienmanager gewährleistet ist. Im Rahmen der Formalisierung des Business Redesign sollte auch ein "**Sicherheitsrahmen**" erarbeitet werden, der dem erhöhten Sicherheitsbedürfnis österreichischer Arbeitskräfte entspricht und diesen Motivationsfaktor für prozeßorientierte Veränderungen nutzbar macht. Ausdrucksform eines solchen Sicherheitskonzeptes könnte beispielweise eine Garantieerklärung des Managements sein, daß keine Mitarbeiter aufgrund der durch Reengineering verwirklichten Verbesserungen entlassen werden. Der gesamte Formalisierungsprozeß, der vor der Einführung des Business Redesign notwendig ist, sollte in **Zusammenarbeit mit den Mitarbeiter- und Gewerkschaftsvertretern** gemeinsam erarbeitet werden. Durch eine frühzeitige Beteiligung dieser Stellen kann die Kooperation der Arbeitnehmervertreter antizipiert werden, und die Konsensfindung vor dem Beginn von Detailprojekten ermöglicht es den Führungskräften, ihren durch die Formen der "Industriellen Demokratie" eingeengten Handlungsspielraum auszuloten.

Ein Kernproblem bei der Durchführung von Reengineeringprojekten in Österreich müßte nach der Arbeit von Nonaka/Okumura im Führungsverhalten europäischer Manager liegen, bei denen gegenüber ihren amerikanischen Kollegen Mängel im Bereich des "Vorsorgenden Verhaltens", des "Aufgabenzentrierten Verhaltens" und des "Wert-Überzeugungsverhaltens" aufgezeigt wurden. Bei der **Auswahl der Führungskräfte**, die die Schlüsselrollen im Reengineering erfüllen sollen (Reengineering-Champion, Prozeßeigentümer, Mitglieder des Redesign-Teams), sollten daher die Führungsfähigkeiten der potentiellen Gestalter im Mittelpunkt stehen. Eine besondere Rolle spielt dabei das Wertüberzeugungsverhalten, das durch die Weitergabe veränderungsorientierter Werte an die Mitarbeiter für den Erfolg von Reengineering-Projekten eine zentrale Rolle einnimmt.

Der besondere Vorteil österreichischer Unternehmungen für den Einsatz des Business Redesign liegt in der unterschiedlichen Gewichtung von Unternehmenszielen im Vergleich zu amerikanischen Betrieben. Der geringere Einfluß der Eigenkapitalgeber auf die Unternehmensentscheidungen geht einher mit einer **langfristigeren Zielorientierung**. Da die tiefgreifenden Veränderungen der Organisation sich in der Regel mit großen zeitlichen Verzögerungen im Unternehmenserfolg zeigen, begünstigt die langfristige Zielorientierung in österreichischen Unternehmen den Einsatz des Reengineering. Aufgrund des wesentlich stärkeren Einflusses der Arbeitnehmervertreter und der Gewerkschaften in Österreich sind im Rahmen der Zielsetzung jedoch die Arbeitnehmerinteressen stärker zu berücksichtigen. Das bedeutet insbesondere, daß hier nicht wie in den USA Kostensenkung als vorrangiges Ziel des Business Redesign verfolgt werden kann. Dies bietet die Chance, Qualitäts-, Zeit- oder Serviceorientierte Ziele in den Vordergrund zu stellen.

Bei einer Anwendung des Business Redesign in Österreich sollten auch Überlegungen einer **erweiterten Partizipation der Mitarbeiter** getroffen werden, denn nach Hofstede ist die österreichische Kultur durch eine besonders geringe Akzeptanz ungleichgewichtiger Machtverteilung zwischen Management und Mitarbeitern und stärker kollektivistischer Orientierung geprägt. Eine mögliche Form verstärkter Partizipation der Mitarbeiter im Rahmen des Business Redesign wäre die Durchführung von Unterprojekten im Rahmen von Kleingruppenaktivitäten in Qualitätszirkeln oder Organisationsentwicklungsprojekten.

Zusammenfassung

Business Redesign ist ein prozeßorientiertes Veränderungssystem, das Ende der 80er Jahre von amerikanischen Managementberatern entwickelt wurde. Ziel dieses Beitrags war es, zu analysieren, ob die österreichische Unternehmenskultur für eine Anwendung dieser Managementtechnik geeignet ist. Kultur wurde dabei als das gemeinsame Wertsystem einer Gesellschaft definiert; die Unternehmenskultur wird als Subkultur betrachtet. Eine nähere Analyse des Business Redesign hat gezeigt, daß eine kulturbewußte Anwendung dieser Managementtechnik in österreichischen Unternehmen das systematische Hinterfragen der Verhaltensweisen der am Veränderungsprozeß beteiligten Manager und Mitarbeiter (personelle Variablen), des Einflusses der gegenwärtigen Organisationsform des Unternehmens (organisationsbezogene Variablen) und der Einflußnahme unternehmensexterner Kräfte auf Redesign-Projekte (institutionelle Variablen) erfordert. Im vorgeschlagenen Kulturvergleichsmodell, das als Ausgangspunkt für empirische Untersuchungen eingesetzt werden könnte, werden diese Faktoren systematisiert. Für den Vergleich einiger Teilbereiche des Modells, vorrangig der personellen Variablen, wurden die empirischen kulturvergleichenden Untersuchungen von Hofstede, Bass/Burger und Nonaka/Okumura herangezogen. Die detaillierte Analyse dieser Erkenntnisse führt zu den folgenden Implikationen für den Einsatz des Business Redesign in österreichischen Unternehmen:

* Entmythisierung und Formalisierung des Business Redesign durch die Wissenschaft
* Durchführung eines Pilotprojektes vor der endgültigen Einführung
* innerbetriebliche Formalisierung des Business Redesign vor dem Projektstart
* Aufbau eines "Sicherheitsrahmens"
* frühzeitige Beteiligung der Mitarbeiter- und Gewerkschaftsvertreter
* gezielte Auswahl der Schlüsselpersonen im Business Redesign
* langfristigere, weniger kostenorientierte Zielformulierung für Redesign-Projekte.
* erweiterte Mitarbeiterpartizipation im Veränderungsprozeß

Literaturverzeichnis

Bass, Bernard M.; Burger, Philip C.: Assessment of Managers - An International Comparison. (Assessment) Free Press, New York - London 1979

Bleicher, Knut: Organisation. (Organisation) Gabler, Wiesbaden 1991

Carr, David K.; Dougherty, Kevin S.; Johansson, Henry J.; King, Robert A.; Moran, David E.: Breakpoint Business Process Redesign. (Breakpoint) Coopers & Lybrand, Arlington 1992

Champy, James A.: Grand Designs. (Designs) In: CIO, Jan. 1993 S.26

Child, John: Culture, Contingency and Capitalism in the Cross-National Study of Organizations. In: Research in Organizational Behavior, Vol. 3, JAI-Press 1981, S.303-356

Davenport, Thomas H.: Process Innovation. (Process) Harvard Business School Press, Boston 1993

Davenport, Thomas H.; Short, James E.: The New Industrial Engineering: Information Technology and Business Process Redesign (Redesign)

Ebrahimpour, Maling; Lee, Sang M.: Quality Management Practices of American and Japanese Electronic Firms in the United States. (Electronic) In: Production and Inventory Management Journal. 4, 1988, S28-31

Hammer, Michael; Champy, James: Reengineering The Corporation. Harper Business, (Corporation) New York 1993

Hammer, Michael: Reengineering Work - Don't Automate, Obliterate (Reengineering) In: Harward Business Review, Jul/Aug 1990, S.104-112

Harrington, H.J.: Business Process Improvement (BPI). McGraw Hill, New York u.a.1991

Hofstede, Geert: Culture´s Consequences. Abridged Edition. (Culture) Sage Publications, Beverly Hills u.a. 1984

Hofstede, Geert: National Cultures in Four Dimensions. (Dimensions) In: International Studies of Man & Organizations, 1983, No.1-2, S.46-74

Hofstede, Geert: Cultures and Organizations - Software of the Mind. (Software) McGraw-Hill, London u.a. 1991

Hofstede, Geert; Bond, Michael Harris: The Cash Value of Confucian Values. (Confucian) In: IOS Human Systems Management, 1989, 8, S.195-200

Hofstede, Geert; Bond, Michael Harris: The Confucius Connection: From Cultural Roots To Economic Growth. (Confucius) In: Organizational Dynamics, 1988, 4, S.4-21

Johansson, Henry J.; McHugh, Patrick; Pendlebury, A.John; Wheelerr III, William A.: Business Process Reengineering. (Reengineering) John Wiley & Sons, Chichester u.a. 1993

Krickl, Otto: Business Redesign - Prozeßorientierte Organisationsgestaltung und Informationstechnologie. Beitrag im Rahmen dieses Bandes.

Morris, Daniel; Brandon, Joel: Re-engineering Your Business. (Re-engineering) McGraw-Hill, New York u.a.1993

Nonaka, Ikujiro; Okumura, Akihiro: A Comparison of Management in American, Japanese and European Firms (I). (Firms I) In: Management Japan, Spring 1984, S.23-40

Nonaka, Ikujiro; Okumura, Akihiro: A Comparison of Management in American, Japanese and European Firms (II). (Firms II) In: Management Japan, Autumn 1984, S.20-27

o.V.: Leading Trends in Information Services. (Trends) Untersuchungsergebnisse einer empirischen Studie von chief Information Officers von 500 US-amerikanischen Firmen durchgeführt von Deloitte & Touche, 1993

Roach, Stephen S.: Services Under Siege - The Restructuring Imperative (Services) In: Harvard Business Review 09/10 1991, S.82-91

Ronen, Simcha: Comparative Multinational Management. (Comparative) John Wiley & Sons, New York u.a. 1986

Ronen, Simcha; Shenkar, Oded: Clustering Countries on Attitudinal Dimensions: A Review and Synthesis. (Clustering) In: Academy of Management Review, 1985, Vol.10, No.3, S.435-454

Smith, H.A.; McKeen, J.D.: Re-Engineering IS: The Experts Look at Themselves. (IS) Working Paper 92-31, The IT Management Forum 1992

Tschandl, Martin: Externe Sozial-Ökologische Unternehmensbewertung. (Externe) Dissertation, Graz 1993 (Veröffentlichung als Buch Mitte 1994)

Venkatraman, N.: IT-Induced Business Reconfiguration. (Reconfiguration) In: Scott Morton, Michael S.: The Corporation of the 1990s: Information Technology and Organizational Transformation, Oxford University Press, New York 1991, S.122-158

Wilkinson, Richard: Reengineering - Industrial Engineering In Action (Industrial) In: Industrial Engineering, Aug.1991, S.47-49

Wiswede, Günther: Soziologie. (Soziologie) Moderne Industrie, Landsberg am Lech 1985

Wurzer, Wolfgang: Systeme Prozeßorientierter Organisatorischer Veränderung im Einklang mit der Europäischen Unternehmenskultur. (Prozeßorientierter). Dissertation in Vorbereitung. Graz 1994

Ermittlung von Rationalisierungspotentialen in der Verwaltungsarbeit

Tools und Erfahrungen aus der Praxis

Lambert O. Gneisz
Unisys Österreich GmbH, Wien

Abstract

Ein Ziel dieses Beitrags ist die bei Reorganisationsprojekten aufgrund geplanter EDV-Investitionen im Bereich der öffentlichen Verwaltung gemachten Erfahrungen aus der Sicht des Organisationsberaters wiederzuspiegeln. Das Herangehen an Vorhaben dieser Art soll anderen Projektbetreibern damit erleichtert werden.

Schwerpunkt dieses Artikels ist ein Einblick in die durch den Einsatz eines elektronischen Analysewerkzeuges unterstützte Projektarbeit. Vor- und Nachteile aus der Sicht des Beraters und auch aus der der Projektbeteiligten des Auftraggebers, werden kurz aufgelistet. Damit sollen die Vorteile und die reale Machbarkeit eines methoden- und werkzeuggestütztes Vorgehens aufgezeigt werden.

Zur Verdeutlichung der angebotenen Programmfunktionalitäten werden Auszüge aus einem Reorganisationsprojekt gebracht. "Unisys ROI Reorganisation Optimierung Innovation" ist jenes Analysewerkzeug, das dazu in Beratungsprojekten eingesetzt wurde. Es wurde von der Unisys Corporation entwickelt. Dieser Artikel soll vorwiegend die betriebswirtschaftliche Sinnhaftigkeit einer DV-unterstützten Organisationsanalyse mit einem einfach zu handhabenden Softwarewerkzeug unterstreichen und weniger das genannte Produkt in den Vordergrund stellen.

1. Ausgangssituation

1.1. Alte EDV-starre EDV

Besonders in öffentlichen oder öffentlichkeitsnahen Organisationen mit spezifischen Anforderungen an die elektronische Unterstützung der Vorgangsbearbeitung, sind häufig über Jahre hinweg Applikationen gewachsen, die Arbeitsabläufe relativ starr unterstützen. Ein Grund kann zum Beispiel der Zwang zur Erfüllung bestimmter, in Gesetzen oder Verordnungen geregelter, Aufträge sein. Daher hatten die so ausgelösten Vorgänge aufgrund ihres Charakters nur minimales Veränderungspotential.

Weiters haben diese Organisationen häufig eine beträchtliche Größe und Mitarbeiteranzahl. Diese haben eine Vielzahl von immer wiederkehrenden Vorgängen zu bearbeiten. Aufgrund der Intensität der erforderlichen Rechenleistung werden bzw. wurden daher Großrechner verwendet. Auf Großrechnern eines Herstellers waren und sind teilweise noch heute zumeist nur Applikationen des selben Herstellers ablauffähig. Während bei einem Wachstum der Anforderungen an die Rechenleistung die Hardware nachgerüstet werden kann, ist die Neuorganisation der Vorgangsbearbeitung aufgrund des beschränkten Veränderungspotentials der Software schwierig.

Ausreichende Möglichkeiten zur Anpassung der Applikation an die aktuellen Anforderungen der Vorgangsbearbeitung sind oft nicht zu finden, da diese Programme häufig nicht unter diesem Aspekt entwickelt wurde. Wenn sich in der Folge Anwenderinnen und Anwender dieser Organisationen und deren Kunden mit den negativen Effekten einer "alten EDV-Anlage" auseinandersetzen müssen, dann ist dahinter vorwiegend der nicht mehr entsprechende Funktionsumfang der Software und weniger die Systemleistung an sich zu vermuten.

Die Folgen sind sinkende Motivation der Beschäftigten, ein Ansteigen der Bearbeitungs- und Durchlaufzeiten und möglicherweise auch eine Zunahme der Bearbeitungsfehler. Das geht zu Lasten aller an diesen Vorgängen direkt und indirekt Beteiligten. Daher muß dieser Umstand als ein in der Praxis anzutreffender Hintergrund angesehen werden, vor dem Reorganisationsprojekte vor einer Einführung neuer EDV-Umgebungen handeln können.

1.2 Neue, flexible EDV-neue flexible Organisation?

Reorganisationsprojekte stehen daher häufig in zeitlichem Zusammenhang mit Investitionen in Bürokommunikationsanlagen oder anderen Komponenten der technischen Betriebs- und Geschäftsausstattung. Dieser Zusammenhang ist inhaltlich nicht zwingend, da technische Barrieren in den seltensten Fällen die einzigen oder größten Hindernisse für eine effizientere Gestaltung der Geschäftsprozesse sind. Der Grund der Aktivitäten ist daher eine zwar prinzipiell angestrebte Verbesserung der Vorgangsbearbeitung, den eigentlichen Anlaß bildet aber häufig eine zu planende Investition in Werkzeuge zur Büroautomation.

Dabei stellt sich nun die häufig diskutierte Frage, ob die aus der Untenehmensstrategie abgeleitete zukünftig sinnvolle Vorgangsbearbeitung zu hundert Prozent die Vorgabe an eine zu entwickelnde Applikation bilden soll ("visionärer Ansatz"). Andererseits kann auch der kompromißfreudige Weg, aufgrund diverser Sachzwänge die an die Applikation gestellten Anforderungen zu reduzieren, beschritten werden ("pragmatischer Ansatz"). Wie diese Entscheidung richtigerweise lauten soll, ist umstritten.

2. Revolution oder Evolution?

2.1 Prinzipien des Business Redesign

Michael Hammer und James Champy stellen die folgende Definition sinngemäß an den Beginn ihres zum für Berater und Organisatoren zum In-Buch gewordenen Werkes "Reengineering the Corporation": Reeingineering erfordere das fundamentale Überdenken und radikale Neugestalten von Geschäftsvorgängen, um dramatische Verbesserungen bei den Erfolgsfaktoren Kosten, Qualität, Service und Geschwindigkeit zu erreichen.[1]

So knapp und klar diese Definition klingt, so folgenschwer ist ihre Umsetzung in der betrieblichen Praxis. Ihr entsprechend müsste zunächst eine auf die Unternehmensstrategie abgestimmte Idealform der Leistungserbringung entwickelt werden ("visionärer Ansatz"). Bei ihrer Umsetzung und der Gestaltung vollkommen neuer Vorgänge und Prozesse darf dabei nichts im Wege stehen. Weder gewachsene Organisationsstrukturen, noch die vorhandene Betriebs- und Geschäftsausstattung und schon gar nicht allfällige Pragmatismen dürfen das Streben nach dem Idealzustand bremsen.

Das theoretische Potential dieser Idee scheint auf der Hand zu liegen. Die realistischen Chancen ihrer Umsetzung sind jedoch häufig vielen Einschränkungen unterworfen. Mit radikaler Neugestaltung kann u.a. auch im Bedarfsfalle die gänzliche Auflösung bestehender Abteilungen gemeint sein. Spätestens an diesem Punkt muß sich dieser Ansatz die kritische Prüfung auf seine Umsetzbarkeit gefallen lassen.

Speziell bei Organisationen im öffentlichen oder öffentlicheitsnahen Bereich, aber nicht nur dort, ist die radikale Durchsetzung von Forderungen dieser Art heute unmöglich. Diese Institutionen haben Organisationskulturen entwickelt, die aufgrund formeller und informeller Parameter radikale Veränderungen dieser Art nicht vorsehen. Dieser Umstand soll nicht grundsätzlich als negativ dargestellt werden. Dies hat aber zur Konsequenz, daß Variante 1, die Definition des Idealzustandes vor der Definition der zu realisierenden Vorgangsbearbeitung, außer Konkurrenz steht.

2.2 Nur den Sachzwängen gehorchen?

Ausgehend vom "Tagesgeschäft", knapper werdender EDV-Budgets, eventuell fest definierter Anforderungen an bestimmte Parameter der Vorgangsbearbeitung und einer nicht immer veränderungsfreudigen Grundhaltung der Projekt-

---

1 Vgl. HAMMER, Michael & CHAMPY, Michael: Reengineering The Corporation, Nicholas Brealy Publishing, London 1993, S. 32

beteiligten, scheint der visionäre Business Redesign-Gedanke als unbrauchbar. Relativ einfach und sicher stellt sich daher die Variante 2 dar. Bisher als fehlend bemängelte Funktionalitäten werden feste Bestandteile der angestrebten Softwarelösung. Nach Möglichkeit wird auch Augenmerk auf eine später mögliche Weiterentwicklung dieses Produktes gelegt. Den Sachzwängen wird damit Genüge getan. Geschriebene und ungeschriebene Gesetze blieben unangetastet. Den an der Vorgangsbearbeitung Beteiligten können nach der Projektumsetzung jene Funktionalitäten geboten werden, die sich bisher vermissen mußten.

Doch ist damit der realistisch erreichbare Idealzustand erreicht? Die bisher vermißten Funktionalitäten beziehen sich auf die heute und in der Vergangenheit gestellte Anforderungen. Eine nachhaltige Änderung dieser Faktoren aufgrund einer immer dynamischer werdenden Entwicklung der Organisationsumwelten in der Zukunft wird dabei kaum berücksichtigt.

Sowohl die Variante 1 "visionärer Ansatz", als auch die Variante 2 "pragmatischer Ansatz" haben Nachteile, die auf der Hand liegen. Gibt es noch eine dritte Möglichkeit zur Um- bzw. Neugestaltung der betrieblichen Vorgangsbearbeitung?

2.3 Soll/Ist-Vergleich

Ausgehend von einer bestehenden Ist-Situation soll ein auch mittelfristig als zweckmäßig anzusehender Status erreicht werden. Das Problem beginnt in der Praxis häufig damit, daß Vorgänge und Prozesse zur Bearbeitung von Geschäftsfällen innerhalb der Ablauforganisation großer Institutionen einmal festgeschrieben wurden. Aufgrund der kontinuierlichen Wandlung des Anforderungsprofils haben diese aber manchmal nur mehr historischen Charakter.

Auf unvermutet geänderte Anforderungen an die Vorgangsbearbeitung wurde mittels "Quick-Response-Strategien" durch eine informelle Anpassung bestehender Abläufe reagiert. Zunächst lokal am Arbeitsplatz, später übergreifend auf Arbeitsbereiche, ja auf ganze Abteilungen. Häufig werden auf diese Weise sich hartnäckig haltende Provisorien eingerichtet, die entweder gar nicht oder erst nachträglich, soweit sie erfaßt werden können, zum Standard erhoben werden.

Der klare Blick auf die betriebliche Realität der Vorgangsbearbeitung geht damit verloren. Der Ist-Zustand ist nicht definierbar. Damit fehlt die Basis zur erfolgreichen Entwicklung eines zukunftsorientierten Soll-Szenarios der Vorgangsbearbeitung.

3. Organisatoren: Arbeiter ohne Werkzeug

3.1 Eindimensionale Sicht?

Natürlich verfügen viele Organisationen einer bestimmten Größe auch über gut funktionierende Organisationsabteilungen. Die ihnen zur Abbildung der komplexen betrieblichen Realität zur Verfügung stehen Werkzeuge können jedoch ihren Zweck nur unvollständig erfüllen. Zusätzlicher Handlungsdruck entsteht weiters durch die immer schneller zunehmenden Anforderungen an des betriebliche Dokumentenmanagement.[2]

Einen etwas erweiterten Blickwinkel vorausgesetzt, kann die Fülle der organisationsinternen und -externen Parameter sowie deren Abhängigkeiten zueinander nicht dargestellt werden. Die Beschreibung des Ist-Zustandes reduziert sich oft auf Listen, auf denen einmal Stellenbeschreibungen, dann pro Abteilung zu erledigende Aktivitäten, auf anderen wieder die Häufigkeiten dieser Aktivitäten angeführt sind. Natürlich ist diese Aufzählung nicht vollständig. Sie soll lediglich verdeutlichen, daß die getrennte Erfassung und Verarbeitung von einander bedingenden Parametern nur zu einer getrennten und statischen Erfassung von Vorgangsteilen geführt hat. Die Landkarte der Bearbeitungsvorgänge enthält daher an wichtigen Stellen einige weiße Flächen. Eine genaue Ortsbestimmung wird damit vor Antritt des Marsches kaum möglich sein. Die Erreichung des Zieles ohne ungeplante Kurskorrekturen machen zu müssen wird unwahrscheinlich.

3.2 Reorganisation vor der EDV-Ausschreibung

Es ist daher empfehlenswert vor der Ausschreibung neuer EDV-Systeme die bestehenden Geschäftsprozesse kritisch zu hinterfragen, bei Bedarf auch grundsätzlich neu zu definieren und erst danach die Anforderungen an die DV-Technik zu definieren. Erst nach dieser Standortbestimmung sollten weitere Schritte gesetzt werden.

Grundsätzlich kann das Neuordnen von Vorgängen und Prozessen aber auch ohne den Hintergrund einer bevorsteheden Investition sehr effizient sein. Eine Voraussetzung dafür ist allerdings, daß die bisher zur Vorgangsbearbeitung eingesetzten Analysewerkzeuge, so sie überhaupt vorhanden sind, diese flexible Umgestaltung auch unterstützen. Weiters muß das erforderliche Organisations-Know-How bereit stehen.

---

2 GAHEM, Michael, G.: Dokumentenmanagement und seine Erfolgsfaktoren, in: Office Management, 4/1992, Fachverlag für Büro- und Organisationstechnik GmbH, Baden-Baden, S. 28.

Sehr wohl kann es dabei hilfreich sein sich zuvor über das aktuelle Hard- und Softwareleistungsspektrum führender Anbieter sowie über deren Referenzinstallationen ausreichend zu informieren. In der Praxis wird der Anwender damit aber vor nicht unbeträchtliche Aufgaben gestellt. Die Entwicklungsgeschwindigkeit der technischen "Revolution" hat sich weiter verstärkt, sodaß die Halbwertszeit des Fachwissens immer geringer wird. Es empfiehlt sich daher dieses Wissen vor bzw. während eines Reorganisationsprojektes intern aufzubauen bzw. Beratungsleistungen von kompetenter Stelle zuzukaufen.

4. Unternehmensberater einbinden?

4.1 Pro

Der organisationsinterne Aufbau von projektspezifischem Fachwissen ist einerseits unvermeidlich, andererseits bedingt durch den Zeitfaktor nur bis zu einem gewissen Ausmaß möglich und wirtschaftlich sinnvoll. Daher stellt sich für den Anwender die Frage diese Beratungsleistungen von einem Unternehmensberater oder aber den Beratern eines Herstellers einzukaufen. Bei deren Abwägung sind verschieden Aspekte, unter anderem organisatorischer und auch finanzieller Natur anzuführen.[3]

Für den Unternehmsberater spricht die grundsätzlich zu erwartende Herstellerneutralität. In der Praxis ist aber wiederholt zu beobachten, daß sich informelle "strategische Allianzen" zwischen Beratern und Herstellern bilden. Dies ist jedoch nicht nur negativ zu sehen. Auch Beratungsunternehmen müssen das Wissen ihrer Mitarbeiter ständig auf aktuellem Stand halten. Eine Möglichkeit dazu ist der Besuch von Herstellerseminaren. Die dabei kennengelernten Lösungsmöglichkeiten können in späterer Folge den Kunden des Beraters wahrheitsgetreu weitergegeben werden.

4.2 ... und contra

Einer eventuellen Kritik mangelnder Herstellerunabhängigkeit ist entgegenzuhalten, daß die Gefahr einer zwar herstellerneutralen aber eigentlich technisch schon überholten Beratungsinformation bei EDV-Projekten mindestens ebenso hoch einzuschätzen ist. Weiters ist anzumerken, daß ein Unternehmensberater ähnlich einem Steuerberater grundsätzlich keiner Haftung für das Eintreten der von ihm versprochen Lösungsqualität unterliegt. Der Unternehmensberater

---

3 KASKE, Silvia.: MIS, EIS, CIS-Baboly ist mitten unter uns, in: Office Management, 11/1992, Fachverlag für Büro- und Organisationstechnik GmbH, Baden-Baden, S. 28.

entwickelt zwar die Lösung, für deren Umsetzung innerhalb des Projektrahmens ist er aber nicht mehr nachhaltig zur Rechenschaft zu ziehen.

Im Gegensatz dazu hat der von einem Hersteller-Berater unterstützte Kunde sehr wohl die Möglichkeit, die Einhaltung versprochener aber nicht erbrachter Projekterfolge vertraglich zu erzwingen bzw. zu pönalisieren. Kritisch muß dabei aber auch angemerkt werden, daß der massive Verdrängungswettbewerb der Hersteller diese vereinzelt in Verkaufsgesprächen fallweise zu einer unrealistisch positiven Einschätzung der Leistungsfähigkeit der von ihnen angebotenen Systeme geführt hat. Die Prüfung der fundierten Grundlagen solcher Aussagen ist dem mit einer neuen Technologie noch wenig vertrauten Anwender nicht immer möglich.

Die Entscheidung einen neutralen Unternehmensberater oder einen Hersteller-Berater in das Projekt einzubeziehen bleibt weiterhin dem Anwender überlassen. Manche Hersteller haben jedoch frühzeitig auf den Aufbau von internem Beratungsknow-how gesetzt und können daher heute ebenfalls betriebswirtschaftlich und technisch fundierte Beratungsleistungen anbieten. Für den Anwender kann der sich dabei ergebende Preisvorteil interessant sein, da Herstellerberater erfahrungsgemäß ihre Beratungsleistungen kostengünstiger kalkulieren.

5. Softwarewerkzeuge bei Reorganisationsprojekten

Unabhängig davon, ob die notwendige Definition der Ist-Situation zu Projektbeginn rein intern oder in Zusammenarbeit mit einem Hersteller geschieht, sollte diese Arbeit werkzeugunterstützt erfolgen. Nur wenige dieser Werkzeuge sind in der Lage ohne größeren Aufwand auch, zumindest auszugsweise, die Komplexität der sie tragenden Organisationsinfrastruktur abzubilden. Die Betrachtung wird dadurch einseitig. Dem Arbeitsergebnis fehlt die Rücksichnahme auf eine große Gruppe relevanter Erfolgsfaktoren. Bestenfalls kommt es zu einem Nebeneinander von Betrachtungen aus mehreren fachlichen Blickwinkeln.

Die ganzheitliche Sicht von komplexen organisatorischen Abläufen bleibt meist kostenintensiven Projekten mit hochqualifizierten Unternehmensberatern vorbehalten. Die dabei erstellten Organisationsanalysen werden dabei unter mehr oder weniger starker Einbindung der Projektbeteiligten des Auftraggebers oft extern erstellt. Die eingesetzten Softwarewerkzeuge erfordern Spezialwissen, sind sehr kostenintensiv und daher vom Projekbetreiber ohne externe Hilfe nicht unmittelbar einzusetzen.

6. Vorstellung eines Werkzeugs: Unisys ROI

6.1 Kurzbeschreibung

Unisys ROI ist ein Softwarewerkzeug zur Strukturierung und Dokumentation von Organisationsabläufen. Unisys ROI kann dabei sowohl zur statischen Abbildung bestehender Abläufe, als auch zur Variantenbewertung bei dynamischen Business Redesign Projekten angewendet werden.

Dabei können eine Fülle den Organisationsablauf beeinflußende Faktoren Berücksichtigung finden. Durch die Möglichkeit zur laufenden Umgestaltung einer zu testenden Ablaufvariante, kann die im Projektrahmen beste Ablauforganisation entwickelt werden. Die Programmbedienung ist hilfegestützt und durch eine grafische Benutzeroberfläche einfach zu erlernen. Unisys ROI kann auf jedem modernen, dem Industriestandard entsprechenden, Personalcomputer eingesetzt werden.

6.2 Beispiel: Auswertbare Einflußgrößen

Zunächst fordert das Programm die Beschreibung der Projekthintergründe, der Projektziele und der das Projekt verursachenden Probleme. Die Definition von Erfolgsfaktoren und wie diese gemessen werden können unterstützt das begleitende Projetkcontrolling. Da Projektteams häufig aus Vertretern mehrerer Fachrichtungen zusammengesetzt sind, wird so ein Grundstein zur fächerübergreifenden projektorientierten Kommunikation gelegt.

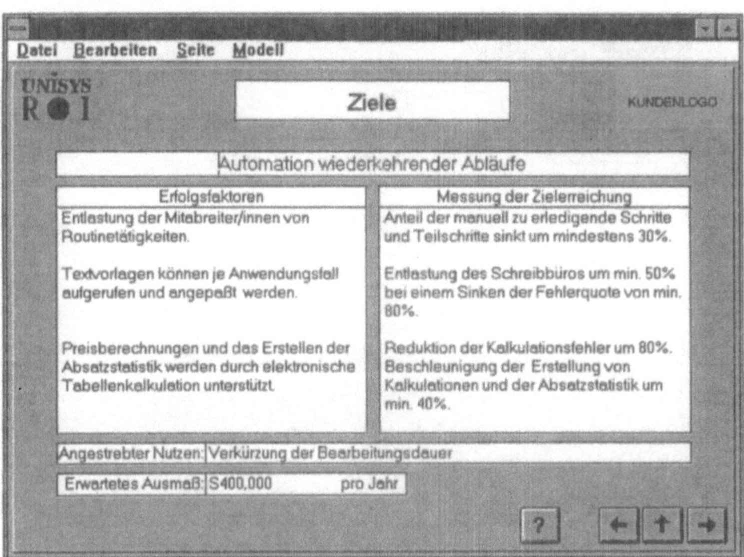

Abbildung 1: Unisys ROI, Projektziele

Danach muß eine Grobgliederung in einzelne Vorgänge (Business Activities), die aus mehreren Vorgangsschritten und Teilschritten bestehen, vorgenommen werden. Deren Abfolge kann dabei jeweils als parallel oder als seriell definiert werden. Grafische Darstellungen erleichtern das schnelle Erkennen von Bearbeitungsabläufen.

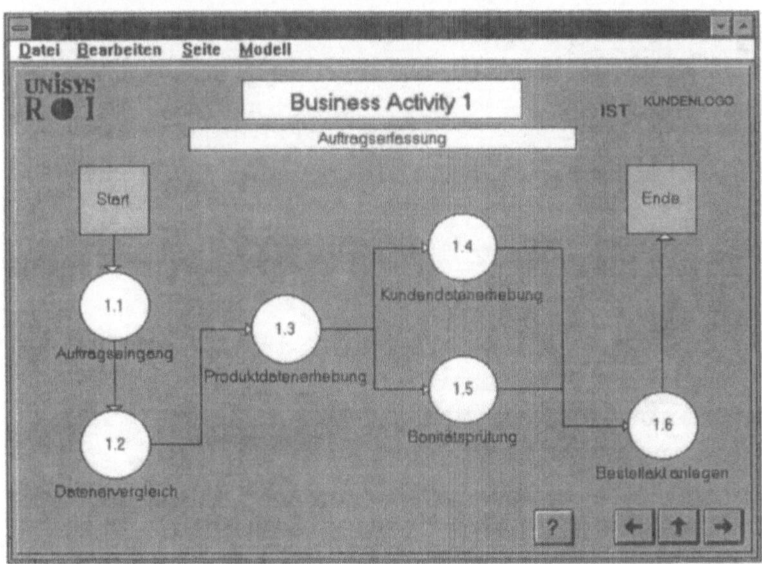

Abbildung 2: Unisys ROI, Vorgangsgrafik Ist-Situation

Vorgangsschritte oder Teilschritte werden jeweils hinsichtlich eine Reihe für sie einflußrelevanter Kriterien beschrieben.

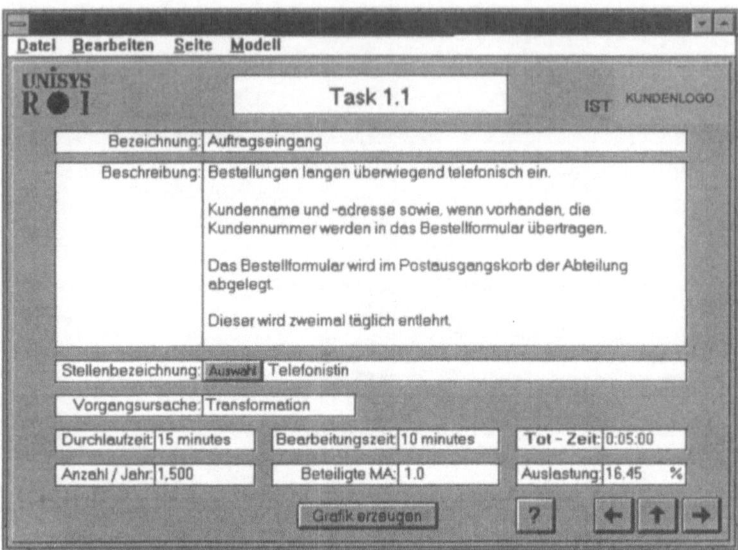

Abbildung 3: Unisys ROI, Vorgangsbeschreibung Ist-Situation

Die an der Vorgangsbearbeitung direkt beteiligten Personen sind jeweils hinsichtlich ihrer Stellenbezeichnung, ihrer Stellenbeschreibung, den jeweiligen Personenkosten pro Stunde und der Anzahl von Personen mit gleicher Stellenbezeichnung anzugeben.

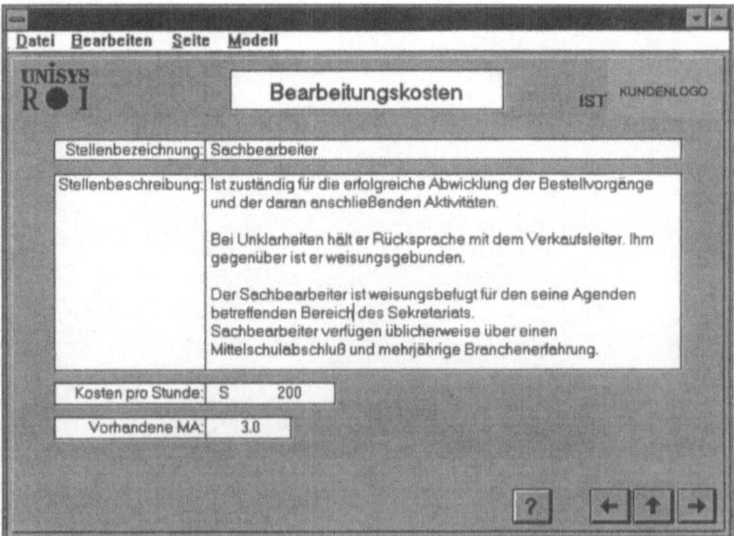

Abbildung 4: Unisys ROI, Definition der variablen Bearbeitungskosten

Die an der Vorgangsbearbeitung nur indirekt beteiligten Personen finden als Gemeinkostenfaktoren Berücksichtigung. Dabei ist zu unterscheiden, inwieweit diese Kosten einmalig oder regelmäßig anfallen und in welchem Ausmaß diese

Kosten als fix bzw. als indirekt variabel anzusehen sind. Bei Bedarf können bei Investitionen bis zu drei unterschiedliche Finanzierungsmodelle hinsichtlich Laufzeit, Finanzierungskosten und Abschreibungsdauer definiert werden.

Die Betriebs- und Geschäftsausstattung, die als Kostenfaktor die organisatorische Infrastruktur für die zu analysierenden Vorgänge bildet, kann mit vom Anwender selbst zu wählender Genauigkeit im Modell abgebildet werden. Dabei ist die Bezeichnung des Kostenfaktors, seine Höhe, die Häufigkeit seines Anfalls und seine Abhängigkeit von anderen Einflußgrößen abbildbar.

Entsprechenden den Anforderungen des Business Process Redesign-kann die Ursache jedes Vorgangsschrittes bzw. Teilschrittes einem bestimmten Produktivitätsniveau zugeordnet werden.

Aus finanzwirtschaftlicher Sicht können zur dynamischen Betrachtung die Inflationsrate und die steuerliche Belastung der Unternehmenserträge auf einfache Art ergebniswirksam berücksichtigt werden.

6.3 Beispiel: Variantenbewertung

Ein einmal angelegtes Ist-Ablaufmodell kann nachträglich jederzeit um einzelne Vorgangsschritte bzw. Teilschritte ergänzt bzw. verringert werden, um eine Soll-Variante zu entwickeln.

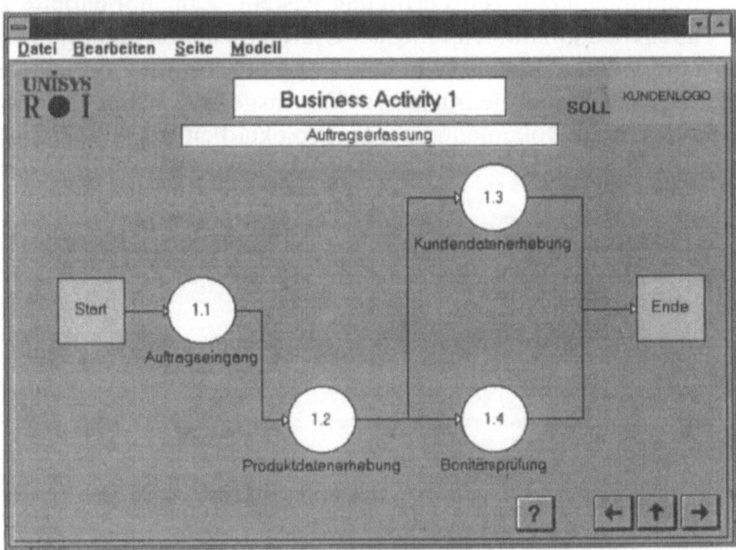

Abbildung 5: Unisys ROI, Vorgangsgrafik Soll-Variante

Ebenso kann auch die dem Modell zugrunde liegende Zahlenbasis im Projektverlauf dynamisch verändert werden. Die sich dabei neu ergebenden Verknüpfungen werden von Unisys ROI automatisch hergestellt. Die Integrität des Modells bleibt auch nach mehreren Projektversionen vollständig erhalten.

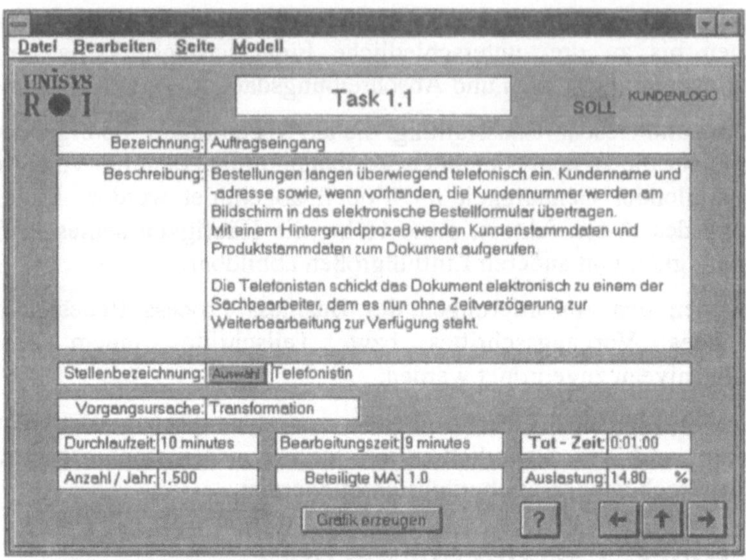

Abbildung 6: Unisys ROI, Vorgangsbeschreibung Soll-Variante

6.4 Beispiel: Auswertungen

Alle im Programm getroffenen textorientierten Projektangaben werden als Textdokumente zusammengefaßt zur Verfügung gestellt. Zahlenorientierte Eingaben werden als Tabellenkalkulationen bzw. als Grafiken zur Verfügung gestellt. Darüber hinaus kann jede Bildschirmseite von Unisys ROI mit vom Benutzer gestalteten Texten ergänzt und ausgedruckt werden. Insgesamt stehen 16 unterschiedliche Auswertungen zur Dokumentation der Projektarbeit zur Verfügung.

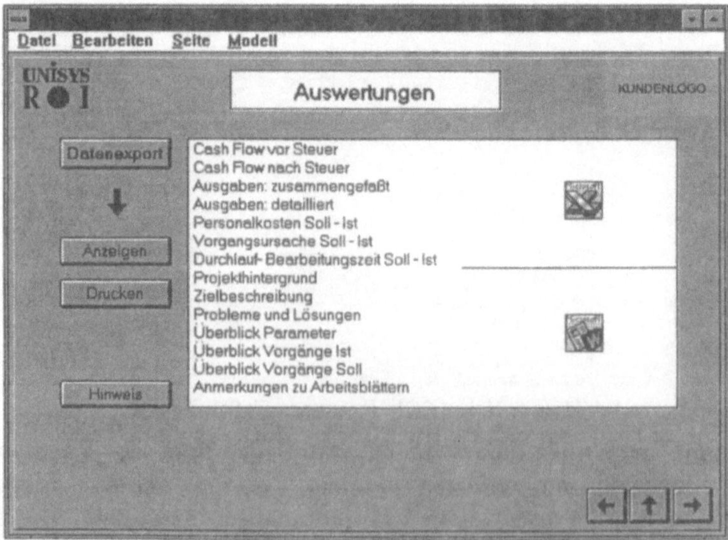

Abbildung 7: Unisys ROI, Möglichkeiten zur Auswertung

Eine weitere, in einem anderen Programmteil zugängliche Auswertung, gibt Übersicht über den Personalstand im Vergleich zum vorgangsbezogenen Personalbedarf. Die zweite Auswertung listet die Vorgänge, Vorgangsschritte und Teilschritte hinsichtlich der Durchlauf- und Bearbeitungszeiten auf.

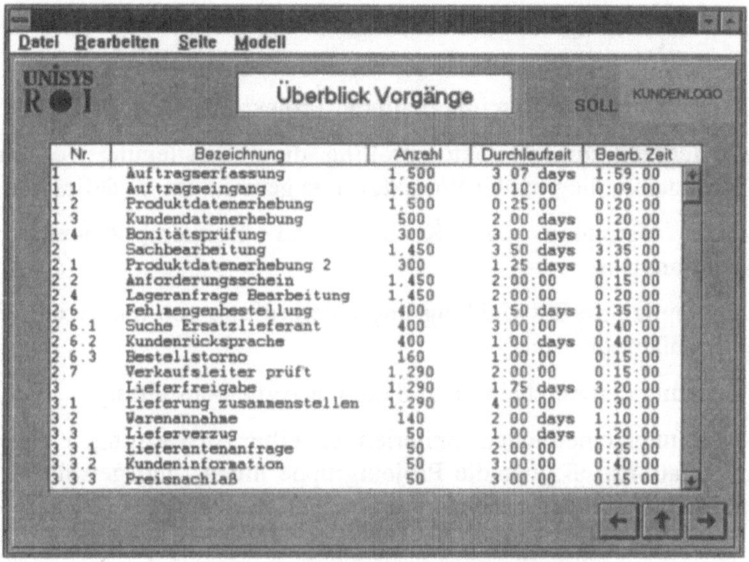

Nr.	Bezeichnung	Anzahl	Durchlaufzeit	Bearb. Zeit
1	Auftragserfassung	1,500	3.07 days	1:59:00
1.1	Auftragseingang	1,500	0:10:00	0:09:00
1.2	Produktdatenerhebung	1,500	0:25:00	0:20:00
1.3	Kundendatenerhebung	500	2.00 days	0:20:00
1.4	Bonitätsprüfung	300	3.00 days	1:10:00
2	Sachbearbeitung	1,450	3.50 days	3:35:00
2.1	Produktdatenerhebung 2	300	1.25 days	1:10:00
2.2	Anforderungsschein	1,450	2:00:00	0:15:00
2.4	Lageranfrage Bearbeitung	1,450	2:00:00	0:20:00
2.6	Fehlmengenbestellung	400	1.50 days	1:35:00
2.6.1	Suche Ersatzlieferant	400	3:00:00	0:40:00
2.6.2	Kundenrücksprache	400	1.00 days	0:40:00
2.6.3	Bestellstorno	160	1:00:00	0:15:00
2.7	Verkaufsleiter prüft	1,290	2:00:00	0:15:00
3	Lieferfreigabe	1,290	1.75 days	3:20:00
3.1	Lieferung zusammenstellen	1,290	4:00:00	0:30:00
3.2	Warenannahme	140	2.00 days	1:10:00
3.3	Lieferverzug	50	1.00 days	1:20:00
3.3.1	Lieferantenanfrage	50	2:00:00	0:25:00
3.3.2	Kundeninformation	50	3:00:00	0:40:00
3.3.3	Preisnachlaß	50	3:00:00	0:15:00

Abbildung 8: Unisys ROI, Auflistung der Vorgänge

7. Nachteile des Werkzeugeinsatzes

Zunächst muß der Anwender über dieses oder ein vergleichbares organisationsunterstützendes Werkzeug verfügen. Weiters muß die Programmbedienung erlernt werden und zumindest ein Personalcomputer zur Verfügung stehen. Darüber hinaus muß die Umstellung von der vertrauten, überwiegend papierbezogenen Projektarbeit zur Arbeit mit einem Softwarewerkzeug mental vollzogen werden.

In der Phase der Grobstrukturierung des zu analysierenden Organisationsablaufs ist in der Praxis zu bemerken, daß die zu Beginn unbedingt erforderliche ganzheitliche Sicht des Projekts und der Projektumwelt fallweise nicht gegeben ist. Dieses Manko wirkt sich natürlich auch bei der herkömlichen Projektarbeit aus, versteckt sich hier aber oft unter dem Deckmantel des "Spezialistentums".

8. Vorteile des Werkzeugeinsatzes

Im Projekteinsatz hat das oben kurz vorgestellte Werkzeug die folgenden sieben Aspekte der Projektarbeit stark forciert:

- Klare Strukturierung des Vorgehens der Projektgruppe.
- Klare Aufgabenteilung innerhalb der Projektgruppe.
- Möglichkeit zum Projektcontrolling durch Festlegung von meßbaren Einzelzielen, die von der Projektgruppe gemeinsam zu definieren sind.
- Starke Betonung der Kosten- und Zeitkomponenten bei der Ablaufanalyse.
- Unkomplizierte Entwicklung und Überprüfung von mehreren möglichen Soll-Ablaufvarianten.
- Förderung der ganzheitlichen Sicht der Aufgabenstellung.
- Nach unterschiedlichen Kriterien erstellte Auswertungen fördern den Informationsfluß über die Projektgruppe hinaus und gewährleisten eine umfaßende Projektdokumentation.

9. Zusammenfassung

Im praktischen Einsatz ist der Einsatz eines Werkzeugs wie Unisys ROI zur Strukturierung und Dokumentation von Organisationsabläufen aus Sicht des Organisationsberaters als erfolgreich zu bezeichnen.

Einschränkend ist anzuführen, daß der erstmalige Einsatz eines Softwarewerkzeuges dieser Art ohne ausreichende Schulung und begleitende Projektberatung nur bedingt zielführend ist.

Seitens der Kunden wurde der Werkzeugeinsatz besonders aufgrund der Anregungen zur Problemstrukturierung sowie dem Möglichkeiten zur statischen Abbildung bestehender Abläufe und zu der Entwicklung und Bewertung neuer Ablaufvarianten positiv bewertet.

Kostenmanagement im Verwaltungsbereich

Alfred Gutschelhofer und Christian Riegler
Karl-Franzens-Universität Graz

1. Einleitung und Problemstellung

Kostenrechnungssysteme wurden historisch bedingt in erster Linie zum Einsatz in Industriebetrieben konzipiert, mit Schwerpunkt auf dem Produktionsbereich. Dem Verwaltungsbereich, sei es als Teil eines Produktionsbetriebes oder als eigenständiges Unternehmen wurde nicht jene Aufmerksamkeit zuteil, die ihm aufgrund seiner in letzter Zeit gestiegenen Bedeutung (zB aufgrund gestiegener Kosten in diesen Bereichen verbunden mit Verschiebungen der Kostenstruktur) zukommen müßte.

Als eine Möglichkeit zur Lösung dieses angesprochenen Defizites erfolgte eine Weiterentwicklung der produktionsorientierten Grenzplankostenrechnung auf den Dienstleistungsbereich.[1] Zum anderen wurden verstärkt "Gemeinkostenmanagementmethoden", allen voran die Prozeßkostenrechnung, diskutiert und ihre Anwendbarkeit im Verwaltungsbereich überprüft.

Daher soll in einem ersten Schritt eine Analyse der Aussagen der Grenzplankostenrechnung zum Themenbereich Verwaltung erfolgen, die eine Fokussierung auf operative Fragestellungen, wie zB. eine Verrechnung von Verwaltungsgemeinkosten auf Kostenträger in der laufenden Kalkulation, vornimmt.

In weiterer Folge soll die Funktionsweise der Prozeßkostenrechnung als Hauptrepräsentant der neueren Formen des Gemeinkostenmanagements dargestellt und auf den Verwaltungsbereich übertragen werden. Gleichzeitig soll das Naheverhältnis zur Grenzplankostenrechnung aufgezeigt werden, um die Sinnhaftigkeit eines ergänzenden Einsatzes in der betrieblichen Praxis beurteilen zu können.

Als nächster Schritt wird in ausführlicher Form die Konzeption der Wertkette dargestellt, als logische Erweiterung in Richtung eines "strategischen" Kostenmanagements zur Lösung von strategischen Entscheidungen im Rahmen des "Business Redesign". Dies erscheint sinnvoll, da die Struktur der Wertkette ein Bezugsrahmen für die Prozeßkostenrechnung im strategischen Bereich sein kann, der dem "revolutionären" Ansinnen des Business Redesign einer

---

1 Vgl. Vikas (1988) und (1991)

Integration des Wertschöpfungssystems verbunden mit einer Neudefinition der Geschäftsbereiche[2] gerecht werden kann. Dies umso mehr, als die Wertkette auch als Entscheidungshilfe im Hinblick auf die Wettbewerbsrelevanz von Verwaltungsleistungen herangezogen werden kann und qualitative Aspekte nicht außer Acht läßt.

Ziel des Beitrages ist die Erarbeitung eines integrativen Ansatzes, der die Beurteilung von Business Redesign Aktivitäten hinsichtlich ihrer strategischen Bedeutung einerseits aber auch eine kostenmäßige Bewertung andererseits ermöglicht.

2. Möglichkeiten und Grenzen der "traditionellen" Kostenrechnungssysteme im Verwaltungsbereich

Am Beginn dieses Abschnittes wird eine Bestandsaufnahme der Aussagen der traditionellen Kostenrechnung, worunter das hochentwickelte System der Grenzplankostenrechnung, wie es im Standardwerk *Kilgers*[3] zum Ausdruck kommt, verstanden wird, vorgenommen. Dabei stehen vor allem zwei Themengebiete im Vordergrund, die Kalkulationsfunktion und die Planungs- und Kontrollfunktion der Kostenrechnung.[4]

2.1. Die Kalkulation

Im Rahmen der Kostenträgerstückrechnung in Form der vorgeschlagenen Zuschlagskalkulation ist eine Verrechnung der Verwaltungskosten auf ein Endprodukt über die Plan-Herstellkosten vorzunehmen. Diese Vorgangsweise, die auf einer Anwendung des Durchschnittsprinzips beruht, birgt zwar die Gefahr des Ausweises verzerrter Endproduktkosten in sich, jedoch wird sie aufgrund des hohen Planungs- und Erfassungsaufwandes anderer Bezugsgrößen, denen es darüber hinaus zumeist auch an einer ausreichenden Beziehung zu den Endprodukten mangelt, notwendig und begründet.[5] Zudem sieht die Grenzplankostenrechnung eine Berücksichtigung nur variabler Bestandteile von Verwaltungskosten, somit idR nur eines kleinen Teiles, vor.

2 Vgl. Venkatraman (1991), S. 127

3 Vgl. Kilger (1993)

4 Auf eine Unterscheidung von Kostenmanagement und Kostenrechnung wird verzichtet, weil diese Unterscheidung von den Vertretern der Grenzplankostenrechnung nicht getroffen wird.

5 Vgl. Kilger (1993), S. 532 und zB. Coenenberg (1992), S. 96 f

Die Kostenträgerzeitrechnung in Form einer Stufen-Fixkostendeckungsrechnung[6] versucht in den großen Block der fixen Verwaltungskosten Kostentransparenz zu bringen, indem es zu einer Unterteilung und anschließenden Zuordnung einzelner Blöcke in verschiedenen Hierarchieebenen kommt (zB. Endprodukt, Endproduktgruppe, Bereich, Sparte, Unternehmen) und entsprechend Deckungsbeitrag 1, 2 usw. ermittelt werden. Diese Vorgangsweise trägt dem Umstand Rechnung, daß eine verursachungsgerechte Verrechnung der fixen Kosten auf eine Einheit des Endproduktes nicht möglich ist.

2.2. Planung und Kontrolle

Zur Planung und Kontrolle der Kosten in den Bereichen der Verwaltung wird jedoch wiederum auf ein differenziertes System von Bezugsgrößen zurückgegriffen,[7] die mit arbeitswissenschaftlichen Funktionsanalysen ermittelt werden können.

> Als Beispiele können genannt werden: In der Kostenstelle Finanzbuchhaltung die Bezugsgröße Anzahl der Buchungen, in der Kostenstelle Fakturierung Bezugsgröße Anzahl der Rechnungen oder Anzahl der Rechnungspositionen.

In Abhängigkeit dieser Bezugsgrößen ändern sich auch die Kosten der betrachteten Kostenstellen, sie können somit zur Planung der Kosten (unter Umständen auch zur Ressourceneinsatzplanung) herangezogen werden. Ihre tatsächlichen Istausprägungen sind meßbar, womit eine ex-post Kontrolle der Wirtschaftlichkeit ermöglicht wird. In diesem Zusammenhang wird jedoch auch darauf verwiesen, daß diese Bezugsgrößen mangels Identität von Kostenverursachungsmaßstab (Bezugsgröße) und Kalkulationsbezugsgröße aufgrund idR. fehlender direkter Tätigkeit für Endprodukte zur Kalkulation nicht brauchbar sind.[8]

2.3. Verrechnungspreise zur innerbetrieblichen Leistungsverrechnung

Zur Bewertung von innerbetrieblichen Leistungen, die eine Verwaltungsstelle für andere Kostenstellen im Unternehmen erbringt, ist auch bei Orientierung am Verursachungsdenken eine Weiterverrechnung dieser Kosten unter Zuhilfenahme

6 Vgl. grundlegend Agthe (1959), S. 404 ff

7 Vgl. dazu ausführlich auch zu weiteren Beispielen Kilger (1993), S. 326 ff

8 Haberstock (1986), S. 78 ff, spricht in diesem Zusammenhang von Bezugsgrößen mit einfacher Funktion, weil sie in diesem Fall nur für die Kostenkontrolle geeignet sind

von Verrechnungspreisen im Rahmen der innerbetrieblichen Leistungsverrechnung durchführbar. Diese Funktion ist in Zusammenhang mit den beiden oben genannten Aufgaben zu sehen.

Beispiel: Die Personalabteilung führt für eine andere Kostenstelle ein Personalauswahlverfahren durch. Möglich ist nun eine Weiterverrechnung dieses Auftrages bewertet beispielsweise zum Marktpreis (was hätte alternativ die Einschaltung eines externen Personalberaters gekostet) - andere denkbare Verrechnungspreise sind zB. Verhandlungspreise oder kostenorientierte Preise.

2.4. Anwendbarkeit im Rahmen des Business Redesign

Die Grenzplankostenrechnung als ein Instrumentarium mit engem Konnex zum traditionellen Rechnungswesen ist in weiten Bereichen dahingehend ausgerichtet, bei bestehenden langfristigen Plänen kurzfristige Entscheidungen mit kostenbezogenen Informationen zu fundieren. Dabei erhebt die Grenzplankostenrechnung keinen Anspruch, strategisch gestaltend bzw. planend eingesetzt zu werden. Daher stellt sich die Frage eines alleinigen Einsatzes dieses Kostenrechnungssystems im Rahmen des Business Redesigns als Planungsgrundlage gar nicht.

3. Erweiterung durch die neueren Methoden des Kostenmanagements

3.1.Transaktionen als Ausgangspunkt

Ausgangspunkt der Überlegungen von *Miller und Vollmann*[9] ist die Idee, daß zu einer effizienten Steuerung von Gemeinkosten und somit auch der Verwaltungskosten ein Management der sie verursachenden Transaktionen unerläßlich ist. Synonym könnte man anstelle von Transaktionen auch von Prozessen oder Aktivitäten sprechen.[10] In ihrem Beitrag identifizieren sie unter anderem drei für den Verwaltungsbereich wesentliche Transaktionen:

- logistische Transaktionen: Der innerbetriebliche Transportprozeß wird Anknüpfungspunkt des Kostenmanagements. Beispiel im Verwaltungsbereich: Die Steuerung und Ausführung von Transaktionen im Rahmen

---

9 Vgl. Miller und Vollmann (1985), S. 143

10 Nicht gemeint sind unter diesen Begriff Transaktionen im Sinne von Williamson (1979) und damit in weiterer Folge der Aufbau einer Transaktionskostenrechnung, vgl. dazu auch zB. Albach (1988)

der Belegerfassung, die sich je nach Art der Verarbeitung (als extreme Varianten denke man an händisch versus vollautomatisiert) unterscheiden werden.

- Transaktionen zur Sicherung der Qualität der Verarbeitung: Welche Prozesse werden zur Sicherung der Qualität der Verarbeitung eingesetzt. Beispiel: "Händische" Kontrolle der Belegerfassung oder hochautomatisiertes internes Kontrollsystem.
- Änderungstransaktionen: Werden notwendig, wenn die bisherigen Transaktionen an geänderte Anforderungen anzupassen sind. Beispiel: Neugestaltung des Belegflusses verursacht Aktivitäten und damit Transaktionen. Auch wird die laufende Aktualisierung des bestehenden Systems als Änderung des Datenbestandes unter diesen Punkt subsummiert.

Eine wichtige Erweiterung dieses Ansatzes ist die Frage, ob diese Transaktionen sich werterhöhend in Hinblick auf nutzenrelevanten Eigenschaften des Endproduktes auswirken, mit dem Ziel, "non-value adding activities" zu identifizieren und auszuschalten um sich in weiterer Folge auf ein effizientes Ausführen der "value adding activities" konzentrieren zu können.[11]

Das Verdienst dieses Ansatzes ist es, auf den Zusammenhang von Kosten und dahinterliegend ablaufenden Prozessen hinzuweisen. Eine Quantifizierung bzw. eine konkrete rechentechnische Behandlung wird erst mit dem Einbezug von darauf aufbauenden Überlegungen des Activity-Based Costings (bzw. der Prozeßkostenrechnung) ermöglicht, auf die im folgenden Kapitel einzugehen ist.

3.2. Die Prozeßkostenrechnung als Weiterentwicklung

Aus den Vereinigten Staaten kommend fand die Diskussion über das Activity-Based Costing ihren Weg auch in den deutschsprachigen Raum, wo sich der Ausdruck Prozeßkostenrechnung durchgesetzt hat. Es kann an dieser Stelle keine ausführliche Darstellung der Arbeitsweise und Kritik dieses Ansatzes erfolgen, vielmehr sollen jene Punkte, die für eine Kostenrechnung im Verwaltungsbereich von Bedeutung sein können, herausgearbeitet werden[12] und es wird davon ausgegangen, daß bereits eine Kostenrechnung in "traditioneller" Form im Unternehmen vorhanden ist.

[11] Vgl. Shank und Govindarajan (1993), S. 181

[12] Zu einem ausführlichen Überblick über den Stand des Activity-based Costings in den USA vgl. Cooper und Kaplan (1991), mit einem Einbezug der deutschen Literatur zur Prozeßkostenrechnung Ewert und Wagenhofer (1993), S. 270 ff

Anknüpfend an die unter 3.1. angestellten Überlegungen werden die im Verwaltungsbereich ablaufenden Aktivitäten (Prozesse) ermittelt, indem eine Tätigkeitsanalyse durchgeführt wird.[13] Dabei wird idR auf der bestehenden Kostenstellengliederung der "traditionellen" Kostenrechnung aufgebaut und diese Tätigkeitsanalyse für jede einzelne Kostenstelle erstellt. In diesem Zusammenhang erweist sich der Vorschlag *Seichts* als sehr zielführend, der eine tiefere Aufgliederung der Verwaltungsstellen im Rahmen eines "Verwaltungsabrechnungsbogens" (in Anlehnung an die Form eines BABs) empfiehlt, um diesen Bereich transparenter zu gestalten.[14]

In einem zweiten Schritt sind nun die anfallenden Kosten den einzelnen Prozessen zuzuordnen, indem in jeder Kostenstelle eine Untersuchung jeder Kostenart vorgenommen wird, um sie sodann einzelnen Prozessen zuzuordnen, eine Vorgangsweise, die wiederum Anleihen im bereits aus der Grenzplankostenrechnung bekannten Verfahren der analytischen Kostenplanung nimmt.[15]

Sodann sind jene Größen zu ermitteln, in deren Abhängigkeit sich bei Variation dieser Größe auch die Kosten verändern, man spricht daher von Kostentreibern, und im Anschluß daran ist deren geplante Höhe festzulegen.[16] Diese Vorgangsweise erscheint bei repetitiven Tätigkeiten, wie sie in der Verwaltung typischerweise anzutreffen sind, einfacher durchzuführen. Als Beispiele können in diesem Zusammenhang zB. angeführt werden: Anzahl der vorgenommenen Buchungen, Anzahl der telefonischen Anfragen, Anzahl der Mahnungen oder Anzahl der geschriebenen Seiten, also Maßgrößen zur Messung der Leistung der betrachteten Kostenstelle.[17] Zu beachten ist in diesem Zusammenhang, daß nicht nur bekannte, "operative" Kostentreiber Berücksichtigung finden, sondern auch die Aufnahme sogenannter strategischer Kostentreiber gefordert wird. Als Beispiel in diesem Zusammenhang wird häufig der Kostentreiber Produktvarianten genannt, der umgemünzt auf die Tätigkeiten einer Verwaltungskostenstelle auch im Sinne Spezialbehandlung versus Standardisierung interpretiert werden kann.

Der für eine Weiterverrechnung der Verwaltungskosten auf Endprodukte des Unternehmens benötigte Prozeßkostensatz ergibt sich durch Division der geplanten Prozeßkosten durch die geplante Prozeßmenge des entsprechenden Kostentreibers.

---

13 Vgl. zB. Horváth und Mayer (1989), S. 216
14 Vgl. Seicht (1993), S. 299
15 Vgl. Kilger (1993), S. 352
16 Vgl. dazu ausführlich Cooper (1989), S. 35 ff
17 Auch hier ist wiederum die Nähe zur Grenzplankostenrechnung zu erkennen, vgl. Kilger (1993), S. 327

Im letzten Schritt werden dann die einzelnen Prozesse der Kostenstellen zu kostenstellenübergreifenden Hauptprozessen zusammengefaßt,[18] was einen Blick auf kostenstellenübergreifende Kostenzusammenhänge ermöglicht. Kein Problem ergibt sich bei Prozessen mit demselben Kostentreiber, die Prozeßkostensätze können einfach addiert werden. Eine Zusammenfassung von Prozessen mit unterschiedlichen Kostentreibern, die jedoch eine starke Korrelation zueinander aufweisen, bringt unter dem Gesichtspunkt der Wirtschaftlichkeit Vorteile, die jedoch mit den Nachteilen ungenauerer Information abzuwägen sind. Dieser bedeutsame Punkt soll durch das nachfolgende Beispiel illustriert werden.[19]

Beispiel: Herausgegriffen werden sollen zwei Kostenstellen, "Wareneingangskontrolle" und "Buchhaltung". Im Rahmen der Aktivitätsanalyse wurden ua die Teilprozesse "Kontrolle der Eingangsrechnungen Material X" bzw. "Verbuchung der Eingangsrechnungen Material X" mit den Kostentreibern "Anzahl der Eingangsrechnungen Material X" und "Anzahl der Buchungen/Eingangsrechnungen Material X" ermittelt und die entsprechenden Prozeßkostensätze errechnet. Eine Zusammenfassung beider Teilprozesse unter den Hauptprozeß "Material beschaffen" kann durch ein Zusammenfassen dieser (uU anderer zur Materialbeschaffung notwendiger) Teilprozesse über alle Materialarten erreicht werden, mit dem Hauptkostentreiber "Anzahl der Einkäufe". Da idR eine Identität der genannten Aktivitäten “Kontrolle” und “Verbuchung” gegeben sein wird, ist eine Addition der Teilprozeßkostensätze gerechtfertigt. Hier zeigt sich auch das Problem der Aggregation: wird zB durchschnittlich nur jede zweite Eingangsrechnung stichprobenartig physisch überprüft, ist beim Zusammenfassen zum Hauptprozeß eine entsprechende Gewichtung vorzunehmen. Dies gilt auch analog, wenn einzelne Materialarten unterschiedlich behandelt werden. Nach Einbezug aller relevanten Teilprozesse aller beteiligten Kostenstellen und Materialarten gibt der Hauptprozeßkostensatz Auskunft darüber, wieviel die Durchführung der Aktivität "Einkauf durchführen" je Einheit kostenstellenübergreifend, somit gesamtunternehmensbezogen kostet.

3.2.1. Kalkulation

Die Prozeßkostenrechnung ermöglicht nach Ansicht ihrer Vertreter eine verbesserte Ermittlung der "wahren" Kosten eines Endproduktes.[20] Durch eine Multiplikation der Prozeßkostensätze der indirekten Bereiche mit der Prozeßmenge, die ein Endprodukt in Anspruch nimmt, erhält man die

[18] Vgl. zB. Cervellini (1991), S. 201 ff
[19] Vgl. zu einem sehr ausführlichen Zahlenbeispiel dazu Hórvath und Mayer (1993), S. 21 ff
[20] Vgl. zB. Coenenberg (1992), S. 204

zurechenbaren Prozeßkosten dieser Aktivität. Dieser Punkt unterliegt jedoch starker Kritik der Vertreter der Grenzplankostenrechnung, zumal[21]

- die Prozeßkostenrechnung den Anspruch erhebt, eine strategische Kostenrechnung zu sein und daher Vollkosten je Stück ausweist.[22]
- in indirekten Bereichen ein dem Ursache-Wirkungs-Zusammenhang zwischen Endprodukt und Aktivität nicht oder nur unter bestimmten Annahmen gegeben ist und die Kalkulation somit nicht immer dem Postulat einer verursachungsgerechten Kalkulation entspricht. Ein Vorwurf, der allerdings auch der Zuschlagskalkulation im Rahmen der Verrechnung von Verwaltungskosten gemacht werden kann.

3.2.2. Gemeinkostenmanagement

Beispiele:[23]

- Bearbeitung eines Versicherungsschadens: acht Anlaufstationen, Elaborat von 60 Blatt Papier
- Reparatur eines neugekauften Druckers als Garantiefall: sechs verschiedene Ansprechpartner an drei Orten, insgesamt 6 Telefongespräche mit einer Dauer von 2,5 Stunden

Diese beiden Beispiele führen "non-value adding" activities drastisch vor Augen. Die Prozeßkostenrechnung ermöglicht es durch die oben beschriebene Vorgangsweise in einem ersten Schritt im Rahmen der Tätigkeitsanalyse diese Aktivitäten zu identifizieren und sie in einem zweiten Schritt einer kostenmäßigen Bewertung zuführen, womit durch diese Zuordnung von Kosten zu erbrachten Verwaltungsleistung eine erhöhte Kostentransparenz erreicht wird. Durch das Abstellen auf Hauptprozesse wird es vermieden, nur einzelne Kostenstellen im Auge zu haben, verbunden mit der Gefahr einer funktionalen Bereichsoptimierung, sondern die Bedeutung und Kosten einer Aktivität können unternehmensweit beurteilt werden.

Dabei sind Antworten auf folgende Fragen von besonderer Bedeutung, da sie wertvolle Hinweise für Ansatzpunkte von Rationalisierungsmaßnahmen geben können:[24]

---

21 auf weitere Probleme, wie zB. die Verrechnung von leistungsmengenneutralen Kosten als Zuschlag auf die leistungsmengeninduzierten Kosten kann an dieser Stelle nicht eingegangen, vgl. ausführlich zur Kritik im Rahmen der Kalkulation Glaser (1992), S. 282 ff

22 Vgl. zB. Küting und Lorson (1993), S. 32

23 diese Praxisbeispiele sind entnommen aus Lohoff und Lohoff (1993), S. 249, vgl. zu dieser Frage auch Ryf (1994), S.15 ff

24 Vgl. Striening (1989), S. 330

- Trägt die betrachtete Aktivität zur Erreichung eines Unternehmenszieles bei? Wenn ja,
- Sind die anfallenden Kosten gerechtfertigt, wenn man sie im Verhältnis zur Zielerreichung betrachtet (Wirtschaftlichkeitsaspekt)? Sind Änderungen möglich, die zu einer effizienteren Lösung führen?
- Werden die betrachteten Aktivitäten mit hinreichender Qualität (als Überbegriff für alle nicht monetären Größen, deren Erreichung die betrachtete Aktivität förderlich ist) erbracht, wie wirken sich Änderungen auf die Qualität der Leistung aus?

3.3. ABC versus Grenzplankostenrechnung

Die Prozeßkostenrechnung kann eine sinnvolle Ergänzung zu einem bestehenden, sich bereits in Einsatz befindlichen Kostenrechnungssystems sein, die vor allem mehr Kostentransparenz in die indirekten Bereiche zu bringen vermag.[25] *Müller* sieht sie überhaupt innerhalb bestimmter Grenzen als "systematische Weiterentwicklung der Grenzplankostenrechnung".[26] Kritische Stimmen betreffen idR die Kalkulation zu Vollkosten, somit die Ermittlung von Stückkosten, die zur Fundierung operativer Entscheidungen wie zB kurzfristige Annahme von Zusatzaufträgen nicht geeignet sind.[27] Eine Verwendung von Gedanken der Prozeßkostenrechnung im Sinne einer Weiterentwicklung einer Bezugsgrößenkalkulation der Grenzplankostenrechnung wird von *Herzog* bereits als selbstverständlich ("state of the art") bezeichnet.[28]

Zur Frage eines Kostenmanagements im Verwaltungsbereich kann es somit sinnvollerweise heißen Grenzplankostenrechnung *und* Prozeßkostenrechnung.

3.4. Fazit für das Business Redesign

Die bisher gezeigten Verfahren knüpfen stark an der traditionellen Kostenstellenstruktur des Unternehmens an, und dies impliziert die latente Gefahr, daß Prozesse an bestehende Strukturen angepaßt werden. Somit wurden mit diesen Ausführungen die sogenannten evolutionären Ebenen einer Strukturveränderung angesprochen, d.h., die Kostenrechnung kann im strategischen Sinne nur dann Daten von ausreichender Güte gewährleisten, wenn bestehende Strukturen kaum verändert, sondern innerhalb dieser ablaufende Prozesse optimal gestaltet werden sollen.

---

25 Vgl. Wagenhofer (1992), S. 214 f

26 Müller (1993), S. 48

27 Vgl. zur Kritik Glaser (1992), S. 287

28 Vgl. Herzog (1993), S. 53, der für die Plaut AG tätig ist.

Das "Business Redesign" verlangt jedoch ein Ausrichten der Strukturen an Prozessen, die sich an strategischen Erfordernissen zu orientieren haben. Ein reines Fortschreiben von Strukturen und Prozessen der Vergangenheit kann nicht das Ziel einer strategischen Planung sein, es gilt Alternativen unabhängig von bestehenden Lösungen miteinzubeziehen. In weiterer Folge ist somit zu argumentieren, daß die Verwaltungsleistungen in weitaus größerem Ausmaß auf wettbewerbsentscheidende Faktoren zu untersuchen sind, als es mit den bisher gezeigten Verfahren möglich ist. Es erscheint deshalb sinnvoll, einen Brückenschlag zwischen den strategischen Informations- und Planungsgrößen und den operativen Recheneinheiten herzustellen. Dies umso mehr, als nur dann eine ökonomische Beurteilung ins Auge gefaßter Umstrukturierungsmaßnahmen möglich ist, indem ein Konnex zum strategischen Unternehmenszielerreichungsgrad hergestellt werden kann.

4. Strategisches Kostenmanagement als Notwendigkeit

Folgt man dem Gedankengut des Business Redesign[29], so wird hinsichtlich des Ausmaßes der Strukturveränderungen zwischen evolutionären Ebenen, mit den Elementen der individuellen Unterstützung und der organisationsinternen Integration, und den revolutionären Ebenen, die die Stufen des Business Process Redesign, der Integration des Wertschöpfungssystems und der Neudefinition des Geschäftsbereiches umfassen, unterschieden. Da die revolutionären Ebenen letzlich das Business Redesign ganzheitlich erfassen, gilt es in weiterer Folge auf die Neugestaltung der - Prozesse - Wertschöpfungsstufen - sowie des gesamten Geschäftsbereiches besonders einzugehen. Dabei kann jedoch die traditionelle Kostenrechnung mit ihrer oben dargelegten Organisationsstruktur keine strategisch relevanten Informationen zur Verfügung stellen. Die Prozeßkostenrechnung würde zwar ein Bindeglied zwischen revolutionären und evolutionären Ebenen darstellen, doch die Ausgestaltung und Analyse der einzelnen Prozesse orientiert sich zu stark an den historisch gewachsenen Prozeßschritten, wenn sie nicht an einem geeigneten strategischen Bezugsrahmen teilhaben kann. Nachdem das zentrale Gedankengut des Business Redesign insbesondere auf ein Neugestalten der einzelnen Prozeßschritte bis hin zur Neugestaltung der Geschäftsbereiche abzielt, bedarf es eines geeigneten strategischen Bezugsrahmens, an den das Kostenmanagement anknüpfen kann. Ein Instrumentarium, das all diesen Anforderungen gerecht wird, ist in der Konzeption der Wertkette zu sehen. Nachfolgend soll daher aus diesem Grund dieses Instrumentarium mit all seinen Variationsmöglichkeiten vorgestellt

29 Vgl. dazu zB. Venkatraman (1991), S. 127

werden, um in weiterer Folge einen sinnvollen Konnex zwischen Kostenmanagement und Business Redesign herstellen zu können.

4.1. Die Wertkette als sinnvoller Bezugsrahmen

4.1.1. Darstellung der Konzeption

Ein Unternehmen kann nur dann erfolgreich im Wettbewerb agieren, wenn eine eindeutige Wettbewerbsstrategie verfolgt wird und diese entsprechend der jeweiligen Attraktivität einer speziellen Branche bzw. der jeweiligen relativen Wettbewerbsposition innerhalb der Branche ausgerichtet werden kann. Entsprechend der ausführlichen Abhandlungen in Porters Buch "Wettbewerbsstrategie" können fünf Wettbewerbskräfte unterschieden werden,[30] wobei Wettbewerbsvorteile im wesentlichen aus dem Wert entstehen, den ein Unternehmen für seine Abnehmer variieren kann, soweit dieser Wert die Kosten der Wertschöpfung für das Unternehmen zu übersteigen vermag.

Grundlage für Wettbewerbsvorteile werden letztlich immer die aus der Sicht der erzielten Vorteile in Belangen wie Qualität, Lieferniveau, Produktnutzen, Produktpalette und Service sein, d.h. entweder dem Kunden wird (aus dessen Sicht) ein höherer Wert oder die gleiche Leistung zu geringeren Kosten geboten. [31] Grundsätzlich werden im Porter´schen Sinne *Kostenführerschaft* und *Differenzierung* als Grundtypen von Wettbewerbsvorteilen unterschieden.

Diese Wettbewerbsvorteile können jedoch nur verstanden werden, wenn die Unternehmung oder der Markt nicht als Ganzes behandelt werden, sondern die einzelnen Teilaktivitäten und deren Beiträge zur Verbesserung der Kooperation bzw. deren Nutzung von Differenzierungspotentialen herangezogen werden.
Ausgehend vom Problemfeld der Ressourcenanalyse[32] wurde Anfang der 80er Jahre damit begonnen, Instrumentarien zu ermitteln. Eng verbunden damit ist die Analyse sogenannter Wertschöpfungsketten[33] sowie die Analyse des Geschäftssystems nach McKinsey.[34,35]

Diese Konzeptionen eingesetzt als methodisches Instrument der strategischen Ressourcen-Analyse sollen darstellen, welche Ressourcen zur Entwicklung, Erzeugung und Vermarktung eines Produktes beansprucht werden, und was diese Inanspruchnahme kostet. Jedoch trachten sie danach, ihre Aktivitäten nicht nur auf die Kostenseite zu beschränken, sondern diese auch auf den Bereich der

[30] Vgl. Porter (1984), 26 ff
[31] Vgl. Porter (1984), S. 62 ff.
[32] Vgl. Schierz (1983), S. 56 ff.
[33] Vgl. Schierz (1982), S. 60 ff.
[34] Vgl. Schetty (1982), S. 15 ff.
[35] Vgl. Buaron (1981), S. 8 ff.

Leistungen mitauszudehnen. Die Analyse umfaßt somit die grobstrukturierte Abfolge der Schritte, mit denen ein Unternehmen in einem Geschäftsbereich seine Güter und Dienstleistungen produziert und an den Kunden bringt.[36] Die Wertkette von Porter ist eine weiterentwickelte Konzeption mit Wurzeln in den oben genannten Ansätzen, jedoch stellt der Porter´sche Ansatz den Wert für den Kunden in seiner weitestgefaßten Auslegung in den Mittelpunkt. Er gliedert die Aktivitäten und Prozesse der unternehmerischen Leistungserstellung in jene relevanten Wertaktivitäten, die Quellen für Kosten und Differenzierungsvorteile im Wettbewerb bedeuten können.[37]

Die Wertkette ist zunächst ein Analyseinstrument und in weiterer Folge ein kompetenter "Denkraster" zur Gliederung bzw. Strukturierung der gesamten betrieblichen Planung respektive der Leistungserstellung.[38,39] So kann neben dem Hauptziel dieser Art von Wertschöpfungskette, einer produktbezogenen Bestandsaufnahme der Ressourcen eines Unternehmens, die Bedeutung der einzelnen Ressourcen auch für den jeweiligen Teilnehmerkreis am Wertschöpfungsprozeß ersehen werden. Gerade der Vergleich der Wertschöpfungsketten der einzelnen Wettbewerber läßt erkennen, daß oft (vermeintlich idente) Konkurrenten eine völlig unterschiedliche Kostenstruktur aufweisen, die auf einen unterschiedlichen Ressourceneinsatz zurückzuführen ist.

Demnach ist das Geschäftssystem bzw. die Wertkette ein kompetentes Instrumentarium, um die jeweilige Wettbewerbsstruktur analysieren zu können bzw. Wettbewerbsvorteile zu verstehen, die letztlich nur im höheren Wert für den Kunden oder in den Kostenvorteilen liegen können. Der systematische Einsatz des Geschäftssystems gibt hier einen geeigneten Rahmen, die Gestaltungsmöglichkeiten des eigenen Unternehmens besser strukturieren zu können. Bereits hier kann vermerkt werden, daß die Denkrichtung bzw. Konzeption des Geschäftssystems ein sehr erprobtes Instrumentarium zur Entwicklung von Erfolgsstrategien bildet.[40]

Kostenseitig kann somit so vorgegangen werden, daß in erster Linie jene Kostenkomponenten untersucht werden, die den größten Anteil an der Gesamtwertschöpfung haben, wobei dies meist im Vergleich mit der Branchenstruktur erfolgt.[41] Leistungsseitig sollte für jede Wertschöpfungsstufe deren Bedeutung für die gesamte Produktleistung ermittelt werden, da nicht jede Wertschöpfungsstufe gleichwertig zu behandeln ist. Eine Gegenüberstellung von Kosten und Leistungen kann einen weiteren Aspekt der Wettbewerbsstruktur aufdecken, jedoch kann beispielsweise ein Nachteil durch Wegfall einer Leistung

36 Vgl. Gluck, Kaufmann und Walleck (1980), S. 2 ff.
37 Vgl. Timmerman (1982), Kennzahl 4835
38 Vgl. Kreilkamp (1987), S. 194 f.
39 Vgl. Hill und Rieser (1990), S. 162 ff.
40 Vgl. Kreilkamp (1987), S. 197
41 Vgl. Steinmann, Guthunz und Hasselberg (1992), S. 1459 ff

nur durch äußerst sorgfältiges Vorgehen erkannt werden und muß jeweils situationsspezifisch angepaßt werden. So verursachen bestimmte Stufen des Geschäftssystems Kosten, ohne direkt an einer Leistungssteigerung mitzuwirken, jedoch können gewisse Stufen aus einer dynamischen Sicht von großer Bedeutung sein,[42] insbesondere für Verwaltungsleistungen trifft dies häufig zu.

Die Wertkette ist nach Porter ein breiter Strom von Tätigkeiten, die in ein in Abbildung 1 schemenhaft dargestelltes Wertsystem eingebettet sind.[43] Demnach haben Lieferanten Wertketten, welche die für die Wertkette des Unternehmens gekauften Inputs (Werte) generieren. Überdies durchlaufen viele Leistungen bzw. Güter auf ihrem Weg zum Abnehmer weitere Wertketten. Diese Darstellungsform, Branchen, Märkte bzw. auch Aktivitäten einer einzelnen Unternehmung in einzelnen Wertketten darzustellen bzw. von diesen Wertketten wieder Subketten herunterzubrechen, ermöglicht es, die Zusammenhänge der einzelnen Wertaktivitäten in einer operablen, aber dennoch den Gesamtzusammenhang im Auge behaltenden Form aufzubereiten.[44]

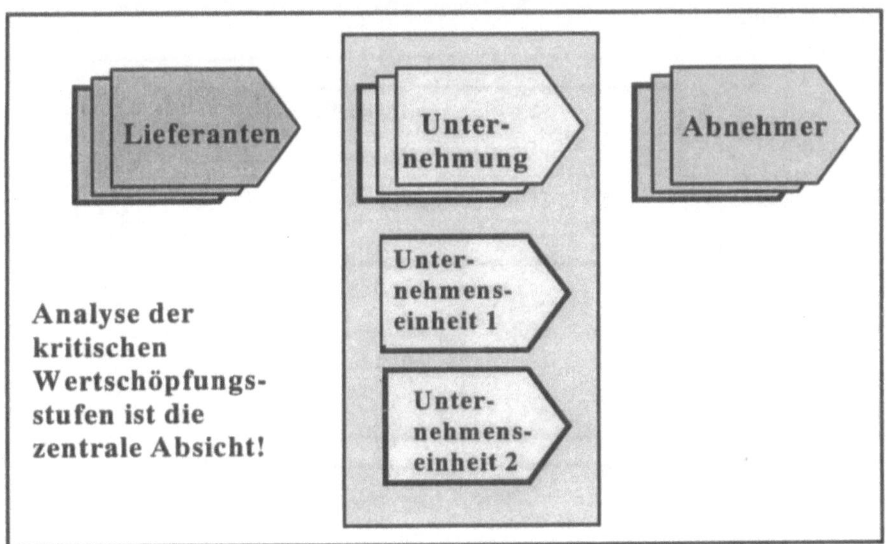

Abb. 1: Das Wertsystem nach Porter

Wertaktivitäten sind nach Porter physisch und technologisch unterscheidbare Aktivitäten, die quasi jene Bausteine bilden, aus denen das Unternehmen ein für seine Kunden wertvolles Produkt generiert. Die Gewinnspanne ist wiederum der Unterschied zwischen dem Gesamtwert und der Summe der Kosten. Das Ausmaß

[42] Vgl. Porter (1985), S. 28 f.
[43] Vgl. Porter (1985), S. 60
[44] Vgl. Porter (1985), S. 79 f.

der Integration von Aktivitäten spielt eine Schlüsselrolle, wobei diese Verflechtungen stets Auswirkungen auf die eigene Wertkette haben.[45]

Der Abbildung 2 folgend existieren zwei Typen von Wertaktivitäten: "Primäre Aktivitäten", in dieser Abbildung im unteren Teil dargestellt (Glieder der Kette), beziehen sich auf die unmittelbare Versorgung des Marktes mit Produkten und Dienstleistungen, wie z.B, Eingangslogistik bzw. Materialwirtschaft, physische Operationen der Herstellung eines Produktes, Marketing bzw. Vertrieb, Distribution bzw. Ausgangslogistik und Kundendienst bzw. Service.

Die zweite Kategorie von Aktivitäten sind die sogenannten "unterstützenden Aktivitäten", die für die Versorgung des Unternehmens mit zur Produktion notwendigen Gütern, Technologien, Humanressourcen und der Unternehmensinfrastruktur Sorge tragen. Die in der Abbildung gestrichelt dargestellten Linien sollen verdeutlichen, daß die unterstützenden Aktivitäten der Beschaffung, Technologieentwicklung und Personalwirtschaft sich sowohl auf einzelne primäre Aktivitäten als auch auf die gesamte Wertschöpfungskette beziehen können.

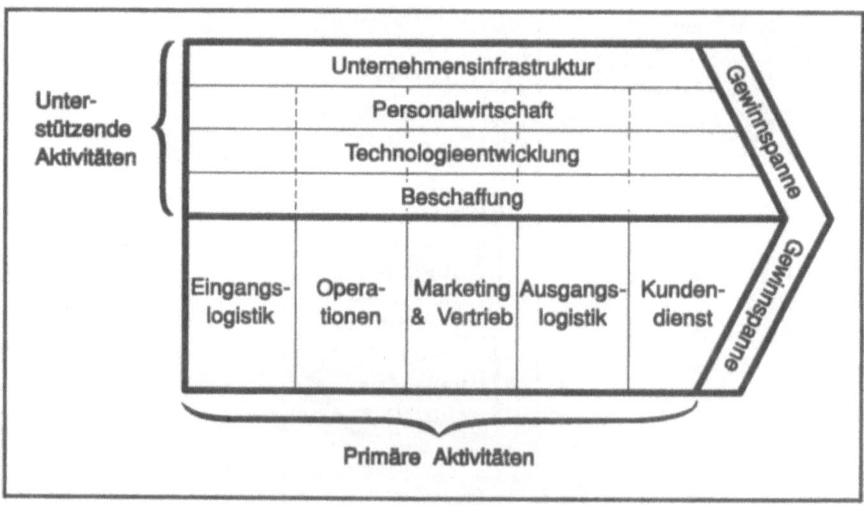

Abb. 2: Die generische Wertkette von Porter

Die Unternehmensinfrastruktur hat grundsätzlich keine Verbindung zu den primären Aktivitäten, sondern sollte die gesamte Kette unterstützen. Wertaktivitäten sind demnach die einzelnen Bausteine von Wettbewerbsvorteilen, zumal ein Vergleich der eigenen Wertkette mit jenen der Konkurrenten einzelne Wettbewerbsvorteile klar verdeutlicht. Deshalb fordert Porter auch die Analyse

[45] Vgl. Porter (1985)

der Wertkette statt der Wertschöpfung als den richtigen Weg, um Wettbewerbsvorteile aufzuspüren.

Der Verwaltungsbereich kann im Rahmen der allgemeinen Wertkette einerseits in Zusammenhang mit dem unterstützenden Bereich der Unternehmensinfrastruktur gesehen werden, andererseits im Konnex mit den einzelnen Wertschöpfungsstufen, da die Verwaltungstätigkeiten im Rahmen jeder einzelnen Wertaktivität bzw. den heruntergebrochenen Subketten/-aktivitäten zum Ansatz kommen können. Somit kann die Verwaltung im Sinne einer Integration in das Wertschöpfungssystem und einer Neugestaltung des Geschäftssystems als wettbewerbsrelevanter Faktor in jeder einzelnen Wertschöpfungsstufe wirksam werden kann.

Beispiel: Die Firma Benetton hat ihren strategischen Vorteil dadurch erlangen können, daß die Färbevorgänge den Produktionsschritten der Textilien nachgelagert waren.[46] Mit dieser Prozeßverlagerung konnte ein wesentlicher Vorsprung hinsichtlich der Flexibilität herausgearbeitet werden, was gleichzeitig auch einen gravierenden Unterschied in der Wertkette bedeutet hat, da die Firma Benetton entscheidende Akzente hinsichtlich der Farben setzen konnte. In weiterer Folge waren allerdings nicht die Unterschiede im Produktionsprozeß von wettbewerbsentscheidender Bedeutung, sondern es kamen zunehmend das Marketing und auch Verwaltungsleistungen als wettbewerbsentscheidende Faktoren ins Spiel. So sind insbesondere die Konzeptionen und Verträge mit den Franchisenehmern auf verschiedenen preislichen Ebenen als wettbewerbsentscheidende Elemente zu nennen. Demzufolge kann in diesem Fall von einer vollen Integration der Verwaltungsleistungen in das Wertschöpfungssystem gesprochen werden, ja sogar hinsichtlich der Neuausrichtung des Geschäftssystems ist der Verwaltungssektor ein wesentlicher Bestandteil.

4.1.2. Die strategische Kostenanalyse

Von der oben dargestellten allgemeinen Wertkette ausgehend werden konkrete Subketten bzw. Subaktivitäten heruntergebrochen. Grundsätzlich ließen sich die Wertketten im Extremfall bis auf den einzelnen Arbeitsschritt aufsplitten. Dies hängt meist vom wirtschaftlichen Zusammenhang der Aktivitäten und vom Zweck ab, für den die jeweilige Wertkette analysiert werden soll. Mit der Konzeption der Wertkette kann jedoch wahlweise eine immer feinere Unterscheidung von bestehenden Wertaktivitäten herausgearbeitet werden, wenn dies für die Analyse jeweils kritischer Wettbewerbspositionen bzw. wettbewerbsrelevanter Unterschiede vonnöten ist.

[46] Vgl. zur Beschreibung der Ausgangssituation Pernicky (1988), S. 146

Für die Strategie der Kostenführerschaft rückt die Kostenanalyse innerhalb der einzelnen Wertaktivitäten in den Mittelpunkt, d.h. es geht hier darum, im Vergleich zu den Konkurrenten relativ bessere Kostenpositionen zu erlangen. Die Differenzierungsstrategie fokussiert primär einzelne Leistungsmerkmale, um sich dadurch von den Wettbewerbern unterscheiden zu können.[47]

Die Betrachtung zur Ermittlung der Kostenvorteile geht zurück auf ein McKinsey-Staff-Paper aus dem Jahre 1980. Diese Analyse geht von drei Fragestellungen aus:

* Wie ist es um den gegenwärtigen Kostenvor- oder -nachteil im Vergleich zu den Mitbewerbern bestellt ?
* Welche potentiellen Kostenvor- und -nachteile existieren im Vergleich zu den Mitbewerbern?
* Wenn die Unternehmung einen Kostenvorteil genießt, wie lange kann er aufrechterhalten werden?

Einfach ausgedrückt beinhaltet das Geschäftssystem alle Elemente, die mit dem Produkt bzw. den Leistungen indirekt im Zusammenhang stehen und all jene dynamischen Stellgrößen, die den gesamten Prozeß und die Wettbewerbsfähigkeit beeinflussen.

Die wettbewerbsorientierte Kostenanalyse als ein Element läuft in den untenstehenden Schritten ab:

➔ Schritt 1: Die Kosten des Geschäftssystems - stufenweise werden die Gesamtkosten und die Kosten in den einzelnen Stationen des Produktes erhoben.

➔ Schritt 2: Soll Möglichkeiten bzw. Optionen aufdecken, die einzelnen Stufen des Geschäftssystems auszugestalten und letztlich eine realistische Anzahl von strategischen Optionen aufdecken.

➔ In Schritt 3 kann nun die Wirkung jeder einzelnen Option auf den gesamten Kundennutzen bewertet werden.

➔ In Schritt 4 werden die jeweils möglichen Kostenpositionen im Geschäftssystem gereiht.

➔ In Schritt 5 werden die hypothetischen Geschäftssystem-Alternativen mit dem tatsächlichen Geschäftssystem von gegenwärtigen und potentiellen Mitbewerbern verglichen.

➔ Schritt 6 zielt auf die konkrete Strategieformulierung ab.[48,49]

---

47 Vgl. Meissner und Routil (1992)

48 Vgl. Fifer (1989), S. 18 ff.

Bisher wurde die Wertkette lediglich als Diagnose- bzw. Analyseinstrument von Wettbewerbsvorteilen behandelt. Da das Porter´sche Instrumentarium ein in sich abgestimmter und logisch geschlossener Ansatz ist, kann der Wertkettenansatz zu weit umfangreicheren Problemfeldern als lediglich zur Diagnose von Wettbewerbsvorteilen herangezogen werden. So kann nach Porter beispielsweise die Wertkette auch für die Gestaltung der Organisationsstruktur eine wichtige Rolle spielen. Diese Erkenntnis ist auch für diese Arbeit von großer Bedeutung, da die Wertkette in diesem Zusammenhang als ein umfassender Bezugsrahmen für ein Kostenmanagement gesehen werden soll. Im Rahmen der Organisationsstruktur werden die einzelnen Wertaktivitäten in organisatorische Einheiten subsumiert, jedoch muß diese Einteilung vorsichtig erfolgen, da einerseits aus ablauforganisatorischer Sicht oder aus der Perspektive des Rechnungswesens, andererseits aus Wettbewerbs- bzw. strategischen Überlegungen vielfach andere Kriterien maßgeblich sind. Doch die Grundstruktur kann auch in operative Überlegungen miteinbezogen werden. Mittels der Wertkette kann nun systematisch unterschieden werden, wie die einzelnen Aktivitäten einer Wertkette gegliedert werden sollen bzw. wo Divergenzen auftreten. Weiters kann analog dazu eine Verbindung zur Gestaltung von Prozeßhirarchien bzw. Prozeßketten im Rahmen des Prozeßmanagements gesehen werden.

Insbesondere für den Verwaltungsbereich erscheint es sinvoll festzustellen,welche Wertaktivitäten für den Wettbewerb nützlich sind und somit ausgebaut werden sollten und welche Verwaltungstätigkeiten lediglich durch das System bzw. die Unternehmenskultur bedingt sind, ohne daß dies vom Kunden honoriert wird respektive im Wettbewerb ihren Niederschlag finden.

4.2. Die Affinität zwischen Wertkette und Kostenmanagement

Die Ausführungen über die Wertkette haben einerseits die strategischen Analysemöglichkeiten für das Aufspüren von Wettbewerbsvorteilen aufgezeigt, andererseits konnte auch das Potential der Wertkette als Bezugsrahmen für die Planung verdeutlicht werden. Analog zu diesen Ausführungen gilt es nun schrittweise einen Brückenschlag zwischen den strategischen Anwendungsgebieten wie zB. der strategischen Kostenanalyse und den Anknüpfungspunkten im Kostenmanagement zu tätigen.

[49] Vgl. Hergert und Morris (1989), S. 175 ff.

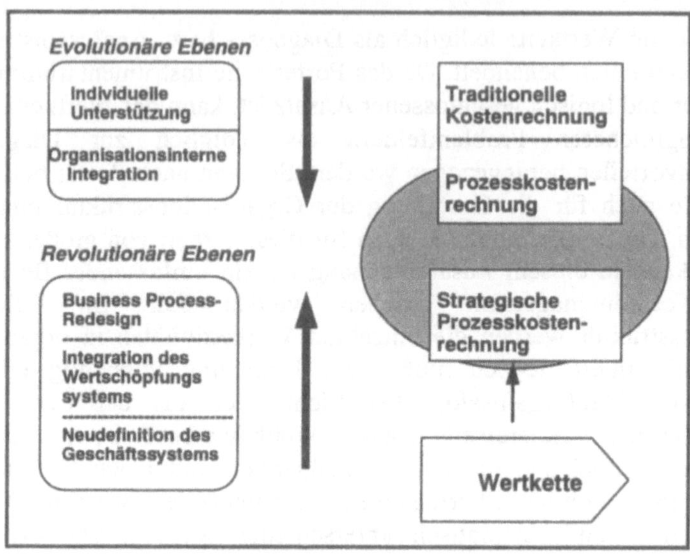

Abbildung 3: Einsatzmöglichkeiten von Kostenmanagementsystemen

In den Ausführungen über die Prozeßkostenrechnung wurde ein Fokussieren der "value adding actvities" vorgeschlagen, wobei die Festlegung von Prozeßketten bzw. -schritten und in weiterer Folge die Ermittlung Kostentreibern auf Basis der traditionellen Kostenstellengliederung erfolgt. Dieser Strukturraster kann auf den Ebenen evolutionärer Veränderungen zum Einsatz kommen, sodaß über die herkömmliche Kostenstellengliederung eine organische Weiterentwicklung historisch gewachsener Strukturen innerhalb vorgegebener Grenzen beeinflußt werden kann.

In Zusammenhang mit den Kernfragen der Prozeßkostenrechnung stehen die Erreichung der strategischen Unternehmensziele, die Wirtschaftlichkeit einer Maßnahme im Sinne der Wettbewerbsfähigkeit und qualitative Aspekte im Vordergrund, d.h. auch jene Aufgaben die im Rahmen der strategischen Planung bzw. des strategischen Managements von der Wertkette übernommen werden und die es auch im Rahmen des Business Redesign zu erfüllen gilt. Somit liegt es nahe, eine Verbindung zwischen dem strategischen Planungsinstument der Wertkette und dem Kostenmanagement zu suchen. Dabei hat jedoch die Wertkette den Bezugsrahmen zur Verfügung zu stellen, Wertschöpfungsstufen, Prozeßketten- und Prozeßschritte sind sukzessive aus dem strategischen Planungsraster zu entwickeln und erst darauf aufbauend können die Kostentreiber für eine strategisch ausgerichtete Prozeßkostenrechnung ausgewählt werden. Wesentlicher Punkt dieser Vorgangsweise ist die Öffnung des Kostenmanagements hin zum strategischen Management, wobei durch die Wertkette eine in sich logisch geschlossene Struktur vorgegeben wird, die mit fortschreitenden Planungsprozeß auch vom Kostenmanagement zur

Konkretisierung von Kostentreibern und Kostenstellen genutzt werden kann. Die Überbrückung von strategischen Anwendungsgebieten und dem Einsatz in operativen Problemfeldern haben die meisten Instrumentarien der Unternehmensplanung bisher nur sehr unzureichend lösen können, zumal im Regelfall eine Divergenz zwischen der Struktur der strategischen Geschäftseinheiten und der Struktur der operativen Abrechnungseinheiten wie z.B. den Kostenstellen besteht. Dies erscheint nun realisierbar, da mit der Prozeßkostenrechnung ein Kostenmanagementinstrument zur Verfügung steht, das die selben Strukturierungskriterien verwendet wie die für strategische Problemlösungen eingesetzte Wertkette.

So gewährleistet der gemeinsame Einsatz von Wertkette und Prozeßkostenrechnung in konsequenter Form:

- Es erfolgt eine funktionale Gliederung in Ausrichtung auf die Wettbewerbsfähigkeit und somit ist die Erreichung der Unternehmensziele gewährleistet.
- Die Wertkette gibt einen geigneten Bezugsrahmen für die gesamte Planung ab und aus dem Herunterbrechen der einzelnen Subketten wird ein ausreichender Bezug zu den Strukturen der Prozeßkostenrechnung hergestellt
- Eine entsprechend elastische Auslegung und somit die Einbeziehung qualitativer Elemente wird ermöglicht.
- Definitionsgemäß ist diese Konzeption auf das Erreichen von Wertschöpfung bzw. Wert ausgerichtet und sie übernimmt in diesem Kontext auch die Strukturierung von "strategic value adding" und "strategic non value adding" activities in vorbildlicher Form.
- Da die Wertkette allein kein strategisches Kostenmanagement gewährleisten kann, wird zusammen mit der Prozeßkostenrechnung eine Konkretisierung kostenmäßiger Konsequenzen von strategischen Entscheidungen möglich.
- Business Redesign im Verwaltungsbereich ist eine strategische Entscheidung, zu dessen Fundierung daher ein Einsatz beider Instrumente notwendig wird.

5. Resumee und Ausblick

Mit Methoden der traditionellen Kostenrechnung können in kurzfristiger Sichtweise Verwaltungskosten geplant und damit einer Kontrolle unterzogen und auf Kostenträger verrechnet werden. Eine Unterstützung durch Kosteninformationen der langfristiger Planung und einer damit verbundenen Neugestaltung von Verwaltungsaktivitäten ist dadurch jedoch nicht gewährleistet.

Das Business Redesign verlangt jedoch ein strategisch ausgerichtetes Kostenmanagement, das losgelöst von historisch gewachsenen Organisationstrukturen eine Neugestaltung von Verwaltungsaktivitäten einer kostenmäßigen Bewertung zuführen kann. Dazu ist jedoch in einem ersten Schritt die Durchführung einer strategischen Planung Vorausetzung, in deren Anschluß ein Kostenmanagement erst sinnvoll zum Einsatz kommen kann. Das strategische Planungsinstrument, das ein Ermitteln von kritischen Wertschöpfungsstufen erlaubt, aus denen sodann Prozeßketten und Prozeßschritte abgeleitet werden können, ist die Wertkette.

Im Bereich des Kostenmanagements arbeitet die Prozeßkostenrechnung mit den selben Grundelementen, womit Kompatiblität zwischen diesen beiden Instrumenten besteht. Akzeptiert man die Dominanz des strategischen Planungsinstruments der Wertkette, können aufgrund der dort festgelegten Prozesse Kostentreiber für die Prozeßkostenrechnung abgeleitet werden, die sodann den Planungsprozeß des Business Redesign mit wichtigen strategischen Kosteninformationen unterstützt.

6. Literaturverzeichnis

Agthe, K.: Stufenweise Fixkostendeckung im System des Direct Costing, Zeitschrift für Betriebswirtschaft 1959, S. 404 - 418

Albach H.: Kosten, Transaktionen und externe Effekte, Zeitschrift für Betriebswirtschaft 1988, S. 1143 - 1170

Buaron, R.: How to win the market sharegame ?, Management Review 1/1981, Seite 8 ff.

Cervellini, U.: Prozeßkostenrechnung für das Management indirekter Kosten - das Beispiel der Porsche AG, in: Witt, F.-J. (Hrsg.): Aktivitätscontrolling und Prozeßkostenmanagement, Stuttgart 1991, S. 191 - 212

Coenenberg, A. G.: Kostenrechnung und Kostenanalyse, Landsberg am Lech 1992

Cooper, R. und Kaplan, R. S.: The Design of Cost Management Systems, Englewood Cliffs 1991

Cooper, R.: The Rise of Activity-Based Costing - Part Three: How Many Cost Drivers Do You Need, and How Do You Select Them?, Journal of Cost Management Winter 1989, S. 33 - 46

Ewert, R. und Wagenhofer, A.: Interne Unternehmensrechnung, Berlin et al. 1993

Fifer, R.: Cost Benchmarking Functions in the Value Chain, Planning Review May/June 1989, Seite 18 ff.

Glaser, H.: Prozeßkostenrechnung - Darstellung und Kritik, Zeitschrift für betriebswirtschaftliche Forschung 1992, S. 275 - 288

Gluck, F., Kaufmann, St. und Walleck, A.: Strategic Management for Competitive Advantages, The McKinsey Quaterly 3/1980, Seite 2 ff.

Haberstock, L.: Kostenrechnung II - Grenzplankostenrechnung, 7. Auflage, Hamburg 1986

Hergert, M. und Morris, D.: Accounting Data for Value Chain Analysis, Strategic Management Journal 3/4 1989, Seite 175 ff

Herzog, E.: Bezugsgrößenkalkulation mit Prozeßkosten, Sonderheft Kostenrechnungspraxis 2/1993, S. 49 - 53

Hill, W.und Rieser, I.: Marketing Management, Bern/Stuttgart 1990.

Horváth, P. und Mayer, R.: Prozeßkostenrechnung - Konzeption und Entwicklungen, Sonderheft Kostenrechnungspraxis 2/1993, S. 15 - 28

Horváth, P. und Mayer, R.: Prozeßkostenrechnung, Controlling 1989, S. 214 - 219

Kilger W.: Flexible Plankostenrechnung und Deckungsbeitragsrechnung, 10. Auflage bearbeitet durch Vikas, K., Wiesbaden 1993

Kreilkamp, E.: Strategisches Management und Marketing, Berlin 1987

Küting, K. und Lorson, P.: Überblick über die Prozeßkostenrechnung - Stand , Entwicklungen und Grenzen, Kostenrechnungspraxis Sonderheft 2/1993, S. 29 - 35

Lohoff, P. und Lohoff, H.-G.: Verwaltung im Visier, Zeitschrift Führung + Organisation 1993, S. 248 - 254,

Meissner, D. und Routil, E.: Seminar-Unterlage am Congress der Controller, München Mai 1992

Miller, J. G. und Vollmann, T. E.: The Hidden Factory, Harvard Business Review 1985, September-October, S. 142 - 150

Müller, H.: Prozeßkonforme Grenzplankostenrechnung, Wiesbaden 1993

Pernicky, R.: Innovative Wertschöpfungsstrategien, in: Arthur D. Little International (Hrsg.): Management des geordneten Wandels, Wiesbaden 1988, S. 137 - 149

Porter, M.: Wettbewerbsstrategie (Competitive Strategy), 2. Auflage, Frankfurt 1984

Porter, M.: Wettbewerbsvorteile, Franfurt 1985

Ryf, B.: Überlegene Organisationsgestaltung, Zeitschrift Führung + Organisation 1994, S. 11 - 17

Schetty,Y.: Key Elements of Productivity Improvement Programs, Business Horizons 2/1982, Seite 15 ff.

Schierz, J.: Neue Dimensionen im Wettbewerb, Industriemagazin 1/1983, Seite 56 ff.

Schierz, J.: Stückkosten im Visier, Industriemagazin, 1/1982, Seite 60 ff.

Seicht, G.: Die Verwaltungskostenrechnung, Zeitschrift für Rechnungswesen 1993, S. 298 - 300

Shank, J. K. und Govindarajan, V.: Strategic Cost Management, 2. Auflage, New York 1993

Steinmann, H., Guthunz, U. und Hasselberg, F.: Kostenführerschaft und Kostenrechnung, in: Männel, W. (Hrsg.): Handbuch Kostenrechnung, Wiesbaden 1992, S. 1459 - 1477

Striening, H.-D.: Prozeßmanagement im indirekten Bereich, Controlling 1989, S. 324 - 331

Timmermann, A.: An Haupterfolgsfaktoren orientierte Geschäftsfeldstrategien - Grundbausteine der Multifaktor-Portfolio-Methode, AGPLAN-Handbuch zur Unternehmensplanung, Berlin,1982, Kennzahl 4835

Venkatraman, N.: IT-Inducted Business Reconfiguration, in: Morton, M. S. (Hrsg.): The Corporation of the 1990s - Information Technology and Organizational Transformation, New York et al. 1991, S. 122 - 158

Vikas, K.: Controlling im Dienstleistungsbereich mit Grenzplankostenrechnung, Wiesbaden 1988

Vikas, K.: Neue Konzepte für das Kostenmanagement, Wiesbaden 1991

Wagenhofer, A.: Was bringt Activity-Based Costing für bestehende Kostenrechnungssysteme, Zeitschrift für Rechnungswesen 1992, S. 212 - 217

Williamson, O. E.: Transaction Cost-Economics, Journal of Law and Economics 1979, S. 233 - 261

Imaging und Workflowmanagement in der Ersten Österreichischen

Projekt Zahlungsverkehr 95

Walter Felgenhauer
Die Erste österreichische
Spar-Casse - Bank Aktiengesellschaft

Aufgabenstellung und Zielsetzung

Der Zahlungsverkehr ist in der Kreditwirtschaft ein wesentlicher Kostenfaktor, wobei die beleghafte Abwicklung den größten Kostenanteil verursacht. Bemühungen in den letzten 10-15 Jahren durch diverse Maßnahmen den beleghaften Zahlungsverkehr einzudämmen, konnten kaum die Zuwachsraten ausgleichen, obwohl der elektr. Zahlungsverkehr im gleichen Zeitraum um ein Vielfaches gestiegen ist. Trotz vieler Rationalisierungen und organisatorischen Vereinfachungen müssen nach wie vor große Mengen an Belegen transportiert und manipuliert werden. In den letzten Jahren wurden in der Ersten österreichischen Spar - Casse daher Studien und Untersuchungen durchgeführt, ob neueste Technologien auf dem Sektor Imageverarbeitung in Verbindung mit Workflowmanagement zur Bewältigung der Anforderungen aus dem beleghaften Zahlungsverkehr nutzbar sind und darüber hinaus Produktivitätssteigerungen durch Neugestaltung der Geschäftsprozesse wirtschaftlich einsetzbar sind. Das Ergebnis unserer Studien lag Anfang 1991 vor. Diese Entscheidung wurde nicht getroffen um primär technologisch "state of the art" zu sein, sondern wir sehen darin eine zukunftsweisende Technologie um Produktivitätssteigerungen, Kundenservice und Risikominimierung auf breiter Basis in unseren Bankgeschäften zu ermöglichen. Die neuen Generationen von HW- und SW-Systemen unterstützen neben der Image-Technologie eine flexible und aktive Steuerung der gesamten Abwicklung und bieten die Basis Geschäftsprozesse neu zu gestalten. Wir setzen aber Techniken und Anwendungen schrittweise um, da Unsicherheiten im praktischen Einsatz, vor allem im Mengengeschäft, erkannt und durch optimale und am Markt verfügbare Komponenten gelöst werden können.

Image-Processing und Workflowmanagement wird zunehmend in unserem Haus in vielen Bereichen, wie z.B.: in der Datenerfassung, Informationsverarbeitung, Dokumentenarchivierung, Reklamationsbearbeitung, Kommunikation mit internen u. externen Stellen, starken Einfluß haben. Die ERSTE gründete aus dieser Erkenntnis das Projekt "Zahlungsverkehr 95" und legte dabei die schrittweise Umsetzung eines ERSTE Image-Systems mit den strategischen Entwicklungszielen der nächsten Jahre fest.

Ausgangssituation

Täglich durchlaufen durchschnittlich 100.000 Belege eine Abfolge an Arbeitsschritten, wobei immer der Beleg physisch transportiert und manipuliert werden muß.

Der Produktionsprozess kann derzeit in 6 Schritte unterteilt werden:

Schritt 1:

Nach der Beleganlieferung erfolgt die Belegaufbereitung. Das heißt Disposition, Belegstapel bilden, Kontrollsummen ermitteln, Belege adjustieren.

Schritt 2:

Alle Belege werden auf Mikrofilm verfilmt.

Schritt 3:

Die einzelnen Belegstapel gelangen zur Codierung, wo Buchungsdaten in der Codierzeile ergänzt werden. Gleichzeitig erfolgt eine Betragssummierung zur Fehlererkennung und zur Vollständigkeitskontrolle (Abstimmung).

Schritt 4:

Die codierten und abgestimmten Belegstapel werden am Belegleser gelesen und daraus Buchungsdatensätze erstellt. Eine nochmalige Abstimmung soll wieder die Vollständigkeit feststellen und ev. Lesefehler aufzeigen.

Schritt 5:

Alle Belege werden gesamthaft am Belegleser sortiert bzw. aufgeteilt um für die Ausgangsverarbeitung (Versand zum Kunden mit dem Auszug, bzw. Weiterleitung an das Empfängerinstitut) physisch geordnet zu sein.

Schritt 6:

Ausgangsverarbeitung und Versand

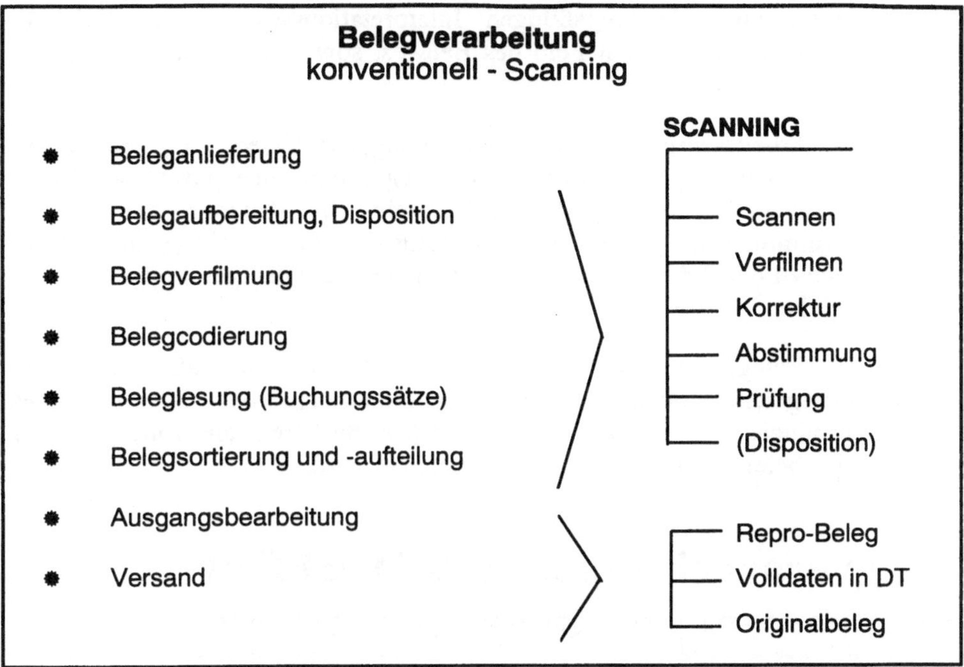

Abb. 1: Belegverarbeitung

Für die Neuorganisation der Belegverarbeitung müssen, aufgrund der Volumina und der einzuhaltenden Produktionstermine spezifische Erfordernisse des Ablaufes dieser betrieblichen Prozesse berücksichtigt werden. So ist eine hohe Qualität (Bankgeschäft) in kurzer Zeit (Tagfertigkeit) zu sehr geringen Stückkosten (Multiplikator ist 100.000 Belege pro Tag) zu erreichen.

Ziel der ersten Ausbaustufe war die Realisierung der

* Digitalisierung der Unterschriftsblätter
* und das zentrale Scanning aller Inlands-Zahlungsverkehrsbelege.

Für den Zahlungsverkehr wurden folgende Anforderungen festgelegt:

* Pro Tag sind ca. 100.000 Belege (Spitzen bis 160.000 Belege) zu verarbeiten.
* Es sind derzeit 64 Belegarten mit unterschiedlichem Aufbau und Raster in Verwendung, die gemischt im Stapel zu verarbeiten sind. Die Abmessungen der Belege im Inland-Zahlungsverkehr sind hauptsächlich DIN A6, sowie Scheck und 1,5-fachen DIN A6.

* Einsatz eines leistungsfähigen Interpretationssystems zur Zeicheninterpretation in jedem Feld des Beleges, sowie zur Identifizierung der Belegart.

* Alle Arbeitsschritte zur Belegbearbeitung wie Videocoding, Korrektur, Primanotisierung, Abstimmung, Prüfung sollen ohne physischen Beleg auf einem PC-Arbeitsplatz möglich sein. Die Steuerung der Abfolge übernimmt das System um einen optimalen Arbeitsmix (kein häufiger Wechsel der Arbeitseinheit) und eine hohe Durchlaufgeschwindigkeit zu erreichen.

* Die Belege werden entweder volltexterfaßt und als Datensätze weitergeleitet oder in der Sortierreihenfolge des Kontoauszuges reproduziert, wodurch ohne physisches Sortieren die Zuteilung der Reprobelege zum Kontoauszug ermöglicht wird.

Belegverarbeitung mittels Workflow-management und Image-processing

Eine wesentliche Anforderung an das ERSTE Image-System ist das Image-processing für eine große Anzahl Belegen mit unterschiedlichen Formaten, unterschiedlichem Aufbau und Inhalten in einem optimalen Geschäftsprozess, der auch durch Produktionserweiterungen, d. h. neue oder geänderte Belegformulare, oder Änderungen der inhaltlichen Bearbeitung, ohne Änderung des Arbeitsablaufes, der Struktur oder der Schnittstellen gewährleistet ist. Die Herausforderung bestand also darin die Art der Belegverarbeitung durch den Anwender selbst zu gestalten. Mittels einfachen Parametrisierungen ist es möglich kurzfristig neue Belegformate einzustellen, oder inhaltliche Belegbearbeitungen zu verändern oder neu zu konzipieren, wodurch einzelne Funktionen des Geschäftsprozesses neu zugeordnet, weggelassen oder dazugefügt werden. Die Grundstruktur des Ablaufes und der gesamten Steuerung wird jedoch nicht verändert. Wir erreichen damit eine sehr hohe Flexibilität in der Form der Anwendung des Systems, was derzeit schon für die Belege des Zahlungsverkehrs und der Unterschriftsblätter, genutzt wird. In dieser Art und Weise wurden von uns als Anwender derzeit nahezu 100 unterschiedliche Belegarten für die Verarbeitung definiert.

Die inhaltliche Bearbeitung, als auch die Outputaufbereitung für jeden zu verarbeitenden Beleg kann ebenfalls durch den Anwender erfolgen. Dazu dient ein Set von Funktionen für String-Bearbeitung, allgemeine Feldprüfungen und für die Steuerung der Ein- und Ausgabe am Bildschirm. In unterschiedlichen Referenzdateien können, abhängig von der Belegart, der Bankleitzahl oder der Kontonummer unterschiedliche Bearbeitungskennzeichen oder spezielle

Prüfkriterien hinterlegt werden, die im Zuge der inhaltlichen Bearbeitung berücksichtigt werden.

* Bearbeitungssteuerung

  Grundsätzlich wird die Bearbeitung der Belege feldweise durchgeführt. Auf dem Server bzw. den Bildschirmplätzen werden daher nicht alle Belegfelder eines Beleges, sondern einzelne Belegfelder unterschiedlicher Belege, aber im selben Bearbeitungsvorgang, nacheinander bearbeitet.

  Die Zuteilung zu den Arbeitsplätzen erfolgt servergesteuert aufgrund des für den Beleg erforderlichen Bearbeitungsvorganges und unter Berücksichtigung der Berechtigung des am Arbeitsplatz angemeldeten Mitarbeiters. Diese Art der Belegbearbeitung gewährleistet eine hohe Durchlaufgeschwindigkeit, da nur die zu bearbeitenden Belegausschnitte angezeigt werden, was zu einer raschen Orientierung am Bildschirm dient und kein oftmaliger Wechsel der Bearbeitungsart erfolgt, was die Eingabegeschwindigkeit erhöht.

  Durch die funktionale Arbeitsteilung der feldweisen Bearbeitung könnte es dazu kommen, daß immer die gleiche Funktion auf einem Arbeitsplatz (z. B. Korrektur der Kontonummer) durch zuführen wäre. Um dies zu verhindern und möglichst keine Produktivitätshemmnisse durch Monotonie zu schaffen, werden nach bestimmten Kriterien die Funktionen, durch einen Wechsel der Arbeitseinheit und damit der Bearbeitungsfunktion, automatisch geändert.

* Bearbeitungsschritte

  Nachdem in der Serverapplikation festgestellt wurde welche Bearbeitung eines Belegfeldes als nächstes durchzuführen ist, wird am Bearbeitungsbildschirm der entsprechende Bearbeitungsschritt durchgeführt. Die Bearbeitungsschritte sind für den Bearbeiter unabhängig von der Belegart oder Formularaufbau, da für den Bearbeitungsvorgang der relevante Belegausschnitt (Belegfeld) und gegebenenfalls Bearbeitungsmeldungen (z. B.: "Kontonummer falsch") am Bildschirm angezeigt werden. Über eine Funktionstaste kann jederzeit das Bild des gesamten Beleges am Bildschirm dargestellt werden, falls es für die Bearbeitung erforderlich ist.

* Videocoding wird für die Richtigstellung nicht erkannter Zeichen verwendet. Es wird nur der betreffende Bildausschnitt, mit dem Feld oder der Zeile angezeigt wo das nicht erkannte Zeichen, bei mehreren Reject die gesamte Zeile, im Bild färbig unterlegt. Der Bearbeiter gibt über die

Tastatur das jeweilige Zeichen bzw. die Zeile, je nach farblicher Unterlegung, ein.

* In der Korrektur werden aufgrund inhaltlicher Prüfungen fehlende Daten ergänzt, bzw. fehlerhafte Daten korrigiert, wobei zum Bildausschnitt auch die Daten angezeigt werden.

* Bei der Primanotisierung und Abstimmung werden für Belege aus dem Zahlungsverkehr die Einzelbeträge, soweit keine Stapelsummen vorhanden sind, nochmals erfaßt und stapelweise mit der Gegensumme verglichen. Dadurch wird die Vollständigkeit und Richtigkeit gewährleistet.

* Im Zuge der Prüfung oder Disposition müssen ausgewählte Belege inhaltlich nochmals überprüft werden. Aufgrund von vorgemerkten Kontosperren bzw. Überziehungen muß eine separate Freigabe erfolgen. Zur Prüfung der Unterschrift wird der Beleg und das Unterschriftsblatt des Kontos am Bildschirm angezeigt und verglichen.

* Ausgangsbearbeitung

  Belege, dessen Interpretationsergebnis eine geringe Nachbearbeitung im Videocoding erfordert, werden als volltexterfaßte Belege, d. h. alle Belegdaten als Text, an den Empfänger weitergeleitet. Bei allen anderen Belegen, die mehr Bearbeitungsaufwand erfordern würden, werden nur die buchungsrelevanten Felder bearbeitet. Es wird automatisch keine Bearbeitung der anderen Felder, wie z. B. Verwendungszweck oder Name, durchgeführt und das Belegimage reproduziert. Die Ausgabe, derzeit auf Papier künftig auch auf Datenträger für die elektronische Weiterleitung, erfolgt in der erforderlichen Sortierreihenfolge, wodurch eine manuelle Nachbearbeitung entfällt.

Systemkonfiguration des "ERSTE-Image-Systems"

Bei der Konzeption des Gesamtsystems wurde aufgrund dergestellten Anforderungen großer Wert auf Leistungsfähigkeit und Flexibilität in einer offenen Systemarchitektur Wert gelegt. Dadurch können die am besten geeigneten HW-Komponenten unterschiedlicher Hersteller zu einem Gesamtsystem verbunden werden.

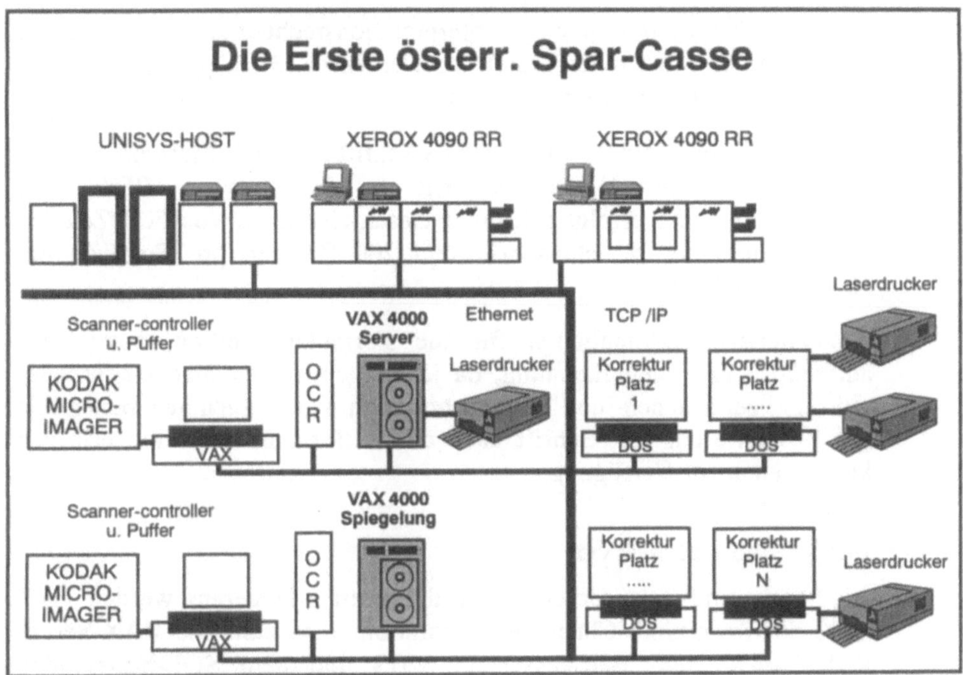

Abb. 2: Systemkonfiguration

*** Scanner**

Mit dem Kodak Microimager 990 können alle Belegformulare von DIN A6 bis A4 und Schecks verarbeitet werden. Im praktischen Dauerbetrieb wird ein Durchsatz von ca. 8.000 Belege pro Stunde erreicht. Das Scannen der Belegvorderseite erfolgt mit einer Auflösung von 200 dpi und liefert ein schwarz/weiß Image von ausgezeichneter Qualität, was für die nachfolgende Interpretation äußerst wichtig ist. Die Images werden nach CCITT group4 komprimiert und im TIF-Format an den Scannercontroller, eine VAX 4000/60, übergeben. In der Stapelverarbeitung erfolgt das Scannen mit Blindfarbe, das Paginieren mit einer 12-stelligen, vom Host vergebenen Kennummer, welche das Datum, die Gerätenummer und eine laufende Nummer enthält, und das Verfilmen der Vorder- und Rückseite.

*** Interpretationssystem**

Das Interpretationssystem arbeitet im Bereich der Zeichenerkennung mit OMNI-Font, incl. Matrixdruck, Laserdruck und Proportionalschriften und Handblockschrift.

In unserer Konfiguration sind 4 Interpretationsrechner je System parallel geschaltet. Im praktischen Durchsatz werden ca. 3 Belege pro Sekunde pro Interpretationssystem verarbeitet.

Die Erkennungsqualität ist für OCR-B Schrift > 99,9%, Maschinschrift > 98%, numerische Handblockschrift in Kästchen > 95%. Die Zeichenerkennung erfolgt mit einer Geschwindigkeit von 500 Zeichen pro Sekunde bei Maschinschrift und 200 Zeichen pro Sekunde bei Handblockschrift.

Zusätzliche Funktionalitäten für die Formulardefinition, sowie zur automatischen Belegerkennung, da ja im gemischten Stapel gearbeitet wird und zur Flächen- und Liniensubtraktion, wobei auch gegebenenfalls die Restaurierung der Schrift nach der Entfernung der Linie erfolgen kann, stehen zur Verfügung.

* **Image- und Datenserver**

Als Image- und Datenserver und für die zentrale Steuerung werden VAX 4000 Server in einer Cluster-Konfiguration eingesetzt. Die VAX-Server laufen unter dem Betriebssystem VMS und dem SQL-basierenden relationalen Datenbanksystem RDB/VMS. Die Hauptspeicherkapazität beträgt 2 mal 128 MB. Für die Daten- u. Imagespeicherung ist eine Speicherkapazität inklusive der Spiegelung aller Daten und Images, von 13 GB vorgesehen. Der Server ist auch für die Lastverteilung im Gesamtsystem verantwortlich, sodaß alle Komponenten möglichst gleichmäßig belastet und es im Normalbetrieb zu keinen Engpässen kommt. Sollte eine Komponente ausfallen, sorgt die Lastverteilung automatisch für die richtige Zuordnung. Applikationsprogramme sind in der Programmiersprache C und in einer 4GL geschrieben.

* **Bildschirmarbeitsplätze**

Für unser Belegvolumen sind 25 Bildschirmarbeitsplätze vorgesehen. Auf jedem Bildschirmplatz steht der volle Funktionsumfang mit allen Applikationen, bis hin zu Systembetreuungsfunktionen zur Verfügung. Dadurch können alle erforderlichen Arbeitsschritte bei der Belegbearbeitung prinzipiell auf jedem Bildschirmarbeitsplatz durchgeführt werden. Die Einschränkung besteht durch unterschiedliche Berechtigungen der Mitarbeiter, sodaß nur jene Applikationen durchgeführt werden können, die im Rahmen des Sicherheitssystems zulässig sind. Zur Dokumentation einzelner Bearbeitungsvorgänge durch Image-Ausdruck, bzw. Hardcopies für eventuelle Nachbearbeitungen sind 4 Tischlaserdrucker eingesetzt. Die Antwortzeiten in der feldweisen Imagebearbeitung am Bildschirm liegen unter 1 Sekunde, in einem besonderen Bearbeitungsfall, nämlich der Betragseingabe zur Abstimmkontrolle, sogar bei ca. 0,3 Sekunden. Die Bildschirmarbeitsplätze sind PC 486 mit 33 MHZ, 8 MB Memory und 120 MB Harddisc. Der PC und die Applikationssoftware laufen unter MS-DOS 5.0 und Windows 3.1. Der Bildschirm ist ein hochauflösender 15 Zoll VGA-Farbmonitor mit 1024x768 Punkten.

* **Laserdrucker**

Für die Belegreproduktion werden XEROX-Laserprinter 4090 eingesetzt. Jeder Drucker hat eine Nennleistung von 90 Seiten pro Minute. Die Auflösung beträgt 300 dpi. Die Steuerung und Druckaufbereitung erfolgt über eine SUN SPARC 10 Workstation. Die Druckdatei wird im Interpress-Format übertragen. Dekomprimierung und Interpolation von 200 auf 300 dpi sowie die Aufbereitung von 4 Belegen je Seite, erfolgt ebenfalls über die SUN, wobei im praktischen Betrieb ein Durchsatz von über 80 Seiten pro Minute erreicht wird.

* **Netzwerk und Kommunikationslinien**

Die Verbindung aller HW-Komponenten wie Image- u. Datenserver, Scanner, Interpretationssysteme, Bearbeitungsplätze und Laserdrucker erfolgt in einem Ethernet-LAN unter TCP/IP mit 10 Mb. Die Kommunikation mit dem Host erfolgt mit OSI-FTAM, wobei die Datensätze der fertig bearbeiteten Belege periodisch weitergeleitet und ebenso periodisch Rückmeldungen, Reproduktionsanforderungen bzw. Löschfreigaben gesendet werden.

* **Sicherheitskonzept**

Infolge unserer Produktionserfordernisse als Bankbetrieb muß Qualität und Tagfertigkeit auch unter erschwerten Bedingungen erreicht werden. Um dieses zu gewährleisten, sind aus Sicherheits- u. Kapazitätsgründen alle HW-Komponenten doppelt vorhanden. Mittels Spiegelung erfolgt auch die Daten- und Imagespeicherung auf 2 physisch getrennten Speichersystemen. Bei Ausfall einer Komponente besteht die Betriebsbereitschaft im vollen Umfang weiter, jedoch gegebenenfalls mit eingeschränkter Durchsatzleistung. Dies führt zwar zu eventuellen Verzögerungen in der Produktion, aber nicht zum Produktionsstillstand.

Zukünftige Entwicklungen

Nach dem erfolgreichen Abschluß der 1. Ausbaustufe des ERSTE Image-Systems werden schrittweise weitere Entwicklungen durchgeführt, wobei wir uns die nächsten Ausbaustufen im Zeitraum der nächsten 3 Jahre mit den folgenden Themen vorstellen.

* **Image - Austausch zwischen Banken und Kunden**

  Da die volle Erfassung aller Belegdaten, trotz Interpretationssystem, vor allem aufgrund der Belegqualität, z.B.: Fließschrift, Stempel, etc. sehr arbeitsaufwendig ist, gehen wir den Weg der Belegreproduktion. Dies soll jedoch nur solange ein Zwischenschritt sein, bis es möglich ist Daten und Images gemeinsam in standardisierten Formaten elektronisch weiterzuleiten. Die empfangende Bank erhält die buchungsrelevanten Daten und kann diese direkt weiterverarbeiten und dazu das Image als Informationsträger. Nach Bedarf können die Beleginformationen in Image-Form auch an den Kunden weitergegeben werden. Dazu können z.B. relevante Felder des Images auf den Kontoauszug reproduziert, Belegreproduktion auf Kundenwunsch auch in der Filiale, oder mittels FAX direkt an den Kunden zur Verfügung gestellt werden. Alle Informationsinhalte stehen ohne jede Bearbeitung, was bei Interpretation und Umsetzung in Textdaten nicht der Fall wäre, automatisch als Image zur Verfügung. Ebenso entfällt der physische Belegtransport weitgehend, was den zeitlichen und manipulativen Aufwand stark reduziert.

* **Dezentrales Scanning**

  Das Scannen von Belegen bereits in der Filiale, ermöglicht durch die unmittelbare Weiterleitung als Image, eine Reduktion der Transportkosten und eine wesentliche Beschleunigung der Durchlaufzeit. Unser Konzept ist so ausgelegt, daß das Scannen zentral oder dezentral erfolgen kann, die Bearbeitung aus Produktivitätsgründen auf jeden Fall zentral erfolgt. Dezentrales Scanning in Kundenselbstbedienung soll eine weitere Form der Anwendungen sein.

* **Elektronisches Archiv**

  Wie bei dezentralem Scanning bereits erwähnt ist die Archivierung der Beleg-Images auf optischen Platten zukünftig erforderlich, da der Originalbeleg nicht mehr physisch transportiert werden soll, vor Ort aber auch nicht verfilmt bzw. im Original archiviert werden kann. Dadurch ist eine komplette Neugestaltung des Archivs und der Reklamationsbearbeitung zu erreichen.

* **Automatischer Postversand**

  Eine weitere Automatisierung und Neuorganisation ist im Postversand vorgesehen. Der Kontoauszug und die dazugehörigen Belege sollen durch Textdruck und Imagereproduktion in der Sortierfolge hintereinander erstellt und direkt einer angeschlossenen Poststraße zugeführt werden. Dadurch können automatisch Kontoauszug und Belege in einem Paket kuvertiert und zum Versand fertiggestellt werden.

Wirtschaftlichtkeit

Durch den Einsatz der Scanning-Technik bei der beleghaften Umsatzverarbeitung ergibt sich die Chance einer kompletten und zukunftsträchtigen Neugestaltung des Geschäftsprozesses der gesamten Belegverarbeitung. Das oberste Ziel dabei ist die Produktivitätssteigerung.

Der Haupteffekt wird durch Einsatz des Workflowmanagements zur gesamten Bearbeitungssteuerung im Bearbeitungszyklus erreicht. Für die Gestaltung der Vorgänge und Arbeitsfolgen werden beispielhaft die folgenden Schritte herausgegriffen:

* Die bisher recht aufwendigen Arbeiten der Belegaufbereitung und Codierung wird durch eine EDV-gestützte Verarbeitung weitgehend ersetzt.

* Durch die Interpretation werden möglichst viele Belegdaten, ohne diese vorher in die Lesezone zu codieren, in Buchungssätze umgewandelt.

* Im Zuge der Erfassung erfolgt auch eine automatische Mikroverfilmung des Beleggutes für eventuelle spätere Reklamationsbearbeitungen und eine EDV-gestützte Disposition. Beides sind Funktionen, die derzeit separate händische Arbeitsschritte erfordern.

* Durch die beleglose Weiterleitung im Bearbeitungszyklus reduzieren sich die Kosten und Zeiten für manuelle Transporte und Verteiltätigkeiten.

Insgesamt kann nach einem mehrstufigen Ausbauprozess mit einer Steigerung der Durchsatzleistung bei der Belegverarbeitung bis zu 50 Prozent gerechnet werden.

Das Kundenservice und die Konkurrenzfähigkeit werden auch dadurch erhöht, daß durch eine mehrmals tägliche Weiterleitung der erfaßten Umsätze eine Verbesserung der Aktualität der Kontensalden und der Umsatzdaten für unsere Kunden erreicht wird.

Außerdem wird die Sicherstellung des Tagesgeschäftes, insbesonders des tagfertigen Produktionsbetriebes durch die kürzere Durchlaufzeit gewährleistet.

Die Amortisationszeit dieses Projektes in der 1. Ausbaustufe beträgt ca. 4 Jahre, wobei zu berücksichtigen ist, daß ein Entwicklungsprojekt mit hohen Investitionen und Risken auf der Kostenseite, der Realisierung der 1. Ausbaustufe mit einer zukunftsgerichteten Systemkonzeption gegenübersteht.

Imaging und Workflow Einsatz in der s Bausparkasse

Werner Lugschitz und Andreas Watzek
s Bausparkasse, Wien

Die Bearbeitung von Anspar- und Darlehenskonten stellt den Hauptgeschäftsbereich der Bausparkassen dar. Die s Bausparkasse verwaltet derzeit rund 1,6 Mio. Konten - das entspricht ca. 18 Mio. Seiten Papier, die in einer papiergebundenen Registratur und zum Teil auch schon bisher in einem optischen Archivsystem archiviert werden. Um hier die neuesten Technologien zu nutzen und damit ihren Mitarbeitern die Arbeit zu erleichtern sowie ihren Kunden eine schnellere Bearbeitung der Bausparverträge zu gewährleisten, hat sich die s Bausparkasse für den Einsatz von Image-Processing entschieden.

Die Vorgangsbearbeitung und Ablage von Bild- und Textdokumenten wird in der s Bausparkasse in Kürze durch **InfoImage Solutions** von Unisys erfolgen. In einer Rekordzeit von 6 Monaten wird das Bausparkassen Imaging System (BIS) realisiert. Damit wird es noch rascher und komfortabler möglich sein, Kunden und Partner telefonisch oder schriftlich mit allen gewünschten Informationen zu versorgen und Darlehenswünsche zu erfüllen.

Die wesentlichen Ziele des BIS- (Bausparkassen Imaging System) Projektes sind:

- Mehr Kundennähe
- Direkter Zugriff vom Arbeitsplatz auf die Akte und alle relevanten Informationen
- Abbau von Transport- und Wartezeiten
- Gleichzeitige, ortsunabhängige Verfügbarkeit von Informationen
- Höhere Sicherheit
- Höhere Transparenz

Das Gesamtprojekt der s Bausparkasse besteht aus folgenden Hauptphasen:

- Ist-Erhebung und Organisationsanalyse (12/92 - 4/93)
- Soll-Konzeption und Auswahl des Projektpartners (5/93 - 12/93)

- Erste Realisierungseinheit (12/93 - 7/94)

  Im ersten Realisierungsschritt erfolgt die Umstellung der beiden wesentlichsten Geschäftsfälle, der Bearbeitung von Anspar- und Darlehensanträgen in der Zentrale, auf die neue Plattform. Damit werden ca. 200 Arbeitsplätze versorgt.

- Weitere Realisierungseinheiten (ab 1/95)

  In weiteren Realisierungsschritten ist die dezentrale Bearbeitung der beiden genannten Geschäftsfälle vorgesehen, in weiterer Folge soll auch der Außendienst in die Neuorganisation einbezogen werden. Die Reorganisation der eher als firmenintern zu bezeichnenden Geschäftsfälle ist späteren Realisierungsschritten vorbehalten.

Das Vorprojekt "Nachscannen", durch das bereits vorhandene Dokumente auf optischen Medien gespeichert werden, wurde gemeinsam mit Unisys bereits im April 1993 gestartet und seit Mitte Juli werden täglich mehr als 4000 Seiten Papier eingescannt.

Projektumfang Realisierungseinheit 1

Architektur

Das Lösungskonzept für BIS basiert auf dem Client/Server-Prinzip. PC-Arbeitsplätzen für die Benutzer stehen UNIX-Server gegenüber.

Die PC Arbeitsplätze (80486-Prozessoren mit 66 MHz) sorgen für ausreichende Reserven, die hochauflösenden 21" Farbbildschirme für ergonomisches Arbeiten mit gescannten A4-Dokumenten.

Die für den Betrieb des BIS (Bausparkassen Imaging System) notwendigen Serverplattformen sind in drei Verarbeitungsebenen angeordnet.

- **Nearline Bereich**
  Die Einrichtungen in diesem Bereich sind zur Erfassung neuer Dokumente und den laufenden Betrieb des Systems vorgesehen: Tischscanner, Hochleistungsscanner, Erfassungsserver, ausgestattet mit entsprechenden Peripheriegeräten (Bandstationen, Journallaufwerken und Zwischenspeichern).

- **BIS (security-darkroom) Primärbereich**
  Um dem hohen Sicherheitsbedürfnis der s Bausparkasse Rechnung zu tragen, sorgt ein ausfallsicherer Primärserver der Unisys Reihe U6000 (Mehrprozessorarchitektur, gespiegelte Platten) für einen unterbrechungsfreien Betrieb.

  Eine optische Jukebox kann rund 15 Mio. Seiten gescanntes Papier speichern.

  Das System ist entsprechend konfiguriert, um einen Systemstillstand im Falle eines aufgetretenen Fehlers auf maximal eine Stunde zu beschränken.

- **BIS (security-darkroom) Standby Bereich**
  An einem im Nebengebäude befindlichen, mit gleichen Sicherheitsmaßnahmen ausgestatteten Ort werden ein Standby-Server und eine zweite Juke-Box betrieben, die bei einem Totalausfall des Primärbereiches dessen Funktionen unmittelbar übernehmen. Im Normalbetrieb wird das zweite System täglich auf den Stand des Primärsystems aktualisiert und dient im täglichen Betrieb für die Lastaufteilung des Retrievals auf die beiden Juke-Boxen.

Funktionsumfang

Der Funktionsumfang von BIS gliedert sich in mehrere Gruppen die nach fachspezifischen Kriterien erarbeitet wurden:

- **Vorgangsbearbeitung (Workflow)**
  Der größte Nutzeffekt läßt sich nicht allein durch die elektronische Archivierung, sondern durch die automatische Vorgangsbearbeitung erreichen. Dabei werden elektronische Akten und die gescannte Eingangspost automatisch zum Arbeitsplatz geleitet.

- **Task Management**
  Die Akten und Dokumente werden nicht nur weitergeleitet, darüber hinaus erhält der einzelne Benutzer zu jedem Akt, den er bearbeiten soll, eine Bearbeitungshilfe in Form von Aufgabenlisten angezeigt.
  In diesen einzelnen Aufgaben benötigte Werkzeuge, wie Textverarbeitung, Tabellenkalkulation oder Großrechneranwendungen werden dabei automatisch aufgerufen.

- **Deckblatt**
  Die Kundenbetreuer der s Bausparkasse verfügen mit dem elektronischen Deckblatt über einen raschen Überblick der wichtigsten Informationen zu einem Akt, den sie gerade bearbeiten. Damit läßt sich die Bearbeitungszeit in vielen Fällen verkürzen.

  Das Deckblatt vereint Informationen, die teilweise aus den bestehenden Großrechneranwendungen und zum anderen Teil aus InfoImage Akten stammen.

- **Archiv**
  Im Archiv werden alle externen und internen Schriftstücke gespeichert. Im Zuge der papierarmen Bearbeitung wird das heutige Papierarchiv der s Bausparkasse um 90% auf einen Restbestand von Originaldokumenten (Baupläne, Grundbuchsauszüge, etc. ...) reduziert. Technisch unterscheidet das Archiv zwischen NCI (gescannte Dokumente, als Image gespeichert) und CI Dokumenten (z.B.: Word for Windows- oder Excel-Dateien).

- **COOD**
  COOD steht für Computer Output on Optical Disk und bedeutet das Abspeichern von Listen und Kontoauszügen anstelle des Ausdruckes. Damit werden die heute verwendeten Micro-Fiches abgelöst und über Bildschirm zur Verfügung gestellt.

Einbindung in die bestehende EDV-Landschaft

BIS übernimmt eine zentrale Rolle in der Handhabung von Informationen in der s Bausparkasse. Eine Aufgabe von BIS ist es, diese bestehenden Welten voll zu integrieren, um dem Benutzer ein Gesamtsystem aus einem Guß zu präsentieren.

- **Spardat – Großrechner**
  Hier wird nach wie vor die zentrale Datenhaltung im Rahmen der bestehenden Kundendatenbank durchgeführt. Der Zugriff auf diese Daten wird dem Benutzer erleichtert, indem bei einzelnen Bearbeitungsschritten die richtigen Hostmasken **automatisch** aufgerufen werden.

- **Bürokommunikation**
  Die Bürokommunikation (Textverarbeitung, Kalkulation) wird wie bisher geführt, allerdings werden geschriebene Dokumente so wie gescannte Briefe im zentralen Archiv elektronisch gespeichert.

- **Kommunikation**
  BIS setzt auf dem vorhandenen LAN unter Tokenring auf und verwendet eine Reihe der hier gebotenen Dienste (Banyan Vines File- und Druckserver).

Mitarbeit der Anwender

In allen Projektphasen ist die fachliche Mitarbeit von Benutzern erforderlich. Informationsbedürfnisse sind zu erfragen, Mengengerüste aufzustellen, Bildschirmaufbau festzulegen, Funktionen zu spezifizieren, ergonomische Erfordernisse zu dokumentieren, Abläufe zu entwickeln.

Belegschaft, Management der Benutzergruppen und der Betriebsrat sind seit Beginn des Projektes aktiv in den Entscheidungsfindungsprozeß eingebunden.

Gegen Ende des Projektzeitraumes übernimmt eine kleine Gruppe von Anwendern in Form des Pilotbetriebes die letzten Tests und sorgt für eine ausgereifte, praxisnahe Lösung.

Um Unsicherheiten abzubauen und von Anfang einen vollwertigen Betrieb des Systems sicherzustellen, werden die Anwender rechtzeitig vor Beginn des Echtbetriebes in die Handhabung des neuen Systems eingeführt und mit Imaging vertraut gemacht.

Projektzeitplan

Mitte 1994 wird der Echtbetrieb aufgenommen.

Beginnend vom heutigen Nachscanbetrieb werden zunächst Hochgeschwindigkeitsscanner in Betrieb gehen, um das Nachscannen des bestehenden Archives zu beschleunigen.

Parallel dazu findet die genaue Spezifikation der entstehenden Anwendungen statt.

In weiteren Schritten werden die Hard- und Softwarekomponenten für alle Anwender installiert, um nach einer Test- und Verfeinerungsphase schließlich den Vollbetrieb zu starten.

Erwartungen an das Projekt

Qualitätsziele

- Abbau von Transport- und Wartezeiten durch den Einsatz von Workflow (in weiterer Folge ergänzt um electronic mail), dadurch kürzere Durchlaufzeiten
- Mehrfache, ortsunabhängige Verfügbarkeit von Informationen (Deckblatt und Image-Akt) von jedem Arbeitsplatz
- Höhere Sicherheit durch Spiegelung sowohl der Server mit den Magnetplatten als auch der Juke-Boxen mit den Optical Disks.
- Höhere Transparenz und bessere Steuerung der Vorgänge
- Mehr Kundennähe durch die Verfügbarkeit von mehr Zeit für den einzelnen Kundenkontakt.
- Indirekt: höhere Motivation der Mitarbeiter durch "Job-Enrichment", vor allem für das bisherige Registratur- und Transportpersonal.

Einsparungen

- **Personalkosten:**
  Zu erwarten sind nach ca. 1 Jahr Vollbetrieb der ersten Realisierungseinheit: Einsparungen von Personalkosten, die vornehmlich aus dem Abbau von Überstunden und dem Abbau des Einsatzes von Aushilfspersonal resultieren. Nach vollständigem Abbau des papiergebundenen Archives in der heutigen Form, dies wird nach ca. 4 Jahren Vollbetrieb sein, werden weitere Personalkostenreduktionen erzielbar sein. Diese Einsparungen werden durch weiteren Abbau von Überstunden und der Nicht-Nachbesetzung der "natürlichen" Fluktuation erreicht.
- **Sachkosten:**
  Entfallen bzw. reduziert werden Kosten für das derzeitige optische Archivierungssystem, Raumkosten (Umwandlung von Archiv in Kundenberatungszonen), Kopier-, Druckkosten, Nutzungskosten des Spardat-Hosts (Einsatz des Task-Managements und der Deckblatt-Applikation, Entfall der COM-Verfilmung). Auch auf die Kosten für die Entwicklung von Anwendungen wird ein reduzierender Effekt erwartet, da einige Ziele effizienter auf der BIS-Plattform als in den Host-Applikationen realisiert werden können.

- **Kosten/Nutzen-Effizienz**
  Werden die Investitions-, Projekt-, Finanzierungs- und Betriebskosten des BIS den Einsparungen an Personal- bzw. Sachkosten und den steuerlichen Effekten in einer Investitionsrechnung nach der Netto-Barwertmethode gegenübergestellt, so rechnet sich das Projekt nach 3,5 Jahren Vollbetrieb. Wird zudem noch eine Bewertung der Qualitätsziele in die Investitionsrechnung aufgenommen, so rechnet sich das Projekt bereits nach rd. 2,5 Jahren.

Aspekte des Re-Engineerings

Der Einsatz von Imaging, d.h. von Archivierung/Retrieval, COOD, Workflow, Taskmanagement und Deckblattapplikation, in der s Bausparkasse

* bewirkt Änderung in der Anwendung von Organisationsprinzipien,
* verbessert die Möglichkeiten des Kundenservices,
* hat Einfluß auf den qualitativen und quantitativen Personaleinsatz und
* erweitert die Managementfunktion um Instrumente und Informationen.

Diese Einflüsse und Möglichkeiten entfalten ihre volle Wirkung nicht sofort nach Beginn des Echtbetriebes der 1. Realisierungseinheit. Wesentlichen Einfluß auf den Zeitpunkt für die Ausnützung aller Möglichkeiten von Imaging hat vor allem der Abbau des papiergebundenen Archivs (deshalb die vorgezogene Projektphase des Nachscannens von Ansparakten) und die Nutzung des WAN (wide area networks), das einerseits auch den dezentralen Organisationseinheiten den Zugriff auf das Deckblatt bringt und andererseits auch den Workflow bis in die Außenorganisation vordringen läßt und den elektronischen Massentransport von Images ermöglicht.

Organisationsprinzipien

Ablaufgestaltung

Vor allem die Abläufe mit aktengebundenen Arbeiten müssen nicht mehr rein sequentiell gestaltet werden, sondern können durchaus paralleles Arbeiten vorsehen, da der Aktenzugriff ja nun mehrfach, orts- und zeitungebunden möglich ist.

Minderung der Stapelverabeitung

Die bisher häufige Bildung von Arbeitsstapeln vor der Weiterleitung, dem zumeist körperlichen Transport, kommt deutlich seltener in den Abläufen vor. Dies deshalb, da jedes fertig bearbeitete Stück sofort elektronisch weitergeleitet wird.

Zentralisierung/Dezentralisierung

Zentralisierung und Dezentralisierung erhalten durch Imaging und workflow auch viele Ausprägungen zwischen diesen beiden Extremen. Diese beiden Extreme sind durch die Aktengebundenheit der meisten Arbeiten in der s Bausparkasse für die Zentrale vs. die Außenorganisation besonders deutlich ausgeprägt. In Zukunft wird es möglich sein Kundenservice, Kundendienst aber auch Arbeitsschritte **teilweise** in die Außenorganisation zu verlagern.

Weiters werden auch in der Zentrale Arbeiten (Schreibdienst, Reklamation), die derzeit zentralisiert erledigt werden, zur Diskussion gestellt.

4-Augenprinzip

Auch diese Prinzip war bisher durch die Papierakten, die zur Kontrollstelle zu transportieren waren, gehemmt. Nunmehr spielt es wesentlich geringere Rolle, wo sich diese räumlich befindet. Es kann bei Ablaufgestaltung jene Kontrollinstanz ausgewählt werden, die aus qualitativer, pouvoir- oder auslastungsmäßiger Sicht optimal erscheint.

Datenverabeitung

Bisher war es eindeutig, jedes Datum, das im Zuge der weiteren Bearbeitung von Bedeutung war, in die EDV einzugeben, auch dann wenn es sich um eine reine "Merk-Funktion" (Das Datum wird für keine Berechnungen, Buchungsaspekte oder nicht als Auswertungskriterium benötigt) handelte, unabhängig wo diese Information entnommen wurde. Vielfach wurden solche Daten EDV-mäßig geführt um den körperlichen Aktenzugriff zu vermeiden. Diese Begründung für das Anlegen eines neuen Datenfeldes fällt in Zukunft weg, da die Information ja im Akt wesentlich besser (im Kontext, in unverkürzter, unverschlüsselter Form) vorliegt; im Akt, der beinahe ebenso rasch verfügbar ist wie EDV-Daten.

Kundenservice

Point of first Contact

Dieser erste Kontaktpunkt des Kunden konnte bisher nicht über die notwendigen Informationen verfügen, da diese erstens im Akt und dieser in der Wiener Zentrale war. Was zur Folge hatte, daß der Kunde keine Sofortauskunft erhalten und erst zu einem späteren Zeitpunkt zurückgerufen werden konnte.

Durch das Deckblatt für den raschen Erstüberblick über den Akt und den elektronischen Akt wird es möglich sein, wesentlich mehr Kundenfragen an diesem ersten Kontaktpunkt zu behandeln. Auch die Außenorganisation (die Landesleitungen und die Bausparcenter) wird in den nächsten Realisierungseinheiten in die Lage versetzt werden Anfragen zu laufenden Geschäftsfällen zu beantworten.

Raschere Anfragebeantwortung

Die oben erwähnten Aspekte für den ersten Kontaktpunkt bringen natürlich auch eine Erhöhung der Antwortgeschwindigkeit um den Zeitaspekt der Weitervermittlung und der Aktenaushebung. In den nächsten Realisierungseinheiten wird auch die Außenorganisation in die Lage versetzt selbst auch Anfragen zu laufenden Geschäftsfällen zu beantworten.

Verkürzung der Durchlaufzeiten

Die gesamte beeinflußbare Durchlaufzeit von Geschäftsfällen (nicht beeinflußbar sind die Zeitläufe zu externen Stellen wie z.B. Grundbuchsgerichte und Treuhänder) wird verkürzt, vor allem durch den Wegfall von Transport-, Warte- und Liegezeiten. Die Verkürzung für komplexe Geschäftsfälle wird ca 25% der beeinflußbaren Zeit betragen. Die Verkürzung ist bei weniger komplexen Geschäftsfällen aber auch deutlich geringer.

Qualitative Aspekte des Personaleinsatzes

Aufwertung von Funktionen

Aufwertungen gibt es in zweierlei Hinsicht:

* Einerseits jene Fälle der sozialen Aufwertung, in denen der Wert von bisher mindergeschätzten Funktionen deutlich wird. Erwähnt sei hier die treffsichere "Indexierung" der Eingangspost durch Poststelle und Skontisten.

* Andererseits erfahren jene Stellen, die nunmehr auch in die Lage versetzt werden konkrete Kundenfragen zu beantworten eine deutliche Aufwertung.

Gefahr der subjektiven Abwertung von Funktionen

Im Zuge des Job-enrichement von einigen Stellen kommt es auch dazu, daß z.B. den Sachbearbeitern und Referenten unterstützende Dienste "weggenommen" werden, wie der zentrale Schreibdienst. Die Referenten werden in Zukunft zumindest Korrekturen am Ausgangsschriftgut selbst vornehmen. Fehlende oder falsche Indexe bei Dokumenten werden von den Referenten ergänzt bzw. korrigiert werden. Dieser Eindruck wird zum Teil als Abwertung empfunden und wird in der Form von Änderungswiderständen deutlich.

Funktionen, die neue Instrumente erhalten

* Vor allem die Arbeit in der "Registratur" wandelt sich von Arbeit, die vornehmlich darin bestand Akten zu transportieren, körperlich den Regalsystem zu entnehmen und Akte wiedereinzureihen, in Arbeit, bei der keine körperliche Arbeit zu verrichten ist.

* Die Referenten und Sachbearbeiter erhalten ein Aktendeckblatt, das nicht eine zusätzliche "Abschreibübung" darstellt, sondern damit wird das Ziel "Vermeidung von mehrfachem Dateninput" verfolgt. Sie werden in Ihrer Arbeit geführt, durch Checklisten und gezielte Bereitstellung von Instrumenten, wie der richtigen Hostmaske, Excel mit dem richtigen Makro und Winword in dem bereits die entsprechenden Textmodule zusammengestellt sind.

  Gerade für diese Mitarbeitergruppen bringt die deutliche Verringerung des Medienbruches (Papier, Bildschirm, Com-Fiche) deutliche Arbeitserleichterungen, die allerdings in der Übergangsphase einen Änderungswiderstand darstellen.

* Die Organisatoren erhalten für ihre Organisationsdiagnosen laufend aktuelles Datenmaterial und die organisatorische Änderung von Abläufen wird nicht mehr in Arbeits- und Dienstanweisungen erfolgen, sondern die Abläufe werden nach Abstimmung mit den Anwendern im workflow direkt verändert.

* Die Führungskräfte, Abteilungsleiter und Gruppenleiter, erhalten bessere und vor allem aktuellere Informationen über die Arbeitsmenge und die Auslastung ihrer Mitarbeiter. Die Funktion der Arbeitsverteilung wird mehr durch Richtlinien und Eingriffe ins System (= Teilfunktion des Systemadministrators) erfüllt als durch tatsächliche körperliche Verteilung.

Berücksichtigung von Qualitätsunterschieden

Bisher mußte die Arbeit aus Aspekten des Kundenservice auf alle verfügbaren Mitarbeiter aufgeteilt werden, ohne dabei berücksichtigen zu können, welche Qualitätsanforderungen aus der Arbeit an den bearbeitenden Mitarbeiter daraus resultieren oder in welcher Taktrate die unterschiedlichen Geschäftsfälle bearbeitet werden. Nunmehr kann auf diese und weitere Aspekte Rücksicht genommen werden, ohne dabei das Kundenservice zu stören oder Mehraufwand im Sinne von vermehrtem Transport usw. zu verursachen. All das erlaubt, neue Mitarbeiter im Ausbildungsgang früher im konkreten Geschäft einzusetzen, auf die Stärken der Mitarbeiter besser einzugehen, und damit den Ausbildungsbedarf besser zu steuern und besser zeitliche und fachliche Schwerpunkte zu setzen.

Quantitative Aspekte des Personaleinsatzes

Verminderung des Kapazitätsbedarfes

Diese Verminderung wird besonders deutlich bei den Funktionen in Zusammenhang mit der Manipulation von Papierakten, die sich letztendlich in einer 60 bis 90 %-igen Reduktion auswirkt, allerdings mit deutlicher zeitlicher Verzögerung.

Aber auch die Funktionen Kopieren, Fax-Manipulation, Com-Fiche-Manipulation werden sich deutlich verringern.

Vermehrung des Kapazitätsbedarfes

Vermehrt werden müssen vor allem die zentralen Funktionen Scannen und Indexieren, aber auch die Funktionen der Systemadministration.
Vorübergehender Kapazitätsmehrbedarf entsteht vor allem für das Nachscannen, das Überführen bestehender Papierakte in die neue Archivform (optisches Archiv mit restlichem parallelem papiergebundenen Originalarchiv).

Änderungen in den Managementfunktionen

Transparenz

* Die Arbeitsabläufe selbst sind nicht nur dokumentiert, sondern können laufend beobachtet werden, nach Aspekten wie "Werden sie umgangen?", "Sind sie effizient (Durchlaufzeit, Kapazitätseinsatz)?"

* Auch der einzelne Geschäftsfall wird ad hoc transparent. Jederzeit kann festgestellt werden, wo er derzeit bearbeitet wird, wie lange er sich schon in einer Warteschlange befindet usw.

Information

Es werden nun Daten vorliegen, die für Organisationsdiagnosen (Effizienz, Kosten Durchlaufzeiten, Bearbeitungszeiten, Kapazitätsauslastungen, usw.), Kostenstellenrechnung, Dienstleistungsbewertung, interne Kostenrechnung, Stellenbewertung, Beurteilung der Leistung von Mitarbeitern (damit die Grundlagen für Leistungsentlohnung) und die Personalplanung herangezogen werden können.

Arbeitsverteilung

Die Arbeitsverteilung ist keine durchführende Tätigkeit von Führungskräften mehr, sondern eine Richtlinienkompetenz.

Richtlinien für die Gestaltung von Arbeitsprozessen

Bei der Ausgestaltung von Richtlinien mußte bisher auch immer mitbedacht werden wie die Überwachung der Einhaltung erfolgen wird. Zumeist war eine nachträgliche Überprüfung durch die Revision eine der wenigen Möglichkeiten. In Zukunft wird die Einhaltung wesentlich besser durch die eingebaute Automatik gesichert.

Reorganisationsprozess

Der Veränderungsprozess ist für die Betroffenen, die zukünftigen Anwender, mit wesentlich mehr für sie nicht berechenbaren Fakten versehen. Diese Unberechenbarkeit resultiert daraus, daß die "EDV" und was damit verändert werden kann, schon für Anwender kalkulierbar war, da ja bereits eigene Erfahrungen vorliegen. Für Workflow, Taskmanagement usw. liegen solche eigenen Erfahrungen noch nicht vor. Die Visionen, wie sich die Zukunft darstellen wird, sind auch nicht aus allzu vielen, bestehenden Vergleichsunternehmen ableitbar. All das war in der Projektplanung zu beachten.

Mitarbeiterinformation

Das Gesamtprojekt startete noch vor Beginn der Isterhebung mit einer umfassenden Informationsveranstaltung aller Mitarbeiter. In der Folge wurde versucht, Informationen an die Mitarbeiter nicht nur indirekt über die Führungskräfte heranzutragen, sondern die Mitarbeiter wurden über eine interne Informationsbroschüre ("BIS-INTERN") immer wieder informiert. Der Betriebsrat wurde laufend informiert. Darüber hinaus wurde auch versucht, die informellen (dem Projektteam zum Teil bekannten) Informationskanäle mit Informationen zu versorgen.

Mitarbeitereinbeziehung

Die Betroffenen wurden nicht nur in der Form von Informanten, Interviewpartner, einbezogen, sondern in der Projektaufbauorganisation wurde eine eigene Stelle "Mitarbeiterverantwortlicher" installiert, die die Belange der Mitarbeiter, sowie der einzelnen Gruppen und Abteilungen vertreten soll.

Zudem wurde noch ein eigenes Gremium "Fachbeirat"(Abteilungsleiter, Betriebsrat und Mitarbeiterverantwortlicher) geschaffen, das Entscheidungsempfehlungen an den Projektauschuß abzugeben hat.

Schulung und Training

Auf die Mitarbeiter kommt im Zeitablauf des Projektes viel Neues zu; der Ersatz des Terminals durch einen PC, das optische Archiv und der Workflow mit dem Task-Manager. Diesem Umstand wurde dadurch Rechnung getragen, daß die Umrüstung auf PC zeitlich vorgelagert stattfindet, sodaß diese Schulungen schon im Jänner/Februar erfolgten. Erst später folgen die Schulungen für das optische Archiv und erst kurz vor dem Echtbetrieb die Schulungen für Workflow und Task-Manager.

Die Schulungen erfolgen nach dem Train-the-Trainer-Ansatz, das heißt vorerst werden die zukünftigen Trainer geschult. Diese Trainer schulen dann jene Kollegen, die ihren Arbeitsplatz in unmittelbarer räumlicher Umgebung des normalen Arbeitsplatzes des Trainers haben. Damit kann die Zeit der Mitarbeiter im Seminarraum und damit die Abwesenheit vom Arbeitsplatz kurz gehalten werden. Die Mitarbeiter werden angehalten und von "ihrem" Trainer unterstützt, noch vor dem Echtbetrieb, mit den neuen Instrumenten zu spielen bzw. zu üben.

Widerstände

Trotz aller Maßnahmen treten dennoch deutliche Änderungswiderstände auf. Diese Widerstände haben sich bis jetzt in folgenden Formen manifestiert.

* Die großen Bildschirme haben auf den Schreibtischen keinen optimalen Platz!
* Die ergonomische Gestaltung des Arbeitsplatzes ist nicht möglich!
* Der Überblick über den Akt ist nicht mehr gegeben.
* Viele bestehende Regelungen, die zum Teil schon Jahre gelebt werden, werden plötzlich als Sammelsurium von Ausnahmen dargestellt.

* Führungskräfte äußern Bedenken in der Hinsicht, daß die Mitarbeiter überfordert werden könnten.
* Ansätze in der Richtung, daß zuerst die Instrumente (Archiv, Workflow, usw.) eingesetzt werden sollten, mit einer reinen Abbildung des IST und das Re-engineering erst danach erfolgen sollte, werden verfolgt.

In allen Fällen haben und werden diese Widerstände ernst genommen; das Projektteam hat Kapazität eingeplant, sich Widerstandsäußerungen anzunehmen, und sei es auch nur in der Form eines noch so kurzes Gespräches, einer kleinen Vorführung von Prototypen usw.

Die Einhaltung dieser Projektmaxime hat im bisherigen Projektverlauf den gewünschten Erfolg gebracht. Es konnten nicht nur verunsicherte Mitarbeiter und Mitarbeitergruppen gezielt informiert und beruhigt werden. Darüber hinaus brachte die Beschäftigung mit den Widerständen auch wertvolle Informationen und Anregungen für das Projekt.

Imaging und Workflowmanagement in einem Versicherungsunternehmen

Bernhard Karner
Grazer Wechselseitige Versicherungs AG

Abstract

Die Kosten für die Verwaltung rücken in fast allen Dienstleistungsunternehmen zunehmend in den Mittelpunkt des Interesses. Insbesondes durch Vergleiche mit den Verwaltungskosten von Versicherungsunternehmungen in anderen Ländern werden Überlegungen zur langfristigen Sicherung der Wettbewerbsfähigkeit angestellt. Methoden und Konzepte für Reorganisationsmaßnahmen und den Einsatz von moderner Informationstechnologie werden daher kritisch auf ihre Eignung zur Sicherung der Wettbewerbsfähigkeit geprüft.

In die Konzepte werden große Erwartungen gesetzt, da verschiedene Projektberichte über beachtliche Effizienzsteigerungen bei der Verwaltungsarbeit berichten. Deutlich herausgearbeitet wird jedoch in allen diesen Berichten, daß die Steigerung des Wertschöpfungspotentials nur durch wesentliche Veränderungen der organisatorischen Strukturen möglich ist. Die Erwartung von starken Veränderungen der Strukturen lösen gleichermaßen Erwartungen als auch Befürchtungen aus. Die Erwartungen beziehen sich auf die erhofften Möglichkeiten veraltete organisatorische Regelungen und EDV-Systeme ablösen zu können. Die Befürchtungen sind sowohl auf der Seite der Organisatoren als auch von seiten der Mitarbeiter vorhanden. Während sich bei Organisationsabteilung Fragen nach der Bewältigbarkeit der Veränderungen und der dafür geeigneten Methode stellen, bestehen bei den Mitarbeitern Unsicherheiten über die zukünftigen Rahmenbedingungen der Arbeitsplätze.

Die von Softwarehäusern, Beratungsunternehmungen, Herstellern von Informationstechnologie und den Universitäten vorgeschlagenen Methoden und Techniken für die Reorganisation werden daher kritisch geprüft, wobei sich folgende Fragen stellen:

* Handelt es sich hier um neue Ansätze, die organisatorische und technologische Anforderungen integrieren, oder handelt es sich um Organisationskonzepte die die Potentialfaktoren der IT nicht ausreichend berücksichtigen?

* Wie können Imaging- und Workflowmanagementsysteme, wie es momentan diskutiert wird, mit Business-Redesign verbunden werden. Welche Unterschiede bestehen zu klassischen EDV-Ansätzen?

Um diese Frage zu beantworten, sollen im folgenden zuerst die Anforderungen an Imaging- und Workflowmanagementsysteme aus der Sicht eines Versicherungsunternehmens dargestellt werden.

1. Imaging

1.1 Technische Grundüberlegungen

Unter Imaging soll das Einscannen, Speichern, Wiederauffinden und die Verarbeitung von Dokumenten auf digitaler Basis verstanden werden.

Durch die Verfügbarkeit der notwendigen Technologie, insbesonders leistungsfähiger Speichermedien, werden Imagingsysteme in zunehmenden Maß interessant für den praktischen Einsatz.

Aus der Sicht eines Versicherungsunternehmens sind insbesonders die folgenden technischen Kriterien von Bedeutung für die Entscheidung für einen Einsatz:

* Verfügbarkeit von leistungsfähigen Scanner für die Verarbeitung doppelseitiger Dokumente
* Möglichkeiten für die Zuordnung von gescannten Dokumenten zu Akten (insbesonders wichtig in der Umstellungsphase, da eine Kompatibilität mit vorhandenen Host-Lösungen gegeben sein muß)
* Retrievalfunktionen und Qualität der Darstellung der Images am Bildschirm
* Datensicherheit der gespeicherten Dokumente, da mittelfristig Papierarchive in Frage gestellt werden
* Anerkennung von Ausdrucken gescannter Dokumente bei Rechtsstreitigkeiten
* Anforderungen an die Hardware und die Vernetzung der Arbeitsplatzcomputer

Obwohl Imaging natürlich immer in Zusammenhang mit der Bildplatte gebracht wird, erfordert die Praxis Kombinationen von herkömmlichen Magnetplatten und Bildplatten. Diese Kombinationen ist sogar die Grundlage der meisten angebotenen Lösungen. Diese Kombinationen werden meist so realisiert, daß die Images für die Dauer der Bearbeitung auf einer herkömmlichen Platte gespeichert werden, da ein schnellerer Zugriff realisiert werden kann. Erst nach Abschluß des Geschäftsfalles werden die Images wirklich auf einer Bildplatte (WORM) gespeichert.

1.2 Bedeutung für Versicherungsunternehmen

Der Einsatz von Imagingsystemen hat natürlich für Versicherungsunternehmen eine große, vielleicht noch unabsehbare Bedeutung.

Schon jahrelang werden von den EDV-Abteilungen der einzelnen Unternehmungen große Anstrengungen unternommen, über EDV-Anwendungen alle notwendigen Daten zur Verfügung zu stellen und damit Schritte in Richtung "papierloser" oder "papierarmer" Verwaltung zu setzen. Man erwartet sich dadurch, meiner Meinung nach durchaus zu Recht, bedeutende Einsparungen in herkömmlichen Arbeitsabläufen.

Zwar wurden in einzelnen Funktionalitäten gewaltige Rationalisierungserfolge verzeichnet, in Wirklichkeit wurden jedoch nur geringe Schritte in Richtung papierarme Bearbeitung gemacht. Von allen Fachabteilungen werden die EDV-gespeicherten Daten mehr oder weniger genutzt, jedoch ist es wohl noch keinem Unternehmen deshalb gelungen, auf die Verwendung von Papier zu verzichten.

Der Papierakt konnte bisher noch nicht abgelöst werden, da weiterhin graphische Informationen, wie Unterschrift des Kunden, Skizzen, Pläne, Informationen von Außen (Korrespondenz) etc., in die Bearbeitung mit einzubeziehen sind und nur auf Papier vorliegen.

Es ist noch nicht gelungen, entscheidende organisatorische Änderungen im klassischen Ablauf hervorzurufen, und das trotz bedeutender Investitionen in die EDV.

Wohl wurden in Teilbereichen (Korrespondenz, Massenverarbeitungen etc) manchmal sogar beachtliche Rationalisierungserfolge erzielt, der eigentliche Kern des Ablaufes konnte jedoch kaum entscheidend beeinflußt werden.

Das Kernproblem der Vergangenheit kann durch die folgende Aussage charakterisiert werden:

Die organisatorischen Maßnahmen und Erfolge haben in keiner Weise mit den EDV-Maßnahmen und -erfolgen Schritt halten können.

Die Verfügbarkeit der neuen Informationstechnologie läßt erwarten, daß die herkömmlichen Abläufe besser unterstützt werden können und damit Rationalisierungserfolge erzielbar sind.

Diese Rationalisierungserfolge werden vor allem bei jenen Arbeitsschritten, die mit Archivzugriffen und Archivverwaltung direkt zu tun haben, erzielbar sein.

Eine interne Kosten-Nutzen-Analyse hat ergeben, daß sich ein gesamtes Imaging-Projekt durch die Rationalisierungen direkt im Akthändling in ca. 5 Jahren rechnet, alle weiteren Ersparnisse verkürzen die Amortisationsdauer.

* Der Zugriff auf die Aktinformation geht schneller, Leerzeiten durch Suche von Akten werden verringert und wir sind dem papierarmen Büro einen bedeutenden Schritt näher gekommen.
* Der Zugriff ist von überall jederzeit gleichzeitig möglich.
* Die Durchlaufzeiten unserer Bearbeitungen werden verkürzt, was wohl zu einer höheren Zufriedenheit unserer Kunden führt.

Alle oben erwähnten Erfolge werden auf Basis der vorhandenen Arbeitsabläufe erzielt. Es kann daher festgestellt werden, daß die Einführung von Imagingsystemen zur Unterstützung von herkömmlichen Abläufen im vorliegenden Fall mit positiven wirtschaftlichen Effekten verbunden ist. Der Einsatz von Imagingsystemen erforderte daher nicht unbedingt ein Projekt mit Zielrichtungen von Business Redesign.

Daraus soll aber nicht abgeleitet werden, daß eine Einführung eines Imagingsystems unter Zugrundelegung grundsätzlicher Überlegungen nicht zielführend sein kann. Solche Überlegungen sind meiner Meinung nach beim Einsatz von Workflowmanagementsystemen viel sinnvoller angebracht, womit zum Ausdruck gebracht werden soll, daß Workflowmanagement und Imaging zwar viel miteinander zu tun haben, aber in keiner Weise ein gemeinsames Projekt sein müssen.

Die Auswirkungen des Einsatzes von Workflowmanagementsystemen sollen im folgenden dargestellt werden.

2. Workflow-Management

2.1. Historische Entwicklung von Strukturen

In den letzten Jahrzehnten wurde von der EDV in allen Branchen verstärkt Anstrengungen unternommen, einzelne Funktionen im Ablauf eines Betriebes zu unterstützen, um Rationalisierungserfolge zu erzielen. Dabei wurden aber ohnehin schon zerrissene, auf viele Personen verteilte Abläufe noch weiter zerrissen. Schreibpools, Anlagepools und Verrechnungspools wurden geschaffen, Rationalisierungserfolge wurden auf diese Art erzielt, aber die Nachteile wurden bald deutlich:

* zerrissene Abläufe
* viele Wege
* mehr Aktenlauf
* mehr Spezialiserung
* keine Übersicht eines Mitarbeiters über die gesamte Beabrbeitung
* mehr Frustration der Bearbeiter

Je leistungsfähiger die EDV wurde, vor allem aber mit der Verbreitung des PC´s wurden Forderungen nach Rationalisierung durch organisatorische Maßnahmen laut. Als Schlagworte wurden genannt: Ganzheitliche Bearbeitung, Rundumbearbeitung. Aber auch Schlagworte wie Kundenorientierung und Dezentralisierung beinhalten diesen Wunsch nach vorgangsorientierter Bearbeitung schon seit Jahren.

Der Begriff "Workflowmanagement" oder auch "Vorgangsorientierte Bearbeitung" als operativer Ansatz schlägt auch wieder in diesen schon lange gehägten Wunsch.

2.2. Vorgangssteuerung in der Versicherung

Wenn man die operativen Ansätze der Vorgangssteuerung genauer unter die Lupe nimmt, so wird man feststellen, daß es z.B. in der GRAWE schon einige Zeit klassische Ansätze zu einer operativen Vorgangssteuerung gibt.

So werden in der GRAWE schon einige Zeit z.B. Vertragsbearbeitungen über eine Statussteuerung zwischen einzelnen Pools (Antragsgruppe, Kundengruppe,

Revisionsgruppe) oder sogar unterschiedlichen Abteilungen (Kundenbuchhaltung, Rückversicherung) auf elektronischem Wege weitergeleitet. Diese Wege sind im Sinne einer Vorgangssteuerung prinzipiell vorgegeben, sind aber vom einzelnen Bearbeiter individuell veränderbar. Bei diesen individuellen Änderungen wird natürlich auf Sicherheitsaspekte Rücksicht genommen. Zur Erhöhung der Sicherheit ist in die einzelnen Abläufe der Vertrags- und Schadensabteilungen ein Zufallsgenerator eingebaut, der die jeweilige Bearbeitung dann auch auf elektronischem Wege einer weiteren Revision zuführt.

Mehr und mehr wurde versucht, über Ausweitung der von der EDV dargebotenen Information auf den parallelen Transport des Papieraktes zu verzichten, was zu teilweise erheblichen Rationalisierungserfolgen geführt hat.

Somit wurden viele Bestandteile einer operativen Vorgangssteuerung schon seit einigen Jahren durch konventionelle EDV-Anwendungen gelöst.

Eine Einführung von Imagingsystemen kann diese Form der elektronischen Vorgangsbearbeitung noch weiter in Richtung papierloses Büro verstärken und weitere Kosteneinsparungen bringen.

2.3. Zukunft der Vorgangssteuerung

In der Folge erhebt sich jetzt natürlich die Frage, inwieweit oder ob die operationalen Teile der Vorgangssteuerung, wie sie heute am Markt allgemein unter dem Begriff "Workflow" angeboten werden, überhaupt eine Weiterentwicklung darstellen und für die Versicherungswirtschaft einen Vorteil bieten.

Die mir bekannten Tools haben zweifelsohne einige Features, die für weitere Entwicklungen brauchbar sind und eine Erleichterung darstellen.

Fast alle Systeme werden auf Basis von dezentralen Lösungen angeboten, überwiegend mit der Möglichkeit der Einbindung von Windows-Clients. Dadurch wird die Einbindung von vorhandener Standardsoftware (z.B. Textverarbeitungspakete) relativ einfach. Im Unterschied dazu sind die meisten selbsterstellten Lösungen der Versicherungsunternehmen auf Host-Basis. Eine Einbindung von Standardsoftware ist daher ungleich aufwendiger.

Da aber alle Versicherungsunternehmen eine fertige Host-Lösung haben, ist wohl ein wichtiges Auswahlkriterium für ein Workflow-Tool die Fähigkeit, direkt auf den Host zugreifen zu können. Es wird in keinem Versicherungsunternehmen gelingen, kurzfristig die vorhandenen Applikationen zu ersetzen. Diese nahezu selbstverständliche Forderung konnte aber von einem Teil der getesteten Systeme nicht oder nicht zufriedenstellend gelöst werden.

Einige der angebotenen Workflow-Tools beinhalten auch umfangreiche Sicherheitsfunktionen, welche, sofern im Hause nicht schon vorhanden, durchaus vorteilhaft eingesetzt werden können.

Besonders zukunftsträchtig scheinen die Ansätze, Vorgänge graphisch darzustellen. Falls diese Möglichkeiten in näherer Zukunft einen höheren Ausreifungsgrad erreichen, sehe ich doch die Chance, die Definition von Vorgangssteuerungen, oder zumindest die Änderung von solchen aus der DV oder BO in Richtung Anwender selbst zu verlagern. Dies hätte den Vorteil, daß vor allem im Vorgang "Anforderungen an die DV" einige schöne Beschleunigungen und Rationalisierungserfolge zu erzielen wären.

Die Erwartungen an die graphische Programmierung oder Verlagerung in die Fachabteilungen sollten jedoch nicht zu hoch angesetzt werden, da in den meisten von uns durchgespielten Fällen eine Mitarbeit der EDV-Abteilung notwendig gewesen wäre.

So finden sich also sicher einige Vorteile angebotener Workflowmanagementsysteme. Die Wirtschaftlichkeit einer Investition in diese Technologie erscheint jedoch noch nicht gegeben zu sein.

Bei den verschiedenen Tests war auffällig, daß alle Anbieter auf die Notwendigkeit von organisatorischen Umgestaltung hingewiesen haben. Offensichtlich liegt bei den Anbietern ein hohes Problembewußtsein hinsichtlich der organisatorischen Rahmenbedingungen für den Einsatz der Workflowmanagementsysteme vor.

Über die Methoden und Techniken für die organisatorische Umgestaltungen herrschen aber noch wesentliche Auffassungsunterschiede. Business Redesign stellt einen Ansatz dafür dar, der sich durch eine konsequente Produktivitätsorientierung und gezielte Ablöse von vorhandenen Strukturen auszeichnet.

Ich würde die Ansätze von Business Redesign zumindest für Versicherungsunternehmen noch verschärfen:

* Die Versicherungsbranche hat in den vergangenen Jahrzehnten viel Aufwand in die Entwicklung von klassischen Realisierungsformen für vorgangsunterstützende Systeme investiert. Der Einsatz von Workflowmanagementsystemen auf rein operativer Ebene führt daher nach Meinung des Verfassers zu keinem wirtschaftlichen Erfolg.

* Die Überwindung des Produktivitätsparadoxons der IT setzt daher konsequente organisatorische Veränderungen voraus.

3. Business-Redesign

3.1. Business-Redesign in der Versicherung

Die folgenden Darstellungen zum Business-Redesign in einer Versicherungsunternehmung orientieren sich an der Begriffsdefinition von Krickl in diesem Band.

Die eigentliche Herausforderung von Business Redesign ist das Hinterfragen von allen Organisationsstrukturen, die in den Unternehmungen bestehen und die auch als das Ergebnis von Gewohnheiten anzusehen sind.

Es geht nicht mehr darum, Abläufe neu oder optimaler zu organisieren, sondern darum, ganze Geschäftsfelder zu überdenken und einzelne Abläufe grundsätzlich auf ihre Sinnhaftigkeit überprüfen. Die geschäftsprozeßorientierte Reorganisation (Ebene 3 der Begriffssystematik von Business Redesign) erfordert, daß die Abläufe nach strategischen-, kunden- oder marktorientierten Gegebenheiten, Notwendigkeiten oder Zielen neu organisiert werden.

Aber nicht nur Kerngeschäftsprozesse sind zu erfassen, sondern auch Abläufe, die sich am Rande des bisherigen Geschäftsfeldes neu oder ergänzend ergeben haben.

Bei solch grundlegenden Neugestaltungen bleibt natürlich nicht aus, daß man existierende Aufbaustrukturen, Abteilungen, Hierarchien und natürlich Machtbereiche zu hinterfragen hat. Spätestens an dieser Stelle, wenn die Tragweite der Veränderung transparent wird, beginnen sich Widerstände zu formieren. Diese werden zumeist hinter sachlogischen Argumenten verborgen, wie beispielsweise:

* Hinterfragen der grundsätzlichen Notwendigkeit von Veränderungen, teilweise mit Hinweis auf positive Bilanzergebnisse
* Infragestellen der Möglichkeit Wettbewerbsvorteile zu erreichen
* Verweise auf fehlende Erfahrungen - teilweise wird vorgeschlagen die Aktivitäten der Mitbewerber zu verfolgen und bei ev. Erfolgen rasch nachzuziehen

Die tatsächlichen Unsicherheiten (Veränderungen von Machtstrukturen, Arbeitsinhalten etc.) werden zumeist nicht offen ausgesprochen. Die Organisationsabteilung sieht aufgrund der Komplexität der Veränderungen Umsetzungsprobleme. Diese Überlegungen werden jedoch durch die faktische Entwicklung überholt, da

Business-Redesign bereits statt findet.

Business-Redesign ist auch ein Ansatz der aus den praktischen Aufgabenstellungen heraus entwickelt wurde.[1] Aus der Sicht eines österreichischen Versicherungsunternehmens werden Veränderungen durch die folgenden Faktoren ausgelöst:

* Die Öffnung des ehemaligen Ostblocks ermöglicht den Zugang zu einem bisher verschlossenen Markt mit bedeutenden Wachstumspotentialen
* Marktveränderungen im Inland (z.B. Individualisierung von Leistungen, Veränderung von Marktzuwächsen hin zum Verdrängungswettbewerb, Preisgestaltung bis unter die Selbstkosten)
* Maßnahmen zur Sicherung der Wettbewerbsfähigkeit nach dem Beitritt zur EU.

Business-Redesign findet im Versicherungsmarkt Österreichs in vielen Unternehmungen schon einige Zeit statt. Diese Behauptung soll mit einigen Beispielen belegt werden.

* Die klassische Produktpalette wurde schon vor einiger Zeit durchbrochen und kundenorientierte Pakete werden angeboten. Schon diese Pakete haben die Abläufe grundlegend verändert, da beispielsweise eine Reihe von EDV-Anwendungen grundlegend geändert werden mußten. Einzelne Arbeitsabläufe wurden in andere Abteilungen verlegt.
* Sowohl in der GRAWE als auch in anderen Unternehmungen wurden andere Vertriebswege gefunden, die komplett neue Abläufe entstehen ließen. In diesen neuen Abläufen wurden klassische Abläufe eingebunden, die derart revolutionär modifiziert wurden, daß die alten Abläufe kaum wiedererkannt werden können. Auf diese Weise konnten die Verwaltungskosten dieser neuen Produkte oder Vertriebswege stark gesenkt werden. Aber das ist Voraussetzung zur Erhaltung der Wettbewerbsposition insbesonders in der EU.

---

[1] Die meisten Ansätze aus den USA gehen auf Reorganisationen von Unternehmungen in Krisensituationen zurück.

* Wissen, daß sich über Jahrzehnte im Randbereich der Versicherungsunternehmen angesammelt hat, wird heute als eigenständiger Zweig oder als eigenständiges Standbein aufgebaut. Z.B. Immobilienverwaltung, EDV-Know-how oder Finanzdienstleistungsbereiche.
* Es gibt einige Versicherungsunternehmen, die hier ihren Geschäftsbereich neu definiert haben, Teilbereiche ausgegliedert und verselbständigt haben und bei denen diese Teilbereiche nicht unbeachtliche Erträge abwerfen.

Wie stark hat sich die Landschaft der Versicherungsunternehmen in Östereich in den letzten Jahren durch Fusionen oder Kooperationen verändert. Vor allem Kooperationen zwischen Versicherungsunternehmen in Teilbereichen (EDV, Personal, etc.), ergeben sich aus mehr oder weniger bewußtem Geschäftsprozessmanagement. Diese Organsiationsänderung durch Fusion oder Ausgliederung von Abteilungen sind in die Ebene 5 einzuordnen und lösen letztlich Veränderungen bei sämtlichen Organisationsstrukturen aus.

Änderungen des Geschäftsbereiches ergeben sich auch in Randbereichen des Versicherungsmarktes durch Kooperationen, Verträge, Unternehmensgründungen oder Unternehmensübernahmen. Als Beispiele können genannt werden Kooperationen von Banken mit Versicherungen, eigenen Leasinggesellschaften usw..

Die Internationalisierung des Marktes im Versicherungsbereich ergibt sich vor allem durch die Öffnung des ehemaligen Ostblocks. Die dabei notwendige Regionalisierung des Angebotes erfordert den Aufbau von Unternehmenseinheiten vor Ort, Anpassungen bei den Produkten und neue Vertriebskonzepte.

Alle diese strategischen Änderungen entsprechen den Intentionen von Business-Redesign, obwohl dieser Begriff damals vielleicht noch gar nicht bekannt war. Unternehmen, die sich heute noch die Notwendigkeit von Änderungen in Frage stellen, haben die Zeichen der Zeit nicht verstanden.

Die Versicherungswirtschaft hat in der Vergangenheit eine Marktsituation vorgefunden, die hohe Margen ermöglicht hat. Die Optimierung der Verwaltungskosten hatte daher in der Vergangenheit keine wesentliche strategische Bedeutung. Neben der Veränderung der Marktsituation werden die Versicherungen vom Ausland von der Konkurrenz mit Kostensätzen konfrontiert, die im Moment noch kein österreichischer Versicherer auch nur annähernd erreicht hat. Die Notwendigkeit zur Veränderung wird daher vom Markt aufgezwungen.

Die Entscheidung, Business-Redesign nicht zu betreiben, ist die Entscheidung, sich vom Markt zu verabschieden.

3.2. Business-Redesign als integrierter Ansatz

Die bisherigen Darstellungen über Business-Redesign bezogen sich zum Großteil auf Beispiele aus der Ebene 5. Beispiele, die revolutionäre strategische Neuerungen betrafen, aber wohl nur selten wurden diese revolutionären Neuerungen bis in die operative Ebene konsequent verfolgt und umgesetzt.

Das heißt, daß sehr oft auch neue Produkte, Zielgruppen, Märkte, Verkaufskanäle realisiert wurden, diese neuen Wege aber mit alten, vielleicht sogar veralteten Abläufen realisiert wurden. Dadurch bleibt natürlich das gesamte Rationalisierungspotential auf der operationalen Ebene brach liegen, da die funktionale Arbeitsteiligkeit und die abteilungsorientierte Optimierung nicht überwunden werden konnten. In diesem Punkt konnten die Zielsetzungen von Business Redesign noch nicht erreicht werden.

Der volle Erfolg von Business Redesign-Maßnahmen kann sicherlich nur dadurch erzielt werden, wenn man diese revolutionären Ideen konsequent über alle möglichen Stufen durchzieht. Dann kann die Wettbewerbsfähigkeit langfristig gesichert werden. Dieses wäre also eine Herausforderung auch für jene Unternehmen, die in letzter Zeit durchaus schon strategische Änderungen durchgeführt haben.

In manchen Unternehmen wurden in letzter Zeit Randbereiche komplett neu organisiert, ohne ein durchgängiges Business-Redesign über alle Unternehmensbereiche durchzuführen. Die Vorteile von Business-Redesign lassen sich auch beim Vergleich dieser neu organisierten Bereiche mit den gewachsenen Strukturen der vorhandenen Bereiche ersichtlich machen. In den neu aufgebauten Bereichen finden sich neue Vertriebswege, bei denen Verarbeitungen einfach vollautomatisch über die EDV erfolgen. Wo die unerläßlichen Entscheidungen der Mitarbeiter eben doch von ein paar "ifs" mit zufriedenstellender Qualität erledigt werden können. Oder Vertriebswege, bei denen Sie sich voll auf das Know-How Ihres Vertriebspartners verlassen. Ein Know-How, das bei den eigenen Mitarbeitern nicht vorausgesetzt wird.

In manchen Unternehmen stehen sich daher neue Randbereiche, die modern, dynamisch, kundenorientiert, beweglich und kostengünstig arbeiten und "alte" Abteilungen gegenüber, die veraltet, bürokratisch, unbeweglich, starr, und teuer arbeiten. Die Ansätze des Business Redesign werden vor dem Hintergrund dieser praktischen Situation verständlich, da sich die Veränderung von gewachsenen Strukturen mit konventionellen Methoden zumeist sehr schwierig durchführen läßt.

4. Ausblick

Nachdem die Tragweite und die Auswirkungen der Veränderungen dargestellt wurden, ist es auch klar, daß so ein Durchleuchten eines Unternehmens nicht als eines von vielen EDV-Projekten gestartet werden kann. Business-Redesign muß vom Vorstand initiiert und getragen werden. Es bringt sonst keinen Erfolg, nur Kosten.

Vom Ansatz muß es als Betriebsorganisationsprojekt, und nicht als EDV-Projekt verstanden werden. Der EDV-Anteil an diesem Projekt ist nur ein geringer. Nach vielen Vorarbeiten im Bereich der Organisation.

Abschließend soll noch eine kurze Stellungnahme zu den derzeit verfügbaren Workflowmanagementsystemen gegeben werden. Die angebotenen Lösungen wurden in letzter Zeit wesentlich verbessert. In nächster Zukunft kann aber sowohl eine weitere Verbesserung der Funktionalität als auch eine Standardisierung erwartet werden. Eine der schwierigsten Entscheidungen ist es daher sicherlich auch, den richtigen Zeitpunkt für die Anschaffung von Workflow-Tools zu finden.

Ich bin davon überzeugt, daß der erste Schritt in einem Versicherungsunternehmen in der Einführung eines Imaging-Systems besteht. Die Entscheidung dafür kann unabhängig von später anzuschaffenden Workflowmanagementsystemen getroffen werden. Auf die Kompatibilität der in Frage kommenden Lösungen ist allerdings schon bei der Erstentscheidung Rücksicht zu nehmen. Mittelfristig ist eine Ergänzung der vorhandenen Host-Applikationen durch Workflowmanagementsysteme zu erwarten, die längerfristig zu einer neuen Struktur der eingesetzten EDV-Systeme führen wird. Das Hauptaugenmerk der Organisationsgestalter muß jedoch auf die notwendigen Anpassungen der Organisation gelegt werden. Inwieweit die Konzepte des Business Redesign sich dafür als hilfreich für die Praxis erweisen werden die Erfahrungen der nächsten Jahre zeigen.

Imaging und Workflowmanagement in der Wüstenrot Versicherungs-AG

Walter Svoboda
Wüstenrot Versicherungs-AG, Salzburg

Abstract

Die Wüstenrot Versicherungs-AG hat auf Basis der Software ImagePlus/400™ eine konsequente Realisierung des papierlosen Büros entwickelt und in Einsatz.

Die Eingangspost der Abteilungen für Vertragsbearbeitung und Risikoeinschätzung (bis zu 2000 Seiten/Tag) wird gescannt, auf elektronische Postkörbe verteilt und mit rund 40 OS/2-Arbeitsstationen bearbeitet. Während der Bearbeitung sind die Dokumente auf einem Serverrechner (AS/400™) gespeichert, die Archivierung erfolgt auf einer Worm-Jukebox IBM-3995. Die OS/2-Arbeitsstationen sind mit einem Ganzseiten-Bildschirm für die Dokumentenanzeige und einem Farbbildschirm für die Host-orientierte Vertragsbearbeitung und Arbeitsflußsteuerung ausgestattet.

Hostrechner, Server und Arbeitsstationen sind über Programm-zu-Programm-Kommunikation miteinander verbunden. Dies ermöglicht eine sehr flexible Einbindung der ImagePlus400™-Funktionen (API's) in die Anwendungsprogramme. Die Benutzeroberfläche ist für Post- und Vertragsbearbeitung einheitlich gestaltet und bietet auch für Host-Programme (CICS) Funktionen wie Mausunterstützung, Fenstertechnik, Pulldown-Menüs und Buttons. Damit wurde mit den APROSOFT-Komponenten APRO-WORK, APRO-CONNECT, APRO-TALK und APRO-TIO (Terminal Intelligent Objects), einem hochentwickelten Werkzeug, eine hohe Benutzerakzeptanz in kurzer Zeit erreicht.

1 Das Unternehmen

Die Wüstenrot Versicherungs-AG wurde im Jahre 1977 vom Mehrheitseigentümer Bausparkasse Wüstenrot gegründet und ist heute nach 17 Jahren an 5.Stelle unter Lebensversicherungen in Österreich.

Die Kenndaten für den Vertragsbestand 1992 sind:

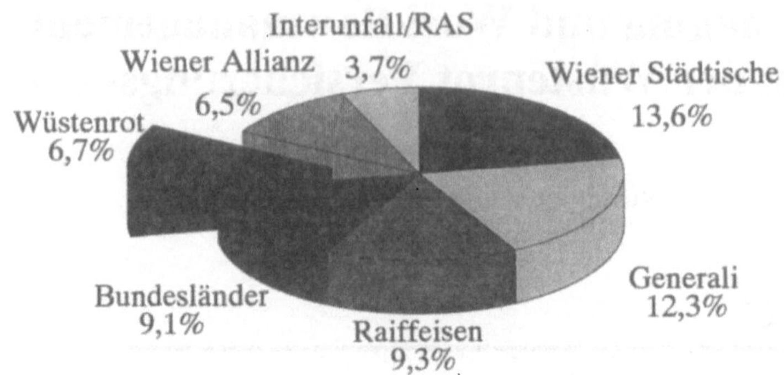

585.000 Verträge (Lebens-, Unfallversicherung)
450.000 Kunden
61,6 Milliarden ÖS Versicherungssumme
12,5 Milliarden ÖS Vermögenswerte
2,16 Milliarden ÖS Prämie/Jahr

Der Vertrieb der Versicherungsprodukte wird durch die Bausparkasse Wüstenrot in allen Bundesländern Österreichs durchgeführt. Die im Hause entwickelte Anwendungssoftware für die Vertragsverwaltung wird in zwei weiteren Versicherungen Österreichs (BAWAG und Drei Banken) eingesetzt.

2 Vertragsbearbeitung - Ausgangssituation

Die Bearbeitung der 585.000 Verträge erfolgt für Österreich zentral in Salzburg durch folgende Abteilungen der Wüstenrot Versicherung:

Antragsannahme/Risikobeurteilung		2 Mitarbeiter
Polizzierung/Änderungsdienst	West-Österreich	11 Mitarbeiter
	OÖ, Stmk	11 Mitarbeiter
	Ost-Österreich	13 Mitarbeiter

Es werden täglich bis zu 2000 Poststücke mit einer vorgangsorientierten CICS-Anwendungssoftware bearbeitet und die Ergebnisse sind in einer Vertrags- und Kunden-Datenbank gespeichert.

Die Bearbeitung eines Poststückes erfolgt nach Möglichkeit komplett durch <u>einen</u> Mitarbeiter. Bei der Antragsannahme/Risikoeinschätzung, der Einholung ärztlicher Gutachten und bei Auszahlungen kommt es auch zu einem Postlauf zwischen den Abteilungen, ebenso zwischen Bearbeiter und Abteilungsleiter.

Bis zur Einführung des elektronischen Postbearbeitungssystems wurde die Kundenpost zur Archivierung auf Mikrofilm gespeichert und im Korrespondenzverzeichnis des einzelnen Vertrages mit Datum, Dokumenttyp, Kurztext und Mikrofilm-Nummer eingetragen. Der Zugriff auf ein Mikrofilm-Dokument beträgt wenige Minuten. Das Originaldokument wurde vernichtet.

Die tägliche Postverteilung erfolgte manuell durch den Abteilungsleiter nach der Mikroverfilmung.

3 Die Gelegenheit

Die erfolgreiche Geschäftsentwicklung der letzten Jahre und die anhaltende Expansion des Unternehmens führten zur Errichtung eines neuen Verwaltungsgebäudes in den Jahren 1990 bis 1991.

Von Anfang an stand der Mensch und die Ergonomie des Bildschirmarbeitsplatzes im Mittelpunkt der Planung. Es ist ein anderes Bürohaus geworden, mit innovativen Lösungen für den Raum, den Arbeitsstisch, die Beleuchtung und den Lärmschutz.

Der Bezug dieses Hauses im November 1991 war die Gelegenheit und die Herausforderung, auch eine innovative Büroorganisation für dieses Haus zu realisieren.

Parallel zum Bau des Hauses wurde daher an einer Neuorganisation der Postbearbeitung für die Vertragsverwaltung gearbeitet, die erforderliche Hardware und Verkabelung im Bau berücksichtigt und die Arbeitsplatzausstattung optimal für Bildschirmarbeit ausgelegt.

4 Die Idee

Das papierlose Büro - eine Utopie?

Die Vertragsbearbeitung in der Wüstenrot Versicherung beginnt und endet mit Papier. Täglich erreichen uns tausend Seiten Kundenpost und als sichtbares Ergebnis unserer Arbeit schicken wir hunderte Briefe und Verträge an unsere Kunden. Von diesem Papier können wir nicht genug kriegen, das ist unser Geschäft und ein wesentlicher Teil unseres Kundenkontaktes.

Aber ist es wirklich noch zeitgemäß, 1000 Seiten Kundenpost manuell auf die Sachbearbeiter zu verteilen, von Schreibtisch zu Schreibtisch zu tragen und wenn ein Kunde telefonisch interveniert, nicht zu wissen, wer das entsprechende Schriftstück in Bearbeitung hat?

Soll das Archiv (3 Millionen Poststücke auf Mikrofilm) nicht besser direkt am Arbeitsplatz des Sachbearbeiters auf seinem Bildschirm verfügbar sein?

Ist nicht die generelle Online-Verfügbarkeit aller Poststücke anzustreben, also totale Unabhängigkeit vom physischen Ort des Papiers?

Die Idee dazu ist die 'papierlose Postbearbeitung':

▲ Scannen der Post
▲ Speichern als digitales Bild
▲ Verteilen über elektronische Postkörbe
▲ Bearbeiten von einem Ganzseiten-Bildschirm
▲ Archivieren auf WORM-Jukebox

5 Die Akteure

Nach einer umfangreichen Marktanalyse der verfügbaren Software-Systeme für Dokumentenverarbeitung im Jahre 1990 wurde die Entscheidung für das System ImagePlus/400 der Fa. IBM gefällt und im März 1991 mit der Projektrealisierung begonnen.

IBM lieferte mit ImagePlus/400 eine Sammlung von Software-Routinen zur digitalen Dokumentenverarbeitung (API's), einen AS/400-Server, ein Workstation-Programm für Scannen und Anzeigen, sowie speziell für uns entwickelte OS/2-Presentationmanager-Programme (z.B. 3270-Mausunterstützung, Sperre nicht benötigter OS/2-Funktionen).

Mit diesen Werkzeugen hat das Software-Entwicklungsteam der Wüstenrot Versicherung in enger Zusammenarbeit mit den Benutzern das neue Postbearbeitungssystem und die Einbindung in die bestehende Anwendung realisiert.

6 Die Hardware

Arbeitsstation	Scanstation
IBM-PS/2 (386/SX, 20 Mhz, 8 Mb, 80 Mb-Disk) VGA-Bildschirm (IBM 8515) Ganzseiten-Bildschirm mit Image-Adapter (IBM 8506)	zusätzlich ein Scanner (IBM 2456)

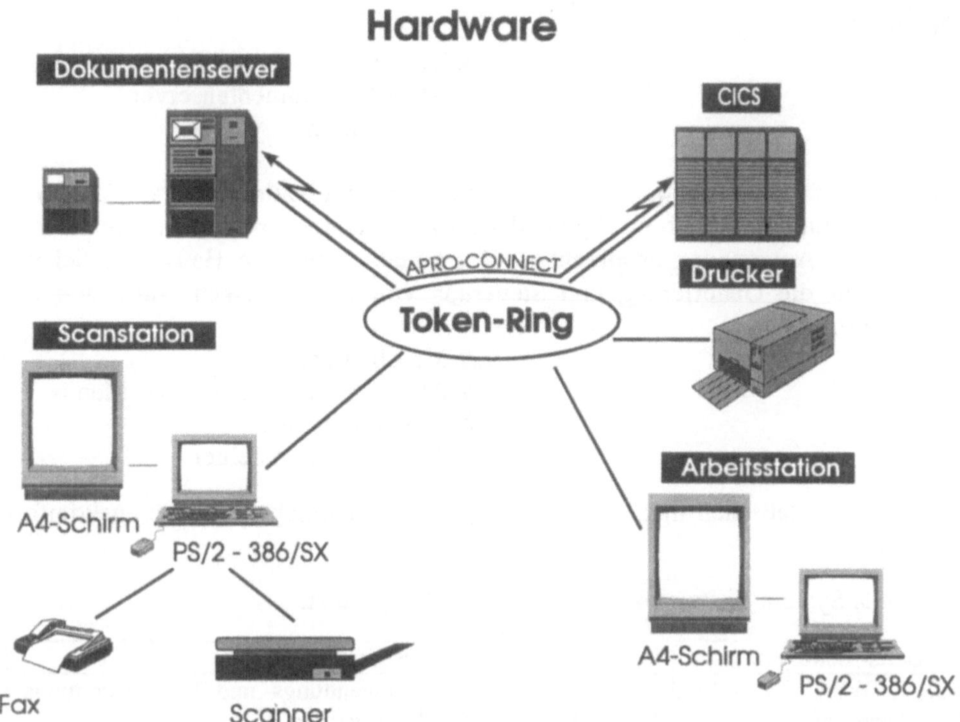

Dokumentenserver	Drucker	Netzwerk	Host/370
IBM AS/400-D35 WORM-Jukebox (IBM 3995)	IBM 4029	Token-Ring 16 Mbit	

7 Die Software

Ein wesentliches Designprinzip für die Software war die Einbindung in die bestehende CICS-Anwendung ohne zusätzliche Benutzeroberfläche. Aus den gewohnten Anwendungsbildern soll durch einen Mausklick die Auswahl und Anzeige eines Dokumentes aktiviert werden können und alle Routinen dafür sollen transparent für den Benutzer ablaufen.

Aus diesem Grund wurde das in ImagePlus/400 enthaltene Anwendungspaket für Dokumentenbearbeitung (Workfolder Application Facility) nicht genutzt, denn es bringt eine zusätzliche Benutzeroberfläche und ist nicht in CICS-Anwendungen einbaubar.

Die Lösung war die Realisierung mit ImagePlus/400 - API's (Programmroutinen für Bildverarbeitung) und einem AS/400 Dokumentenserver.

Die drei Hardware-Ebenen

- ▲ Host/370
- ▲ AS/400-Dokumentenserver
- ▲ Workstation

wurden mit 'Programm-zu-Programm-Kommunikation' (APPC/LU6.2) verbunden und die Funktionsobjekte der Postbearbeitung sind dadurch gezielt aus einer CICS-Anwendung ansprechbar. Das bereits vorher im Hause entwickelte System für die Generierung und Steuerung von CICS-Masken wurde um die Funktionsobjekte

- ▲ Mausbedienung
- ▲ Aktionszeile mit Pulldown-Menüs
- ▲ Popup-Windows
- ▲ Buttons/Aktionsfelder

erweitert, so daß auch in CICS-Anwendungen PC-ähnlicher Bedienungskomfort besteht.

Folgende System-Softwarekomponenten sind eingesetzt:

Arbeits-/Scanstation	**Dokumentenserver**	**Host 370**
OS/2, IWP/2 (ImagePlus Workstationprogramm) 3270-Mausunterstützung	Cobol (für API/APPC-Aufruf) APRO-Connect APRO-Talk APRO-Save	Anwendungs- und Postbearbeitungs-Software in PL/1 MVS/ESA, CICS, DB2 APRO-Work

8 Die Ergonomie

Der Entschluß sich der Mengen von Papier zu entledigen die, tagtäglich manuell durch das Haus befördert werden, hat weitreichende Folgen. Die Vorteile aus der Sicht des Unternehmens (wie hoher Informationsgehalt, straff organisierte Abläufe, etc.) sind zahlreich und somit ist es wirtschaftlich schnell zu rechtfertigen, ein solches System zu installieren.

Vorallem aber die Auswirkungen auf die Mitarbeiter sind es, denen wir hohe Aufmerksamkeit schenken sollten. Sehr leicht wird dann auf die 'Räder des Getriebes', die Mitarbeiter, vergessen. Daher ist es wichtig sich rechtzeitig mit Ihrem Arbeitsplatz zu beschäftigen. In unserem Fall wurde bereits in der Ausschreibung für unser neues Bürogebäude der bildschirmgerechte Arbeitsplatz gefordert. Der planende Architekt hat mit unkonventionellen Ideen diesem Umstand gemeinsam mit Ergonomen und Lichttechnikern in hohem Maße Rechnung getragen und hat einen Büroraum und einen Arbeitstisch geschaffen, der nach den derzeit gültigen Erkenntnissen in Bezug auf Arbeitsplatzergonomie als perfekt bezeichnet werden darf. Durch indirekte Beleuchtung wird die Reflektion am Bildschirm auf ein Minimum reduziert. Der eigene A4-Bildschirm für die Anzeige der Dokumente, der ebenso wie der Bearbeitungsschirm frei beweglich auf Teleskoparmen des Arbeitstisches gelagert ist, scheint mir auch erwähnenswert. Leider findet die Dual-Head Konfiguration bei den Anwendern mehr Anklang als bei den Anbietern von Imagekomponenten, wie die jüngsten Entwicklungen bei IBM zeigen.

'Last but not least' sei noch auf die Software-Ergonomie eingegangen. Sie hat einen wesentlicher Anteil am Erfolg des Systems und bei der Akzeptanz der Anwender. Und hier gilt es ein solches System in die bekannten Abläufe einzubinden und einfach bedienbar zu machen. Bei der Wüstenrot Versicherung wurde auf diesen Punkt sehr großer Wert gelegt. Eine im Hause entwickelte PC-ähnliche Oberfläche unter 3270 mit Mausbedienung, Actionbar und Fenstertechnik wurde optimal genutzt, so daß der außenstehende Betrachter den Eindruck gewinnt, die Postbearbeitung sei immer Bestandteil der Anwendung gewesen.

9 Das 'etwas' andere Projekt

Der Wunsch, die Postbearbeitung in das vorhandene Anwendungspaket am Großrechner unter CICS einzubinden und somit unsere sehr hoch entwickelte Software zu nutzen, brachte uns in eine spezielle Situation. Einerseits waren natürlich alle Beteiligten hochmotiviert, denn es war ja etwas neues, 'anderes', das man versuchen wollte. Andererseits betrat man natürlich jede Menge Neuland, für das erst Wissen erworben werden mußte. Auch die genutzten Teile des Standardpaketes 'WAF' auf der AS/400 waren mit Sicherheit noch nicht alle in der bei uns eingesetzten Form praxiserprobt und für alle Beteiligten war ein Schuß Pioniergeist Voraussetzung. Dank der hervorragenden Zusammenarbeit mit den Mitarbeitern von IBM, auch denen in Amerika, mit denen wir die einzelnen Probleme in direkten Gesprächen klären konnten, ist jedoch ein hervorragendes Produkt entstanden, welches nun immerhin ein Jahr in der Praxis eingesetzt wurde.

10 Die Einführung

Ein System, welches in so hohem Maße in bestehende organisatorische Abläufe eingreift, bedarf bei seinem Einsatz auch einer besonderen Strategie. Da wir hier auf eine gewisse Erfahrung zurückblicken dürfen und es für eine solche Einführung auf Grund der Komplexität kein Patentrezept gibt, werden wir Ihnen hier den Einsatz aus unserer Sicht beschreiben. Ein entscheidender Punkt ist die Einbindung von Mitarbeitern aus den Fachabteilungen. Je früher und je intensiver diese Einbindung erfolgt, desto mehr identifizieren sich die Mitarbeiter mit

'Ihrem' Projekt. Machen Sie Informationsveranstaltungen auf denen Sie den Mitarbeitern Gelegenheit geben, sich zu informieren, auf denen Sie aber, wenn möglich, bereits Demos machen. Machen Sie also kein Geheimnis aus diesem Projekt, sonst werden Sie Opfer der Gerüchteküche. Ist nun der Einsatzzeitpunkt gekommen, dann denken Sie über eine Strategie nach, die den Anwender nicht von der ersten Minute an unter Erfolgsdruck setzt. Lassen Sie dem Mitarbeiter Zeit, sich an das neue System zu gewöhnen. Wir wollen Ihnen das an Hand unserer Einführungsstrategie erklären.

Wir sagten nicht 'ab morgen gibt es kein Papier mehr' und alle Mitarbeiter müssen mit dem neuen System arbeiten. Das würde die Abwehrhaltung, die trotz aller Vorbereitungen mit Sicherheit vorhanden ist, nur verstärken. Wir bildeten Gruppen von 3-4 Mitarbeitern, die wir in einer 1,5 stündigen Schulung mit dem Umgang des Systems vertraut machten. In dieser kurzen Einschulung konnte jeder Teilnehmer bereits einen Teil seiner Tagespost bearbeiten. Wie wichtig unsere Entscheidung war, das Postbearbeitungssystem zumindest optisch und funktional in die bestehende Oberfläche zu integrieren, zeigte sich bereits zu diesem Zeitpunkt. Die anfängliche Angst vor dem 'Neuen' baute sich rasch ab, als die Mitarbeiter sahen, daß der Umgang mit dem Computer nicht anders geworden ist. Alles sah aus wie gewohnt, ausgenommen einiger Bilder (wie Postkorb anzeigen, etc.). Nach dieser kurzen Einschulung gingen die Mitarbeiter zurück an Ihren Arbeitsplatz und fanden in Ihrem Postkorb einige Dokumente vor, die sie zu bearbeiten hatten. Zur Unterstützung standen EDV-Mitarbeiter vor Ort in den Fachabteilungen, um sofort eine entsprechende Unterstützung geben zu können.

So blieb es dann auch eine zeitlang. Jeden Tage hatten die Mitarbeiter einige Prozent ihrer täglichen Arbeit in ihrem Postkorb, also mit dem neuen System zu bearbeiten. Der Rest der Tagesarbeit wurde wie üblich erledigt. Nun konnten die Fachabteilungen bestimmen, welche Art von Post sie wann in das neue System übernehmen wollten. Und es ging eine rasante Entwicklung vor sich. Bereits drei Monate nach dem Start wurde die gesamte Kundenpost mit dem neuen System bearbeitet. Einzig die Antragserfassung und Risikoprüfung wurde erst etwas später übernommen, da hier noch einige wesentliche Änderungen in den bestehenden Programmen der Versicherungsanwendung notwendig wurden. Nach 6 Monaten war dann das Papier endgültig aus den Fachabteilungen verbannt und die gesamte Post wurde über den Bildschirm bearbeitet.

11 Der organisatorische Ablauf

Die papierlose Postbearbeitung läuft in vier Schritten ab. Das Postbüro sortiert die eingehenden Poststücke nach Abteilungen und weiter nach Dokumenttypen. Dann wird die Post eingescannt und gespeichert. Anschließend wird die eingescannte Post einer Abteilung auf die einzelnen Sachbearbeiter aufgeteilt. Der letzte Schritt ist dann die Bearbeitung der Dokumente durch den Sachbearbeiter.

Postvorbereitung

Die Post (derzeit bis zu 2000 Stück/Tag) wird vom Postbüro nach Abteilungen getrennt angeliefert. Um den Scanvorgang zu erleichtern, wird die Post einer Abteilung nach Dokumenttyp (Zusatzversicherungen, Zahlungsweise, Kundenänderungen, ...) vorsortiert.

Die Sortierung nach Dokumenttypen hat folgende Vorteile:

- ▲ Beim Scannen wird auf die Papierqualität der einzelnen Dokumenttypen automatisch Rücksicht genommen und mit gespeicherten Parametern die optimale Einstellung getroffen.
- ▲ Der Dokumenttyp muß nur einmal beim Stapelbeginn eingegeben werden.

Die Erfassung des Dokumenttyps ermöglicht:

- ▲ sortierte Anzeige im Postkorb des Bearbeiters
- ▲ automatischen Aufruf der entsprechenden Bearbeitungsfunktion.

Scannen

Der Scanner wandelt die einzelnen Seiten in ein elektronisches Dokument um, das am Bildschirm einer Arbeitsstation angezeigt werden kann.

Am Beginn eines Stapels wird der Dokumenttyp und der (Abteilungs-) Postkorb eingegeben. Die Zuordnung des einzelnen Dokumentes zu einem Vertrag erfolgt durch Eingabe der ID-Nr. (= Vertragsnummer), die dem Inhalt des Dokumentes entnommen wird. Fehlt diese Angabe, so erfolgt die Vertragszuordnung erst im Zuge der Bearbeitung mit Hilfe des Kundennamens.

Anschließend wird das Dokument auf Magnetplatte gespeichert und ist ab diesem Zeitpunkt im angegebenen Postkorb verfügbar. Während der Nacht werden die neu eingescannten Dokumente auf Bildplatte kopiert. Gleichzeitig mit der Speicherung wird beim zugehörigen Kunden das Signal *Post* gesetzt. Dies weist den Sachbearbeiter beim Aufruf eines Vertrages dieses Kunden auf neu hinzugekommene Poststücke hin, die sofort angezeigt werden können.

Verteilen

Die eingescannte Post einer Abteilung, bzw. eines Postkorbes wird vom Abteilungsleiter auf die Postkörbe der verfügbaren Mitarbeiter aufgeteilt. Jedem Mitarbeiter ist ein Postkorb mit seinem Handzeichen zugeordnet.

Der Abteilungsleiter erhält Auskunft über den aktuellen Stand der in Arbeit und in Evidenz befindlichen Dokumente in den einzelnen Postkörben.

Standardmäßig wird die Post gleichmäßig aus dem Abteilungspostkorb heraus auf die die verfügbaren Postkörbe aufgeteilt. Sollen jedoch die zu verteilenden Dokumente nur einzelnen, speziellen Postkörben zugeordnet werden, kann dies in einer Verteilerliste vorgenommen werden.

Bearbeiten

Der Sachbearbeiter ruft über einen Menüpunkt seinen Postkorb auf und kann ein Dokument zur Bearbeitung auswählen. Die dem Dokumenttyp zugeordnete Bearbeitungsfunktion wird automatisch aufgerufen und gleichzeitig erscheint das Dokument am Ganzseiten-Bildschirm. Wie gewohnt führt der Sachbearbeiter seine Bearbeitung durch und kann die dazu benötigten Informationen direkt vom Ganzseiten-Bildschirm ablesen. Es besteht die Möglichkeit, das Dokument zu drehen und zu vergrößern.

Ist die Bearbeitung beendet, wird ein Eintrag im Korrespondenzverzeichnis des jeweiligen Vertrages angelegt, wobei ein erklärender Text mitgegeben werden kann. Ein Standardbrief mit variablen Daten wird inklusive Unterschrift ausgedruckt und dem Kunden geschickt.

12 Wirtschaftlichkeitsaspekte

Technische Vorteile

Die Funktionsobjekte der Postbearbeitungssoftware sind in bestehende Anwendungen integrierbar, wodurch hoher Bedienungskomfort und Flexibilität gewährleistet wird. Das reduziert den Schulungsaufwand wesentlich und führt zu einer raschen Akzeptanz der papierlosen Sachbearbeitung.

EDV-technisch ist es eine interessante Host/370-Lösung unter CICS (lauffähig auf MVS und VSE), die keine zusätzlichen Softwareinvestitionen am Host erfordert. Weiters ist als Dokumentenserver jede technische Komponente einbindbar, die über eine 'Programm-zu-Programm-Kommunikation' (APPC-Schnittstelle) verfügt.

Quantifizierbarer Nutzen

Der quantifizierbare Nutzen der digitalen Postbearbeitung liegt im Aufbau einer konsequenten Poststeuerung und automatisierten Bereitstellung der für die Sachbearbeitung erforderlichen Informationen aus Archiv und Datenbank. Der bloße Ersatz der perfekt genutzten Mikrofilm-Organisation wäre unwirtschaftlich. Zusätzlich steht die 'Maus' zur schnelleren Bedienung des Bildschirmes auch für Host/370-Programme zur Verfügung.

Bei vergleichbaren Projekten ist durch den Einsatz eines Poststeuerungssystems eine 25%-ige Beschleunigung der Postbearbeitung erzielt worden. Diese Zielgröße soll bei der Wüstenrot Versicherung bis 1996 stufenweise erreicht werden und ab 1993 bereits ein positives Kosten/Nutzen-Verhältnis bringen.

Die erreichten Effekte sind an Hand der Poststückzahlen und der Personalstandsentwicklung kontrollierbar.

Nicht quantifizierbarer Nutzen

Ein wesentlicher Vorteil der digitalen Postspeicherung besteht darin, daß jeder berechtigte Sachbearbeiter auf die aktuelle Kundenpost Zugriff hat. Durch das elektronische Postkorbsystem ist der zuständige Sachbearbeiter ab dem Zeitpunkt der Postzuteilung bekannt. Wenn ein Kunde während der Bearbeitung telefonisch interveniert, kann über den Stand der Bearbeitung sofort Auskunft gegeben werden und die Weiterleitung an den betroffenen Sachbearbeiter kann korrekt erfolgen.

Der Zugriff auf archivierte Kundenpost kann direkt vom Arbeitsplatz des Sachbearbeiters aus durchgeführt werden, was ebenfalls bei telefonischen Kundenanfragen eine Serviceverbesserung darstellt.

Durch die Erfassung (Scannen) der Post bereits beim Eingang kann keine Post verlorengehen und bietet besseren Überblick über den Stand der Bearbeitung.

Der Abruf von Druck-Kopien aus dem Archiv oder der aktuellen Post ist über jedes (berechtigte) Bildschirmgerät möglich, eine Workstation ist dazu nicht erforderlich.

13 Erfahrungsbericht nach einem Jahr Praxis aus der Sicht des Anwenders

Nach ursprünglicher Skepsis bei vielen Mitarbeitern (Umstellung auf ausschließliche Bildschirmarbeit) konnte man bereits in der Einführungsphase eine hohe Akzeptanz feststellen. Grund dafür war die schrittweise Einführung des Systems und die Vermeidung von persöhnlicher Überforderung. Das Erreichen der 100%-Marke in nur 6 Monaten war trotzdem für alle Beteiligten eine große Herausforderung.

Eine unliebsame Tätigkeit war von Anfang an das Scannen. Diese Tätigkeit wurde qualitativ und quantitativ unterschätzt. Die dezentrale Abwicklung in den beiden Fachabteilungen wurde wieder zurückgenommen in ein zentrales Postbüro und spezielles Personal dafür eingeschult.

Die Vorteile aus der Sicht des Anwenders sind:

- ▲ keine Papierflut
- ▲ keine langen Transportwege
- ▲ rasche und einfache Zuteilung der Post an die einzelnen Mitarbeiter
- ▲ sofortiger Zugriff auf die einzelnen Poststücke
- ▲ rasches Auffinden der Poststücke
- ▲ rasche Auskunftsfähigkeit
- ▲ guter Überblick über das aktuelle Arbeitsaufkommen

Die Nachteile:

- ▲ ausschließliche Bildschirmtätigkeit, daher hohes Konzentrations erfordernis
- ▲ schlechtere Beurteilungsmöglichkeiten der eingehenden Post durch den Abteilungsleiter
- ▲ hohe Anforderung an Verfügbarkeit von Hard- und Software

Zusammenfassend sind die Anwender der Meinung, daß die Wüstenrot Versicherungs-AG mit der papierlosen Postbearbeitung den richtigen Weg für die Zukunft gegangen ist.

14 Zukunftsaspekte

Die nächsten Entwicklungsschritte werden die Einbindung von Fax für den Ausgang der Post, sowie die selektive Übernahme des Mikrofilmarchivs auf Bildplatten sein.

Die Online-Verfügbarkeit aller zu einem Vertrag gehörenden Poststücke und Daten eröffnet für die Zukunft neue Möglichkeiten der Vertragsbearbeitung in ausgelagerten Verkaufs- und Beratungsstellen. Auch die Einbindung von 'Büros zu Hause' ist geplant.

Vorgangsbearbeitung im Amt der Salzburger Landesregierung

Harald Wiesner
Informatik-, Organisations- und Dienstleistungszentrum (IOZ), Salzburg

Abstract

Sachzwänge verlangen von der öffentlichen Verwaltung auch einen Wandel in den Organisationsstrukturen, beim Personal und beim Einsatz der Informationstechnik. Die diesbezüglichen Bemühungen des Amtes der Salzburger Landesregierung, insbesondere beim Einsatz der Informatik, werden aufgezeigt. Dabei steht die Optimierung von Geschäftsprozessen zunehmend im Vordergrund.

Zur Unterstützung der Vorgangsbearbeitung ist in der Salzburger Landesverwaltung ein relativ einfaches DV-Verfahren im breiten Einsatz, dessen wesentliche Funktionen aus Sicht eines Sachbearbeiters beschrieben werden. Mit Hilfe dieses Verfahrens gelingt es, Arbeitsprozesse zu analysieren und wirksame organisatorische Verbesserungen im Kleinen zu erreichen. Diese Verbesserungen dienen alle dem Ziel, die Aufgaben der öffentlichen Verwaltung trotz zunehmender Komplexität in wenigen Arbeitsschritten deutlich rascher und auch effektiver zu erfüllen.

1. Verwaltung im Wandel

So wie sich heute private Unternehmen mehr denn je an die Veränderungen ihres Umfeldes anpassen müssen, so steht auch die öffentliche Verwaltung vor Anforderungen, die die bisherigen Organisationsstrukturen und Arbeitsweisen verändern werden. Dieser Druck hat im wesentlichen drei Ursachen:

- Die Wirtschaft - und zunehmend auch die einzelnen Bürger - fordern ein rasches (meist sofortiges) und wirksames Verwaltungshandeln, und das obwohl bei nahezu allen Aufgaben der Detaillierungsgrad von Regelungen zunimmt.
- Darüber hinaus wird von der öffentlichen Hand die Bewältigung neuer Aufgaben erwartet (z.B. auf den Gebieten Umwelt, Abfallwirtschaft, Raumplanung, Verkehrswesen, Gesundheit und Soziales), ohne daß jedoch alte Aufgaben reduziert oder aufgelöst würden.

- Zusätzliche Personal- und Sachkosten für das Verwaltungshandeln sind zunehmend nicht mehr finanzierbar.

Um diese Anforderungen zu bewältigen, ist auch ein Wandel in den Organisationsstrukturen, beim Personal und in der Informationsverarbeitung erforderlich, der sich wie folgt darstellt:

Wandel in der Organisation

Die (Aufbau-)Organisation muß sich entwickeln von einer

- tiefgegliederten, hierarchischen, meist autoritär geführten, stark arbeitsteiligen und funktionsorientierten Struktur,
- mit großer Stabilität (Gleichgewicht wird durch eine bürokratische Richtlinienkultur gehalten),

in Richtung einer

- flachen, vernetzten, meist kooperativ geführten, ganzheitlichen und vor allem geschäftsprozeßorientierten Struktur,
- die dauernd flexibel ist (Gleichgewicht leitet sich aus permanenten Veränderungen ab).

Wandel beim Personal

Nicht mehr gefragt sind

- bürokratisches Denken und das Denken in "Kästchen" (Kompetenzen),
- hierarchieorientierte Einzelkämpfer mit einer einmaligen Ausbildung fürs ganze Leben und
- Mitarbeiter ohne Kostenbewußtsein, mit mangelndem Qualitätsbewußtsein sowie mit einem hohen Beharrungsvermögen.

Umsomehr gefragt sind hingegen

- kundenbezogenes Denken und das Denken in Abläufen (Prozessen),
- kooperative Teamarbeiter mit einer permanenten Lernwilligkeit und
- Mitarbeiter mit Verantwortung für Kosten und Qualität von Leistungen sowie einer hohen Bereitschaft für ständige Verbesserungen und Veränderungen.

Wandel in der Informationsverarbeitung

Bedingt durch die technologischen Möglichkeiten entwickelt sich die Informationsverarbeitung von einem

- dominanten und meist zentralen Gestalter, bei dem
- die Technik die Organisation dominiert und eine
- arbeitsplatzorientierte Unterstützung im Vordergrund steht (einzelplatzorientierte Rationalisierung),

hin zu einem

- Dienstleister, der auf mündige Anwender bauen kann,
- eine Technologie einsetzt, die vielfältige Gestaltungspotentiale eröffnet und vor allem
- Aufgaben und Arbeitsprozesse ganzheitlich unterstützt (Ablauf- und Prozeßoptimierung mit starker Kundenorientierung).

2. Anpassung an die Anforderungen

Das Amt der Salzburger Landesregierung hat die Notwendigkeit von Veränderungen (hoffentlich) zeitgerecht erkannt und unterschiedlichste Maßnahmen gesetzt:

- Reduktion des Personalstandes in der Landesverwaltung um 10 % in den Jahren 1984-1992, ohne jedoch die Vollziehung von Aufgaben kritisch zu hinterfragen.
- Durchforstung von ca. 17.300 Einzelaufgaben auf ihre Notwendigkeit, mögliche Reduktion, Auflösung oder Ausgliederung. Für die Jahre 1992-1997 wurde ein Einsparungspotential von weiteren 10 % beim Personal und von jährlich ca. S 170 Mio festgelegt.
- Neustrukturierung der Aufbauorganisation: Reduktion von Organisationseinheiten, Festlegung von Einteilungsgrundsätzen (flachere Hierarchien mit größeren Führungsspannen), Organisationseinheiten mit betriebswirtschaftlichem Handeln.
- Ergänzung der Geschäftsordnung: Führungsverantwortung auch auf der untersten Hierarchieebene, Fachkarriere neben Führungskarriere, Projektmanagement zur Umsetzung komplexer, vernetzter Sachverhalte, Mitarbeitergespräche als Grundlage für zielorientiertes Handeln.

- Personalmaßnahmen: Qualitätssteigerung durch Auswahlverfahren sowie Aus- und Weiterbildung.
- Neuorientierung der Bereiche Organisation und Informatik.

3. Neustrukturierung von Organisation und Informatik

Anfang 1992 wurden die Aufgaben Organisation, Informatik sowie diverse zentrale Dienstleistungen (Einkauf, Telefonie, Poststelle, Grafik und Hausdruckerei, Büroeinrichtung) in einer der Landesamtsdirektion "angegliederten" Organisationseinheit (IOZ) zusammengefaßt. Da in diesem Bereich betriebswirtschaftliches Agieren im Vordergrund stehen soll, regelt ein eigenes - leicht änderbares - Statut die Aufgaben, Verantwortlichkeiten, Ziele u.dgl.

Folgende wesentliche Ziele und Maßnahmen sind mit dieser Neustrukturierung verbunden:

Dienstleistungszentrum mit betrieblichem Denken und Handeln

- Kostenrechnung und Leistungserfassung als Grundlage für umfassende Leistungsausweise (DV, Telefonie, Materialverbrauch, Vervielfältigungen, Postversand) und zur Verrechnung von Leistungen gegenüber Dritten (z.B. Bezirkshauptmannschaften)
- Rahmenziele und jährliche Zielvereinbarung mit Mitarbeitern
- Orientierung der Bezüge an Marktwerten und Leistungen
- Befristete Bestellung der Führungskräfte auf maximal 2 Jahre
- Internes Controlling
- Maßnahmen zur Reduktion der DV-Kosten (Downsizing, Rationalisierung, usw.)
- Kundenbefragungen

Stärkung der dezentralen Verantwortlichkeiten

- Organisations/Informatikbeauftragte in den Organisationseinheiten des Amtes (Auftraggeber)
- Nutzennachweise für Informatik-Kosten durch die Auftraggeber

- Entscheidungen über DV-Vorhaben verantwortet der Auftraggeber vor der DV-Kommission
- Delegation der Budgetverantwortung für IOZ-Dienstleistungen an die Auftraggeber
- Schrittweises Öffnen von Entscheidungsfreiräumen für die Auftraggeber
- Reduktion der zentralen Informatik-Verantwortung auf Grundsatzfragen

Klare Grundsätze für Organisations- und Informatik-Vorhaben

- Rationalisierungsvorhaben mit positivem Kosten/Nutzenverhalten und effektuierbarem Nutzen behalten höchste Priorität (Ziel: kurzfristige Kostensenkung)
- Qualitätsverbesserung gegenüber den Kunden ("Besser in kürzerer Zeit!") hat Vorrang gegenüber interner Qualitätsverbesserung (Ziel: Kundenorientierung)
- Vorhaben mit vielen Anwendern gehen vor Einzellösungen (Ziel: Nutzenpotentiale schöpfen)
- Strategische Vorhaben zur Erprobung neuer Arbeitsweisen für die Verwaltung sind gewünscht (Ziel: langfristige Kostensenkung und Qualitätsverbesserung).
- Sonstige Vorhaben nach Maßgabe freier Kapazitäten

4. Optimierung von Geschäftsprozessen

Viele herkömmliche Geschäftsprozesse zeigen folgende Verteilung der Ablaufzeiten:

ca. 4 % Bearbeitungszeit (etwa 25 % Rationalisierungspotential)
ca. 6 % Transportzeit (bis zu 100 % Verkürzungsmöglichkeit)
ca. 90 % Liegezeit (etwa 30-70 % Verkürzungsmöglichkeit)

Daher stehen auch bei allen großen Informatik-Vorhaben des Amtes zwei wesentliche Aspekte im Vordergrund:

- Zurück zur ganzheitlicheren Aufgabenerfüllung (Reduktion der am Prozeß beteiligten Personen oder Organisationseinheiten)
- Weitestgehende Unterstützung aller Arbeitsschritte (Ausnutzung des Rationalisierungspotentials und Verkürzung von Durchlaufzeiten)

Dabei zeigt sich, daß in Geschäftsprozessen immer wieder gleichartige Tätigkeiten (Grundfunktionen) auftreten, für die sinnvollerweise eigenständige Basiskomponenten aufgebaut werden können, um sie dann bedarfsgerecht in die jeweilige Anwendung integrieren zu können. Solche Grundfunktionen sind z.B.

- Nachrichtenübermittlung (Telefonie, elektronisches Mailing mit Zusatzfunktionen),
- Verwaltung von Dokumenten (im Sinne einer Karteiführung),
- Suche von Dokumenten (Schlagwortsuche),
- Steuerung der Bearbeitung und Weitergabe von Dokumenten,
- Erstellen von Dokumenten,
- Archivierung von vollständigen Dokumenten (Volltext, Image).

Eine systematische Darstellung von insgesamt etwa 100 Haupt- und Unterfunktionen der genannten Grundfunktionen findet sich bei Erdl/Schönecker[1].

Im Amt der Salzburger Landesregierung ist eine DV-Unterstützung im Einsatz, die wesentliche Teile dieser Grundfunktionen abdeckt ("Aktenevidenz" mit Vorgangsbearbeitung).

5. Vorgangsbearbeitung aus Sicht des Sachbearbeiters

Für den Sachbearbeiter zeigt sich die DV-unterstützte formelle Vorgangsbearbeitung weitestgehend gleichartig wie die bisherige, in Kanzleiordnungen geregelte manuelle Vorgangsweise. Zusätzliche Handgriffe wiegen neue Möglichkeiten (z.B. bei der Suche von Schriftstücken) auf.

Einstieg

Der Einstieg in alle DV-Anwendungen erfolgt grundsätzlich über ein Hauptmenü, aus dem der Sachbearbeiter eine spezielle Anwendung (in die die Vorgangsbearbeitung integriert sein kann) aufruft oder das Aktenevidenzsystem auswählt.

1 Günter Erdl, Dr. Horst G. Schönecker: Geschäftsprozeßmanagement - Vorgangssteuerungssysteme und integrierte Vorgangsbearbeitung, FBO-Verlag 1992.

Posteingang - Übersicht

Auf diesem ersten Bild wird dem Sachbearbeiter eine Übersicht über den (physischen oder elektronischen) Posteingang gegeben, und zwar über seinen eigenen genauso wie über den Posteingang für jenen Sachbearbeiter, den er allenfalls vertreten muß. Er sieht

- wie viele Schriftstücke/Akten aktuell zu bearbeiten sind,
- wie viele Schriftstücke/Akten von ihm selbst auf einen späteren Bearbeitungstermin zurückgestellt wurden und
- wie viele Schriftstücke/Akten auf ihn in der nächsten Zeit zukommen werden (bei denen er schon in der Vorgangsbearbeitung eingetragen ist).

Im nächsten Schritt ist er bereits im

Verzeichnis der Posteingänge

Dieses Bild ist das zentrale Bild zur Vorgangsbearbeitung. Hier ist für den Sachbearbeiter zunächst ersichtlich, welche Schriftstücke im einzelnen zur Bearbeitung anstehen (abgelaufen, aktuell) oder auf Termin gesetzt wurden. Je Schriftstück sind unmittelbar ersichtlich

- die Geschäftszahl des Schriftstücks,
- einige Schlagworte zum Schriftstück,
- ob das Dokument elektronisch abrufbar ist,
- ob es zum Dokument allgemeine Notizen oder persönliche Mitteilungen an ihn gibt und
- welcher Bearbeitungsschritt von ihm wahrzunehmen ist (Bearbeitung, Kenntnisnahme, Zustimmung, Stellungnahme, Unterzeichnung, u.dgl.).

Durch einfaches Umblättern erscheinen bei Bedarf nähere Informationen zu den Schriftstücken, wie Absender, Geschäftszahl, Datum des Posteinganges, diverse Termine, u.dgl.

```
DVR:0078182                  A k t e n e v i d e n z              Wiesner Harald
J1A531M                      Verzeichnis der Eingänge                 Seite    1

Folgende Schriftstücke stehen zur Bearbeitung an:
 Mi No Dok Typ Geschäftszahl                 Inhalt
------------------------------------------------------------------------------------
_     1 D   WV 0/2-AUF/9/1-1992             Büroautomation Konzept
_       D   WV 0/2-16/4-1992                IOZ-Meeting 15.10.1992
_           BE 0/2-GEMS/1/21-1993           Studie EDV-Einsatz Gemeinden Land Sa
_       D   UZ 0/2-PERS/2895791/20-1993     Schempp Umstellung auf Sondervertrag
_     1     BE 0/2-80/52-1993               EDV-Expertenkonferenz 23.9./24.9. Ta
_           UZ 0/2-27/238-1993              Schmidinger Dienstreise 23.-28.5.93
_       D   UZ 0/2-L211/30-1993 (Konv.)     Land-Stadt-Gespräch EDV-Unterstützun
_       D   UZ 0/2-A601/48-1993             IPAS Sitzung Mai 1993 Protokoll
_   2   D   UZ 0/2-L211/33-1993             Fremdenwesen DV-Unterstützung Anscha
_           BE 0/2-10/5-1993                IOZ-Statut
_   1       BE 0/2-20/60-1993               Krankenhaus-Informationssystem Perso
_       D   BE 0/2-AUF/5/6-1993             Nutzung PCs LAN IOZ
                                                   >>PF11          ->PF8
 A =Ausgangsbearbeitung  T =Änderung Vorl-Datum  M =Mitteilungen  N =Notizen
 E =Bearb. abschließen   D =Dokument bearb/anz   X bei PF-Tasten-Verzweigung

Enter-PF13--PF14--PF15--PF16--PF17--PF18--PF19--PF20--PF21--PF22--PF23--PF24---
     1-12  Kon-B Menü  A-Bea A-Ver S-Bea S-Ver Post  M-Suc A-Suc S-Suc
```

Bearbeitung noch ausständig

zur aktuellen Bearbeitung

auf Termin gelegt

Bearbeitungsmöglichkeiten

Zur Vorgangsbearbeitung stehen dem Sachbearbeiter folgende Möglichkeiten offen:

- Lesen von persönlich an ihn gerichteten Mitteilungen oder allgemein zugänglichen Notizen zum Schriftstück.
- Lesen eines elektronischen Schriftstückes.
- Lesen der Basisdokumentation zum Schriftstück mit der Möglichkeit einer Korrektur/Ergänzung von Schlagworten.
- Soforterledigung (z.B. bei Kenntnisnahme, Zustimmung, Unterzeichnung, usw.), wenn keine weitere Veranlassung erforderlich ist. Im Falle der Unterzeichnung wird dann das Schriftstück eingefroren und kann damit von anderen nicht mehr verändert werden.
- Kurzerledigung (z.B. bei der Aufforderung zu einer kurzen Stellungnahme): Hier kann der Sachbearbeiter seine Stellungnahme in Form einer Notiz oder Mitteilung unmittelbar dem Schriftstück anfügen.
- Erstellen eines Erledigungsschreibens: Unabhängig davon, wie dieses Schreiben erstellt wird (PC, Host), muß er dann für die Zuordnung des Schreibens zum Eingangsschreiben und für die Einbindung des neuen Schreibens in die Vorgangsbearbeitung sorgen.
- Bearbeiten eines Schriftstücks (z.B. Änderungen vor Unterzeichnung, Änderungen in einem gemeinsam zu erstellenden Dokument): Aufrufen des Dokuments und Anpassung mittels Host-Textverarbeitung.

- Weitere Bearbeiter festlegen: Der Sachbearbeiter kann sich eine bereits festgelegte Bearbeitungsfolge ansehen, in dieser Löschungen und Ergänzungen vornehmen, den Bearbeitungstyp anpassen und festlegen, ob die weitere Bearbeitung seriell oder parallel erfolgen soll. Als Empfänger lassen sich physische Personen oder auch andere Organisationseinheiten definieren.

```
                        Bearbeitung festlegen                         Seite 1
Bearbeitungen zu 0/2-102/19-1993

Kdo F Typ I/E      Empfänger                      Erl. am      Termin Mi.
__  S  BE I Huber, Manfred (W4V)_____________     04.05.1993  __________
__  S  UZ I Huber, Manfred (W4V)_____________     04.05.1993  __________
__  S  KE I Wiesner, Harald (YAA)____________     05.05.1993  __________
1
__  S  VE I 2002; IOZ _______________________     06.05.1993  __________
__  P  BE I 208; Finanzabteilung_____________     __________
__  P  BE I 2008; Personalabteilung__________     __________
__  _  __ _ _________________________________     __________
__  _  __ _ _________________________________     __________
__  _  __ _ _________________________________     __________
__  _  __ _ _________________________________     __________
```

- Termin für Wiedervorlage eintragen: Das Schriftstück wird dann elektronisch auf Termin gelegt, falls es nur physisch vorhanden ist, muß eine physische Ablage erfolgen.
- Versenden des Schriftstücks: Der Sachbearbeiter kann den elektronischen Versand selbst veranlassen (intern; extern mittels Fernschreiben oder Fax) oder ihn dem Assistenzdienst übertragen.

6. Erfahrungen

Das Amt der Salzburger Landesregierung setzt die Aktenevidenz in zwei Versionen ein:

Die **Version 1** unterstützt die Verwaltung von Akten und Schriftstücken als Ersatz für die bisherige Karteiführung und bietet bessere Suchmöglichkeiten nach Schlagworten. In diesem System werden zur Zeit 550.000 Akten und jährlich etwa 2,45 Mio Schriftstücke elektronisch verwaltet. Die Kosten sind durch Personaleinsparungen in den Kanzleien mehr als abgedeckt. Ansonsten waren mit diesem Vorhaben keinerlei Effekte zur Neugestaltung von Geschäftsprozessen verbunden, der nahezu flächendeckende Einsatz hat jedoch eine gute Ausgangsbasis für den 2. Schritt gebracht.

Die **Version 2** der Aktenevidenz erweitert die erste Version um die beiden Grundfunktionen "Steuerung der Bearbeitung und Weitergabe von Dokumenten" sowie "Erstellen von Dokumenten". Sie setzt eine volle Einbindung von Sachbearbeitern voraus und ermöglicht es, konkrete Maßnahmen zur Neugestaltung der Aufbau- und Ablauforganisation zu setzen, damit Geschäftsprozesse rascher und effektiver ablaufen können.

Aus einem zweijährigen Pilotversuch bei 75 Sachbearbeitern (5 Assistenzkräfte, 32 sonstige Mitarbeiter) im IOZ selbst, wo ca. 1200 Akten geführt werden und jährlich etwa 6300 Schriftstücke vorgangsmäßig bearbeitet werden müssen, liegen folgende **Erfahrungen** vor (Anmerkung: Die Verwendung von DV-technischen Einrichtungen und DV-Anwendungen unterschiedlichster Art war auf diesen Arbeitsplätzen bereits gegeben!):

- Die zentrale Kanzlei wurde aufgelöst.
    - Aktenprotokollierung wurde an die Sekretariate übertragen.
    - Aktenführung wurde vollständig dezentralisiert (auf kleinere Organisationseinheiten bis hin zum Sachbearbeiter).
- Sachbearbeiter wurden in Kanzleiaufgaben eingebunden.
    - Protokollierung ausgehender Schriftstücke.
    - Festlegen von Bearbeitungsfolgen.
    - Erstellen kurzer schriftlicher Erledigungen.
    - Korrigieren und Fertigstellen umfangreicher Dokumente, sofern sie diktiert und vom Sekretariat geschrieben wurden.
- Sekretariate der Führungskräfte wurden zum allgemeinen Assistenzdienst ausgebaut und aufgewertet (weniger Personal, kein eigener Schreibdienst).
- Je Schriftstück sind durchschnittlich nur mehr 5 Personen oder Stellen in die Bearbeitung involviert, Entscheidungskompetenzen werden gezielt neu geregelt (ganzheitlichere Aufgabenerfüllung).
- Wege- und Transportzeiten sind immer dann zu vernachlässigen, wenn Dokumente elektronisch vorhanden sind und sofort weitergeleitet werden können. Das Vorhandensein und Weiterleiten physischer Dokumente wird zunehmend als antiquiert empfunden.
- Auskunftsfähigkeit hat sich wesentlich verbessert.
- Man kann in der Praxis mit Systemen leben, wo (fast) jeder (fast) alles darf, wenn dies nur nachvollziehbar ist (Wer hat wann zuletzt eingegriffen?). Das Unterzeichnungsproblem kann einfach gelöst bleiben (Paßwort anstelle einer elektronischen Unterschrift).

Aus einem anderen Anwendungsfall (integriertes Personalinformationssystem inkl. Vorgangssteuerung und Vorgangsverfolgung) gibt es weitere Erfahrungen:

- Neustrukturierung der Personalabteilung durch Einführung ganzheitlicher Sachbearbeitung (jede Abteilung hat einen bestimmten, vollverantwortlichen Betreuer).
- Neuregelung der Verantwortung und Kontrolle durch Einführung des 4-Augen-Prinzips (Sachbearbeiter, Revision).
- Elektronisch erstellte Schriftstücke werden im Personalakt nicht mehr physisch abgelegt.
- Keine physische Unterzeichnung von Dokumenten, die für die Bezugsanweisung relevant sind.
- Amtsinterner Schriftverkehr in Personalangelegenheiten erfolgt elektronisch, sobald in der jeweiligen Dienststelle ebenfalls die Vorgangsbearbeitung eingeführt ist.

7. Weitere Entwicklung

Aufgrund der bisherigen Erfahrungen erfolgt die Weiterentwicklung der DV-unterstützten Vorgangsbearbeitung in folgenden Schritten:

- Möglichst rasche Ausdehnung der derzeitigen Lösung auf alle Organisationseinheiten des Amtes und der Bezirkshauptmannschaften, um den amtsinternen Schriftverkehr (ungefähr gleich groß wie der externe Schriftverkehr) rascher abzuwickeln.
- Sicherstellung der elektronischen Dokumentation der gesamten, vom Amt erstellten Korrespondenz (Lösung der Massenspeicherprobleme).
- Verzicht auf die physische Ablage von elektronisch vorhandenen Dokumenten in den - noch längere Zeit vorhandenen - physischen Akten; Ausdruck bei Bedarf.
- Verbesserung der derzeitigen dv-technischen Lösung, insbesondere was den Komfort bei der Erstellung und Speicherung von Textdokumenten (mit Grafiken, Tabellen u.dgl.) betrifft.
- Elektronischer Versand der amtsintern erstellten, elektronisch bereits vorhandenen Post und sonstiger digitalen Dokumente (nicht nur über Telefax!).

- Übernahme elektronischer Poststücke von außen (z.B. Schriftverkehr von anderen Behörden).
- Scannen der nicht elektronischen Eingangspost, wenn dies notwendig wird und wirtschaftlich vertretbar ist.

Unabhängig von diesen funktionalen Erweiterungen wird es zukünftig Aufgabe sein, die Hard- und Softwareplattformen an die immer offener werdenden technologischen Entwicklungen anzupassen und Standard-Software für einzelne Funktionalitäten zu integrieren. Dabei wird jedoch unbedingt zu beachten sein, daß die DV-unterstützte Vorgangsbearbeitung in DV-Anwendungen voll integrierbar bleibt.

Ganzheitliche Geschäftsfallbearbeitung am Beispiel des Bundesministeriums für Gesundheit, Sport und Konsumentenschutz

Roland Ledinger
Bundesministerium für Gesundheit,
Sport und Konsumentenschutz

Abstract

Vorliegende Ausführungen versuchen am Beispiel des Bundesministeriums für Gesundheit, Sport und Konsumentenschutz die Entwicklungen der öffentlichen Verwaltung in bezug auf Geschäftsfallbearbeitung aufzuzeigen. Ausgehend von den Grundsätzen der Modernisierung der Büroorganisation, die durch das Verwaltungsmanagement erarbeitet wurden, werden die einzelnen Umsetzungsschritte und deren Effekte dargestellt.

Grundsätze der Modernisierung

Die öffentliche Verwaltung ist durch vermehrte und ausgeweitete Aufgabenstellungen sowie den Druck mit vorhandenen bzw. reduzierten Personalressourcen, diese Aufgaben effizient wahrzunehmen gezwungen, nach wirkungsvollen Rationalisierungsmaßnahmen im Bereich der Geschäftsfallbearbeitung zu suchen. Entsprechende Pilotprojekte eines elektronischen Aktes innerhalb der Bundesverwaltung sowie die in der Wirtschaft punktuell eingeführten Vorgangsbearbeitungssysteme konnten unter Zugrundelegen von Umstrukturierungsmaßnahmen entsprechende Effizienzsteigerungen in bezug auf die Abwicklung bzw. Vollziehung der Verwaltungsaufgaben nachweisen.

Durch die rasante Entwicklung der Informations- und Kommunikationstechnologie, wurden neue Wege der Büroorganisation ermöglicht. Die Sicht der Informationsverarbeitung wandte sich in den letzten Jahren von der Automatisierung vorhandener punktueller Abläufe hin zu einer ganzheitlichen Sicht der gesamten Verwaltungseinheit. Strategische Informationssystemplanung und der Gedanke des Re-Engineerings in der Softwareentwicklung führten zur Forcierung der ganzheitlichen Betrachtungsweise der Organisationsabläufe sowie der Informations- und Kommunikationsstrukturen. Diese Entwicklung hat auch vor der öffentlichen Verwaltung nicht halt gemacht und stellt immer häufiger eine zentrale Thematik der Organisationsentwicklung dar. Wenngleich es zur Zeit noch an entsprechenden positiven Umsetzungsbeispielen fehlt, sind die verantwortlichen Träger vorhandener traditioneller Strukturen bereits auf oag. Überlegung sensibilisiert. Das Erkennen der Notwendigkeit von Neugestaltung der Arbeitsabläufe der Verwaltung ist soweit fortgeschritten, daß es nur noch an den entsprechenden flächendeckenden Realisierungen mangelt. Eine zentrale Rolle dabei, spielt die Frage der Geschäftsfall- bzw. Vorgangsbearbeitung.

Erste Ansätze o.a. Überlegungen reichen weit in das Projekt "Verwaltungsreform" zurück. In diesem Projekt wurde zur Unterstützung der Umsetzung von neuen Organisationsformen die Neugestaltung der Büroorganisation spezifiziert und an höchster Ebene im Ministerrat (vgl. Vorstand eines Konzerns) im November 1992 zur Kenntnis genommen, folgende Grundsätze wurden dabei aufgestellt:

- Die Arbeitsteilung nach inhaltlichen, aufgabenbezogenen Kriterien soll eine **ganzheitliche Erledigungsform und Arbeitsweise** ermöglichen.
- Die **formfreie Erledigung** von Geschäftsfällen ist im Gegensatz zur aktenmäßigen Erledigung zu forcieren, die aktenmäßige Form der Erledigung auf absolut notwendige Fälle - wie etwa hoheitliche Erledigungen, die Regelung von Rechten und Pflichten sowie die Verfügung über Ressourcen - zu beschränken.
- Eine Büroorganisation muß aktenmäßige und formfreie Erledigung gleichermaßen unterstützen.
- Der Übergang von der formfreien zur aktenmäßigen Erledigung muß in jedem Stadium möglich und vorgesehen sein.
- Die Mitbefassung anderer Fachbereiche (vor allem im Einsichtsverkehr) ist grundsätzlich zu minimieren.

Diese Grundsätze fordern die Neuorientierung der Organisationsform sowie der Geschäftsfallbearbeitung in der Bundesverwaltung. Als notwendige Grundlage zur Durchführung der entsprechenden Vorhaben wurde die Kanzleiordnung der Bundesverwaltung überarbeitet und den neuen Anforderungen angepaßt, um den rechtlichen Grundlagen Rechnung zu tragen. Des weiteren wurde ein Handbuch für Kanzlei- und Büroorganisation in der Bundesverwaltung ausgearbeitet, das im wesentlichen exemplarisch Umsetzungsformen und Nutzen darstellt.

Nachfolgend eine schematische Gegenüberstellung vorhandener und neuer Geschäftsfallbearbeitung:

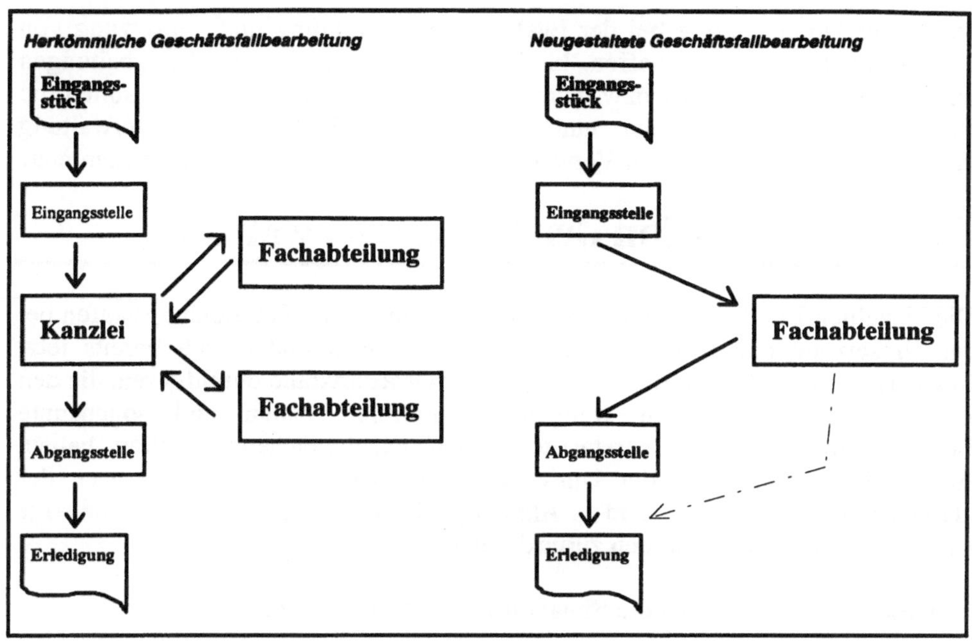

Die Neuorientierung setzt eine generelle Umstrukturierung der Aufbau- als auch der Ablauforganisation voraus. Es zeigte sich im Verwaltungsreformprojekt sowie auch in der Literatur vielfach beschrieben [1], daß die Neustrukturierung der Geschäftsfallbearbeitung nur durch Schaffung einer umfassenden Infrastruktur der Informations- und Kommunikationstechnologie ermöglicht werden kann. Auch die Entwicklung von Informationssystemarchitekturen bzw. strategischer Informationssystemplanung zielt auf eine gemeinsame Betrachtungsweise von Ablauforganisation (Prozesse) und Informationstechnologie ab. So wählt z. B. Scheer [2] den Prozeß bzw. die sogenannte Vorgangskette als Ausgangspunkt für die Entwicklung der Informationssystemarchitekturen und Krcmar [3] weist auf den Vorrang der Prozesse vor der Aufbauorganisation hin.

Dies bedeutet, daß die Neugestaltung der Büroorganisation der Bundesverwaltung ein enges Zusammenwirken zwischen Organisationsentwicklung und Informationstechnologie bedingt und nur in abgestimmten Entwicklungsstufen umgesetzt werden kann.

Zur Unterstützung der Verwaltungsbereiche bei der Umsetzung oag. Ziele wurden zwei interministerielle Arbeitsgruppen im Jahr 1993 eingerichtet. Der "*Arbeitskreis für Organisation*" beschäftigt sich primär mit der Neudefinition von Arbeitsprofilen und Organisationsmustern, und soll somit den einzelnen Dienststellen Hilfestellung in Fragen der Organisation bieten. Der "*Fachausschuß für Kanzleiinformationssysteme und elektronische Aktensysteme*" wurde zur Unterstützung bei der Evaluierung, Einführung und Umsetzung von EDV-Infrastrukturen geschaffen. Im Rahmen von spezifischen Ausarbeitungen wie z.B. Kriterienkataloge bzw. durch Umsetzung von Pilotprojekten sollen die entsprechenden Erfahrungen und das Know how der Bundesverwaltung konzentriert werden und allen Verwaltungsbereichen umfassend zugute kommen.

Ausgangssituation der Bundesverwaltung

Die einzelnen Bundesministerien zeigen unterschiedliche Entwicklungsstufen bei der Umsetzung o.a. Neuorientierung. Beispielsweise finden sich bereits jetzt Ressorts, die dezentralisierte Abwicklung der Geschäftsfälle durchführen, die den klassischen Kanzleibereich weitgehend minimiert haben und sogenannte Bereichskanzleien bzw. Sekretariate in den Fachbereichen installiert haben. Andere Ressorts sind in der Umsetzungsphase bzw. arbeiten noch nach der klassischen Kanzlei- und Aktenorganisation, ohne auf etwaige Umstrukturierungsmaßnahmen zurückblicken zu können.

Im wesentlichen kann man die Situation wie folgt darstellen:

Ordnet man nun die einzelnen Dienststellen ein, so wird man in den meisten Fällen mittlere bis gute Infrastrukturen im Bereich der Informationstechnologie, jedoch nur wenige Fortschritte im Bereich der Organisationsentwicklung vorfinden. Der klassische Kanzleibetrieb beherrscht nach wie vor das Bild der Bundesverwaltung, Schreibstellen gehören auch noch nicht der Vergangenheit an und die Fachbereiche verfügen noch nicht über ausreichende elektronische Unterstützung zur Bearbeitung der Geschäftsfälle.

Dennoch finden sich einzelne Bundesministerien bzw. Teilbereiche von Bundesministerien, die auf beachtliche Entwicklungen zurückblicken können. Als Beispiele seien die Generaldirektion der Post und das Bundesministerium für wirtschaftliche Angelegenheiten erwähnt. Beide Bereiche haben frühzeitig Rationalisierungspotentiale in der Reorganisation der Geschäftsfallbearbeitung erkannt und diese sukzessive durch laufende organisatorische und technische Maßnahmen ausgenützt.

Eine umfassende Übersicht der Entwicklung in bezug auf Neugestaltung von Geschäftsprozessen sowie der Infrastruktur der Informationstechnologie wird im Rahmen des Fachausschusses derzeit erhoben und soll mit Ende April zur Verfügung stehen.

Problemfelder bei der Umsetzung

Die Umsetzung scheitert meist nicht an der Realisierung elektronischer Möglichkeiten - wie der Einführung eines Kanzleiinformationssystems oder der Büroautomation - sondern an den damit verbundenen **notwendigen** organisatorischen Umstrukturierungsmaßnahmen. Dies zeigt die Tatsache, daß es innerhalb der Bundesverwaltung bereits in **acht** Bundesministerien Kanzleiinformationssysteme gibt, jedoch nur punktuell eine organisatorische Umstrukturierung mit dezentralisierter Kanzleitätigkeit und Funktionalität erreicht wurde.

Der Einsatz elektronischer Systeme ohne organisatorische Begleitmaßnahmen erzielt nur unwesentliche Rationalisierungseffekte, wie auch in der Literatur vielfach aufgezeigt wurde.

Neben der Organisationsentwicklung bildet die **Personalentwicklung** einen der kritischen Erfolgsfaktoren der Umstrukturierung. Durch Jahrzehnte hindurch wurde auf Instrumentarien der Weiterbildung und Motivation weitgehend verzichtet. Die nun festgefahrenen Denkschemata der einzelnen Bediensteten sind nur durch massive Überzeugungstätigkeit und Schulungsmaßnahmen aufzubrechen. Der Grundsatz der Arbeitsteiligkeit nach dem Motto

"die Schreibkraft schreibt, der Kanzlist protokolliert,
der Referent konzepiert, der Abteilungsleiter approbiert"

ist nur schwer zu durchbrechen. In diesem Zusammenhang stoßt man immer wieder auf die Inflexibilität des vorhandenen Bedienstetenrechtes als auch des Besoldungsschemas, die keinerlei Spielraum für neue Aufgaben- und Funktionsbilder zulassen. Auch die Ansätze der neuen Besoldungsreform führen nicht zu den erforderlichen Effekten und haben bis dato nur zu einer Ausweitung der Leitungsfunktionen in den einzelnen Ressorts geführt.

Des weiteren erschwert die Eigenverantwortung der einzelnen Dienststellen bei der Realisierung von Informationstechnologievorhaben die Koordination und die in diesem Zusammenhang stehenden Implementierungen, sodaß wir heute bei acht Bundesministerien acht unterschiedliche EDV-Lösungen für selbige Problemstellung vorfinden. Durch diese Tatsache wurde z.B. die Einführung eines Kanzleiinformationssystemes primär als technisches und nicht als organisatorisches Problem betrachtet.

Der Weg des Bundesministeriums für Gesundheit, Sport und Konsumentenschutz bei der Umsetzung der neuen Büro- und Kanzleiorganisation

Das BMGSK zählt zu den kleineren Bundesministerien und verfügt in der Zentralstelle über derzeit ca. 400 Mitarbeiter. Die Historie des Ministeriums ist durch ständige Neuzugehörigkeit, Trennung und Wiederzusammenlegung der einzelnen Fachbereiche mit anderen Ministerien gekennzeichnet. Dadurch konnte sich über die Jahre hindurch eine Gesamtstruktur und die entsprechende Identität mit dem Ministerium nur unzureichend bilden. Jede Legislaturperiode bedeutete Neuorganisation und somit eine neue Aufbauorganisation des Ministeriums, auch die Ressortleitung ist durch häufigen Wechsel in den letzten Jahren gekennzeichnet.

Dies führte in den einzelnen Fachbereichen (Kernaufgaben des Ressorts) zu einer gewissen Eigendynamik und Eigenorganisation der entsprechenden Ablaufstrukturen. So wurde z.B. der Bereich der Zulassung und Registrierung von Arzneispezialitäten innerhalb des Fachbereiches organisatorisch gestaltet und entsprechend umgesetzt. Diese Entwicklung ist ja aus Sicht der oag. Neustrukturierung der Büroorganisation grundsätzlich zu begrüßen, wären da nicht viele unterschiedlichste Inseln, die im Laufe der Zeit auf neue Aufbauorganisationen bzw. Anpassung an die geänderte Ablauforganisation nicht reagierten bzw. keinerlei Schnittstellen zu anderen Bereichen vorsahen. Diese Eigendynamik ist nur schwer in einem einheitlichen Schema und Vorgehen im Sinne einer Gesamtsicht des Ministeriums unterzubringen, da es durch ständige Umstrukturierung an entsprechender Identität mit dem gesamten Ministerium weitgehend fehlte.

Diese Umstände spiegeln sich auch in der Entwicklung des Einsatzes von Informationstechnologie und lassen sich in nachfolgende Phasen beschreiben:

Phase I

- umfassende Automatisierung der Schriftguterstellung und -bearbeitung
- Forcierung der fachbezogenen Infrastruktur

  -> weitgehend prozessunabhängige Betrachtungsweise

Phase II

- Auflösung der Schreibstellen, erste Ansätze von Umstrukturierung
- Aufbau der elektronischen Dokumentation der Geschäftsfälle (KIS)
- forcierte Entwicklung von fachspezifischen Informationssystemen

Phase III

- Dezentralisierung von Funktionen der Kanzleien, wie z.B. Recherche und Auskunftserteilung, teilweise Protokollierung, elektronische Abfertigung, usw.
- Definition von Standardprozessen über das Kanzleiinformationssystem

Phase IV

- Optimierung vorhandener Geschäftsprozesse durch Reduzierung von redundanter Informationsbearbeitung und -verarbeitung
- Auflösung der funktionellen Arbeitsteiligkeit und Konzentration im Fachbereich durch Nutzung der Automatisierungspotentiale (Referatsbogen, Beschlagwortung, ...)

Phase V

- Initiierung von strategischer Informationssystemplanung als Grundlage für Business-Reengineering
- Neugestaltung von Kompetenzen und Konzentration der einzelnen Geschäftsprozesse auf einzelne Organisationseinheiten
- verstärkte Integration von Geschäftsfallbearbeitung und Fachanwendungen

Phase VI

- Unterstützung ausgewählter Geschäftprozesse mit elektronischem Aktensystem (ELAK)

PHASE I

Im Jahre 1989 wurden erste technische Infrastrukturmaßnahmen getroffen, die eine flächendeckende Ausstattung mit Büroautomation sicherstellen sollten. Bis zu diesem Zeitpunkt waren zur Schriftguterstellung und -bearbeitung punktuell Schreibautomaten im Einsatz, die jedoch eine Überleitung der einzelnen Erledigungen von einem zum anderen Bereich nicht ermöglicht (oag. Schnittstellenproblem). Zentrale Schreibstellen versuchten mit konventionellen Mitteln den ständig steigenden Arbeitsanfall zu bewältigen. Mit einer einheitlichen Büroautomationsumgebung wurde im Bereich der Schriftguterstellung und -bearbeitung erste Rationalisierungseffekte erzielt. Konzepte mußten nicht nochmals abgetippt werden, vorhandene Schimmelerledigungen konnten in der Masse effizient abgewickelt werden. Auch die elektronische Post wurde zur Weiterleitung und Ergänzung von Konzepten als Werkzeug positiv angenommen.

Bereits diese Phase zeigte großes Interesse einzelner Fachbereiche und eine umfassende Einbindung der Abteilungen in die Schulung und Umsetzung, sodaß bereits in den ersten Implementierungen mehrere Abteilungen inklusive Führungskräfte mit IT-Arbeitsplätzen ausgestattet wurden.

Es begann der große Kampf um IT-Arbeitsplätze, sodaß die folgenden Jahre durch ständigen Weiterausbau gekennzeichnet waren. Derzeit kann das Ministerium auf einen Ausstattungsgrad von 1 IT-Arbeitsplatz pro 1,5 Bedienstete verweisen.

PHASE II

Im Jahre 1991 wurde die zentrale Schreibstelle aufgelöst und die Schreibkräfte den Abteilungen zugeteilt. Da es für einzelne Bereiche nicht zweckmäßig war bzw. die entsprechenden personellen Ressourcen nicht vorhanden waren, wurde sogenannte Pools eingerichtet. Die Verantwortung der Aufgabenverteilung liegt im vollen Umfang im Fachbereich. Die Fachbereiche mußten somit nicht nur die Konzeption der Erledigungen tätigen, sondern auch für die Endfertigung (Reinschrift) sorgen.

Als weiterer wesentlicher Schritt wurde ein Kanzleiinformationssystem parallel zu dem bereits bestehenden Dokumentationssystemen aufgebaut und im Jahre 1991 gemeinsam mit der Verwaltungsakademie zur Entwicklung beauftragt. Aus technischer Sicht sollte diese Entwicklung ein erster Schritt der Hardware-unabhängigkeit darstellen, und die Nutzung - unter gewissen Voraussetzungen - durch andere Dienststellen sicherstellen.

Diese Entwicklung wurde in der Folge in allen Kanzleibereichen als Dokumentationssystem der Geschäftsfälle sowohl der aktenmäßigen Erledigung als auch der formfreien Erledigung eingeführt. Für den Bereich der Ministerpost war es erforderlich, einen eigenen Teilbereich zur Abdeckung der Korrespondenz des Herrn Bundesministers zu implementieren.

Durch den Einsatz des Kanzleiinformationssystems konnte ab dem Jahre 1992 die lückenlose Dokumentation aller Geschäftsfälle des Ressorts ortsunabhängig sichergestellt werden. Dieser erste Schritt bedeutete für die Kanzleien anfangs wesentlich mehr Aufwand gegenüber der konventionellen Karteikartenabwicklung, sodaß die Einführung zu Beginn keine Rationalisierungseffekte zeigte. Der Mehraufwand des Kanzlisten war durch die aufwendigere Protokollierung bzw. Registrierung der einzelnen Poststücke sowie dem ungewohnten Hilfsmittel EDV begründet. So z.B. wurde im Bereich der Karteiverwaltung weitgehend verzichtet, den gesamten Betreff des Einlaufstückes bzw. in der Folge des Referatsdeckels in der Kartei zu vermerken. Da die Arbeitsteilung innerhalb der Kanzlei fachbezogen (Materienkartei bzw. Namenskartei) war, konnte die Person, der ein entsprechender Fachbereich zugeordnet war, auch nur mit geringfügigen Aufzeichnungen die entsprechende Auskunft über diesen Geschäftsfall erteilen. Der Effekt der komfortablen und umfassenden Suchmöglichkeit, die durch elektronische Mittel entsprechend effizient abgedeckt werden kann, trat in der Einführungsphase aufgrund der geringen Datenmenge nicht auf. Erst mit der Zeit wurde das Hilfsmittel elektronisches Kanzleiinformationssystem im Bereich der Kanzlei angenommen und die effiziente Recherche bzw. die Möglichkeit der Dezentralisierung von Funktionalität als Vorteil erkannt.

Mit der Dislozierung einzelner Bereiche des Bundesministeriums kam ein weiterer Rationalisierungseffekt hinzu. Das Kanzleiinformationssystem ermöglichte es, auch dislozierte Bereiche in eine einheitliche Geschäftsfalldokumentation unter Zugrundelegen des elektronischen Hilfsmittels einzubinden. Geschäftsfälle konnte dezentral dokumentiert werden, die Recherche ist von der Zentralstelle als auch von den dislozierten Bereichen möglich.

Weitere Vorteile wie Spitzenausgleich zwischen den einzelnen Arbeitsbereichen traten nur sukzessive ein. Die Einführung stellt einen zähen Akzeptanzprozeß dar, da aus Sicht der Kanzlei in der ersten Phase nur unwesentliche Vorteile bei der Führung des Kanzleiinformationssystems entstehen.

In sogenannten fachspezifischen Anwendungen ist ein weiterer Schwerpunkt der Unterstützung zu sehen. Sogenannte Fachdatenbanken wurden spezifisch für die Anwendung der einzelnen notwendigen Aktivitäten im Bereich des Gesetzesvollzuges erstellt.

Nur einige Beispiele sind in der Folge angeführt.

- ⇒ **Psychotherapeuten- und Psychologeninformationssystem**
- ⇒ **Giftinformationssystem**
- ⇒ **Pflanzenschutzmittel**
- ⇒ **Arzneimittelüberwachung**
- ⇒ **Gutachten, Klinische Prüfungen, Unbedenklichkeitsbescheinigungen**
- ⇒ **§17a-Arzneispezialitäten**
- ⇒ **Diagnosenerfassung-Auswertungen**
- ⇒ **Zeit- und Materialerfassung Kostenrech.**
- ⇒ **Pharmazeutisches Informationssystem**
- ⇒ **Suchgiftüberwachung**
- ⇒ **Ärzte**
- ⇒ **Methadonprogramm**
- ⇒ **Raumauskunftssystem**

Der Einsatz von Informationssystemen zur Erfüllung der Aufgaben im Zuge der Geschäftsfallbearbeitung wurde/wird forciert eingesetzt, um alle notwendigen Informationen am Arbeitsplatz zur Verfügung zu haben.

PHASE III

Mit der Einführung der neuen Kanzleiordnung wurde die elektronische Abfertigung ermöglicht und im Ressort in einigen Bereichen automatisiert. Als Basistechnologie wurde X.400, Internet und FAX in die Büroautomation integriert. Die Fachbereiche sind ab 1993 für die elektronische Abfertigung verantwortlich, auch manuelle Faxe sind durch die Fachbereiche abzufertigen, wodurch das elektronische Werkzeug vermehrt zur Anwendung gelangt.

Erst mit der Dezentralisierung der Kanzleiaufgaben und Verlagerung von Recherchetätigkeit in die Fachbereiche kommt es für die Kanzleien zur Entlastung und ersten Nutzeneffekte für die Kanzleien und die Fachbereiche .

Im Laufe des Jahres 1993 wurde in den Fachbereichen der Zugriff auf das Kanzleiinformationssystem für die Abfrage forciert. Damit sollte erreicht werden, daß die Fachbereiche Recherchen über vergangene Geschäftsfälle bzw. Abfragen über den Status und das Verbleiben eines Aktenstückes selbständig an ihrem Arbeitsplatz tätigen. Dies führte mitunter in einigen Bereichen zu Akzeptanzproblemen und wurde als ein Aufbürden zusätzlicher Arbeit für den Fachbereich gesehen. Im Bereich der Ministerpostverwaltung, wo es um dringende Erledigungen geht, wurde die Funktionalität der dezentralen Recherche und auch der Dokumentation sofort als ein wesentliches Instrument der Erledigung bzw. Kontrolle erkannt und entsprechend positiv angenommen.

Die Annahme des generellen Kanzleiinformationssystemes in den restlichen Fachbereichen zeigt sich unterschiedlich, sodaß heute von gesamt 300 EDV-Nutzern nur ca. 120 mit Kanzleiinformationssystemzugriff ausgestattet sind.

PHASE IV

Durch die Automatisierung der Standardaktenläufe im Kanzleiinformationssystem wurde eine weitere Erleichterung für Kanzleien und Fachbereiche geschaffen. Es können die einzelnen Geschäftsprozesse definiert und wiederverwertet werden. Indirekt wurden somit alle wesentlichen Geschäftsprozesse erhoben und beschrieben. Die Anwendung ermöglicht eine Fortschreibung der Definitionen unmittelbar in den Fachbereichen, sodaß eine sofortige Anpassung an geänderte Ablaufstrukturen durchgeführt werden kann. In Zusammenhang mit Statistiken können somit nicht nur Quantitäten, sondern auch zeitliche Entwicklungen beobachtet werden. Künftig könnten vorliegende Ablaufdefinitionen sowie die dazugehörigen Quantitäten entsprechende Grundlagen für die Beurteilung von Umstrukturierung und Neugestaltung von Aufbau- wie auch Ablauforganisation darstellen.

In den ersten Phasen wurde eine gesamtheitliche Integration aller Komponenten - Büroautomation, Kanzleiinformationssystem und Fachanwendung - nicht getätigt. Die Arbeitsteiligkeit von Kanzlei und Fachbereich findet sich somit auch in der EDV-mäßigen Anwendung wieder. Rationalisierungseffekte durch den Einsatz von Informationssystemen haben jedoch in einigen Bereiche bereits positive Effekte bewirkt. So konnten z.B. durch Einsatz eines Informationssystemes mit ganzheitlicher Betrachtung der Abwicklung eines Geschäftsfalles, der sich über mehrere Fachbereiche erstreckt, 3000 interne Erledigungen pro Jahr entfallen.

PHASE V, VI und folgende - Perspektiven und Zielrichtung

Wie bereits erwähnt, ist aufgrund der nur punktuell umgesetzten Neustrukturierung sowie der historischen Entwicklung auch die IT-Infrastruktur weitgehend durch Arbeitsteiligkeit geprägt und unterstützt den ganzheitlichen Ansatz der Geschäftsfällebearbeitung unzureichend.

Nachfolgendes Schema verdeutlicht die Situation:

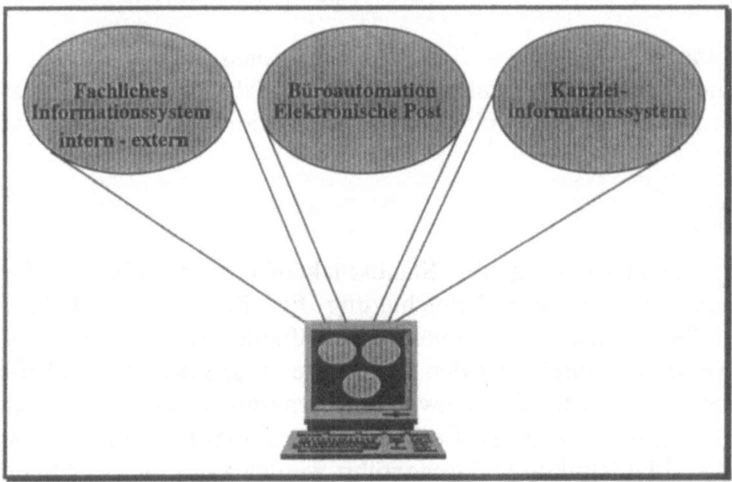

In Analogie zur technischen Umsetzung findet man auch die Organisationsstruktur entsprechend arbeitsteilig vor. Wobei einzelne Teilfunktionen jedoch bereits gesamtheitlich erfolgen, wie z.B. elektronische Abfertigung.

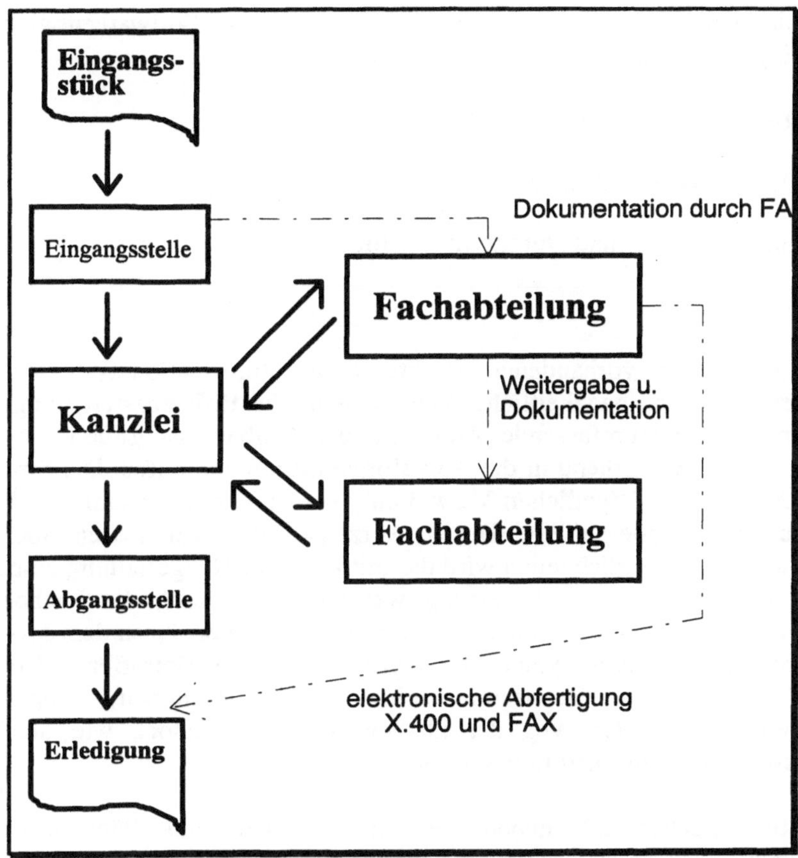

Zur Zeit besteht eine Koexistenz zwischen klassischer und neustrukturierter Geschäftsfallbearbeitung. Aus Sicht des Bundesministeriums für Gesundheit, Sport und Konsumentenschutz ist dieser Kompromiß eine sanfte Lösung der Organisationsentwicklung. Wie bereits erwähnt, liegt bei der Umsetzung der neuen Büroorganisation die Schwerpunktproblematik in der Organisationsentwicklung und nicht in der technischen Entwicklung. Mit Aufrechterhaltung vorhandener Strukturen und gleichzeitiger Erschließung von Rationalisierungspotentialen im Rahmen der Geschäftsfallbearbeitung ist eine reibungslose Fortführung des Betriebes sichergestellt.

Wo im Fachbereich unmittelbar ein Nutzen erkannt wird, ist damit die Akzeptanz gegeben und eine im Sinne des gesamten Ministeriums erfolgte Effizienzsteigerung erzielt. So werden durch die Nutzung der Daten des Kanzleiinformationssystemes für die Erstellung des Aktes bzw. der Erledigung für den Fachbereich als auch für die Kanzlei entsprechende Nutzeneffekte erschlossen. Weiters kann durch gezielte Führung der Eintragungen durch den Fachbereich auf diverse fachspezifische Informationssysteme verzichtet werden, womit einerseits Doppelterfassung und andererseits IT-Softwareentwicklungskosten eingespart werden können. Einige Beispiele sind:

⇒ Referatsbogendruck aus KIS

⇒ Dienstreiseübersicht (wer, wann, wo)

⇒ vetermed. Ein- und Durchfuhrbewilligungen

⇒ usw.

D.h. es stecken in vorhandenen Strukturen und Informationssystemen durch Überführung in eine ganzheitliche Sicht wesentliche Effizienzsteigerungen, die vorerst noch keine umfassende Änderung der Aufbauorganisation notwendig machen, jedoch weitgehend in die Ablauforganisation eingreifen. Die Strukturen und Grundsätze der öffentlichen Verwaltung werden somit auf sanftem Wege in eine neue Form übergeführt. Durch Aufzeigen der technischen aber auch organisatorischen Möglichkeiten wird die Initiative zur Neugestaltung eingeleitet, Umfang und Tempo der Umsetzung werden dabei durch die Fachbereiche bestimmt und somit auch mit allen Konsequenzen getragen. Nach dem Motto von Prof. Kraus (Verwaltungssymposium April 1993) "Aus Betroffenen Beteiligte machen" wird im Bundesministerium für Gesundheit, Sport und Konsumentenschutz der Weg der kleinen Schritte - jedoch wie die ersten Ergebnisse zeigen - mit Erfolg beschritten.

Langfristig gesehen ist neben der umfassenden und flächendeckenden Dezentralisierung sowie einer ganzheitlichen Erledigung innerhalb eines Fachbereiches die technische Integration der einzelnen IT-Komponenten vorgesehen. Dazu werden die IT-Infrastrukturen in den nächsten Jahren auf intelligente Arbeitsplätze umgestellt und die Softwareentwicklung entsprechend angepaßt.

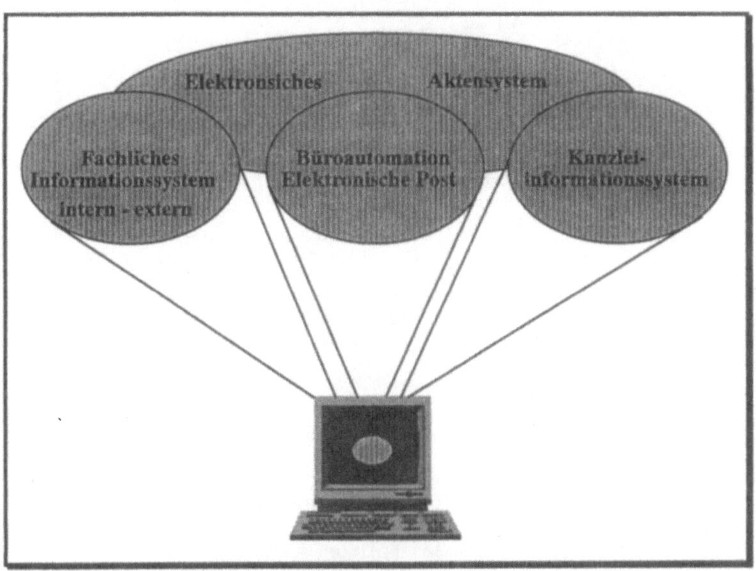

Der elektronische Akt in der papierlosen Form wird langfristig nur punktuell und nach eingehender wirtschaftlicher Prüfung realisiert werden. Die Implementierung sieht die Koexistenz von papiermäßiger und elektronischer Abwicklung vor. Die Informationstechnologie muß in jeder Frage und Ausprägung ausreichend Spielraum für die organisatorische Umsetzung vorsehen.

Zur Unterstützung der umfassenden Umstrukturierung wurde mit Beginn des Jahres "Strategische Informationssystemplanung" initiiert. Damit sollen die entsprechenden organisatorischen Umstrukturierungen vorangetrieben werden und die Effektivität der Automatisierung hinterfragt werden.

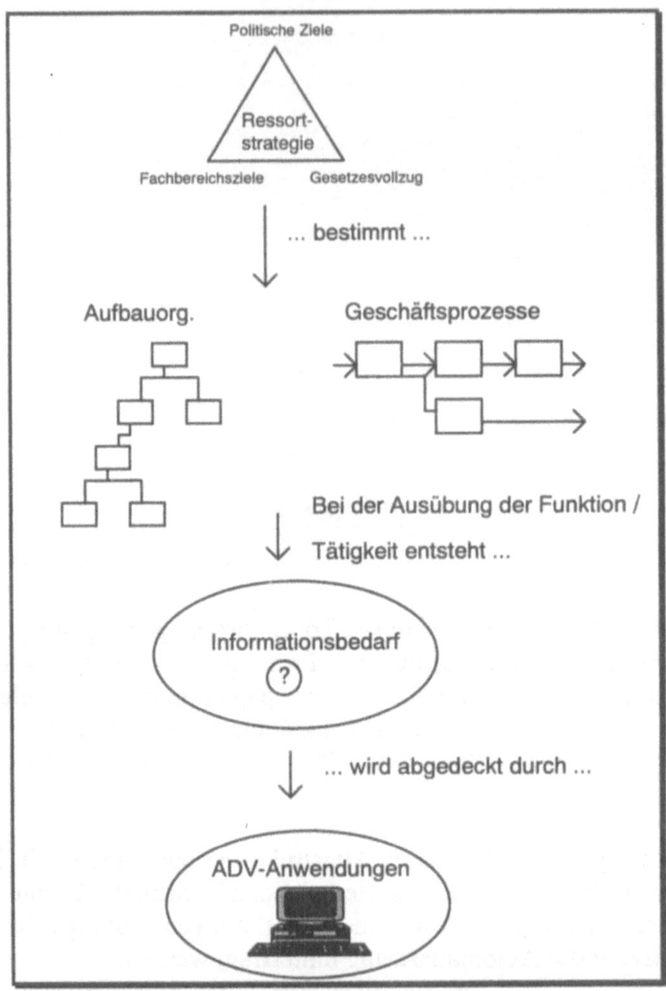

Quelle: Fachausschuß für Softwareentwicklung und CASE; Strategische Informationssystemplanung (SISP), Mag. Müller

Mit vorhander Methodik der schrittweisen Umstrukturierung sowie der Top-Down angesetzten strategischen Informationssystemplanung sollen mittel- und langfristig Ansätze von Business-Reengineering im Bundesministerium für Gesundheit, Sport und Konsumentenschutz institutionalisiert werden.

Literatur

[1] Scheer, A.-W.: EDV-orientierte Betriebswirtschaftslehre, 4. Auflage, Berlin u.a. 1990

[2] Scheer, A.-W.: Architekturen integrierter Informationssysteme: Grundlagen der Unternehmensmodellierung

[3] Krcmar, H.: Bedeutung und Ziele der Informationssystem-Architekturen, in. Wirtschaftsinformatik 5/90

Softwaretools für Prozeßdokumentation und Analyse

Robert Redl
Ernst & Young Unternehmensberatung, Wien

Abstract

Dieser Beitrag definiert grundlegende Anforderungen an Softwaretools für die Dokumentation und Analyse von Geschäftsprozessen. Für die Darstellung von Geschäftsprozessen gelten wesentlich umfangreichere funktionale Anforderungen an das Softwaretool, als für CASE Werkzeuge in der Anwendungsentwicklung.

Die erstellte Dokumentation kann auch in anderen Bereichen bzw. für andere Aufgabenstellungen genutzt werden. Viele Unternehmen sind heute z. B. mit der Vorbereitung auf eine ISO 9000 Zertifizierung befaßt, welche eine aktuelle Dokumentation der Geschäftsprozesse zwingend vorschreibt.

Der Zeitaufwand für die Dokumentation von Geschäftsprozessen ist jedoch ohne Softwaretools beträchtlich. Bis zu 1/3 der Projektaufwendungen wird bei fehlender Toolunterstützung in die Erstellung und Wartung von Diagrammen investiert. Aus dieser Sicht ist die Auswahl eines geeignetes Tools auf Grundlage der Projekt- bzw. Unternehmensanforderungen zur Steigerung der Effizienz bei den Dokumentations- und Analyseaktivitäten von wesentlicher Bedeutung für das Projektteam.

1. Einleitung

Die Neugestaltung bzw. Optimierung von Geschäftsprozessen ist für viele Unternehmen zu einem zentralen Anliegen geworden. Die auf die Projektanforderungen ausgerichtete Dokumentation von Geschäftsprozessen ist eine Voraussetzung für das Auffinden von bestehenden Schwachstellen. Im Rahmen solcher Projekte wird eine Vielzahl von Informationen über die Geschäftsprozesse erhoben, welche idealerweise durch entsprechende Werkzeuge verwaltet werden sollen.

Da die Dokumentation der Geschäftsprozesse in mehreren Schritten erfolgt und im Rahmen des Projektes mehrfach Anpassungen erfolgen, ist ohne die Verwendung von Werkzeugen ein hoher Aufwand einzukalkulieren. Im Rahmen von Ernst & Young Redesign-Projekten wurde festgestellt, daß oftmals **bis zu 30 % der gesamten Projektzeit für die Dokumentation** oder die Änderung der Dokumentation verwendet werden.

Durch das Definieren von Abbildungsstandards zu Projektbeginn und den Einsatz der Werkzeuge durch geschulte Mitarbeiter können diese Aufwendungen um bis zu 50 % reduziert werden!

Auf Grundlage der Anforderungen an die Tools werden oftmals verschiedene Tools für die Projektunterstützung herangezogen und entsprechend integriert. Die zunehmende Unterstützung von Standardschnittstellen erleichtert das Einrichten einer maßgeschneiderten Projektumgebung.

Im Rahmen der Geschäftsprozeßdokumentation und Analyse sollen die Softwaretools Hilfestellungen bei folgenden Punkten geben:

- o Einfaches Dokumentieren, Ändern und Warten der Geschäftsprozesse
- o Darstellung der Abläufe der Geschäftsprozesse und deren Einbettung in die Organisation
- o Visualisierung der Geschäftsprozesse in Workshops mit den Fachabteilungen.
- o Erfassung der beschreibenden Charakteristika (Cycle Time, Value Added / Non Value Added usw.)
- o Darstellung der Zusammenhänge zwischen Unternehmenszielsetzungen, Geschäftsprozessen, Organisationseinheiten (Abteilungen) und weiteren Objektkategorien in Abhängigkeit von der gewählten Methodik
- o Zentrale und redundanzarme Datenablage für das Projekt
- o Unterstützung beim Projektreporting

Im Rahmen dieses Beitrages werden Beispiele für wichtige Anforderungen an Softwaretools zur Modellierung von Geschäftsprozessen definiert, und einige Softwaretools sowie deren aktueller Leistungsumfang diskutiert.

2. Klassifikationsansätze für Softwaretools

Heute existiert eine fast unübersehbare Anzahl von meist PC-gestützten Werkzeugen mit graphischer Benutzeroberfläche, welche für unterschiedliche Aufgabenstellungen und in verschiedenen Bereichen (Abteilungen) im Unternehmen eingesetzt wird. Bei der Softwaretoolauswahl sowie bei deren Verwendung werden übergreifende Zusammenhänge oftmals nicht berücksichtigt. Dadurch werden die selben Informationen im Unternehmen mehrfach erfaßt und verwaltet. Es sollte für alle Dokumentations- und Analyseaktivitäten zumindest eine Vereinheitlichung der Darstellungen angestrebt werden. Die redundante Informationserfassung und Informationsverwaltung mit allen damit verbundenen Problemstellungen ist zu vermeiden. Ein möglicher Klassifizierungsansatz für alle im weitesten Sinn mit Organisationsarbeit in Verbindung stehenden Aktivitäten sieht folgende Unter-scheidungsmerkmale vor: [1]

- o Programme zur Unterstützung des Systemdenkens
- o Projektmanagementprogramme
- o Aufgabenanalyse und -bewertung mit dem PC
- o Kommunikationsanalyse mit PC-Unterstützung
- o Prozeßanalyse mit PC-Unterstützung
- o Werkzeuge zur Bewertung von Auswahlalternativen
- o Präsentation mit PC-Unterstützung
- o Spezielle Graphikprogramme für den Organisator

Für die effiziente Unterstützung der Techniken für Prozeßanalysen und Redesign[2] sind Anforderungen an Werkzeuge zu stellen, die heute noch nicht im vollen Umfang unterstützt werden. Die meisten der heute existierenden Werkzeuge wurden nicht explizit für die Modellierung von Geschäftsprozessen entwickelt, sondern eignen sich nur für bestimmte Teilaufgaben. Teilweise haben die Hersteller den Bedarf für Werkzeuge zur umfassenden Darstellung von Geschäftsprozessen erkannt, und erweitern den funktionalen Umfanges ihrer ursprünglichen Werkzeuge.

Aufgrund der Herkunft der Werkzeuge können folgende Gruppen unterschieden werden:

- o Erweiterte CASE-Werkzeuge (z.B. TI-BDF) [3]
- o Graphikwerkzeuge zur Visualisierung von Repositoryinhalten (z.B. Rochade)
- o Aufgabenspezifisch adaptierte Werkzeuge (z.B. Future Tech - Envision)[4]
- o Kombinierte Werkzeuge - Modellierung und Implementierung von Workflowkonzepten (z.B. IBM FlowMark)
- o Graphikwerkzeuge (z.B. Lotus - Freelance Graphics)
- o Kalkulationswerkzeuge (z.B. Excel)
- o Simulationswerkzeuge (z.B. ServiceModel)

---

1 vgl. Tiemeyer, E. - PC-Programme für die Organisationsarbeit; in: zfo 1/1994.

2 vgl. Girth, W. - Methoden und Techniken für Prozeßanalysen und Redesign; in diesem Band.

3 vgl. Produktbeschreibung des Produktes "Business Design Facility" von Texas Instruments.

4 Envision ist ein flexibles CASE-Werkzeuge, welches leicht an die Projektanforderungen angepaßt werden kann. Ernst & Young hat spezifische Erweiterungen für die eigenen Projekte vorgenommen.

Abhängig von der Herkunft verzeichnen diese Werkzeuge zumeist ähnliche Schwachstellen. Einige Beispiele hierfür sind:

- o Hoher Lernaufwand für den Benutzer von Simulationswerkzeugen.
- o Keine hinterlegte Datenbank bzw. Auswertungsmöglichkeiten bei Graphikwerkzeugen.
- o Beschränkte Freiheitsgrade bei der Wahl der Darstellung bzw. anwenderspezifischen Erweiterungen im Fall von CASE-ähnlichen Werkzeugen.

Abgeleitet von Anforderungen aus der Projektpraxis wird im nächsten Kapitel eine Übersicht über die wichtigsten Anforderungsgruppen an Werkzeuge für die Geschäftsprozeßmodellierung gegeben.

3. Anforderungen an Prozeßanalysewerkzeuge

In erster Linie dienen die Werkzeuge dem Dokumentations- und Analyseteam für die Modellierung der Geschäftsprozesse. Gleichzeitig sollen aber graphische Darstellungen und Projektberichte auch für die Kommunikation mit den Fachabteilungen bzw. dem Management geeignet sein.

Die wichtigsten Anforderungsgruppen an Werkzeuge für die Prozeßmodellierung können wie folgt definiert werden:

a) Offenheit des Systems und Standards für den Informationsaustausch

Je nach Herkunft des Werkzeuges (Windows, OS/2 usw.) werden heute zunehmend Standards wie z.B. DDE (Dynamic Data Exchange) für den Datenaustausch mit anderen Werkzeugen unterstützt. Die erhobenen Informationen sollten in einer zugänglichen und klar dokumentierten Form (Datenstruktur) abgelegt werden, und so die Übernahme in andere Werkzeugtypen wie z.B. CASE-Tools unterstützen.

Im Rahmen der Standardisierungsbemühungen verschiedener Hersteller sind unter anderem folgende Standards definiert worden:

- o CDIF - CASE Data Interchange Format
- o IDL - Interface Definition Language
- o SML - Structured Modeling Language
- o AML - Activity Modeling Language

Zusätzlich müssen die wesentlichen Standarddateiformate für Graphiken, Texte und Kalkulation unterstützt werden.

Eine Abdeckung der projektspezifischen Anforderungen kann durch einen Werkzeugverbund erreicht werden. Die zunehmend offenere Architektur der Softwaretools ermöglicht das Nutzen von Funktionen aus anderen Softwaretools (z.B. Kalkulation von Durchlaufzeiten in Excel).

b) Leistungsfähige Graphikdarstellungen

Die Dokumentation und Analyse von Prozessen erfolgt in interdisziplinären Teams, die Projektergebnisse werden mit Anwendern und dem Topmanagement besprochen. Daraus leiten sich besondere Anforderungen an die Qualität der Darstellungen ab. Diagramme sollen daher unter anderem folgende Anforderungen erfüllen:

- Freie Definition von Objekten und deren Darstellung
- Erweiterbarkeit bezüglich der Detailbeschreibungen
- Unterstützung bei der Darstellung von Abläufen aus unterschiedlichen Sichten

c) Einfache Handhabbarkeit

Die Werkzeuge müssen auch durch Anwender aus den Fachabteilungen bedient werden können und sollten in kurzer Zeit erlernbar sein. Eine Ausnahme stellen Werkzeuge für die Simulation von Geschäftsprozessen dar. Einige Beispiele für Faktoren welche die Aktzeptanz der Werkzeuge beim Projektteam bzw. eingebundenen Mitarbeitern von Fachabteilungen fördern sind:

- Rasche und einfache Diagrammerstellung aufgrund definierter Objekte und Templates
- Vertraute und selbsterklärende Bedieneroberfläche
- Übersichtliche Dokumentation und Benutzerunterstützung
- Aus- und einblenden von Detailinformationen
- Leicht handhabbare Schnittstellen zu anderen Werkzeugen

d) Redundanzfreie Informationsverwaltung - Repository

Die Erstellung konsistenter Modelle erfordert unterschiedliche Sichtweisen (Diagrammtypen), welche teilweise auf die selben Objekte zurückgreifen. Ein

Beispiel hierfür ist die Zerlegung (Dekomposition) von Funktionen bzw. Prozessen in Subprozesse und die gleichzeitige Verwendung der Prozesse in einer Matrixdarstellungen (z.B. Organisationseinheiten vs. Prozesse). Diese Anforderung wird zumeist durch jene Werkzeuge erfüllt, welche von CASE Herstellern angeboten werden. Envision verfügt beispielsweise über ein objektorientiertes Repository, welches die Konsistenz zwischen graphischer Darstellung und Speicherung der Informationen in einer Datenbank automatisch sicherstellt.

e) Unterstützung von Analyseteams (Mehrplatzfähigkeit)

Für die rasche Abwicklung von Redesignprojekten ist die parallele Durchführung von Analyseaktivitäten durch verschiedene Teams notwendig. Das Werkzeug sollte daher zumindest Möglichkeiten für das Aufsplitten und Kombinieren von Modellen bieten. Die Integration von Teilmodellen ist durch manche Produkte unterstützt, trotzdem jedoch noch ziemlich zeitaufwendig. Im Ideallfall können mehrere Mitarbeiter "gleichzeitig" an einem Gesamtmodell arbeiten.

f) Werkzeugerweiterungen

Fast jedes Projekt erfordert spezifische Werkzeugerweiterungen in Bezug auf Art und Umfang der Modellierungsobjekte. Die Definition von wiederverwendbaren Templates oder Diagrammschablonen führt zu einer wesentlichen Produktivitätserhöhung in den Projekten. Insbesondere ist sicherzustellen, daß der methodische Ansatz zum größten Teil unterstützt wird, und das die relevanten Informationen in einer zentralen Datenablage verwaltet werden.

g) Berechnungen und Auswertungen

Im Rahmen der Projekte wird eine Reihe von Informationen wie z.B. Durchlaufzeiten, Häufigkeit der Prozeßausführung und Kosten pro Einheit erhoben. Das Werkzeug sollte im Idealfall sowohl horizontal (Bereichsübergreifende Prozeßketten) wie auch vertikal (verdichtete Darstellungen) eine Aufsummierung der erhobenen Werte ermöglichen.
Diese Forderung kann aber ohne eine Reihe von Zusatzangaben nicht erfüllt werden, da die Behandlung von alternativen Wegen (Prozesse zur Behandlung von Ausnahmesituationen) Schwierigkeiten bereitet.

Reports sollten frei definierbar sein und als wiederverwendbare "Formblätter" aufgehoben werden können.

h) Simulationen von Abläufen

Bei sehr komplexen Aufgabenstellungen ist die Simulation von Abläufen eine wesentliche Hilfestellung. Die Erstellung von komplexen Simulationen auf Basis von Prozeßdarstellungen, Häufigkeitsverteilungen bei Ereignissen, Definition von Resourcen und Kapazitäten usw. ist sehr zeitaufwendig und lohnt sich nur bei entsprechend großen Projekten oder im technischen Bereich.

4. Darstellungstechniken und Modellinhalte

Einige klassische Darstellungsweisen sind in den meisten Werkzeugen vordefiniert bzw. nach Werkzeuganpassungen abbildbar. Dazu zählen unter anderen:

- o Dekompositionsdiagramme (Organisationseinheiten, Funktionen und Prozesse)
- o Flowcharts
- o Cross-functional Charts (Prozeßketten)
- o Matrizen zur Darstellung von Zusammenhängen zwischen verschiedenen Objekttypen

Zu jedem der einzelnen in den angeführten Diagrammen modellierten Objekte werden eine Reihe von Detailinformationen erfaßt. Einige Beispiele für die den **Prozeß näher charakterisierenden Detailinformationen sind Zweck, Definition, Durchlaufzeit, Bearbeitungszeit, Liegezeit, Manntage, Kosten und Wert-schöpfungsanteil.**

Darüberhinaus gibt es eine Reihe von Techniken welche heute nur ansatzweise bzw. über Schnittstellen zu anderen Werkzeugen untersützt werden. Dazu zählen unter anderen:

- o Root-Cause Analysis
- o Cost-Time Charts
- o Activity Analysis
- o Customer Requirements Mapping
- o Value Analysis

Vor verschiedenen Herstellern wird auch die Unterstützung der Datenmodellierung hervorgehoben. Für die Geschäftsprozeßoptimierung im engen Sinn ist dies nicht von Bedeutung. Wenn man aber davon ausgeht, daß das volle Nutzenpotential von neugestalteten Geschäftsprozessen erst bei entsprechender Informatikunterstützung erreicht wird, ist die Unterstützung von entsprechenden Techniken bzw. die Integration mit CASE Werkzeugen sehr wohl von Interesse.

5. Zusammenfassung

Obwohl die wesentlichen Kriterien für einen Projekterfolg in Bereichen wie Methodik, Teambildung, Unternehmenskultur usw. zu suchen sind, können Werkzeuge bzw. ein Werkzeugverbund wesentlich helfen, die Arbeit der Geschäftsprozeßdokumentation und Geschäftsprozeßanalyse effizienter durchzuführen.

Die Auswahl der geeigneten Softwaretools sollte von folgenden grundlegenden Überlegungen ausgehen:

- o Projektziele und Projektanforderungen
- o Firmenstandards für die Abbildung und Dokumentation
- o Komplexitätsgrad des zu erstellenden Modelles
- o Projektvorgehensweise (Methodik) und geplante Ergebnisse

Aufgrund von Projekterfahrungen kann festgestellt werden, daß der Einsatz von entsprechend eingerichteten Werkzeugumgebungen den Gesamtprojektaufwand bis zu 1/3 reduzieren kann.

Viel zu wenig beachtet wird heute noch die steigende Bedeutung einer übersichtlichen Dokumentation für das Unternehmen. Die Ergebnisse eines solchen Projektes sollen auch für andere Aufgabenstellungen wiederverwendbar sein. Dazu zählen beispielsweise:

- o Dokumentation im Sinne der ISO 9000 Dokumentationanforderung.
- o Aufgaben und Stellenbeschreibungen der Personalabteilung.
- o Weiterverwendung der Ergebnisse als Input für die Anwendungsentwicklung.

Die mehrfache Verwendung der Ergebnisse hilft Zeit und Kosten sparen, und ist zugleich auch ein wesentliches Hilfsmittel für die unternehmensweite bereichsübergreifende Kommunikation.

Zusammenfassend kann gesagt werden, daß heute erst wenige Werkzeuge einen großen Teil der Anforderungen abdecken. Die vermehrte Nachfrage nach Softwaretools für die Geschäftsprozeßdokumentation sowie der Ansatz für Workflowmanagement im Allgemeinen führen zu Standardisierungsbemühungen. Einige Unternehmen haben sich zusammengeschlossen um das Workflowkonzept zu fördern, gemeinsame Standards zu definieren und eine Verbindung zu Imaging-, Groupware- und Officeprodukten herzustellen.